U0753625

MAOZEDONG
HETADELIUWEIQINREN

和他的六位亲人

毛泽东

张艾子 著

团结出版社
UNITY PRESS

图书在版编目（ＣＩＰ）数据

毛泽东和他的六位亲人 / 张艾子著 . 一北京： 团
结出版社，2012.1（2023.5 重印）
ISBN 978-7-5126-0746-0

Ⅰ . ①毛… Ⅱ . ①张… Ⅲ . 毛泽东（1893 ～ 1976）
－家庭－研究 Ⅳ . ① K820.9 ② A755

中国版本图书馆 CIP 数据核字 (2011) 第 273591 号

出　版：团结出版社
　　　　（北京市东城区东皇城根南街 84 号　邮编：100006）
电　话：（010）65228880 65244790（出版社）
　　　　（010）65238766 85113874 65133603（发行部）
　　　　（010）65133603（邮购）
网　址：http: //www.tjpress.com
E-mail: zb65244790@vip.163.com
　　　　tjcbsfxb@163.com（发行部邮购）
经　销：全国新华书店
印　装：三河市东方印刷有限公司

开　本：170mm×240mm　16 开
印　张：29.25
字　数：487 千字
版　次：2012 年 1 月　第 1 版
印　次：2023 年 5 月　第 2 次印刷

书　号：978-7-5126-0746-0
定　价：98.00 元
　　　　（版权所属，盗版必究）

目录

引言 *1*

　　一、"最动人的一节" *1*

　　二、一个革命的家庭 *4*

第一章　一个耐人寻味的"两党"家庭 *11*

　　第一节　韶峰·韶水·韶韵 *11*

　　第二节　一个耐人寻味的"两党"家庭 *16*

　　第三节　一桩毛泽东不承认的婚姻 *24*

　　第四节　走出乡关 *30*

　　第五节　毛泽民的美满初婚 *34*

　　第六节　毛家兄妹与父母的亲情 *37*

第二章　毁家革命 *45*

　　第一节　两次北京之行 *45*

　　第二节　炉旁夜话 *52*

　　第三节　毛泽民的艰难抉择 *61*

　　第四节　毛泽东，参加中共"一大" *63*

第三章　杨开慧，生死不作"俗人之举" *69*

　　第一节　不作俗人之举的恋爱 *69*

　　第二节　爱的风波 *79*

　　第三节　并肩战斗 *83*

　　第四节　在板仓的日子里 *90*

　　第五节　狱中斗争 *93*

　　第六节　不能忘怀的纪念 *98*

第四章　投身工人运动　**105**

　　第一节　毛泽东，工人运动的领头人　**105**

　　第二节　毛泽民，工人贴心的"总经理"　**113**

　　第三节　毛泽覃首次出师，"锣"开得胜　**120**

第五章　献身农民运动　**123**

　　第一节　中共韶山特别支部成立　**123**

　　第二节　风雨韶山起农潮　**131**

　　第三节　恩爱夫妻要离婚　**138**

　　第四节　唤起工农千百万　**140**

　　第五节　毛泽东，主持培养农民运动骨干　**152**

第六章　相逢又分手，毛家兄妹风雨兼程　**159**

　　第一节　毛泽民，奉命转入敌后　**159**

　　第二节　毛泽覃在广州结婚　**161**

　　第三节　毛泽东，"心潮逐浪高"　**164**

　　第四节　相聚又分手，毛家兄妹风雨兼程　**166**

　　第五节　毛泽东，要上山交绿林朋友　**171**

第七章　毛泽建：为有牺牲多壮志　**175**

　　第一节　秋菊傲霜　**175**

　　第二节　投身革命　**178**

　　第三节　志同道合的爱情绝唱　**181**

　　第四节　壮烈而又凄婉的生死相依　**184**

　　第五节　烈士风范，长留人间　**186**

第八章　十里洋场的大老板　**189**

　　第一节　北伐时期的敌后尖兵　**189**

　　第二节　白色恐怖下，两度临危受命　**197**

　　第三节　毛泽民被捕　**204**

第四节　辗转京津　206

第五节　营救毛岸英三兄弟　212

第九章　井冈山的艰辛与欢欣　217

第一节　朋友袁文才　217

第二节　结缘贺子珍　222

第三节　井冈会师的信使　227

第四节　毛泽覃与贺怡的红色姻缘　231

第五节　三兄弟三妯娌大团圆　234

第六节　几多欢喜几多忧　238

第十章　别样英雄　247

第一节　去留心事都嫌重　247

第二节　别样英雄　253

第三节　长征路上的"扁担银行"　255

第四节　毛泽覃牺牲　259

第五节　"长征是宣言书"　264

第十一章　宝塔山下　269

第一节　家事与国事　269

第二节　全心抗日，毛泽民重返"十里洋场"　283

第三节　毛泽东与《论持久战》　289

第四节　一桩尴尬的婚姻　300

第十二章　天山雄鹰　319

第一节　与狼共舞的日子　319

第二节　特别的"审讯记录"　330

第三节　毛泽民被秘密杀害　339

第十三章　毛岸英短暂而辉煌的人生　341

第一节　英雄的名字　341

第二节　历经磨难的童年　*344*

第三节　父子"两地书"　*347*

第四节　卫国战争中的"苏联红军中尉"　*355*

第五节　在"劳动大学"深造　*357*

第六节　爱情与婚姻　*362*

第七节　亲情与理智　*370*

第八节　岸英还乡　*373*

第九节　没有军功章的英雄　*379*

第十四章　毛泽覃未见面的儿子　*385*

第一节　苦难的童年　*385*

第二节　在韶山的日子　*390*

第三节　奔向延安　*397*

第四节　血洒东江口　*402*

第十五章　永远的亲情　*407*

第一节　"延安的鱼真大呀！"　*407*

第二节　"这个字由我来签吧"　*411*

第三节　鼓励刘松林再婚　*414*

第四节　六个失落的子女　*422*

第十六章　英雄的暮年　*429*

第一节　两次故园之行　*429*

第二节　三上庐山　*436*

第三节　重上井冈山　*443*

第四节　最后一次横渡长江　*446*

第五节　最后一眼橘子洲头　*450*

第六节　未了的心愿　*454*

后记　*461*

引 言

这是一个革命的家庭，坚贞不屈、无私无畏！"这个可敬的家庭集中表现了中国人民的智慧、义烈和敢于降龙伏虎的无畏气概。由于这一精神，我们亲爱的祖国终于打退了侵略，摆脱了压迫，扫灭了一切害人的精怪，像巨灵一样地屹立在宇宙之中。"

一、"最动人的一节"

1921年农历正月初八，毛泽东风尘仆仆地从长沙赶回了韶山冲上屋场。这个时候，父母已经双双去世了，只剩下大弟毛泽民和他的发妻王淑兰孤单地守着冷清的上屋场。这一天，是毛泽东的母亲文七妹的生日，毛泽东和弟弟妹妹们一起，到楠竹坨父母的合葬墓前进行了祭奠，以寄托他们兄妹的哀思。

晚饭后，一家人围炉向火，闲话家常。

这是一个寒冷的南方的春夜。毛泽东和他的弟弟妹妹们，围在火塘的四周，谈论着家事，也谈论着国事。据毛泽民的发妻王淑兰后来回忆，这是她"一生记忆中，最动人的一节"。

王淑兰所说的"一生记忆中，最动人的一节"，其实一点儿也不夸张。就在这个寒冷的春夜，在毛泽东的耐心开导下，毛家兄妹们懂得了"国乱民不安生"的道理，他们下定决心"舍小家为大家"，跟随大哥，走上一条充满牺牲、充满艰难而又充满希望、充满光明的道路。

那是一个特别具有纪念意义的日子——1921年农历正月初十，毛泽东身穿一件长衫，夹着一把雨伞，迎着初升的旭日，离开了韶山。他的身后，跟着两个人，一个是小弟毛泽覃，一个是堂妹毛泽建。

一个星期后，毛泽民夫妇也离开了韶山。

至此，毛泽东一家从农村来到了城市。他们从山沟沟里走出来，走上了求知、救国和革命的道路，从思想文化落后的农民变成了有新文化、新思想的知识人，他们的爱国热情和革命觉悟越来越高。

在毛泽东的直接影响下，毛家兄妹完成了家与国的高度融合，他们的家与国家的命运密切地联系在了一起。在以后长期艰苦的革命斗争中，毛泽民、毛泽覃、毛泽建，都成长为中国革命的坚强战士。

1925年和1927年，毛泽东又先后两次回韶山领导和考察农民运动。1927年毛泽东离开韶山时，曾在父老乡亲面前立下豪言壮语：三十年革命不成功，我毛润之就不回韶山。

1949年10月1日，毛泽东和他的战友们站到了天安门城楼上。毛泽东用湖南口音向全世界庄严地宣布：中华人民共和国中央人民政府今天成立了！

革命成功了。

革命成功了，但国家正处在恢复建设时期，千疮百孔，百废待兴，忙于国事的毛泽东依然没有回韶山的机会。直到1959年，在迎接新中国成立十周年之际，毛泽东终于有了一个回家乡韶山看看的机会。而这个机会来自即将召开的"庐山会议"（即中共八届八中全会），党中央和毛泽东拟考虑在全党解决"左"倾错误的问题，抓紧在有关省市进行调查研究工作。

1959年6月25日傍晚，毛泽东在副总理罗瑞卿、湖北省委第一书记王任重和湖南省委第一书记周小舟等人的陪同下，回到了韶山。这是毛泽东1927年离开韶山以后的第一次故园之行，时隔32年了。

毛泽东的这次故园之行是短暂的，只有三天两夜。毛泽东视察了韶山的农业生产，拜祭了父母的合葬墓，参观了上屋场旧居，邀请地下党员、大革命时期的自卫队员、烈士家属、老贫农以及公社和大队的主要干部等几十人召开了座谈会，并设家宴请各位乡亲吃了一餐简单的便饭。

在上屋场旧居，毛泽东曾面对母亲的遗像，动情地说："母亲，你的儿子回来了。"回首往事，毛泽东的眼里噙满了泪水。

"要是现在，他们是不会这样早逝的。"毛泽东为父母刚过半百就去世深感痛惜，他始终对父母亲怀有浓厚的感情，并把这种亲情深藏在心底。如今父母早已作古，为了革命，弟弟和妹妹也都牺牲了，一家人只剩下自己，怎能不感慨万千！

夜已经很深了，习惯于早起早睡的村民们都已经进入了梦乡，毛泽东的房间依然亮着灯光。为了中国的革命事业，他已经整整32年没回过韶山了。几十年的往事一齐涌上毛泽东的心头，使他的思绪久久不能平静。1927年后，从第二次国内革命战争、抗日战争、人民解放战争到抗美援朝，不少革命同志献出了自己的生命。由他亲手建立的中共韶山特别支部的第一批共产党员毛福轩、钟志申、庞叔侃、毛新玫等都先后为革命流尽了自己的鲜血。抗美援朝中就有十几位韶山籍的指战员捐躯友邦……在这些烈士中，就有毛泽东的六位亲人。

在他们的人生道路上，并不缺乏安稳闲逸、升官发财的机会，但他们视平庸苟且、安富尊荣如粪土、似浮云，毅然选择了枪林弹雨的革命战场；

在他们生命的最后时刻，有的只需发表一纸声明或许下一个并不需要严格遵守的诺言，便可保全生命，但却没有一个屈膝变节；

他们虽然出生在不同年代，有着各异的性格特征和人生经历，但都做到了富贵不能淫，贫贱不能移，威武不能屈；

他们所受的苦难、折磨，在常人看来是难以想象、无法忍受的，然而他们却甘之如饴，乐此不疲；

他们的一生很短暂，像历史长河中的一颗流星，然而就在这短短的一瞬间，却是从头到尾、彻里彻外熠熠闪光。

……

时间在悄悄地流逝，中国人民敢于斗争、勇于牺牲、敢于胜利的冲天气概深深地感染着毛泽东。追今抚昔，年近古稀的老人诗兴勃发，满腔豪情化作了一行行壮美的诗句：

> 别梦依稀咒逝川，故园三十二年前。
> 红旗卷起农奴戟，黑手高悬霸主鞭。
> 为有牺牲多壮志，敢教日月换新天。
> 喜看稻菽千重浪，遍地英雄下夕烟。

这首《七律·到韶山》，是一百多年来全国人民前仆后继英勇奋斗历史的高度概括，是中国共产党人的正气之歌，也是满门英烈的毛泽东一家崇高精神面貌的真实写照。

几多沧桑，几多感慨。结束了三天两夜的故园之行，毛泽东留下了一首千古绝唱，带着依依不舍的情思离开了韶山。

二、一个革命的家庭

"为有牺牲多壮志，敢教日月换新天！"作为诗人的毛泽东，他歌咏的是一切革命的家庭，一切殉节的革命同志，自然也包括了他壮烈牺牲的可爱的亲人。

在长期的革命斗争中，毛泽东一家共牺牲了六位亲人，分别是他的妻子杨开慧；两个弟弟毛泽民和毛泽覃；堂妹毛泽建；长子毛岸英；侄儿，毛泽覃的独生子毛楚雄。

杨开慧	毛泽民	毛泽覃
毛泽建	毛岸英	毛楚雄

　　牺牲最早的是毛泽东的堂妹毛泽建。她是红军最早的女游击队队长。毛泽建，乳名菊妹子。因家境贫困，童年时就过继给毛泽东的父母做女儿。1921年春随毛泽东去长沙，在湖南自修大学补习学校学习。1921年加入社会主义青年团，1923年春加入中国共产党，同年秋入衡阳湖南省立第三女子师范学校学习，任学生党支部书记。后改名为毛达湘，前往衡阳从事革命活动。北伐战争后，毛泽建奉中共湖南特委指示，到衡阳、衡山开展农民运动，相继任两县的妇女运动委员。1927年1月，出席全省第一次妇女代表大会，会后，在衡阳县集兵滩观音堂相继举办了两期农运干训班。"马日事变"后，毛泽建先后以衡阳农民自卫军为基础，组建了衡北游击师，处决了一批反革命分子；后协助丈夫陈芬改组了中共衡山县委，陈芬任县委书记兼军委书记，毛泽建任妇运委员兼游击队队长。她给自己取了个名字"毛日曦"，意思是共产党员要和初升的太阳一样。她给战友、亲人写信，落款时总爱画一把剑，她解释说："'建'与'剑'同音，我喜欢利剑，它所向披靡。"

　　1928年初，毛泽建和丈夫参加了朱德、陈毅领导的湘南暴动。是年夏，夫妻二人双双负伤被捕。24岁的陈芬被砍头示众。毛泽建因即将分娩，获救后再度被捕。敌人审问时，问她叫什么名字，她说："我叫共产党。"敌人恶狠狠地说："毛达湘，女共党。杀！"牺牲前，她在遗书中写道："……人民总归要做主人，共产主义事业终究要胜利，只要革命成功了，就是万死也无恨……"1929年8月20日，党的坚强战士毛泽建在衡山县城南门外马庙坪英勇就义。那一天，离毛泽建的24岁生日尚差两个月。

　　牺牲最晚的是毛泽东的长子毛岸英。1930年10月，杨开慧被捕，8岁的毛岸英同母亲一起被关进监狱。母亲牺牲后，经多方营救，毛岸英被释放回到板仓。1931年春，在党组织的周密安排下，毛岸英改名杨永福被送往上海。在上海，毛岸英兄弟三人首先被安排在中共地下党领导的大同幼稚园抚养，继而寄居在董健吾家，后因党的组织关系中断，生活费用无着，流浪上海街头达数年之久。1936年春，党组织安排他们随同东北抗日义勇军司令李杜将军经法国去苏联，于1937年初到达莫斯科。毛岸英先后在莫斯科市郊莫尼诺共产国际第二儿童院、伊万诺夫城国际第一儿童院、苏雅士官学校快速班、莫斯科列宁军政学校、伏龙芝军事学院学习，并于1943年

1月加入联共（布）（1946年回国后转为中国共产党党员）。军校毕业后，授中尉军衔，担任坦克连党代表，参加苏军的大反攻。回国前，受到斯大林的接见，并获赠手枪一支，作为参加苏联卫国战争的最高奖赏。

1946年1月，毛岸英回到延安后，下过农村，进过工厂，参加过土地改革和土改复查工作，相继担任中央宣传部文书、编辑助理、中央社会部秘书、北京机器总厂党总支副书记等职。1950年10月，"抗美援朝"战争爆发，毛岸英以非军人身份主动请战，19日，随中国人民志愿军总部渡江入朝，任志愿军总部俄语翻译和机要秘书。11月25日上午11时左右，毛岸英在由防空洞返作战室取地图时，因敌机轰炸而牺牲，28岁的毛岸英永远地躺在了朝鲜的大地上。

牺牲时年龄最大的是毛泽东的大弟毛泽民，他是毛家牺牲的第四人。毛泽民，1921年春赴长沙投身革命，同年加入中国共产党。受中共湘区委员会的派遣到江西安源路矿从事工人运动。1925年2月，随毛泽东、杨开慧回韶山开展农民运动。4月赴广州，入第五届农运讲习所学习。后辗转于上海、武汉、天津等地秘密从事党的出版发行和印刷工作。前后任上海中共中央出版发行部经理、汉口《民国日报》总经理，并主持上海书店、汉口长江书店的工作。创办了上海秘密印刷厂和天津华新印刷厂。在天津，他还担任了中共中央的交通员，并管理中共顺直省委的财务。1932年2月1日，中华苏维埃共和国国家银行正式成立，毛泽民任第一任行长。1934年10月红军开始长征，毛泽民出色地完成了运输、打土豪、筹粮筹款、保障红军供给等艰巨任务。红军到达陕北后，1936年初，毛泽民任中央工农民主政府国民经济部部长。他不顾病重和危险，化装前往上海，将各国工人阶级支援中共抗战的几十万美元外汇，分批兑换，安全运到陕北。

1938年2月，毛泽民奉毛泽东之命，化名周彬，赴新疆从事抗日民族统一战线工作，先后出任新疆省政府财政厅副厅长（后为代厅长）和民政厅厅长。1940年与在新疆从事统战工作的女共产党员朱旦华结合。他在艰苦复杂的条件下，工作了四年，直到牺牲。他经手大笔的钱，却不为自己捞一点好处，每月的薪金大部分交了党费，一顶皮帽从内地戴到新疆，直到就义。1942年9月17日，新疆军阀盛世才端出蓄谋已久的所谓"共产党'四一二'阴谋暴动案"，将毛泽民等人软禁后投入监狱。在狱中，敌人用"车轮战术"对他施以酷刑 70 多天，他始终坚贞不屈。1943 年 9 月 27 日深夜，毛泽民被盛世才在迪化（今新疆乌鲁木齐）小南门用绳索秘密绞杀，英年 47 岁。他与朱旦华的儿子毛远新才两岁半。

牺牲时年龄最小的是毛泽东的侄儿毛楚雄，是毛家牺牲的第五人，也是毛泽东子侄辈中牺牲的第一人。毛楚雄是毛泽覃和周文楠的独生子，生于 1927 年 9 月。他从未见过父亲的面。他出生前一个多月，父亲去了南昌参加起义。出生后不到半年，母亲被国民党逮捕入狱，外婆每天熬小米汤养活了他。1930 年红军攻下了长沙城，他才得以见到母亲。但是，母亲紧接着跟随部队去了苏区。他与外婆相依为命，直到 1936 年，母亲从苏区转移到韶山，母子二人才再度相见。1937 年，周文楠前去延安。他和外婆一起在韶山度过了八年艰难的时光。

毛楚雄从小学习刻苦，立志"改造社会"，"继父之志，报父之仇"。抗日战争爆发，他在作文《小朋友救国办法》中说，"我们小朋友也应团结起来，一致对外，驱逐鬼子兵"。1945 年 9 月，在毛泽东的安排下，毛楚雄在湘阴（今汨罗市）白鹤洞参加了王震的八路军三五九旅，在教导队担任政治宣传工作。1946 年 8 月，他跟随部队完成中原突围，到达陕南，并受命化装随部队领导前往西安，与国民党进行和谈。8 月 10 日，他们一行三人行至宁陕县东江口镇时，被国民党胡宗南部第六十一师一八一团无理扣押。中共中央得到中原部队的报告后，设法营救。但国民党军队不承认扣押了他们，并按蒋介石的密令将他们就地处决了。8 月 22 日，毛楚雄等三人连同带路的农民被五花大绑，活埋在城隍庙后石坎下的小渠旁，他当时年仅 19 岁。他们的遗骨直到 1984 年才被发现。毛楚雄牺牲后，毛泽东非常痛惜。1953 年 9 月，毛泽东亲自向毛楚雄的战友询问了他牺牲的经过，并多次称赞："毛楚雄是韶山人民的好儿子！"

杨开慧，乳名霞，字云锦。她是毛泽东的亲密战友和夫人，是毛家为中国革命牺牲的第二人。1901 年 11 月，杨开慧生于长沙县清泰都板仓一个进步知识分子家庭。1920 年初，杨开慧入长沙福湘女中进修班就读，并积极组织开展学生运动。1920 年冬，杨开慧与毛泽东在一师附小结婚。1921 年加入中国共产党，并担任湘区执行委员会机要和交通联络工作。在此期间，她动员母亲拿出父亲逝世时亲友送的奠仪、募捐款给毛泽东做党的活动经费，并协助毛泽东创办了自修大学。1925年春，她随毛泽东回到韶山，协助毛泽东办起了20余所农民夜校，并亲自上课。后前往武汉。

1927年10月，毛泽东率秋收起义部队上了井冈山，杨开慧带着三个孩子回到板仓，坚持党的地下工作。1930年7月，红军攻下长沙撤往苏区后，湖南当局到处抓人杀人。杨开慧设法让其他同志隐蔽转移，自己则做好应变的准备。同年10月，杨开慧被捕，后被关进司禁湾①陆军监狱，受尽各种酷刑。敌人要她登报声明与毛泽东脱离夫妻关系，马上可以获得自由，遭到杨开慧的严词拒绝。11月14日，杨开慧英勇就义于长沙浏阳门外识字岭。毛泽东在中央苏区获悉杨开慧牺牲的消息，十分悲痛，当即写信给杨家亲属说："开慧之死，百身莫赎"。1957年，他又写了《蝶恋花·答李淑一》一词，并向友人章士钊解释说："女子革命而丧其元，焉得不骄！"

毛泽覃，"是我军最早的一位猛将"（邓小平语）。他是继妹妹毛泽建和嫂子杨开慧后，毛家牺牲的第三人。1921年，毛泽覃在长沙加入中国社会主义青年团，后由党组织派往常宁水口山工作。1923年10月加入中国共产党。1924年，毛泽覃调任社会主义青年团长沙地方委员会书记。1925年春，回韶山协助大哥毛泽东开展农民运动。同年秋赴广州，相继在黄埔军校政治部、中共广东区委及农民协会、省港罢工委员会等处工作。

1927年7月底，毛泽覃前往南昌参加周恩来等领导的武装起义，由周恩来分配他到叶挺领导的第十一军第二十六师政治部工作。广东潮汕战斗失利后，随朱德领导的部队转战湘赣粤边区。1927年冬，化名"覃泽"到达井冈山，后被派往宁冈乔林乡开展建党工作，领导恢复了农民协会，创办了农民夜校，并于1928年2月建立了宁冈地区最早的党支部——中共乔林乡支部，亲任支部书记。1928年春，工农革命军攻打遂川城后，毛泽覃留下担任中共遂川县委委员兼县游击大队党代表。湘南六县"年关暴动"后，毛泽覃奉毛泽东之命，前往迎接朱德、陈毅率领的起义队伍上井冈山。4月，毛泽覃任红四军三十一团一营党代表。

---

① 司禁湾，即今师敬湾。因是清朝皋司狱、府司狱所在地而取名司禁湾，民国后改为陆军监狱；后因此街与长郡中学相毗邻，取谐音雅化为师敬湾。

1929 年 2 月至 1932 年，毛泽覃先后任中共赣西南特委委员、东固区委书记，红六军（后称红三军）政治部主任、代理政委，中共吉安县委书记兼红军驻吉安办事处主任，中共永（丰）、吉（安）、泰（和）中心县委书记兼独立师政委，中共公略县委书记兼独立师师长。尔后，毛泽覃调任瑞金苏区中央局秘书长，与邓小平、谢维俊、古柏坚决拥护毛泽东提出的正确路线、方针。1933 年初，在"左"倾中央领导开展的反对所谓"罗明路线"在江西的执行者斗争中，毛泽覃等受到错误批判和打击。

1934 年 10 月，第五次反"围剿"失利，中央主力红军被迫转移。毛泽东、毛泽民、毛泽覃三家人来到红色首都瑞金的塔下寺，在贺子珍父母的家中见了一面，就分开了。这是他们兄弟三人最后一次团聚。随后，毛泽东夫妇和毛泽民夫妇随红军长征，毛泽覃留在中央苏区坚持打游击，任中央苏区分局委员、红军独立师师长。1935 年 4 月 25 日，他带领部队突围，在瑞金市黄鳝口附近不幸中弹牺牲，时年 29 岁。敌人从他的身上搜出朱德、毛泽东的合影和他被鲜血染红的党证。新中国成立后，人们到他牺牲的地方寻找他的遗骨，未能如愿，但找到了一枚中央革命军事委员会 1933 年颁发的红星奖章，证号为第 26 号。

在毛氏家族，除了为革命牺牲的六位亲人外，毛泽东的妻子贺子珍，毛泽民的发妻王淑兰和继配钱希均、朱旦华，毛泽覃的发妻赵先桂和继配周文楠、贺怡等均为中国革命事业做出了不可磨灭的贡献。

1930 年，毛家有三位媳妇同时蹲了国民党的监狱。一位是杨开慧，另外两位分别是她的二妯娌王淑兰和三妯娌周文楠。

这真是一个革命的家庭，坚贞不屈、无私无畏！著名作家周立波在散文《韶山的节日》中这样写道：

这个可敬的家庭集中表现了中国人民的智慧、义烈和敢于降龙伏虎的无畏气概。由于这一精神，我们亲爱的祖国终于打退了侵略，摆脱了压迫，扫灭了一切害人的精怪，像巨灵一样地屹立在宇宙之中。

第一章 一个耐人寻味的"两党"家庭

偏僻闭塞的韶山冲已锁不住毛泽东那颗年轻火热的心。他越来越强烈地意识到，国家兴亡，匹夫有责，他决心走出闭塞的韶山冲，到外面的世界去干一番事业，寻求救国救民的道路。

第一节 韶峰·韶水·韶韵

有一个美丽的传说，不能不提。

五帝之首黄帝，三传至尧。尧曾派遣舜南下巡视。舜带领人马过黄河、渡长江，涉足八百里洞庭，漫游湘中山野。所到之处都是苍松翠竹，水秀山清。舜一行来到湘江与涟水的汇合处，便在一座并不很高的小山旁歇下来。面对着旖旎的风光，舜不觉心旷神怡，兴之所至，便把箫吹奏，一支乐曲伴随着舜那愉悦的心绪悠悠缓缓地飞向天宇。一时间，只见五彩祥云自天而降，千百只凤凰闻声翔来，翩翩起舞，姿态万种。

据传，这支曲子就是后来令孔夫子"三月不知肉味"的《箫韶九成》，又叫《韶乐》。据《湘潭县志》记载，这和着《韶乐》百鸟齐鸣的地方，被舜赐名为韶山。

"韶"，是虞舜时的一种古乐，可以招来凤凰，所谓"箫韶九重，引凤来仪"，其魅力正在于此。"子谓《韶》，尽美矣，又尽善也。"它的内涵，乃是表现至善至美的礼让精神。尧、舜、弃都是黄帝的后代，其中尧和弃是同父异母的兄弟，即黄帝的第四代孙。尧老了，禅让于舜，舜不受，要弃来继承帝位，弃坚辞不受，舜乃复继承尧业。

虞舜时代的生产力水平还相当低下，人们最关心的，乃是生存问题。舜之南巡，沿途千万里，并非如同今人的游山玩水，而是出于他的伟大事业——拓展疆域，播撒文明。只不过舜这种拓展，不是以武力，而是用"韶"这种至善至美的音乐。舜继承前代功业，繁荣了中华文明；他将文明的种子，向黄河以南播撒，甚至越过长江，到达荆楚野蛮之地。

韶山的确很美，更重要的是，韶山处于由荆楚向"苗蛮"的过渡地带；由此往西，已基本上不属于舜的领地了，但舜极想将他的影响向西推移，将文明向西播撒；他不禁登临绝顶，仰首长叹，把弦奏乐，以解心中之忧，感叹"蛮地"之荒凉！

舜之南巡，是一个带有浓厚神话色彩的传说。传说的本身，在其美丽的羽翼之中，确有一重很深很远的意蕴。舜驻足韶山，给韶山留下了敢于进取的冒险精神和向往至善至美的民众心理，以及为民求福、死而后已的圣人品格！

元朝末年至正年间，江西吉州的毛太华为了躲避战乱，从江西迁到云南的澜沧卫（今云南永胜县城），娶土著王氏为妻，生育有八个儿子。明初，因朝廷以军功赏赐湖南开垦田地，毛太华乃带领长子毛清一和四子毛清四，去湖南湘乡县绯紫桥定居。毛太华死后，葬在五里牌道士山。儿子毛清一和毛清四则从绯紫桥迁到湘潭县七都七甲（今韶山）。繁衍至第19代，15岁的毛顺生和湘乡唐家坨18岁的文素勤结婚，八年后生下一男孩，就是后来震惊中外的一代伟人毛泽东。

从地理上看，韶山处在湘潭、湘乡、宁乡交界处，秀美绝伦。韶峰脚下的那片群山环抱、南北约10里的狭长谷地，被称为韶山冲。

韶山冲，是一个完全封闭的山冲，其地形、地势十分独特，四周群山环绕，峰峦纵横。巍峨庞大的南岳衡山，在湘中南几经跌宕之后，突然往西北奔去，直往湘潭、湘乡交界处，遂耸起昌山 [①]，继而横截湘乡至涟水河畔，其势不减，又行四五十里，乃至湘乡、湘潭、宁乡三县交界处，在此忽而作了一个巨大的情结，似有不忍离去之状，这便成为韶山！如果把横亘湘中地区的南岳山脉，比作一条巨大的青龙，那么其龙头在衡山，最为巍峨雄壮，其龙身由衡山往西北逶迤两百里至韶山，山虽不高，但最为盘桓曲折，令人叹为观止。而韶山冲，便正是这巨龙盘绕而成的一个令人倾心仰慕的地方！

韶山群山是由湘乡龙洞方向突入的，十八罗汉山，宛若十八位和尚，身着宽大的青衣，面向西北打坐，一个个圆圆的脑袋矗于蓝天，真是妙不可言。又好像由十八朵芙蓉花构成的天幕，柔美地高挂在韶山冲东南；那突兀高耸，直上云霄的，便是韶

---

① 为南岳第七十峰，亦为湘潭最高峰，曾国藩即诞生于此山麓。

峰①，是南岳的第七十一峰。

韶峰往西为石鼓峰，山体庞大；石鼓之西，为木梓山，瑞气呈样，如洪钟倒挂，至此山而往北，虎踞龙盘，山环水绕，有祝融峰、龙头山、勒马山、牛形山、虎歇坪、书堂山、黑石寨等……此为韶山冲最幽秘之处，亦即"八仙吹箫"所在地滴水洞！洞内松竹及各种奇花异卉繁茂，一掬清泉，从龙头山滴出，滴在沟底石上，日久成一洞。水落洞中，如钟如磬，近闻清越，远听悠然；此水四时不竭，称为龙涎。滴水洞神奇莫测，常说每于云里雾里，有仙女攀崖采药；夜幕降临，有箫声呜呜咽咽，如泣如诉。

据湘潭、湘乡两县县志载，"韶山"其山，正在滴水洞内、书堂山东，舜所驻足之处也就在此了。

韶山冲山形又宛如一朵盛开的巨大杜鹃花，以毛氏宗祠为中心，花瓣呈放射状向周围散开而形成众多的山谷，主要的山谷有十八罗汉山与韶峰之间的山谷，韶峰与石鼓峰、木梓山、黑石寨之间的山谷，黑石寨与枫梓山之间的山谷（湖堤涧），枫梓山与十八罗汉山之间的山谷。

这些大山谷中又有众多的小山谷，当地一律称作"冲"；如韶山毛氏家族深房居地铁陂冲、毛泽东故居所在地土地冲、李姓聚居地石洞冲、唐姓聚居地石门冲……这些小山冲套在大山谷之内，更加显得幽深莫测，其中以毛震后裔聚居的滴水洞一带为最。木梓山古木参天，至今保存了韶山唯一的一片原始次生林。林内淌出一泓清泉，叮叮咚咚，终年不息。木梓山坨内水边，突起一圆形小丘，仿如海蚌含珠，毛震和他的父亲毛从文就安眠在这珠子内——震公墓的祁阳白石碑文告诉人们，墓主已在此安安静静躺了500多年！

毛震公以后，历代人们，全都以滴水洞一带为其生时的居地和死后的葬地，可见毛氏族人对这里的喜爱。《毛氏族谱》二修五卷中，有一段描写韶山冲风水的绝妙的散文，兹录如下：

山水天地间，一大奇观也。两间磅礴之气凝聚而成，至静至动，至奇至妙，自然

---

① 韶峰，南岳第七十一峰；又称仙女山，山上有仙女庵。

之运用，生成之结构。斯岂人世间寻常之笔墨所能描写其万一者也？故天地钟灵，山川毓秀，得其妙者，产其奇人……

夫山不能言，水不能说，听人据其象，取其形，拟其名，切其义，大书特书，以标其题，长言短言，以为之记。何能禁其代为山水像，代为山水说者哉！而代为山水像者，轻笔像山水之翠黛涟漪，重笔像山水之骨格团聚，复笔像山之转折，水之潆洄。代为山水说者，快笔说山水之起跌去来，缓笔说山水之盘旋荡漾，曲笔说山之精神，水之智能。

山水本奇观者也，一经代为像，代为说者之笔墨。而奇者益奇也！

噫！青山不老，绿水长流……

青山不老，绿水长流。所谓时势造英雄，毛泽东从韶山脱颖而出，本来是有着深刻的社会、政治、文化原因的，当然也是他本人刻苦磨砺的结果。而特别迷信"风水"的蒋介石，却固执地认定，一介书生毛泽东，哪里来那么大的本事？一定是他故乡特别是他家祖坟的"风水"在暗中起作用！于是乎，国民党军在第一、第二次"围剿"都被用兵如神的毛泽东击破后，将要进行第三次"围剿"的时候，当时的湖南省主席、国民党第四路军总指挥何键秉承他的主子的心思，搞了一个破坏毛泽东故乡山水和毛家祖坟的闹剧。几十年后，当毛泽东得知国民党曾派人去韶山挖掘他的祖坟时，淡然一笑，说："何键那叫作没办法，打不赢就挖坟。"

人，不过是宇宙万物的一个组成部分，从生死循环的角度讲，与其他动植物并无二致。人死后，为微生物所侵蚀，化为乌有，是很自然的事情。所谓山水环境，只能延缓其消亡过程而不能终止其消亡本身。有人以风水来解释韶山出了个毛泽东，是因为他的祖宗葬了个好"风水"，纯属无稽之谈。毛泽东本人就不相信所谓的风水，他在《湖南农民运动考察报告》中，曾对"风水"作了寓意深刻而辛辣无比的讽刺；在此之前，还有一件事足能说明毛泽东对山水环境的独特看法：

1919 年冬，毛泽东的母亲文素勤去世，毛泽东携小弟泽覃急回奔丧，守灵数日。毛泽民对大哥说："母亲在世时，信仰神佛，我看要给她老人家买一块风水好的地方……"

毛泽东说："我们对母亲的去世，都很悲伤。但'风水'并不可信。况且，买了人家的地，求得幸福，那幸福也是别人的，不如就葬在我们自己家的山上。若老人家果真给我们带来恩荫，也是靠了我们自己的……"

毛泽东将葬母之事托付给了大弟，又返回长沙，为驱赶湖南军阀张敬尧而四处奔忙。不料，人在北京时，又闻父亲去世了。父、母去世相隔只有一百来天！

毛泽民在母亲去世后，一直犹豫不决，父亲毛顺生也不同意长子毛泽东的安排，结果，文氏灵柩停在晒谷坪长达三个多月还未下葬，一直等到毛顺生也去世，才将两位老人一起葬到上屋场对面的楠竹坨。1959 年 6 月 26 日晨，毛泽东寻到此处时，那座父母的合葬坟墓已是茅封草长，一片荒凉。

第二节　一个耐人寻味的"两党"家庭

1936 年，毛泽东在远离韶山几千里之外的陕北窑洞里，向美国记者埃德加·斯诺披露了他的家庭情况。这是他首次，也是唯一一次向外人谈及他自己的家庭。此时，他的父母早已不在人世，而他成了红军和中国共产党的领袖。从斯诺的记载来看，毛泽东情感的天平更多地倾向于母亲。事实上，父亲对他的影响并不亚于母亲。

毛泽东的父亲名毛贻昌，字顺生，清同治九年（1870 年）生。毛顺生是一个典型的湘中男子，他的身上有着一些极其可贵的特质——刚毅而又倔强，精明而又严厉。毛顺生 17 岁便开始接替父亲毛翼臣当家理事。他自取号"良弼"，希望自己能够成为父亲好的助手，兴家立业。当时，父亲毛翼臣交给他的是六七亩薄田和一笔沉重的债务。他凭借自己高大的身躯，年轻的血气，没日没夜地拼命卖力气，一心想振兴家业，但事与愿违，家境非但没有好转，且每况愈下。父亲老了，自己又是独苗一根，生活的出路在哪里呢？万般无奈之际，毛顺生想到了一条出路——当兵。

毛顺生想当兵，也是有原因的。第一，当兵是毛氏家族沿袭已久的改变生存状况的一条途径，太平天国运动兴起的时候，韶山有数以千计的人参加了湘军，经过几十年的征战，有几十名韶山人升官晋爵，更有毛有庆、毛正明等人官至提督，令毛氏家族添光生辉。第二，1894 年甲午中日战争的爆发，又促使不少韶山人纷纷走上了前线，奔走军中。

当然，毛顺生并不指望自己能够成为拥有千亩良田的大富豪，或者名震天下的大将军。他当兵的原因极其朴素，也极其简单，他需要养家糊

毛泽东的父亲毛顺生

口，同时也是为了躲避追债。于是，在官府招兵买马之时，毛顺生毅然投身行伍，在外面一待就是几年。

几年的行伍生涯，并没有给毛顺生带来梦寐以求的东西。值得庆幸的是，在他当兵的这些年，直接接触到了商品经济，沿江、沿海城市熙来攘往的人群、穿梭般过往的运货船只，使他茅塞顿开，大受启发，明白了"无商不富"的道理。更重要的是，在湘军里几年的军旅生涯，培育了毛顺生的军人气质——强悍、倔傲和勇敢，因了这种气质，他在发家致富的道路上一往无前，而且卓有成效。

毛顺生回到那个离别多年的小山冲后，不再一味地面朝黄土背朝天，而是一边种田，一边做些小生意。由于他精明能干，善于经营，且克勤克俭，逐渐积攒了一些钱，富了起来。他不仅还清了债务，赎回了父亲典当出去的田产，而且开始有了盈余。

1903年，当毛泽东十岁的时候，毛顺生成了韶山冲一个新起的中农，他自耕十五亩田，每年可收六十担谷。全家五口人一年共吃三十五担，即每人七担左右，每年有二十五担的盈余。毛顺生把这些余谷加工成大米后出售，开始做米生意。后来又得到岳家亲戚的帮助，到湘乡大坪坳一带成批地购进稻谷，雇用帮工，扩大生产，并逐渐由肩挑改为土车运送，进而发展到从银田寺雇船装运白米去湘潭易俗河等地销售。他还贩卖耕牛，饲养生猪，积攒了一些资本，1904年又买进堂弟毛菊生的七亩水田，使田产增至二十二亩，比往年多收入二十四担稻谷，升到了"富农"的地位。

在清朝末期，湘潭县隶属长沙府，就地理位置来讲，湘潭是湘、粤、赣三省的水陆交通枢纽，又是一个面积大、人口多的大县。从19世纪70年代开始，从西洋经广州进口的商品，运至湘潭，再转销内地各省。内地的农产品，如茶叶、蚕丝、药材等，也由此转运出口。当时的湘潭，百舸争流，商贾云集，且陆路的肩货工人不下十万。1905年，湘潭被辟为寄港地，英国的太古公司、怡和公司购置了一批浅水轮，专驶长沙、湘潭两地。西方资本主义的渗入，加速了农村自然经济的解体，也刺激着商品经济的发展。大多数农民趋于破产，而少数人则通过经商幸运地走上了富农经济的道路。毛顺生就是其中的一个。

已经成为"富农"的毛顺生，把大部分时间都用在做生意上。他雇了一个长工，田间的耕作和经营管理，就交给了这个长工。农忙时还兼雇短工，并让孩子们和妻子都到地里劳作。由于典地比买地更便宜，且不用自己操心农田，有利于专心经营生意，他不再买进土地，而是典进许多别人的田地。一来二去，他的资本大增至两千余元，成了韶山冲一个名副其实的"大财东"。

毛顺生善于经营，靠勤劳起家，但却是一个自私刻薄的人。他做米生意，荒年时却不肯将米平粜出去。堂弟毛菊生家境贫寒，不得以才将赖以活命的七亩地出卖。毛顺生要买进这七亩地时，毛泽东和母亲不同意，毛顺生就嚷着说："管他兄弟不兄弟，我是用钱买田。"直到新中国成立后，这件事仍使毛泽东刻骨铭心，他多次和堂弟毛泽连（毛菊生之子）谈起这件事，他说："旧社会那种私有制，使兄弟间也不顾情义。我父亲和二叔是堂兄弟，到买二叔那七亩田时，就只顾自己发财，全无兄弟之情，什么劝说都听不进去。我后来思考这些事，认清只有彻底改造社会，才能杜绝这类事情的发生，于是下决心要寻找一条解放贫苦农民的道路。"

毛顺生又是一个脾气暴躁、独断专行的人。1936年，毛泽东在延安和美国记者斯诺谈话时，曾回忆说："我刚识了几个字，我父亲就让我开始给他记账。他要我学珠算，由于我父亲对这事很坚持，我就开始在晚间记账。他是一个严厉的监工，看不得我闲着，如果没有账可记，他就叫我去做农活。他是一个脾气暴躁的人，常常打我和我的弟弟。他一文钱也不给我们，而且给我们吃最次的饭菜。他对雇工们做了让步，每月逢十五在他们吃饭时给鸡蛋吃，可是从来不给肉吃。对于我，他既不给肉也不给蛋。"

为适应越来越频繁的商务往来的需要，毛顺生印制了一种叫"毛顺义堂"的纸票，同"吉春堂"的纸票流通周转。"吉春堂"是湘乡大坪坳一家设有药材、肉食、南杂品等几个门市部的大店铺，其老板是毛顺生妻兄文玉端的岳家，姓赵。毛顺生为了与"吉春堂"结盟，一手包办了儿子毛泽覃与赵家女儿赵先桂的婚姻。除"吉春堂"外，毛顺生还与韶山关公桥的"长源河"、韶北的"忠义顺堂"、郭家亭的"南杂店"、杨林的"毛重庆"、永义亭的"李福胜"、银田寺的"长庆和"、章公桥的"彭厚锡堂"、湘乡的"钱家米店"、湘潭的"裕盛米店"等多家店铺建立了密切的商务关系。有了一批商业上的合作伙伴，毛顺生的生意越做越活，越做越大。

在经济上富裕起来的毛顺生，开始踊跃参加家族事务，在家族内部的地位也随之提高了。1911 年，韶山毛氏三修族谱，毛顺生是司事之一，主管房修项目，名排第三。此外，毛顺生还热心公益事业，捐资修路修桥，韶河上的"韶麓桥"就是 1919 年通过捐资修建的，毛顺生曾捐银洋四块，居个人捐款的第三位。对于节俭得近乎吝啬的毛顺生来说，能拿出一部分钱来用于族务和公益事业，一方面反映了中国农民那种"内紧外松"、好讲面子的传统心理，另一方面也说明毛顺生的确已经具备了一定的经济实力。主观愿望和客观条件兼而有之，其才能超过父辈，在家族和社会中获得了一定的地位和声望。

毛顺生本来身体强健，但由于奔波和劳累过度，1920 年 1 月 23 日，因患急性伤寒病而去世，享年五十岁。

毛顺生去世时，毛泽东正在北京从事"驱张运动"，对家里发生的变故一无所知。毛泽覃也不在家。丧事完全是由毛泽民夫妇料理的。毛泽东的老师毛麓钟为他代写了泣父联，兹录如下：

> 决不料一百有一旬，哭慈母而哭严君，血泪虽枯恩莫报；
> 最难堪七朝连七夕，念长男更念季子，儿曹未集去何匆。

未能给父亲送终，毛泽东感到十分遗憾，十分自责。尽管父亲有这样或那样的缺点，但他为了这个家，辛苦操劳一生，积劳成疾，过早地离开了人世，毛泽东深感悲痛和不安。毛泽东成年后，越来越理解父亲，尊重父亲。1921 年春节期间，毛泽东回韶山冲上屋场时，曾对毛泽民夫妇等说："父亲死的时候我不在家，我后来才知道，他是患急性伤寒病去世的，棺木还是从唐家坨借来的，你们操心费力了，而我却没有尽到孝敬之心啊！"

毛泽东对父母的怀念之情，没有因岁月的流逝而稍减。无论是在戎马倥偬的战争岁月，还是在日理万机的建设时期，父母的形象始终都深深地印在他的脑海里。1959 年 6 月，毛泽东回到阔别 32 年的故土。在旧居里，他久久凝望着父母的照片，思绪万千。他对随行人员说："如果是现在，他们就不会死了。"因为他的父母患的都是在新中国成立后完全可以有效诊治的病，可惜那时医疗条件太差，以致过早去世了。26 日早晨，他又特意去父母的坟前祭拜。

与毛顺生迥然不同，毛泽东的母亲文素勤则是一个性情温和、仁慈善良、乐于助

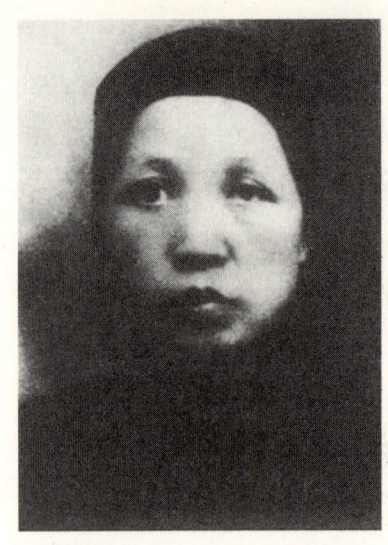

毛泽东的母亲文素勤。因排行第七，昵称"文七妹"。

人的旧时农家妇女。文素勤中等身材，容貌端秀，家里昵称"七妹"。搜阅大量历史资料，均没有关于文七妹真实姓名的记载。在以往的日子里，为中国革命贡献了毛泽东、毛泽民、毛泽覃三个儿子的英雄母亲，人们都习惯地称她为"文七妹"。

其实，文七妹是有名字的——2006 年的夏天，文献纪录片《毛泽民》的摄制组，在俄罗斯一份已经解密的档案①中有了新的发现。这是一份尘封了 60 余年的档案，第一次被中国人打开。摄制组在查阅档案的时候，意外地看到了一份毛泽民替哥哥毛泽东写的简历。从这份简历上知道，毛家三兄弟的母亲文七妹有自己真正的名字——"文素勤"。

文七妹嫁给毛顺生的原因很简单。七妹娘家在湘乡四都唐家坨，与韶山冲隔一座云盘大山，相距十余华里。文家祖坟在韶山，每年清明要到韶山扫墓。为了扫墓时有个方便落脚的地方，就把文七妹许给了韶山毛家。文七妹 13 岁时与小自己 3 岁的毛顺生订婚，那时的毛顺生刚满 10 岁。5 年后，即 1885 年（清光绪十一年），18 岁的文七妹与 15 岁的毛顺生正式圆房结为夫妻。

婚后很长一段时间，文七妹嫌毛家人少，冷清，经常回湘乡唐家坨的娘家居住。

生儿育女，为婆家传宗接代，是旧时妇女最大的责任。在封建社会，如果一位妇女多年未育，或者只生女儿不生儿子，那她在婆家的地位就会变得十分脆弱，轻则挨

---

① 这份档案存于俄罗斯国家政治历史社会档案馆。2006 年，文献纪录片《毛泽民》摄制组在档案馆的 408 房间，发现了这份关于"毛泽民"的档案，档案编号为：495-225-477。

打受辱，重则被逐出家门。

作为毛家的媳妇，文七妹是多么希望早日为毛顺生生下儿子，让公公毛翼臣乐呵呵地抱上孙子啊！况且毛顺生又是单传，越发使文七妹感到了责任重大，毛家香火能否延续，后继是否有人，完全寄托在她一个人身上。

然而，令文七妹痛苦万分的，不是不能生育，也不是不能生儿子，而是在八年内所生的两个儿子均夭折在襁褓之中。这种多舛的命运几乎使文七妹到了精神崩溃的边缘，整日生活在失望和叹息之中。她想起了孩提时代听长辈们讲过的送子观音，也想起了跟随祖母和母亲去慈悦庵、白莲庵礼佛供香的往事。看到寺庙里进进出出的男男女女，联想到自己的不幸遭遇，她坚信只有皈依佛祖，才能保她心想事成，让未来所生的儿子平安无恙。

文七妹盼子心切的心情，是可想而知的。

心诚则灵。1893 年 12 月 26 日，文七妹终于生下了她的第三个儿子毛泽东。

毛泽东生下后，文七妹喜忧参半。喜的是儿子终于盼到了，忧的是害怕毛泽东又像他的两个哥哥一样"根基不稳"。为保佑毛泽东平安无恙，文七妹除了向南岳观音菩萨"许愿"，并虔诚地吃"观音斋"外，又一连让毛泽东拜了两位干娘。

毛泽东出生不久，文氏便抱着毛泽东回到娘家唐家坨住。因为毛泽东的七舅妈赵氏子女颇多，而且个头长得高大健壮，文七妹便要毛泽东拜七舅妈赵氏为干娘，希望托七舅妈的福，庇护他健康成长。

慈祥的赵氏十分乐意，将毛泽东视为己出，呵护有加。毛泽东的七舅文玉瑞则理所当然地成了毛泽东的"干爹"，他将毛泽东与自己的子侄并列排行，期望毛泽东和表兄弟们一块儿顺利地长大成人。

为毛泽东拜了一位干娘，文七妹还是有些不放心，于是又让毛泽东拜了另一位干娘。不过这位干娘不是活生生的人，而是一块巨石，当地人叫"石观音"。"石观音"位于韶山滴水洞与毛泽东外婆家唐家坨的路途中，从滴水洞翻过龙头山，西望龙潭坨，便可见一块石头拔地而起、高十余米的天然巨石，岩石大小两块相连，做搂抱状，似母子相依。石后，有一股泉水从山洞中潺潺流出，终年不涸、长流不断。传说此地过去曾出过妖怪，危害百姓，有个神人移来这块巨石，将妖怪镇在石头底下，从此一方平安。后来，人们把这块石头当作神佛崇拜，取名"石观音"，并在巨石上建了一座小庙，名曰"雨神庙"。

有一天，文七妹抱着毛泽东，并带上香烛果品等物品，虔诚地来到"石观音"面前，供食进香，作揖叩拜，扶着毛泽东跪拜"石观音"为"干娘"。因毛泽东排行第三，所以起名为"石三"。从此，"石三伢子"的乳名，就在乡亲中传开了。在毛泽东离开韶山以前，人们都管他叫"石三伢子"，而不叫毛润之，也不叫毛泽东。

父母是孩子的第一任老师。一个人的少年时代，家庭的影响是至关重要的。毛泽东在后来回忆自己的家庭时说："我家分成两'党'。一个就是我父亲，是执政'党'。反对'党'由我、我母亲和弟弟组成。有时甚至连雇工们也包括在内。可是在反对党的'统一战线'内部，存在意见分歧。我母亲主张间接打击的政策。她批评了任何公开动感情和公开反对执政'党'的企图，说这不是中国人的做法。"

这样的"两党"家庭，的确是一个耐人寻味的环境。父亲的刻薄，造就了毛泽东对自私、专制的"恨"，造就了他对旧社会的叛逆性格。母亲的仁慈，造就了毛泽东对穷苦人的同情。而这些，又水乳交融般地联系在了一起。

当然，毛泽东对父亲的"恨"，只是他情感的一个方面。他恨的是父亲身上所表现出来的刻薄品格。作为生他养他的亲人，毛泽东在心灵深处一直对父亲有着深深的爱。更何况，后来父亲对他的态度也有了改变，支持他外出求学。1919 年秋，毛泽东在母亲去世后，曾把父亲接到长沙居住，同去的还有他的伯父。毛泽东还特地和父亲、伯父、弟弟毛泽覃一起合了影。

毛顺生是个性非常突出的人物。看他生前的照片，身板硬朗，目光冷峻，瘦削而棱角分明的面孔，饱经风霜，透出一种刚毅、倔强之气。

文七妹虔诚地信仰佛教，她不但自己信，而且还把"积德""行善""因果报应"等观念和思想灌输给孩子们，让孩子们跟着她一块信佛。每逢初一、十五，文七妹便和毛泽东在堂屋的神龛前摆放香烛祭品，虔诚地向菩萨跪拜和祷告。

毛顺生不信神佛，这使文七妹和毛泽东感到失望和伤心。他们好几次想把毛顺生转变过来，不但没有成功，反而遭到毛顺生的责骂。在他的责骂之下，文七妹和毛泽东只好退让，另想办法。

　　毛顺生早年和中年不仅不信佛，也不迷信风水，他坚信只有靠勤劳和血汗才能摆脱贫困，振兴家业，而祈求神佛保佑是一种懦弱无能的表现，也不见得有什么实效。他一生务过农，当过兵，经过商，在毛氏家族中，算得上是经过风雨、见过世面的人，在任何困难和挫折面前都不曾低过头。凭着自己不屈不挠的奋斗精神，毛顺生硬是把父亲交给他的一个"烂摊子"变成了一个像模像样的殷实之家。他不仅还清了债务，赎回了田产，而且还大大地发展了家业。原来的五间半茅草房，在他手里也改建扩充成了十三间半瓦房。至此，毛顺生这个从奋斗中站起来的"强人"，完全可以说上不愧对祖宗，下不愧对妻儿。

　　毛顺生信佛，是晚年的时候。有一天，他出去收账，路上遇到一只老虎。老虎猝然遇见人，慌忙逃跑了，这使毛顺生感到非常吃惊。对于这次有惊无险的奇迹，他后来想了很多。他开始觉得，是不是得罪了神佛。从此，他开始敬佛，有时也烧些香。但他只有处境不顺当的时候，才会求神拜佛。

　　毛泽东晚年自称身上既有虎气，是为主；又有猴气，是为次。这大概是在长期斗争中锤炼而成的。但从天赋条件来讲，他从慈母那里继承了"博爱"的天性，从严父那里接受了刚毅而倔强的禀赋，特别具有反抗精神。

　　父亲暴躁、专制而又自私，母亲温和、善良而又无私。慈母与严父的不同气质，在毛泽东身上重叠组合，正好从正反两个方面锻造了少年毛泽东的品质，成了他性格的最初胚胎。如果说母亲让毛泽东产生了拯救苍生、改造社会的最初冲动的话，那么，父亲则赋予了他将冲动化为义务、付诸行动的意志和原动力。

　　过去，有些人在探讨父母对毛泽东的影响时，往往过分强调母亲对毛泽东性格的影响，而忽视了父亲对他性格的影响。其实，如果毛泽东在性格上完全像他的母亲，便不可能成为后来的毛泽东，就他母亲的性格而言，可以养性，但难以临危难，成大事。正因为毛泽东除了继承了母亲"博爱"的天性之外，还继承了父亲的刚毅和倔强，他才有可能成为后来的毛泽东。从毛泽东不信邪、无所畏惧、百折不挠和坚韧不拔的奋斗中，都可见到他的父亲毛顺生的影子。

第三节　一桩毛泽东不承认的婚姻

1936 年，毛泽东在陕北接受美国记者埃德加·斯诺采访时，曾说："我 14 岁时，父母给我娶了一个 20 岁的女子，可是我从来没有和她一起生活过——后来也没有。我并不认为她是我的妻子，这时也几乎没有想到她。"

这是毛泽东的第一次婚姻，已经出版的许多书籍上对此都有所描述。

美国著名作家、记者索尔兹伯里在《长征秘闻》中谈到毛泽东的第一次婚姻时说："毛 15 岁时，他父亲曾强迫他与一个比他大四五岁的女子结婚。他出于礼仪参加了婚礼，但拒绝与她接触。由于这桩不圆满的婚事，这个女子的名字始终没有透露过。"

英籍作家韩素音女士也在《毛泽东与中国革命》一书中猜测说："毛不肯和那位姑娘有任何联系，这使新娘一家备受闲话与羞辱，直到今天，韶山人还不肯说出新娘姓什么。我们仅知道她比他大四五岁，容貌秀丽。"

那么，毛泽东所说的"20 岁的女子"，即他的原配妻子到底是谁呢？

1911 年编撰的《（湘潭）中湘韶山毛氏三修族谱》卷十三中，记载了毛泽东第一次婚姻的情况："泽东，字润之，光绪十九年十一月十九日辰时生，配罗氏，光绪十五年九月二十六丑时生，宣统二年正月初二寅时卒。"

由此可见，毛泽东的原配叫罗氏。

罗氏真名叫作罗一姑，人称大秀，家住湘潭县杨林乡赤卫村楼门前（今属韶山市杨林村），生于光绪十五年（即公元 1889 年）九月二十六日，比毛泽东大四岁零两个月。毛泽东曾对斯诺说："我 14 岁的时候，父母给我娶了一个 20 岁的女子。"这可能是毛泽东在罗氏的虚年龄的基础上进行了夸大，也有可能是斯诺记录有误，因为当时毛泽东和斯诺对话时，毛泽东用的是汉语，而斯诺是用英语提问的，中间由翻译相互传达，出现错误也在所难免。同样，毛泽东在《毛泽东自传》里说"我父母在我 16 岁时就给我娶了一个 20 岁的女人"，也是按虚年龄计算的。

罗氏家境较富裕，有田产，不乏读书之人，在当地也算是颇具声望的大户。在这样的家庭环境中长大的罗氏，聪明贤惠、知书达理。她在家中排行第二却是长女，因此操持家务也是一把好手。

而毛泽东的父亲毛顺生是个勤俭持家、精明能干的人，他之所以给儿子找一个"大媳妇"，也是有他自己的盘算的。

一是毛、罗两家本是世交，上两辈就有亲戚关系。罗氏祖母毛氏，是毛泽东的祖父毛翼臣的堂姊妹，即韶山冲毛咏堂之女，亦即毛泽东的姑祖母。旧时社会上习惯以表兄妹结亲，谓之"亲上加亲"，并视为美举。

二是毛顺生想要拴住毛泽东的心。当时，虽然毛泽东辍学在家务农，但毛顺生总觉得他人小心大，不够安分。他知道山外有山的道理，担心毛泽东的心要飞出山外。毛顺生一心一意地想要毛泽东学习商业，继承他辛辛苦苦创下的家业并发扬光大。他坚信，女性的温柔是可以消磨男人的凌云壮志的，养家糊口的担子重了，毛泽东想飞也飞不走。

三是为了亟待解决的家庭劳力问题。毛家当时有水田二十余亩，毛顺生长年在外从事贩卖生意，虽然家里请了一个长工，但家中里里外外仍靠毛泽东的母亲文七妹一个人操持。文氏既要照顾年迈的公公毛翼臣，又要照料毛泽东兄弟三人，当时毛泽东的小弟弟毛泽覃尚只有两岁，文氏时常要带他下田劳作，肩上的担子实在太重了。而当时罗氏年方十八，温顺善良、身高体壮，是一位操持家务的好手。因此，毛顺生见到这位表侄女后，甚为喜爱，在给大儿子毛泽东讨了一个媳妇的同时，无疑也给家里添了一个上等的劳动力。

而罗家见毛泽东年仅 14 岁，虽未到男子成熟的年龄，但长得一表人才，而且聪明好学，知书明理，才华出众；加之毛家的家境也好，又是亲戚，可谓门当户对。因此，罗家欣然答应与毛家结为秦晋之好。

1907 年，毛、罗两家的老人"合八字""订庚""择吉""发轿""拜堂"，在短短的几个月之内，就完成了旧时结婚的所有仪式。毛泽东和他的原配夫人罗氏就在这看似热闹非凡的传统婚庆中，被两方的老人撮合到了一起。

少不更事的毛泽东，根本就没有想到父母会这么早为自己操办婚事，因此心中闷闷不乐。为顾及父母和亲友的面子，他只好默默忍受着这桩"痛苦的婚姻"。美国作家特里尔在《毛泽东传》中这样写道：

> 可怜的毛泽东呆若木鸡。出于某种考虑，泽东有礼貌地接受了这种生硬的可怕的仪式，他规规矩矩地向每位来宾磕头。惊恐万分的新娘被揭去红盖头，像新买来的商品第一次接受检查。但是他绝不与这位比他大六岁的新娘住在一起，并发誓说绝不碰她一根手指头。

对于这桩婚姻，不管毛泽东的态度如何，毛、罗两家的老人都是满意的，尤其是毛顺生和文氏。罗氏嫁到毛家后，为毛家增添了劳力，也成为文氏最得力的助手。而18岁的新娘罗氏，当时也是幸福的，虽然自己比毛泽东大四岁，但是她是通过明媒正娶嫁到毛家的，是毛家的长媳，其地位已得到族人的认可。从此，罗氏以"生为毛家人，死为毛家鬼"的姿态，进入角色，开始适应毛家的生活。但她万万没想到，从两家大人提亲时起，就已经开始了这场婚姻的悲剧，罗氏将在毛家度过她婚后寂寞而短暂的生涯。

罗氏嫁到毛家时，正值毛家人丁兴旺、家业发展顺利之时。罗氏在毛家克尽儿媳之责，帮助婆母文氏夫人干些针线女红之类的活计，颇为相得。她很体贴丈夫，为他端茶送饭、洗衣浆裳，和弟媳王淑兰（毛泽民的发妻）相处得也很好。

毛泽东对父亲的包办婚姻心存不满，他秉承了父亲的倔强性格，渐渐滋生了反叛心理，但他没有采取"逃婚"等方式来反抗，而是采用既默认又不顺从的独特方式来应付这场婚姻——坚决不和罗氏同房。

刚开始，毛顺生和文氏还以为自己的儿子毛泽东性格内向，不爱说话。渐渐发现毛泽东和罗氏之间好像有一种隔阂，于是他们就开始劝导毛泽东。但任凭他们怎么劝导，毛泽东就是不与罗氏同房。母亲见他年龄小，而且这种事也不能过多地明说，也就暂且作罢。毛顺生大骂毛泽东"大逆不道"之后，也只能赞同文氏的意见，心想过段时间儿子是会转过弯来的。

后来，毛泽东也改变了策略，他坚持每晚睡前一个人坐在外面看书，累了就一个人另"困"。由于毛泽东看书时用毛毯挡住了窗子，父母大人以为儿子已经"转过弯来"，心中窃喜。罗氏脸皮又薄，不好意思同婆婆等人讲，抑郁一天天淤积在心。

罗氏在毛家度过了她短暂的人生旅程上的最后三年。1910 年 2 月 11 日（农历正月初二），罗氏因患细菌性痢疾去世，年仅 21 岁。毛泽东和家人怀着不同的感慨，将罗氏埋在上屋场对面的楠竹坨，坟茔离后来安葬的毛泽东父母墓只有几十步远，绿荫一片，宁静安详。年轻的罗氏静静地陪伴着她的阿翁阿婆，躺在这里已近百年。她未能看到她的丈夫毛泽东后来成为中国人民的伟大领袖，未能看到她的丈夫与他的战友们所开创的千秋基业，未能享受到新中国的幸福生活。最遗憾的是，她没能看到新中国妇女的翻身解放和婚姻自由。

尽管与罗氏转瞬即逝、徒有虚名的婚姻于毛泽东没有任何实质性的意义，但对毛泽东后来婚姻观的形成却有着很大的影响。10 年之后，毛泽东对长沙"赵五贞小姐自杀事件"给予了非同寻常的关注——

1919 年 10 月，长沙发生了一起反叛包办婚姻的悲剧。当时，长沙有一家眼镜店，店主叫赵海楼，其有一女叫赵五贞。赵五贞就读于周南女中，知书达理，善裁缝和刺绣，在婚姻上也有自己的主张。然而，父母听信媒婆之言，要把她嫁给一个有钱的古斋少老板作填房。赵五贞不顺从，于是在出嫁的当天，在花轿上用剪刀切喉自杀。

毛泽东从《大公报》上得知这一惨剧后，震动极大。悲剧发生的第二天，他就写了《对于赵五贞女士自杀的批评》一文。毛泽东在写这篇文章时，一定想到了自己的原配夫人罗氏。也是由于父母的包办，罗氏自 18 岁嫁进毛家，没有过上一天真正的夫妻生活，不到三年，罗氏即在婚后的寂寞与孤独中死去。她和赵五贞一样，死在封建婚姻的棍棒之下。

毛泽东越想越痛恨封建制度给青年人带来的痛苦，于是，他怀着对旧婚姻制度的极大义愤，又连续在《大公报》《女钟界》等报刊上发表了《赵女士的人格问题》《改革婚制问题》《婚姻问题敬告男女青年》《打破媒人制度》《女子自主问题》等十余篇文章，指出赵女士的死是由于社会、母亲、夫家"三面铁网坚重围着，求生不能"，"这件事的背后，是婚姻制度的腐败，社会制度的愚昧"，"思想不能独立，爱情就不能自由"。

毛泽东深深地知道，自己就是封建旧婚姻制度的受害者，而自己的原配夫人罗氏则和赵五贞小姐一样，成为封建婚姻制度的牺牲品。他痛斥媒人说合、父母包办、八字定终身的封建旧俗，推崇恋爱神圣："夫妇关系，完全要以恋爱为中心，余事种种都系附属。"并称赞赵五贞的人格："不自由，毋宁死。雪一般的刀上面，染上怪红的鲜血。柑子园尘秽中被血洒满，顿化作庄严的衢。赵女士的人格也随之涌现出来，顿时光焰万丈。"他主张对旧式婚姻的反叛应当采取斗争的形式，而不是无谓的自杀。

毛泽东和罗氏短短三年的婚姻，只有形式没有实质，自然他们也没有孩子。1941年编撰《（湘潭）中湘韶山毛氏四修族谱》时，毛宇居将毛泽东和杨开慧的第三个儿子毛岸龙（远智）列在罗氏名下承桃。

毛泽东虽然不承认与罗氏的这桩婚事，但他与罗家的亲情不但没有被割舍反而在以后的漫长岁月中得以丰富和升华。

中华人民共和国成立后不久，一封由北京邮来的交"罗鹤楼老先生启"的信件，寄往罗家。这正是毛泽东的亲笔信，收信人罗鹤楼便是罗一姑的父亲。毛泽东向罗府全家表示问候，并说如罗老先生身体尚健，欢迎他去北京走走。遗憾的是，罗鹤楼老先生已于 1943 年 12 月去世了。关山阻隔，毛泽东不知这个情况，才有了这封迟到的信件。

1925 年 2 月，毛泽东回乡搞农民运动，常去杨林一带走村串户，访贫问苦。罗家是去杨林的必经之地，毛泽东因此常去罗家。这期间，毛泽东与罗老先生，还有他的侄儿罗石泉交往甚多。在毛泽东的影响下，后来罗石泉加入了中国共产党，连罗鹤楼老先生也成了农协的积极分子。

"马日事变"后，罗鹤楼和侄儿罗石泉自然受到牵连。国民党反动派抄了罗鹤楼的家，逮捕了罗石泉，对他们进行了种种迫害。50 多岁的罗鹤楼只好携家带口，远赴洞庭湖区种湖田。罗石泉被罚重款后，经人保释出狱，去华容一带当上了教书先生，过着颠沛流离的生活。直到抗日战争爆发后，他们才回到家乡。回家不久，罗鹤楼老先生就去世了，终年 72 岁。

新中国成立后，罗石泉在家乡教小学。前面说到的毛泽东写给罗鹤楼的信，便是由罗石泉代为复信的。毛泽东收到他的信后，即给他写信：来信收悉，十分想念你们。承蒙关注，极表谢意。

　　1950 年 5 月，毛岸英受父命回乡，专门约请罗石泉到他居住的毛氏公祠见面叙谈。毛岸英依乡例叫他"舅舅"，赠他鹿茸、茶叶及人民币 20 万元（旧币），详细询问了他的家庭生活和身体状况，转达了父亲对他的问候。

　　那时，罗石泉已经 61 岁，年老多病，家口众多。他任教的小学是族立学校，薪水没有保证，生活十分困难。毛岸英回京后，向父亲谈了罗家的情况，毛泽东当即请人为他汇去 300 万元（旧币），以解燃眉之急。弟媳王淑兰从北京回韶山负责招待所的工作后，毛泽东又嘱咐她：要常去罗家看看，他们都是受苦人。王淑兰记着大哥的嘱托，曾多次和九弟毛泽连去罗家看望他们，并送去大米、黄豆和豆腐干等食物。

　　从以上的事实不难看出，毛泽东当年不满意的只是那桩父母包办的封建婚姻，而对罗氏和罗氏家族，却没有丝毫的嫌弃之意。相反地，正是因为这桩婚姻的不幸，他对罗氏一家更加充满了关心和同情。

第四节　走出乡关

罗氏去世后，毛顺生和毛泽东都显得沉默了许多。毛泽东在沉默中思考，毛顺生则在沉默中奔忙。但这种沉默并没有维持多久，父子之间就发生了冲突。

一日，家里来了一些生意场上的客人，上屋场顿时热闹起来。一谈到生意，大家满口都是"赵公明"。毛泽东对这些却甚感厌烦，不愿意加入其中。

毛顺生把毛泽东叫来，见过客人，有意让他向这些客人学一学：不但要学会种田，还要学会经商。儿子最终不得不斜着屁股坐到跟前，父亲一看他这个样子，大为扫兴。客人倒是恭维他有个好儿子。毛顺生一听，不由得愤然道："你们哪里晓得，我这个儿子，又懒又蠢，没得用啊！"

面对父亲的当众"羞辱"，毛泽东也火了："爹！你怎么不讲道理？我么子时候懒过？你年纪比我大，当然事做得多。我到你这年龄，会比你更有用！"

面对儿子的顶撞，毛顺生伸手就要揪毛泽东的耳朵。儿子机灵得很，转身便跑。父亲也跨过门槛儿去追，几个客人尴尬地跟在后面。毛泽东跑到塘边，毛顺生也跟到塘边。儿子突然威胁父亲道："爹！你再追，我就跳下去！"

父亲不由得一怔，咬着牙说："你，你，你给我跪下！"

"你答应今后不打我了，我就跪！"

父子僵持了半晌，毛顺生终于说："好！你跪下！"

毛泽东便单腿给父亲跪了跪，算是给了父亲一个面子。

本来，毛顺生以为大儿子体格健壮，脑子灵活，完全是做生意的好料，一心想着毛泽东能够沿着他开创的致富之路继续前行，使上屋场更加"昌盛"。但通过这件事情，毛顺生发现自己错了——他会记账，比自己记得还好；他双手打算盘，并不比自己差。然而，毛泽东好像对这些毫无兴趣。于是，他便想将儿子引向其他方面，"子不教，父之过"啊！他必须尽到做父亲的责任，尽管他知道做毛泽东的父亲很不容易。他让儿子加紧干活，毛泽东与长工一道包了田里所有的活计，不论轻重，毛泽东都干得相当出色。但父亲仍不满意，因为儿子总是忙里偷闲，忘不了看他的书。

一日，毛泽东挑完粪，在烈日下来到一棵大树下，放下扁担，便坐在地上，然后从裤袋里抽出那本心爱的《水浒传》，读了起来。正看得出神时，猛听一声怒吼，接着书被抢走。毛泽东不由得愤怒地跳起来，一看却是父亲。

"你事不做，在树下歇凉！"

"你要我做的都做完了，不信你去看看！"

父亲有些不相信，气冲冲走到田边，见儿子果然都完成了。毛顺生知道错怪儿子了，有些不自然地把书还给了儿子。但他对儿子爱读书总是觉得碍眼，因为正是这些书把儿子教得"不孝"，儿子还常常引经据典说他"不慈"，说是"父慈子才能孝"。毛顺生却总说不过儿子。

这时，韶山冲来了一名叫李漱清的教师。李漱清是长沙法政学校毕业生，是一个思想开明的维新派人士。李漱清到韶山冲后，积极主张废庙宇、办学校，开发民智，尤其反对封建迷信，因而被当地的土豪劣绅们污蔑为"过激派"。毛泽东却从这个新派人物身上，感受到一股朝气，经常到他家里去，向他借书看，听他讲述中国和世界的大势。经过接触，李漱清也开始喜欢毛泽东，他很欣赏毛泽东不同凡响的思想和才气，热情地向他推荐新书，支持毛泽东多读书，开阔思路。当他得知毛顺生不让毛泽东读书时，还专门到毛顺生那里劝说。毛顺生说："我家石三伢子在屋里，只要请一个长工就行了。"李漱清说："你屋里石三伢子读出书来，抵得上几十个长工！"对此，毛泽东一直感念于心。1925年，毛泽东在广州国民党党部主办《政治周报》时，还邀请李漱清前去协助。直到新中国成立后，还和李漱清保持着通信联系。

毛泽东在韶山最后也是最激烈的一次行动，宣告了毛顺生对儿子所寄托希望的最终破灭，也宣告了毛泽东已挣脱家庭、家族以及封建礼教对他的束缚。

1910年夏秋之际，韶山发生了一场"饥民暴动"。当时，韶山地区大部分农民处于饥饿状态，可族长毛鸿宾却把族上的一百多担谷子私下高价卖给米商，以获取暴利。族人发现后，纷纷找到毛鸿宾，愤怒地指责他，要求开仓平粜。毛鸿宾倚仗族长的权势，竟把领头的佃农毛承文捆起来，扬言要在祠堂里按族规惩罚。这时，毛泽东闻讯赶到祠堂，和毛鸿宾当面进行辩论。

毛泽东慷慨陈词，指出违反族规的不是要求平粜的毛承文，而正是私下高价卖谷的族长本人。愤怒的群众也纷纷站到了毛泽东一边。毛鸿宾自知众怒难犯，只得放了毛承文，并答应交还私自卖出的稻谷。

这件事一时间在韶山传播开来，贫苦的农民扬眉吐气，纷纷称赞毛泽东。

风潮其实还波及毛泽东的家庭。毛顺生趁粮食紧张之机，也悄悄地把一些粮食运到城里卖高价。有一次，运出的稻谷在半路上被穷人们截住没收了。后来，一些穷苦的人还冲到他家里"吃大户"。

毛顺生怒不可遏，而毛泽东却站在穷苦的乡亲们一边，并不同情他的父亲。只是，毛泽东同时"觉得村民们的方法是不对的"。

毛泽东赞成农民们的造反精神，但采取什么方法，他思想上仍然是不确定的。

这些事情的接连发生，在已有反抗意识的少年毛泽东的心灵上引起了强烈的震动。这就使他由对父亲专制、自私的反叛意识，进一步发展为对社会的反叛意识，并对群众性阶级斗争方式予以深深关注，促使他开始思考改造社会的方式和道路问题。

毛泽东后来回忆这一时期的思想状况时说："这些接连发生的事情，在我那早有反抗意识的年轻的头脑里，留下了不可磨灭的印象。也就在这个时期，我开始有了一定的政治觉悟。"

已经具有一定政治觉悟的毛泽东，思考的已经是国家和社会的问题。他的世界观发生了深刻的变化，感到中国不能守着老样子不变了，他也不愿再守着老样子不变了。

进一步了解这世界的大势后，偏僻闭塞的韶山冲已经锁不住毛泽东那颗年轻火热的心。他越来越强烈地意识到，国家兴亡，匹夫有责，他决心要走出闭塞的韶山冲，到外面的世界去闯一闯，去干一番事业，去寻找救国救民的道路。

1910年秋天，也就是辛亥革命爆发的前一年，16岁的毛泽东完成了他一生中第一次关键性的转折，挑着简单的书籍、行李离开闭塞的韶山，走向外面更广阔的世界。

这是一个枫叶红得烂漫的季节。毛泽东，从韶山毛氏家族定居了400余年的韶山冲中心出发，逆着老祖宗由湘乡来韶山的路线，奔向了外面风起云涌的世界。

本来，毛顺生是坚决反对儿子毛泽东去东山高等小学堂读书的。三年前，为了拴住毛泽东的心，他曾一手操办了毛泽东与罗氏的婚事。现在罗氏病故了，家里更缺劳力，更需要毛泽东为这个家挑起担子。但几年前败诉的一桩柴山公案又使他犹豫不决——毛顺生自己识字不多，在这桩柴山公案中，明明自己有理，但说不出来。而对方引经据典，被告反而变成了原告。他眼睁睁地看着柴山被断给了被告。一想到这件事，毛顺生就来气。他想，如果自己的儿子毛泽东能多读点书，也能引经据典，给自己争口气就好了。

因此，当毛泽东提出要去湘乡东山高小读书时，毛顺生的内心很是复杂。后来在亲戚朋友的劝说之下，毛顺生的心更加动摇，最终还是同意让毛泽东出去上学。没想到，毛顺生的这一举动，竟影响了中国革命的进程。如果毛顺生当时不同意毛泽东继续上学，毛泽东就不可能走出韶山冲，而有可能成为一个像父亲毛顺生一样出色的商人，但不可能成为领导中国革命的一代伟人。那么，中国就有可能会是另外一种样子。至少，像邓小平所说的，没有毛泽东，中国革命将在黑暗里摸索更长一段时间。

在去湘乡东山高等小学堂之前，毛泽东以改写他人之作的方式，给父亲留下了一首言志诗：

> 孩儿立志出乡关，学不成名誓不还。
> 埋骨何须桑梓地，人生无处不青山！

这时的毛泽东，已经在抗争和"背叛"中学会了妥协，他的"走出乡关"，便是抗争与妥协的统一。他愈来愈懂得：他的敌手不应当是父亲，而是更多可恶的人——后来，他更加明白，他要毕生与之战斗到底的，乃是一个旧的社会制度。在此后的大半个世纪里，毛泽东完成了对韶山毛氏家族的彻底反叛，终于将一个儒家思想统治了几千年的泱泱大国，改造成一个全新的国度。毛泽东个人也建立了远远超过毛氏始祖毛伯郑以及周文王等人的赫赫功业。

第五节　毛泽民的美满初婚

　　长子毛泽东的"抗婚"，给毛顺生的震动很大，让他刻骨铭心。

　　寄予希望最大的长子走了，媳妇也去了，但日子还是要过的。家里缺人手，必须想办法解决，因此毛家为二子毛泽民娶妻的事又列上了日程表。

　　如果说长子毛泽东的初婚是失败的，那么次子毛泽民的初婚则是十分成功的。毛顺生吸取了长子的失败教训，这次包办的媳妇王淑兰是和二子泽民同年出生的。

　　王淑兰，生于 1896 年 2 月 5 日，湘乡金石乡安乐村刘家湾人，与文七妹是同乡，并有表亲关系。王淑兰不仅人长得标致，且性格活泼洒脱。她的父亲，是一位勤劳的庄稼人，为了养家糊口，操劳过度，致使身体早衰，四十多岁即染上了肺病，过早离开了人世。母亲是一位家庭妇女，生有一儿一女。

　　出身贫苦农家的王淑兰，是一个典型的湘妹子：大眼睛，高鼻梁，皮肤白皙，身材苗条，性格开朗泼辣，说起话来快言快语。王淑兰为人贤淑，机智能干，热爱劳动，来到毛家时，毛泽东已去长沙读书，毛泽民正全力协助父亲治理田产，经营买卖。料理家务的担子自然落到了王淑兰的肩上。

　　每天清晨，王淑兰总是第一个起床，生火做饭，收拾房间，洒扫庭院，缝补浆洗，喂猪养鸡，房前房后、屋里屋外一通忙活。还要服侍翁婆，参加一些农活儿。她心灵手巧，干活麻利，深得婆婆的喜爱。婆婆文氏是一个心地善良、贤惠宽厚的妇女，但常年病卧在床。她端茶送饭，洗衣擦身，照顾得周到细微。王淑兰在冲里遇到或听说什么新鲜事儿，总要讲给婆婆听；婆婆有什么事情要办，也总爱找媳妇商量。婆婆善待穷人，

王淑兰（毛泽民发妻）

经常以钱物接济他们，王淑兰受婆婆的影响，也尽自己的能力，帮助穷人渡过难关。婆媳二人的善举，至今被韶山人传为美谈。

毛泽民成家后，正是毛家家业最红火的时期。父亲外出跑买卖，种田持家就全靠这对小夫妻。那时，家里已有 20 多亩田，靠毛泽民一个人不行。每当农忙时，毛泽民要请四五个短工，有时还请个把长工插秧、扮禾。毛泽民要照顾田里的伙计，还惦记着家里的王淑兰。开饭之前，他总要先回家一趟。他知道，帮工的都是壮劳力，人多饭菜多，王淑兰是小脚，那么大的蒸饭桶，她一个人端不动。他帮助王淑兰把饭菜装好后，拎着饭桶又回到田里。

大哥毛泽东和小弟毛泽覃都在长沙读书，毛泽民在家里种田，无论他们是去是回，都是毛泽民挑担子接送，还要为他们提供生活费。毛泽民任劳任怨，从来没有一句怨言。

毛顺生在生意上很顺利，再加上毛泽民夫妇的辛勤和节俭，上屋场很快就扩建成了十三间半新瓦房。毛泽民把自己和王淑兰的卧室安排在整个上屋场的最后面，那里光线最差。他却把最好的房屋留给了不常在家的哥哥和弟弟。

勤劳、善良的共同本性，营造一个富裕殷实的小康之家的美好愿望，使毛泽民和王淑兰两颗朴实的心紧紧地贴在了一起。

1918 年春天，上屋场曾遭到一次散兵抢劫。那是民国临时大总统孙中山发动"南北战争"期间，北洋军在湘、川等省接连失败，于是在这年年初，发生了第二次湘战。地境偏僻的韶山冲，本非兵家必争之地，却有一天，突然冲来了一伙散兵游勇。他们包围了上屋场，还不时朝天上放枪。

多少年来，韶山从未进过官兵，王淑兰怕是来抓壮丁的，急忙将丈夫毛泽民推到床底下，躲了起来。

两个散兵进屋后，就用刺刀逼着王淑兰要钱。王淑兰不紧不慢地说："家里的钱都是我男人管着，不知道他放在哪里了。"

散兵见王淑兰不给钱，便举手打了她五岁的儿子毛远益两记耳光，孩子吓得哇哇地哭起来。

散兵又开始在屋里翻箱倒柜地搜寻钱财，还用枪刺在床下乱捅了一阵。王淑兰的心一下子提到了嗓子眼儿，不由得闭上了眼睛，心想："这下，孩子他爸爸可完了！"

两个散兵捅了一阵后，一无所获。接着，又爬到阁楼上去搜东西，将上边的衣物一包一包地往下扔。王淑兰眼疾手快，拣起值钱的东西就往床底下塞。

散兵乱翻了一通，便走下阁楼，一见包袱少了不少，就气急败坏地逼问王淑兰："那么多的东西，都到哪儿去了？"

王淑兰机智地回答说："被刚才来的你们的同伙背走了。"

这时，村里的人发现有散兵抢劫，便鸣枪呼喊，吓得这群乌合之众一溜烟儿地跑掉了。

王淑兰赶忙回屋去看毛泽民，不想，他笑嘻嘻地从屋里出来了。王淑兰一把抱住他，眼泪不由得汩汩地落了下来。原来，在散兵用枪刺在床底下乱捅时，机警的毛泽民，用双手紧紧地抠住床板下的木撑子，双脚蹬住另一头，将身体悬离地面，才逃过这一劫。

可以说，在毛泽东离家求学走后的这一非常时期，是毛顺生过得最顺心的日子。家庭空前的和睦，次子毛泽民和王淑兰的勤劳能干，颇得毛顺生欢心。毛顺生显得比以前精神多了，酒盅也端得勤了。慢慢地，他甚至养成了在别人面前捋八字胡须的习惯，手高手低之中，透露出无比的自豪和得意之感。

第六节　毛家兄妹与父母的亲情

　　罗氏病逝后的当年秋天，毛泽东走出"韶山冲"，到湘乡东山高等小学堂读书，1911 年入长沙湘乡驻省中学读书。辛亥革命爆发，毛泽东参加湖南新军，半年后，又在"南北议和"声中退出，以第一名的成绩考入湖南省第一高等中学，校长是学界名流符定一。40 年后，毛泽东邀请他到中南海，传出一段佳话。毛泽东在此校读书一年。1913 年毛泽东考入长沙湖南省立第四师范学校，次年四师和一师合并。1918 年 6 月毕业后，毛泽东一边组织开展新民学会的革命活动，一边在修业小学任主事。

　　毛泽东不在韶山的这几年，家里的事完全靠毛泽民维持。毛泽民很能干，只有农忙时才请雇工帮忙。每当上屋场要请月工，只要是毛泽民招呼，谁都愿意来帮工，一是他给人家吃得好，不仅有肉，还能吃到他家鱼塘里的鲜鱼；二是他会当天给人家付工钱，从来不拖欠。

　　毛顺生的生意也很顺利，且越做越大。有了钱，毛顺生便想到改善家庭的居住条件。于是在 1917 年，将老屋的五间半茅草屋顶换成了青瓦屋顶，又先后为儿子们建造了居室，还建造了农具室、碓屋、牛栏、柴房等，一共十三间半瓦房。

　　文七妹是个心地善良的普通农村妇女，为人慷慨，富有同情心，随时愿意接济别人。每当青黄不接，穷苦的乡亲来门前讨米时，她常常拿给他们。但丈夫在场时，她却不能这样做。毛顺生不赞成施舍。

　　毛泽民钦佩母亲那颗善良、仁慈之心，也很同情穷苦人。一次，细心的毛泽民发现自家的鱼塘边散落了几片鱼鳞，知道有人偷了他家的鱼。当晚毛泽民便蹲在暗处守候。不一会儿，只见对面人家轻悄悄地走出一个人来，那人先在他家鱼塘里捞了一条七八斤的大青鱼送回家，渔网还留在鱼塘边。毛泽民没有作声，继续蹲守着。没过一会儿，那人果然又来了，又捞走一条大鱼。这下，毛泽民可憋不住了，大步追了上去，用他的高大身体卡住这家的屋门。偷鱼的人自知理亏，任凭毛泽民把两条刚捞上来的活蹦乱跳的大鱼拿走了。

回到屋里，毛泽民把刚才发生的事说给母亲听，还表现出很得意的样子："咱家的鱼塘已经丢过好几次鱼了，今天，总算把偷鱼贼抓住了！"不想，母亲的脸却阴沉下来，她批评儿子说："以后，你不要管这些事！捞鱼的那家人生活有困难。拿两条鱼就拿吧，你怎么还给追了回来！"毛泽民一想母亲说的有道理，转头要把鱼送回去，母亲喊住让他再捎上些咸盐。她说穷人家冬天摸鱼，多半是为了过年有腌鱼待客，盐贵，没有盐怎么腌鱼。毛泽民提着鱼和盐去到那人家，只见偷鱼人仍抱着头蹲在门口，满脸的羞愧和痛苦，屋里连起码的锅碗瓢盆都不全。对母亲的善良和心细，毛泽民甚是佩服。文七妹习惯用家常小事教育孩子，凡事多替别人着想，舍己待人。

母亲的言传身教，让毛泽民逐渐懂得了做人的道理。有一次，他请帮工来家里打米，可这个打米人趁毛泽民不在跟前，偷偷用围裙包了一些米藏在鸡窝里。毛泽民是个好管家，每天都要在房前屋后和自家的田里走上几遭，什么细微的变化都逃不过他的眼睛。当他发现鸡窝里有一包米时，就不动声色地拿了回来。

帮工下工后，毛泽民见他走向鸡窝，还在里边一个劲儿地摸，就走过去问："你是不是找这个？"说着，便从身后拿出那苞米。帮工无地自容，心想，这一回真是"偷鸡不成，倒蚀一把米"，肯定一天的工钱也泡汤了。面对羞惭气馁的帮工，毛泽民什么也没说，不仅付给他当天的工钱，还把那苞米送给了他。

同情和帮助穷人，是善良的文七妹对毛家兄弟的一再教诲，这对他们的一生都有深远的影响。

文七妹一生信佛，平常小病小灾从不吭声。想不到毛泽东外出读书几年，文七妹由于过度操劳，积劳成疾，生了一场大病，脖子上长了"喉蛾"，越长越大。1919年春，毛泽东把患病的母亲接到长沙湘雅医院医治，后来在好友蔡和森家休养。蔡母葛健豪古道热肠，女儿蔡畅在女中读书，文七妹在蔡家吃住治疗都比较方便。在三个儿子和蔡和森一家的照料下，老人的病情渐有好转。这是毛泽东与母亲相聚的最后的一段宝贵时间，他和弟弟搀着母亲在照相馆照了一张照片，这是母子四人第一次，也是唯一的一次合影。

从照片上看，文七妹的脸部已明显可见病痛的阴影，却丝毫改变不了她老人家佛一样的雍容；她的双眼，依然是那么的纯洁无瑕，她把她的爱无私奉献给了她的丈夫和儿子乃至乡邻。但照片的背景是暗淡的，天国似在召唤着她。

老人在长沙的这段时光是快乐的。其时正值五四运动风起云涌，她得以亲睹由她的大儿子毛泽东等人发起的湖南新文化运动，这是她一生中唯一见过的大世面。但五四运动所倡导的民主、科学还未来得及引进西方最先进的医疗技术，文七妹大概也没有条件接受最先进的医学治疗，她与那个时代大多数患病的中国人一样，只能坐等命运的安排。再加上她一生节俭，在城里吃喝每天要花钱，大家的朝夕伺候又使她过意不去，便提出要回韶山，大家都留她不住。

于是，文七妹在五四运动的余波中，由毛泽民陪同回到韶山疗养，艰难地度过她

1919年春，毛泽东与母亲、弟弟毛泽民（左二）、毛泽覃（左一）在长沙合影。这是毛泽东三兄弟与母亲唯一的合影。

一生中最痛苦也是最幸福的一段时光。她在翘首盼望游子归来，但依然一如既往地独自默默承受痛苦，只在心灵和梦中与儿子相会。转眼到了夏天，天旱燥热，毛泽民见母亲大汗淋漓，便端来一盆温水，对母亲说："娘，天太热，你身上都湿透了，我来给你擦个澡吧！"

母亲嗔怪道："你都是个男子汉了，怎么能给娘擦澡呢？"

毛泽民自有他的道理，执拗地说："我是娘的崽儿，怎么不能给娘擦澡呢？"

文七妹见说服不了儿子，便假装生气地用手在他头上拍了两下。

与其说是拍了两下，倒不如说是轻轻爱抚两下。不料想，就这两下，毛泽民的脸立刻就憋红了，泪珠儿在眼圈里打转，好像随时都会滚落下来。文七妹看着儿子好像受了多大的委屈似的，不解地问："润莲，我又没有打疼你，你为什么要哭呢？"

母亲这么一问，毛泽民的泪珠反而流出了眼眶，对母亲说："就是因为娘没有打疼我，我才想哭。娘若是打疼了我，把我头上打起两个包来，我反倒会笑。娘打不疼我是娘身体不好，没有力气，我就想哭。娘辛苦了这么多年，我希望娘身体能好些，多享几年福啊！"

文七妹听到儿子这样说，心里一阵酸楚，爱怜地抚摸着儿子的头说："你这孩子，尽讲些反道理！哪有打疼不哭，打轻才哭的道理呢？娘知道润莲孝顺，但毕竟你给娘擦澡不方便，还是请邻居奶奶帮娘擦吧，娘不会让奶奶白受累的。"听母亲这样说，毛泽民才没再说什么，慢慢退出去了。

韶山毕竟闭塞，缺医少药，文七妹的病不久开始恶化，毛泽民连忙请人给在长沙的毛泽东带信。

1919年8月20日，文七妹妹弥留之际，张着嘴，像是有很多话要说。

"母亲，您老还有什么话要说吗？"毛泽民流着泪问。

文七妹已经话不成句了，断断续续地说："泽民……你……你们兄妹四人，只有泽建一个女儿，你，你三兄弟都比她大，你们要把她当成亲妹妹看。我，我不行了，只希望你们好……"

毛泽民点点头，道："母亲，你放心，我们一定把泽建当亲妹妹看。"

母亲疲惫地点点头，不一会便陷入了昏迷。最后，这位操劳一生、俭省一世的贤良女人文七妹，躺在病榻上流着眼泪，拉着丈夫的手，望着守护在身旁的儿子毛泽民，一声轻似一声地呼喊着："石三伢子……石三伢子……"声音如游丝般地渐渐消逝在上屋场上空……

毛泽东、毛泽覃兄弟俩日夜兼程，赶回上屋场。然而，兄弟两人再也见不到母亲那慈祥可亲的面容了。毛泽民泣不成声地告诉哥哥和弟弟，妈妈已经入棺两天了。

临终没有见上母亲一面，两兄弟留下了终生遗憾。几天来，毛顺生父子和毛泽建一直守护在文七妹的灵柩前。面对慈母灵柩，在黯淡的油灯下，毛泽东思绪万千，含泪写下了《祭母文》："有生一日，皆报恩时；有生一日，皆报亲时。"人子之情，地厚天高。后来，毛泽东在给好友、一师同学邹蕴真的

1989 年 8 月湖南省韶山管理局立的毛泽东泣母灵联碑（位于毛泽东父母合葬墓左侧）

信中说，世界上有三种人，损人利己的人，利己而不损人的人，可以损己而利人的人。我的母亲属于第三种人。高度赞扬了母亲诚实忠厚、勤劳俭朴、毫不利己、专门利人的高尚美德。

文七妹的突然去世，给了毛家人沉重的打击，尤其是毛顺生，这位年过半百的老人陷入了人生的低谷，他几乎放弃了所有的生意，整天默思无语。客观地说，毛顺生与文七妹的婚姻绝不是一般意义上的"父母之命，媒妁之言"，结婚之前，他们就在一起生活了五年。毛顺生是独子，又比文七妹小三岁，五年的共同生活使他们产生了深厚的感情，这是一种牢不可破的、由亲情升华至爱情的感情。尽管毛顺生比较固执、倔强，但他的骨子里是深爱着文七妹的。

看着毛顺生这个样子，毛泽东好像忽然读懂了父亲。父子目光对视，以往的"互不相让"已彻底淡化，父亲明显地变得慈祥，儿子也学会了理解和宽容。父子之间的

距离似乎一下子拉近了。

　　毛泽东没有沉浸在悲痛中不能自拔，他懂得化悲痛为力量是对母亲亡灵的最好安慰。他在悲痛的深渊里尽力爬上岸来，把目光从一个家庭的小范围移开。小家只是一滴水，毛泽东已将它汇入国家这条大河中。

　　"头七"过后，毛泽东和小弟便含泪和家人告别，返回了长沙。

　　1919年10月，毛顺生偶感伤寒，毛泽东安排父亲在堂伯父的陪同下来到长沙，一来是给父亲治病，二来是让父亲消除一些忧愁。当时，毛泽东正在从事"驱张运动"，但他还是尽量挤出时间来照顾父亲。

　　我们现在能看到一张毛泽东与父亲、堂伯父和弟弟的合影，就是那个时候照的。照片上，毛泽东的右臂缠着黑纱，他的脸部表情告诉我们，他尚处在失去母亲的悲哀之中；而毛顺生也明显消瘦，他浓黑的眉毛，突起的颊骨，显示着他性格上的倔强。他是由小儿子扶着的，他的腰已显得弯曲无力，不得不双手强撑在膝上——老人家

1919年10月，毛泽东与父亲毛顺生（左三）、堂伯毛福生（左二）、弟弟毛泽覃在长沙合影

17 岁开始当家，到 33 年后的此时，已是非常憔悴。

毛顺生在省城目睹了"驱张运动"的盛况，他极为担心儿子——十多年前，儿子在故乡就曾无数次与他、与族长和一切看不顺眼的事情作对，如今竟然与堂堂省督干上了！儿子已是高飞的鸟，父亲管不着了。同年 11 月底，毛顺生在忧虑中回到了韶山。

天有不测风云，人有旦夕祸福。1920 年 1 月 23 日（农历 1919 年十二月初一），即文七妹过世后仅三个半月，50 岁的毛顺生老人，因悲痛过度，加上重疾在身，追妻驾鹤而去了。他临终没有合上双眼。他一生养育了三个儿子，备受艰辛，振兴家业的梦才实现一半；大儿子和小儿子都未能回来见上一面，只有次子毛泽民守在身边。

毛泽东既未送终，也未奔丧，此时他正奔走于长沙、武汉和北京之间。父亲去世的事，他根本不知道。直到 1921 年春节过后，毛泽东才和小弟弟毛泽覃从长沙回到韶山。

故乡依旧，家舍却是格外凄凉了。毛泽民把毛泽东和毛泽覃带到了父母的合葬墓前，兄弟三人肃立于连块像样的墓碑都没有的坟前，想着父母含辛茹苦的一生，想着中国众多苦难深重的百姓，毛泽东从心底发出一种强烈的呼唤：我们这一代，再不能像父辈那样生活了！

第二章　毁家革命

一人革命不算光荣，全家革命才是英雄。当毛泽东抱定坚强的信念开始革命行动之时，毫不犹豫地把自己的亲人们拉进了铁血疆场。我不赴汤蹈火，谁赴汤蹈火？誓为共产主义事业奋斗终身的毛家兄妹，随时准备用自己的鲜血和生命去捍卫他们神圣的事业……

第一节　两次北京之行

1918 年，法国政府来中国招募工人。蔡元培等人提出"勤于作工，俭以求学"的口号，极力倡导爱国青年利用这个机会到法国去勤工俭学，并特地组织了一个"法华教育会"，专门办理这件事。

当时，杨昌济先生刚由湖南省立第一师范学校调到北京大学任教不久，当他得知这一消息后，首先想到了他最关注的学生毛泽东。杨先生郑重地给毛泽东写了一封信，告诉了他这个十分重要的消息，鼓励他抓住这一机会组织青年赴法勤工俭学；同时，杨先生也劝毛泽东来北京大学学习。

杨昌济

接到老师杨昌济先生热情洋溢的来信，毛泽东十分感动，他同蔡和森一起召集在长沙的新民学会会员讨论，最后决定派蔡和森先行到北京与杨昌济先生进行联系。

杨昌济见到蔡和森，十分高兴，并再次向他建议，赶快给毛泽东写信，要毛泽东尽快到北大学习，并操办爱国青年赴法勤工俭学事宜。蔡和森在北京写信敦促毛泽东等邀集志愿留法的同志迅速北上，并在信中特别转

蔡和森

达了杨昌济先生的意见："师颇希望兄入北京大学"，以打下"可大可久之基"。

1918 年 8 月 15 日，毛泽东和张昆弟、李维汉、罗章龙等 24 名热血青年踏上了北去的列车，19 日到达北京。随即会同蔡和森以主要精力从事赴法勤工俭学的准备工作。这时，湖南陆续到京准备赴法的青年已达 50 多人，是全国来人最多的省份。毛泽东他们发起这个活动时，"并未料到后来的种种困难"。到京后，"会友所受意外的攻击和困难实在不少，但北京大学、保定育德中学、河北蠡县布里村、长辛店开办了留法预备班，接受湖南青年入学"。毛泽东起草了一份湖南青年赴法勤工俭学计划，交有关方面协调，还为他们筹措路费而四处奔忙。

朋友们分赴各预备班学习以后，毛泽东留在北京。同行来京的罗章龙，考进了北大预科，毛泽东却没有按照杨昌济的希望去报考。这可能是出于经济上的考虑，同时也与他一向推崇自学的主张有关。不进大学，总得找一个立足之地以获得生活的来源。于是，经杨昌济介绍，毛泽东认识了当时任北大图书馆主任的李大钊。李大钊安排他到图书馆当一名助理员。每天的工作除打扫卫生外，便是在第二阅览室登记新到的报刊和前来阅览者的姓名，管理十五种中外报纸。当时北大教授的月薪大多为二百五十元左右，毛泽东每月薪金只有八元。但这份工作对他来说是相当称心的，他可以阅读各种新出的书刊，结识名流学者和有志青年。

在李大钊手下工作，李大钊的言论和行为自然带给毛泽东以最直接的影响。这时，马克思主义、社会主义作为一种新学说开始受到社会的关注，李大钊是在中国热情讴歌俄国十月革命的第一人。1918 年 11 月，毛泽东到天安门广场聆听了李大钊的《庶民的胜利》演说。15 日，李大钊的这篇演说和他的另一篇文章《布尔什维主义的胜利》刊登在一同《新青年》杂志上。毛泽东从此开始具体地了解十月革命和马克思主义。

在北京，毛泽东参加了北大的新闻学会和哲学会，还参加了李大钊和王光祈发起的"少年中国学会"。这些学会在当时都是针砭时弊、探讨救国救民真理的学术团体，对毛泽东产生了不小的影响。

应该说，从韶山到长沙，是毛泽东人生中迈出的一小步，而从长沙到北京则是他人生中迈出的比较大的一步。北京大学是中国新文化运动的发源地，荟萃着一批知识界精英，他们在思想上、学术上异常活跃，各种新思想争奇斗艳。除蔡元培和李大钊外，毛泽东还结识了陈独秀、邵飘萍、周作人和胡适等人，了解和直接接触了新文化、新思想。尤其是新文化运动的旗手陈独秀，毛泽东视其为"楷模"，毛泽东后来曾说，"他对我的影响也许超过其他任何人"。

因母亲文七妹病重，毛泽东于1919年3月12日从北京动身回湖南。另外，湖南赴法勤工俭学的青年已结束了为期半年的预科班学习，即将起程出国。毛泽东中途转道上海，送别了蔡和森、萧子升等湖南赴法青年，于4月6日回到了长沙。经同学周世钊推荐，在长沙修业小学担任历史教员。半年的北京之行，毛泽东眼界大开，学到了许多新思想、新经验；更重要的是，这次北京之行，使他迈出了从湖南走向全中国的第一步。

1919年5月4日，五四运动在北京爆发。

中国本是第一次世界大战中的战胜国之一。4月30日，巴黎和会无视中国要求，反而把战败国德国在中国山东攫取的权益全部交给了日本。消息传来，北京学生在5月4日首先发动了大规模的游行示威活动，立刻震动了全国。随后席卷全国，社会各界纷纷罢工、罢市，形成了强大的反帝爱国风潮。五四运动成为中国现代史的开端。此后，中国的先进知识分子便开始寻求更为根本的救亡和振兴之路。

1919年5月中旬，北京学生联合会派邓中夏回湖南联络，受到了毛泽东、何叔衡等的热烈欢迎，他们表示坚决声援北京学生，并成立了新的湖南学生联合会，积极响应五四运动。随后，发动长沙20所学校学生统一罢课，向北京政府提出了拒绝巴黎和约、废除一切不平等条约等六项要求。

在时代潮流发生急剧转折的历史时刻，人们思想上的震荡和变动，无论在深度和广度上，都是平时多少年所难以比拟的。1919年7月14日，毛泽东主编的湖南学生联合会会刊《湘江评论》在长沙创刊。在创刊宣言里，毛泽东热情欢呼："时机到了！世界大潮卷得更急了！洞庭湖的闸门动了，且开了！浩浩荡荡的新思潮业已澎湃于湘江两岸了！顺他的生，逆他的死！"并撰写长篇论文《民众的大联合》，第一次赞颂了俄国十月革命及其影响，呼吁中国来一个"思想的解放，政治的解放，经济的解放"。经过五四大潮的洗礼，毛泽东成长为湖南学生运动的领袖之一。8月中旬，湖

1919 年，五四运动爆发后，毛泽东和蔡和森、何叔衡在湖南大力宣传马克思主义，领导湖南人民开展反帝反封建的爱国民主运动。图为北京爆发的五四爱国运动。

南督军兼省长张敬尧①以"过激"为由查封了《湘江评论》，不久湖南学联也被迫解散。毛泽东同新民学会会员及湖南学联干部义愤填膺，决心联络省内外力量开展驱逐张敬尧出湘的运动。

1919 年 9 月中旬，毛泽东在商专召集原学联干部酝酿驱张计划，明确地把"驱张运动"视为爱国运动的继续和深入。12 月 2 日，重新恢复的湖南学联联合各界代表在教育会坪举行焚烧日货示威大会，遭到张敬尧军队的武力镇压。这一事件更加激怒了湖南人民。毛泽东连续两天参加长沙各界教职员代表和学生代表会议。6 日，学联公开发表驱张宣言，长沙中等以上学校学生决定一致罢课。一场声势浩大的驱张运动开始了。

应当说，这是毛泽东独当一面发动起来的第一次具有广泛社会影响的政治运动。他以小学教师的身份成为这场驱张运动的主要领导人。长沙各校在举行总罢课的同一天，派出驱张代表团，分赴北京、衡阳、常德、郴州、广州、上海等处请愿联络。

1919 年 12 月 18 日，毛泽东率领驱张代表团到达北京，住在北长街一个叫伏佑

---

① 张敬尧，皖系军阀，1918 年 3 月率北洋军进入湖南就任督军。主湘期间，作恶多端。五四运动爆发后，始终敌视湖南人民的爱国运动，受到了湖南各界的强烈反对。1920 年 6 月被逐出湖南。

寺的喇嘛庙里。这是他的第二次北京之行。

毛泽东到达北京后，经与各方协商，组成了"旅京湖南各界联合会"及"旅京湘人驱张各界委员会"。毛泽东很注重新闻舆论的力量，专门成立了平民通讯社，自任社长，起草了大量驱张的稿件、呈文、通电、宣言，分送京、津、沪、汉各报发表。

为了驱逐张敬尧，代表团在京先后进行过七次请愿活动。毛泽东还作为请愿代表，义正词严地向北洋政府国务总理靳云鹏提交了驱张要求。

毛泽东的名字频频出现在各种驱张的通电和新闻里，他的社会活动能力和政治才干越来越引人注目。日益病重的杨昌济特地致信当时任广州军政府秘书长、南北议和代表的章士钊，推荐毛泽东和蔡和森，说：吾郑重语君，二子海内人才，前程远大，君不言救国则已，救国必先重二子。可惜，毛泽东的这位恩师不久就病逝了。

毛泽东曾多次到医院探护杨昌济。杨昌济病逝后，他到法源寺与杨开智、杨开慧兄妹一起守灵，并发起募捐，抚恤遗属，操办后事。1920年1月22日，又同蔡元培、

1920年1月18日，毛泽东（左四）与湖南进步学术团体辅社部分成员在北京陶然亭聚会，讨论驱张问题。

章士钊、杨度等联名在《北京大学日刊》发出启事，公布杨昌济病逝的消息，介绍他的生平。

驱张运动胜利在望的时候，毛泽东开始频繁地接触李大钊。他们多次讨论了马克思主义，同时也讨论了赴俄留学和女子留学之事。毛泽东在1949年进北平之前，在西柏坡这样评论李大钊："在他的帮助下，我才成为一个马克思主义者。"在李大钊的帮助下，毛泽东对马克思主义有了越来越浓厚的兴趣。

1920年4月11日，毛泽东离开北京，前往上海。中途，他特意下车去游览了孔子的故乡曲阜。5月5日，毛泽东一行到达上海。5月8日，毛泽东在半淞园为即将赴法勤工俭学的新民学会会员举行了送别会。在上海，毛泽东又一次见到了陈独秀。当时的陈独秀，正同李达、李汉俊等筹备组织上海共产主义小组。毛泽东和陈独秀讨论他读过的马克思主义书籍，陈独秀谈了他自己对马克思主义的信仰。毛泽东后来说："陈独秀谈他自己的信仰的那些话，在我一生中可能是关键性的这个时期，对我产生了深刻的印象。"

毛泽东说的"在我一生中可能是关键性的这个时期"，和相约建党的南陈北李这两位当时中国思想界的巨人相继晤谈，可以说是他第二次离开湖南的最大收获。

　　1920年5月5日，毛泽东从北京来到上海，8日，为赴法勤工俭学的部分新民学会会员送行。图为当时在上海半淞园的合影。左七为毛泽东。

1920 年 6 月 26 日，张敬尧军队全部撤出湖南省境。在外从事驱张活动的湘籍人士相继回到长沙。7 月 7 日，毛泽东从上海经武汉回到长沙，应聘担任一师附小主事，不久又担任一师语文教员并兼一个班的班主任。

与此同时，毛泽东个人生活中也发生了一件大事，那就是和杨开慧自由恋爱并文明结婚。

第二节　炉旁夜话

　　毛顺生去世时，毛泽东因驱张运动正在北京活动，未能赶回奔丧。毛泽民夫妇料理了父亲的丧事，将父母合葬于楠竹坨。

　　回长沙后，毛泽东办的第一件大事，就是同易礼容等创办了文化书社。他们租了长沙潮宗街湘雅医学专门学校的三间房，作为文化书社的门面房，还请刚刚就任的湖南督军谭延闿写了金字招牌，生意红红火火。文化书社，后来实际上成了湖南共产主义小组对内对外的秘密联络机关。

　　创办文化书社后，毛泽东又同方维夏、彭璜、何叔衡等筹组了湖南俄罗斯研究会，先后介绍了刘少奇、任弼时、萧劲光等 16 名进步青年到上海外国语学院学习俄语，然后赴俄国留学。这些人随后又于 1921 年冬在苏联转入中国共产党。

　　在这一时期，毛泽东的思想发生了根本性的转变，他坚定地选择了马克思主义，从此一生都未动摇过。1920 年 11 月，毛泽东和何叔衡等发起创建了长沙共产主义小组。这一年，上海、北京、长沙、武汉、广州、济南、东京、巴黎等地的八个共产主义小组先后成立。

　　一人革命不算光荣，全家革命才是英雄。作为一个职业革命者，毛泽东在长沙积极发展党团员的同时，也没有忘记动员自己的家人参加革命。

　　正月初八是母亲文七妹的生日，以往只要抽得出身，毛泽东都是要回家为母亲祝寿的。1921 年春节过后，毛泽东带着小弟毛泽覃，与表兄文南松、表弟文东仙一道，回到了韶山冲。这次回来，一是为父母祭坟，二是说服全家跟他出去干革命。

　　其实，在此之前，毛泽东就不断地向家人灌输革命思想。

　　1917 年，俄国爆发了十月革命，建立了世界上第一个社会主义国家，这时的毛泽东正在湖南第一师范学校读书。十月革命的爆发，对于已经开始探索救国救民之路的毛泽东来说，是一件十分重大的事情。这一年放寒假的时候，毛泽东最先把这个消息带到了韶山冲。

　　几十年后，毛泽民的发妻王淑兰回忆说：第一次看到他这么高兴，脸上漾着发自内心的喜悦。

　　"四嫂！"毛泽东一进门，就高声向王淑兰嚷道："好消息！"

　　"什么好消息？"王淑兰嫁到毛家六年，第一次见到毛泽东如此兴奋，感到很诧异，忙问："莫非你得了什么宝贝？"

　　"嗨呀！这个消息，比捡到宝贝还要好！"

　　毛泽东拖过一条板凳坐下，向上提了提袖子，把手支撑在膝盖上，身体微微前倾，神秘地对大家说："俄国已经共产啦！我们中国也要向它学，闹革命，搞共产！"

　　王淑兰瞪大眼睛，紧张地说道："闹革命，搞共产？那是不是要杀头啊？"

　　毛泽东斩钉截铁地说："杀头也要干！你不晓得，共产了会有多好！国家不会扯皮了，你们妇女也自由了，婚姻问题也不会扯皮了。"

　　王淑兰从未听说过这些新鲜名词，不解地问："什么叫婚姻问题啊？"

　　毛泽东幽默地说："男人和堂客的事情就叫婚姻问题！"说完，他仰头大笑。

　　大家你看看我，我看看你，也都跟着笑了起来。

　　"三表哥真是奇人，净说些稀奇古怪的事情。"一向少言寡语的贺表妹也忍不住插了一句。

　　"你以为这是奇怪事吗？"毛泽东把脸转向贺表妹："一点儿也不奇怪！我们不但要说，还要照着他们的办法去做呢！"

　　毛泽东所讲的这些话，王淑兰似乎听懂了，好像又不怎么明白。

　　第二天，这件事就传遍了韶山冲。

　　时隔两年，毛泽东已经正式走上了革命道路，这次回韶山冲，他要把弟弟妹妹们都带出去，参加革命。

　　生活的压力，对于毛泽民来说，自然是十分沉重的。1918年，由于地方军阀混战，毛家遭到散兵土匪的抢劫；接着，家中遇到火灾，房屋被大火烧毁；一年后，母亲病故；刚刚安葬了母亲，毛泽民六岁的儿子毛远益因病夭折；1920年1月，父亲毛顺生突然身染伤寒，撒手人寰。接二连三的打击，让毛泽民尝到了生离死别的痛苦滋味。尤其是父母相继去世后，上屋场只剩下毛泽民夫妇，家里显得十分冷清。

随着大哥、小弟和表兄弟们的突然到来，家里再次变得热闹起来。

毛泽民夫妇格外高兴，把平时舍不得吃的好东西一股脑儿地都拿出来，做了一桌丰盛的饭菜。表兄弟不喝烧酒，王淑兰还特意用热水烫了自家酿的米酒来招待他们。

毛泽民和大哥毛泽东已经一年多没见面了。在这一年里，毛泽东正为中国共产党的成立而四处奔走，一个必将深刻影响中国历史进程的政党即将诞生。

晚饭后，全家人在厨房里没有挪窝儿，围在火塘四周，一边烤火，一边话着家常。

这是湖南农村典型的厨房，有土灶，有火塘。火塘中的火一个冬天不熄灭。火塘里架着一个个很大的树蔸或树桩在燃烧。火塘上面悬挂着鼎锅或水壶，用于煮饭烧水。

毛泽东先给大家讲起了外面正在发生的事情，讲到人们怎样反对军阀、反对帝

这是一幅油画。毛泽东在上屋场家中，教育弟弟毛泽民、毛泽覃和堂妹毛泽建"舍小家，为大家，"追求革命真理，探寻革命道路。

国主义和殖民主义的欺压等等，这些都是封闭在韶山冲的毛泽民夫妇闻所未闻的新鲜事儿。

大家都静静地听着。有时，活泼好动的小弟毛泽覃也不失时机地插上几句。

说着说着，毛泽东就把话题转到家里。他说："这些年我不在家，泽覃也在长沙读书，家里大小事都由泽民和淑兰在撑着。母亲死了，父亲死了，都是你们安葬的。我没有尽孝，你们费了不少心啊！"接着，毛泽东又说道："要说拜年啊，依我看得先给你们两口子拜年！"

一席话，说得在场的泽民夫妇泪眼汪汪。

"要讲操心，论贡献，淑兰比我大。"毛泽民瞟了一眼妻子王淑兰，说道。

说这话时，毛泽民坐在靠窗的地方。窗台上有一盏油灯，他顺手翻开家庭收支账簿，一边拨着算盘，一边报数给毛泽东听："民国六年，修房子、母亲得病；民国七年，败兵三番五次来家里要钱，也遭到强盗一次抢；民国八年，先死娘，后死爹；民国九年，安葬父母后，还给泽覃订婚送礼。这几年钱用得多，没有哪年不往外扔钱。再加上生意难做，20多亩田的谷只够糊口。只好把父亲准备买桥头湾那块田的钱用掉了。这样一来，家底也就快搞光了，家里是一年不如一年……"

心系社会、苦学砺志的毛泽东，一直就想把两个弟弟都带出去，干一番事业。但父母尚在，需要有人养老送终，所以他只能先将小弟泽覃带到长沙读书。现在，二老均已故去，毛泽东所想的并非家中的琐事，而是如何把泽民带出韶山冲，到外边去读书、做事。

毛泽东十分了解泽民的为人：他忠厚老实，做事踏实认真，人也聪慧精明，所不足的就是读书不多，革命道理懂的有限。毛泽东深知，泽民是块好玉，只要经过精心雕琢，必成良器。此时负有在湖南建党重任的毛泽东，正在积极物色党的发展对象。他相信，泽民只要参加革命工作，同时学习马列主义，一定会成为一名意志坚定、勇于牺牲的好党员。

面对着通红的塘火，毛泽东语重心长地说："你讲的都是实情。强盗来抢东西，败兵来要东西，这不只是我们一家发生的事，天下大多数人都有这样的灾难，今后还会有。这叫作国乱民不安生，国破家要亡啊！"

全家人都静静地听着。

毛泽东开始劝说起毛泽民来："这几年，润莲和四嫂在家受苦了。现在，爹娘都死了，屋里只剩下你们两口子。我的意思是，田，我们不做了。这些田你们两口子也做不了，还要请人帮忙，加上兵荒马乱的，怎么过得下去呀？"停了一下，他看了看大家的表情，接着说："这个家，我们也不要了，把屋里收拾一下，我们都走！"

听到这儿，毛泽民简直不敢相信自己的耳朵。这毕竟是父母留下的家产，是毛家的祖根儿啊！

毛泽东趁热打铁，又重复了一遍刚才的话："我看这个家，我们全都不要了！润莲小时候在屋里搞劳动，没有读好多书，现在离开这个家，跟我出去学习一下，边做些事，将来再正式参加一些有利于我们国家、民族和大多数人的工作。四嫂和菊妹子也都一起走。"

"不种田，我们吃什么？"毛泽民实在坐不住了，急急地问道。

其实，毛泽东回韶山之前，已经给毛泽民找好了工作。他说："在我做主事的长沙一师附小，正需要一个主理庶务①的人，我看这份工作润莲做最合适。你还可以在那里多读一些书呀。"

尽管大哥讲的话句句在理，但对于长期靠辛勤务农维持家计的毛泽民来说，要迈出离开故土这一步，实在是太艰难了！

"四嫂，"为了多给泽民一些时间考虑，毛泽东又转向弟妹王淑兰，说："我看，家不好，有夜摸子偷、强盗抢。这个家，我们不要了，大家都跟我到长沙去！"

王淑兰从未出过远门，对外面的事情一点都不清楚，心中实在没有底儿。她问道："可到了长沙，我们靠什么过活啊？"

"泽民可以在我的学校里做事，有些收入，一边做事，还一边读书，这不是很好嘛！"毛泽东和颜悦色地解释着。

"那我做什么？"

"你就帮泽民照顾好家庭，纳袜底子，做衣服，什么不能干啊？"

---

① 庶务，旧时系指负责机关团体内杂项事务的人。

......

听着妻子和哥哥的一问一答，越说越起劲儿，毛泽民心中那个解不开的"结"渐渐地活泛开了：当初若不是为了供哥哥和弟弟在长沙读书，自己也不会只读了四年私塾就辍学。现在终于又有读书的机会了。他想了想，对大哥说："读书，我倒是十分愿意，可家里没得饭吃，莫要怪我哟！"

毛泽东非常喜欢这位吃苦耐劳的大弟弟，对于他的种种顾虑非常理解，劝说他也就更加耐心："润莲啊，我们不能只想着自己的小家。只顾自己有饭吃不行啊！要使全国人民都有饭吃！怎么才能办得到呢？就是走出去干革命！这叫'舍小家，为大家'，去参加一些有利于我们国家和民族以及大多数人的工作，让千千万万的人都有一个美好的家。那么，我们只得离开这个家了，就是舍家为国嘛！"

在毛泽东的耐心启发和开导下，"舍小家，为大家"这个理儿，毛泽民是想通了。他终于下定决心，跟着大哥走出韶山冲！

见毛泽民夫妇都同意去长沙，毛泽东非常高兴。他又将目光转向一直没有作声的菊妹子。

不等询问，菊妹子就坚决表示："三哥，我跟你去！只要不回他家，干什么都行！"

毛泽东十分欣赏菊妹子的朴实和果敢，高兴地说："好啊！那你就同你四哥、四嫂一起跟我走，去读书，去干革命！"

"菊妹子，菊妹子……到省城也该有个大名吧？"毛泽东突然若有所思地说。

"我看，就叫毛泽建！"毛泽东提笔将这三个字写在纸上，给菊妹子看。

全家人连声叫好。

毛泽民虽然已同意去长沙读书、做事，但真要完全抛弃这个家，心中确实难以割舍，毕竟这些田地、房屋，乃至家中的盆盆罐罐，都是祖上几代人辛苦积攒下来的，还有他们夫妻这八年的辛劳。就说这上屋场房顶上的一片片青瓦吧，那也是靠他积攒的钱才铺上去的。自家的土地、房屋带又带不走，送人又舍不得，都出去干革命，也总要为家人留一条后路吧？如果连房屋都送出去，今后回来，连个落脚的地方都没有了……

一个是普普通通的湖南农民，一个是心怀天下苍生、矢志救国救民不惜抛家舍业的共产主义者，兄弟二人的心灵在 1921 年这个寒冷的春夜发生了激烈的碰撞。

毛泽东最了解弟弟的心思，听了他的一通陈述后，笑了笑说："这个嘛，好办又不好办。你们若是下了决心，出去就不要再回来了，那就田和屋都不要了，这叫作背水一战，置之死地而后生……不过，润莲的考虑也有道理，虽然我们是横下心来干革命，不要这个家了，但总还是有个后方好些，再说革命也是需要经费的。"

毛泽东希望泽民离家之前能做好善后工作，不要亏待了乡亲们。毛泽东问："是不是还欠了人家的钱？"

毛泽民说："就是义顺堂①的几张票子。"

"能不能还？"毛泽东又问。

毛泽民回答："家里再也没有什么值钱的东西了。"

"好了，钱我来掏。"

接着，王淑兰也补充介绍了一些情况："这几年过得不强，特别是爹娘得病这些年，钱是紧着爹娘花，吃是紧着爹娘吃。"说到这里，她扯了扯自己身上的衣角，说："这件衣服，是我过门的时候穿的，一直穿到现在。泽民也是五年没有添衣服，家里一把地里一把的，日子过得不如人……"说到这里，竟动情地哭了起来。

毛泽东听了，唏嘘不已，半响才说："你们受苦了，不说我也能体会到。家难并不可怕，可怕的是国难。大家都知道，救家必须先救国，国富才能民强。"

毛泽东接着往下讲："把上屋场院收拾一下，田不耕了，牛不养了，都跟我出去革命。泽民、泽建，到长沙可以边读点书边做点事，将来再做一些有利于国家、民族的事。"

事情来得突然，王淑兰一听有些接受不了："这，这，庄稼人不种地怎能行？再说，我这个小脚女人也走不到长沙城啊？"

"让二哥背啊！"毛泽覃打断她的话，幽默地说："人是铁饭是钢，一顿不吃心发慌。你可以去当饲养员啊。"说得全家又是一阵笑声。

---

① 义顺堂，指他父亲做生意对外用的招牌。

王淑兰笑着道："笑归笑，我这是生就的小庙的鬼，穷家难舍啊！这家中的东西……"

毛泽东笑说："依我看，东西该送的送，该丢的丢，统统处理掉。"

"那牛呢？"毛泽民着急地问。

毛泽东答："田让谁来种，牛就让谁来养。"

"那我们欠人家的票子呢？"

"这个好说，写个广告出去，请他们几天内来兑现，过期不候。"

"哥，我看还是把牛卖了好，可以还一些债务。"毛泽覃坚持道。

"不，这是一项原则。"毛泽东挥挥手，道："牛，不能卖，就让别人喂，快春耕了，不要让人家花钱买牛。至于别人欠我们的，我看就算了。"

泽民又不放心地问："哥，你说什么都不带，到长沙后怎么生活？吃什么？住哪里？"

毛泽东掰着手指，娓娓道来："每月我给你们几块银圆做伙食费；住的地方我帮助给找，铺盖也不用多带。"接着，毛泽东又环顾一周，对大家说："光顾自己有饭吃不行啊！要使全国的老百姓都有饭吃。怎样才能办得到呢？那就是要走出去干革命，舍小家为大家。"

毛泽东目光炯炯，他似乎看到了中国的希望。

憨厚的毛泽民嘿嘿一笑道："跟哥出去，我没意见。你最好多住几天，让我也规划规划。这可不是一件小事，这是人走家搬的事，还要处理田地、房屋和账目等。"

"田让给又穷又会做田的人去做，房子也让给做田的人住，你做主就是了。我还有事，不能在家久住。咱们分批走，谁准备好了谁先走。我在长沙打前站，在那里迎接你们，让你们去了就能待下去。"

毛泽东想了一下，又嘱咐毛泽民："凡是过去帮过我们忙的乡亲，都去打个招呼，向他们告别。再从鱼塘里打些鱼，从家里拿些腊肉，送给左邻右舍和亲戚朋友，表示感谢。父母死了，他们的衣服、被子送给那些最困难的人家。屋里的东西，该送的送，该丢的丢，都处理掉，全都不要了。"

……

三星已经正南，韶山冲的夜空静悄悄的。炉中的火烧得旺旺的，映照着一张张坚毅而兴奋的脸膛……

听了大哥的一席话，泽民他们心中也都是火辣辣的。在毛泽东的耐心开导下，毛家的兄妹们懂得了"国乱民不安生"的道理，他们下定决心舍家为国，跟随大哥，走上一条充满牺牲、充满艰难而又充满希望、充满光明的道路。

第二天，毛泽东出去请人帮助家里做准备。晚上，他又请来毛家的一些长辈和德高望重的挚交，在家里吃晚饭，以表感谢之意。

1921年正月以后，韶山冲上屋场变得空空荡荡。韶山毛氏家族中几乎没有人理解，他们甚至感到毛顺生的儿女们很可怜：家，不成其为家！一份好端端的产业，破败了！

第三节　毛泽民的艰难抉择

毛泽东和毛泽覃、毛泽建离开韶山后，毛泽民夫妇开始按照大哥的要求，做好离家前的各项善后工作。

王淑兰毕竟是妇道人家，收拾东西时，看看这个也可惜，看看那个也心疼，什么都想带走。毛泽民知道今后的日子肯定不容易，就依了妻子。他说："能带就多带上点儿，反正少带东西是一船，多带东西也是一船，只是多出几个脚力钱。"

他们除了带上被子和衣服外，还带了几担米和两车柴草。

离开家的前一天，毛泽民亲手摘下挂在墙上的玻璃相框，用手轻轻地摸了又摸。这是兄弟三人同母亲的合影，还有润之、润菊与父亲在长沙的合影。想起慈祥的母亲和一辈子克勤克俭艰辛持家的父亲，毛泽民的眼睛湿润了，泪珠一滴一滴地滚落在玻璃上。

对于一个农民来说，抛家舍业，放弃祖辈苦心经营的 20 多亩田产，丢掉有利可图的谷米生意，这是一个多么大的变化啊！而且，这样大的变化还来得如此突然，如此地急转直下，不容你犹豫和思考。

沉默了良久，毛泽民抬起头，深深地吸了一口气，用一块布细心地把相框包裹好，准备带到长沙去。但又一想，此去长沙，毕竟要重新创业，前途还很渺茫，这么珍贵的东西带在身边反而不会安全，于是把它交给了表兄文南松，请他代为保管。

大革命失败后，在白色恐怖的日子里，表兄文南松冒着生命危险把这两张照片从镜框里取出来，藏在堂屋匾额的后边。这两张珍贵的照片才得以保存下来。

历史应该感谢毛泽民的细致周到和文南松的全力保护，才为后人留下了这两张生动而真实的照片。1959 年，当 66 岁的毛泽东重回韶山上屋场看到这两张合影时，用浓厚的韶山话惊奇地问道："这是从哪里'拱'出来的呀？"

一个星期后，终于要出发了。

这一天，毛泽民起得特别早，恋恋不舍地在上屋场的房前屋后转了一圈又一圈，又仔细地查看了鱼塘。他深情地望着自己和父亲辛勤劳动扩建的上屋场，眼里噙满了泪水。

最后，毛泽民对着自己生活了 25 年的祖屋，深深地鞠了一躬。

渐渐地，韶山冲看不见了，突兀的韶峰也被一路的群山遮挡住。随着船橹一下一下的划水声，只有清澈潺湲的韶水，还在毛泽民的耳边叮咚作响⋯⋯

曾经热闹的上屋场沉寂了下来。

新中国成立后，王淑兰回忆说，当时她和泽民租了一条船，走水路去长沙，尽管毛泽东有言在先，说什么东西都不带，到长沙由他想办法解决，但是毛泽民还是放心不下，他不顾从韶山冲到上船码头还有很远的路程要走，还是准备了两担大米，一担自己挑着，一担雇人挑上。又雇了两辆小推车，一辆小车推着因小脚走不了山路的王淑兰和铺盖卷，另一辆则装着满满一车烧柴。

有人问泽民："润之不是说好了什么都不带吗？你怎么放着轻快不轻快呢？"

泽民笑笑道："反正是租了一条船，载多载少都是一个样，钱一个子儿不少拿。"

泽民的回答，使村人笑了："这也是个理。反正泽民是够精明的啦，真会算计啊！"

就这样，毛泽东将自己的弟弟和妹妹们，都先后带出了韶山冲，走上了革命的道路。

在现代中国革命史上，毛泽东兄妹，是极其特殊的——当毛泽东抱定信念开始革命的时候，他从未犹豫，也从不后悔把他最亲近的兄弟姊妹拉进改变和创造历史的洪流之中。也正是在他的影响下，两个弟弟和一个妹妹在短时间内，分别完成了从农民和学生到职业革命家的角色转换。毛泽民、毛泽覃、毛泽建，日后都成长为中国革命的坚强战士，成为流芳百世的英雄。

第四节　毛泽东，参加中共"一大"

黑暗的中国在探索中前进。中国共产党肩负着历史赋予的神圣使命，正在襁褓中艰难地孕育着。

1921 年 7 月，28 岁的毛泽东出席了中国共产党第一次全国代表大会，成为中国共产党的主要缔造者和领导者之一。

1921 年 6 月 29 日，下午 6 点。暮色已经降落下来。长沙小西门码头，一艘待开往上海的小火轮已拉响了起航的汽笛声。

这时，只见有两个人踩着汽笛声，急急忙忙地跳进船舱。未等这两个人站稳，船就再次拉响了汽笛，徐徐地离开了码头。

何叔衡

这两个人，一个是英俊高大的毛泽东，一个是矮矮胖胖的"何大胡子"何叔衡。他们刚刚接到通知，要去上海参加一个秘密而十分重要的会议。没有让任何人或是亲友来送行，毛泽东和何叔衡身穿长衫，各持一把雨伞，匆匆地出发了。

"好险啊，再晚一步的话，我们就失之交臂啦！"何叔衡搓着双手，有些庆幸地说。

"是啊，赶得早不如赶得巧！"毛泽东也在庆幸着。

应该说，这确是中国现代史上的一件大事。参加这次会议的有国内外七个共产主义小组派出的 13 位代表，分别是：李达、李汉俊（上海），张国焘、刘仁静（北平），毛泽东、何叔衡（长沙），董必武、陈潭秋（武汉），王尽美、邓恩铭（济南），陈公博、包惠僧（广州），周佛海（日本）。会议原定由陈独秀主持，但他因广州公务繁忙不能抽身，特指派包惠僧与会。与会的还有共产国际代表马林、尼克尔斯基。这些人中，最年长的代表不过 45 岁，是和毛泽东一起来的何叔衡，最年轻的刘仁静只有

1921 年 7 月，毛泽东、何叔衡代表湖南共产主义小组参加了在上海召开的中国共产党第一次代表大会。图为中共"一大"会址——上海望志路 106 号。

19 岁，15 位与会者的平均年龄是 28 岁，正巧是毛泽东的年龄。他们或西装革履，或身着长袍，是一色的知识分子模样。在当时，毛泽东并不特别引人注目。

代表们以"北大暑期旅行团"的名义住在上海法租界的博文女校，会址设在不远处李汉俊的哥哥、同盟会元老李书城家里，门牌是贝勒路树德里 3 号。7 月 23 日正式开会，最后一天（31 日）改在浙江嘉兴南湖的一艘游船上进行。大家推举张国焘主持会议，毛泽东和周佛海做记录。会议正式确定这个组织的名称为中国共产党，并通过了党纲，选举陈独秀、张国焘、李达组成中央局，陈独秀为书记。关于党成立后的中心任务，会议确定要组织工会，领导工人运动。

毛泽东有着许多实际活动经验，但他不像在座的李汉俊、刘仁静、李达等精通外文，饱读马克思著作。在中国共产党的第一次会议上，不少人常常引经据典，涉及许多理论问题。毛泽东除担任记录外，只作过一次发言，介绍长沙共产主义小组的情况。

1921 年 7 月 30 日晚，因遭到法租界巡捕的搜查，中共"一大"的代表们分散转移到浙江嘉兴南湖，在一艘游船上继续开会。图为南湖游船。

毛泽东给与会者留下的印象是老成持重，沉默寡言，"很少发言，但他十分注意听取别人的发言"。他很注意思考和消化同志们的意见，常在住的屋子里"走走想想，搔首寻思"，乃至"同志们经过窗前向他打招呼的时候，他都不曾看到，有些同志不能体谅，反而说他是'书呆子''神经质'"。

后来成为毛泽东对手的张国焘，把毛泽东描绘为："一位较活跃的白面书生，穿着一件长衫，也脱不掉湖南人的土气。但他的常识相当的丰富，对于马克思主义的了解并不比王尽美、邓恩铭等高明多少。他健谈好辩，在与人闲谈的时候常爱设计陷阱，如果对方不留神而坠入其中，发生了自我矛盾的窘迫，他便得意地笑了起来。"

另一个早期共产党员写道："他给了我一个奇异的印象。我从他身上发现了乡村青年的质朴——他穿着一双破了的布鞋子，一件粗布大褂，在上海滩上，这样的人很难见到的。但我也在他身上发现了名士派的气味。"

……

代表大会结束后，毛泽东、何叔衡于1921年8月回到长沙，积极投入到建立湖南地方党组织的工作中，他和何叔衡、彭平之、陈子博、易礼容等人经常在一起讨论组织湖南共产党的问题。经过两个月的努力，于1921年10月10日中国共产党湖南支部建立，毛泽东任书记，何叔衡、易礼容任支部委员。下面党员有彭璜、郭亮、彭平之、陈子博等10人。应该说，这是中国共产党第一个省级党支部成立。

支部成立后，积极发展党员，建立地方党组织成为当务之急。毛泽东采取积极、慎重的建党方针，既注重从社会主义青年团内个别地吸收先进青年团员入党，同时也注意发展工人运动中的先进分子入党。

毛泽东和中共湖南支部成员多次到长沙湖南第一师范、省立一中、长郡中学、商业专科学校进行工作，发展党员，建立支部，还在安源、衡阳等地发展党员，建立组织。

1921年10月中旬，毛泽东与夏明翰赴衡阳找省立第三师范的进步教师和学生谈话，开座谈会。他给师生们讲历史上农民造反的故事，分析历代农民起义之所以失败的原因在于没有先进阶级和政党的领导，并以俄国十月革命为例说明工人阶级的领导和无产阶级革命的必要性。师生们深受启发。

在毛泽东的领导下，湖南创建共产党的工作，不图形式，扎扎实实，认真从思想上、政治上、组织上进行，从而为创建真正的马克思主义政党奠定了坚实的基础。因此，湖南的建党工作，做得非常出色，受到中央总书记陈独秀的特别重视和多次表扬。

后来，湖南涌现一大批优秀党员领导骨干和卓越的革命领袖，如何叔衡、郭亮、夏明翰、方维夏、谢觉哉、罗学瓒、蒋先云、黄静源、陈昌、张昆弟、蔡和森、向警予、柳直荀、杨开慧、毛泽民、毛泽覃、毛泽建、夏曦、李维汉、李立三、刘少奇等等，绝不是偶然的，这和毛泽东卓有成效的建党工作紧密相连。新民学会会员向警予和杨开慧，分别成为中国共产党历史上的第一位和第二位女性党员。

中国共产党的成立，在中华民国历史上，是一个分水岭。

中国共产党的成立，使苦难深重的中国人民，在漫漫长夜中看到了黎明的曙光。

中国共产党的成立，也标志着以毛泽东等为首的一批有志青年，在摸索中有了引路的明灯，真正走上了伟大而艰辛的革命之路。

毛泽东的一生，酷爱大江大河，最早与之结下不解之缘的就是流经他家乡的湘江。

湖南民歌《浏阳河》如此唱道：

……

浏阳河，弯过了九道弯，五十里的水路到湘江，江边有个湘潭县哪，出了个毛主席，领导人民得解放呀，咿呀咿支哟。

……

浏阳河，一条革命的河；

湘江，一条革命的江。

在长江流域，湘江不算小。湘江从广西发源，一路向北，沿途串起了湖南省最为肥沃的土地和繁盛的大小城市，归入湘北的洞庭湖，以慈母一般的胸怀，滋养着一代又一代的湘人。

湘江流经湖南，串联了湘、资、沅、澧四水，湘人们依上、中、下游分为三湘。流到长沙的时候，变得清澈起来，有"湘川清照五六丈"之说；湘江流到长沙的时候，江中突出一片狭长的小岛，湘人们叫她长岛，但更多的人知道的还是它的另一个名字——橘子洲。

橘子洲，是青年毛泽东常常去的地方，也是他和一批有志青年常常集会的地方。毛泽东和橘子洲似乎有了某种默契和深厚的感情。橘子洲也好像一面镜子，默默印下了青年毛泽东匆忙而坚实的足迹。

后来，意气风发的毛泽东，满怀激情地写了一首著名的词——《沁园春·长沙》：

独立寒秋，湘江北去，橘子洲头。看万山红遍，层林尽染；漫江碧透，百舸争流。鹰击长空，鱼翔浅底，万类霜天竞自由。怅寥廓，问苍茫大地，谁主沉浮？

携来百侣曾游。忆往昔峥嵘岁月稠。恰同学少年，风华正茂；书生意气，挥斥方遒。指点江山，激扬文字，粪土当年万户侯。曾记否，到中流击水，浪遏飞舟？

第三章　杨开慧，生死不做"俗人之举"

1930年11月14日，杨开慧临刑前大步走出牢房，8岁的毛岸英紧紧地抱住妈妈的腿号啕大哭。杨开慧缓缓地弯下腰来，双手搂住孩子："英儿，好孩子，将来告诉你父亲，我死不足惜，但愿革命早日成功。"并嘱咐："我死后，希望家里不做俗人之举。"——结婚不做"俗人之举"，牺牲仍不做"俗人之举"。生生死死，"苟利国家生死以，岂因祸福避趋之"，撼人心魄。

第一节　不做俗人之举的恋爱

杨开慧和毛泽东的自由恋爱，几乎是家喻户晓，人所皆知。可两人到底是几时开始相互吸引的，众说不一。

杨开慧和毛泽东相识于1916年。

1913年春，毛泽东以第一名的成绩考入湖南省立第四师范学校预科。1914年，编入湖南省立第一师范学校本科第八班，在这里，认识了他最尊敬并影响他一生的导师杨昌济先生。那时毛泽东21岁，杨开慧还是一个年仅13岁的小姑娘。毛泽东作为父亲最喜欢的学生之一，杨开慧对他自然是有所了解的。

1916年暑假，时在长沙湖南省立第一师范学校教授伦理学的杨昌济先生，偕妻女回板仓（今开慧乡开慧村）冲下屋场休假。板仓冲是一个秀丽无比的山冲，位于平江、湘阴两县交界处，四周丘陵起伏，冲岔相接，青松茂密，翠竹丛生；站在山包上向远眺望，可以看见高高耸立的影珠山和飘峰山遥遥相对，一条从长沙通往岳阳的古道，弯弯曲曲地绕过山脚。因了板仓的秀美和僻静，每逢假期，杨先生总是携家小，离开喧嚣的省城长沙来这里小住。

杨昌济先生，是毛泽东颇为崇拜的老师。他比毛泽东的父亲毛顺生小一岁，世居板仓，是一个忧国忧民的先进知识分子。妻子向振熙，是一个勤劳朴实的农村妇女，生育有一子一女。杨开慧三岁时，33岁的杨昌济与陈天华等36人被官派到日本东京留学六年，后又到英国、德国留学四年，接触到了西方近代思潮和西方哲学，因而能够联系欧洲学术思想来重新解释孔孟等学说，不同于传统的儒家知识分子。美国作家罗斯·特里尔认为：杨昌济是一位"具有反抗精神的绅士"，高度评价杨昌济"因为提倡寡妇再嫁而震动了整个长沙"的举动，"他是一根往旧中国的躯体中输入新鲜血液的导管"，"他在饥饿的一代人的心灵中播下了会结出激进的果实的种子"。

1912 年，43 岁的杨昌济回国。湖南督军谭延闿请他当教育司司长，北京政府请他当教育总长，均被他一口回绝。杨昌济先后在湖南省立第四师范和第一师范担任伦理学教员。一师的前身是城南书院，坐落在长沙南门外书院坪，是民初一所公费培养小学教员的著名学校，人才济济，学风颇佳。杨昌济先生的到来，很快给一师注入了新的血液。他的非凡学识和民族气节，很快得到了毛泽东等一批热血青年的爱戴。杨昌济睿智的目光，也频频注意到毛泽东这个来自农村的高个子青年。1915 年 4 月 5 日，杨昌济在《达化斋日记》中记载了毛泽东的家世和生长环境："其所居之地为湘潭与湘乡交接之地，仅隔一山，两地之语言各异。其地在万山之中，聚族而居，人多务农……风俗淳朴，烟赌甚稀。渠之父亦务农……其外家为湘乡人，亦农家也。"并极力赞许毛泽东："资质俊秀若此，殊为难得！"

杨昌济 1916 年回板仓度假，特地邀请 23 岁的毛泽东去浏览他的藏书。杨昌济先生曾两次考举人不第，在板仓开馆授徒，后入岳麓书院读书并被官派留洋。杨先生藏书颇多，对于板仓书斋，毛泽东早有瞻仰一番的心愿，有了这样的机会，他当然不会放过。暑假没过几天，毛泽东便穿着一双草鞋，步行 140 里来到了板仓杨宅。

板仓杨宅是一座古旧的平房，始建于清乾隆六十年（1795 年）。那一年，杨昌济的高祖父从长沙府蒲塘迁至板仓，后人陆续添砖加瓦，至 1901 年杨开慧出生时，板仓杨宅已是上、中、下三栋房屋，外加东西两厢住房，建筑结构均为土砖木质，中间有天井，居住面积近 700 平方米，俨然一户大户人家。1916 年，毛泽东初到板仓时，杨开慧尚不满 15 岁，却已是熟读诗书。杨开慧 7 岁便在板仓杨公庙小学读书。1913 年杨昌济回国后，11 岁的杨开慧又随父母来到长沙，就读于稻田女子师范附小，后到长沙隐储学校、第一女子高小读书。杨开慧读书刻苦用功，尤喜欢古典诗文，小小年纪便颇见才气，12 岁时就能写出很不错的诗，如《和女友李一纯》：

> 高谊薄云霞，温和德行嘉；
>
> 所贻娇丽菊，含尚独开花。
>
> 日夜幽思咏，楼台入荞遮；
>
> 明年秋色好，能否到吾家。

　　杨昌济视杨开慧为掌上明珠，珍爱不已，带在身边熏陶了数年。到 1916 年夏，杨开慧已是一个才思聪慧、活泼可爱的少女了。

　　那天，毛泽东是在掌灯时分才到板仓杨宅的。见到自己的得意门生，杨昌济乐满心怀，忙吩咐小女杨开慧奉茶，并安排厨房加菜。说话间，茶饭已经上桌。师生平起平坐，总有说不完的话。入夜，毛泽东翻阅恩师的藏书，爱不释手，通宵展读。在板仓的这几天，是毛泽东平生与杨开慧第一次长时间的接触。毛泽东渊博的学识、潇洒的风采深深地藏在了少女杨开慧的心底；杨开慧的聪颖俊秀和开朗活泼，也深深触动了毛泽东那根情感的心弦，在他那装满整个中国和世界的胸怀中，为杨开慧腾出了一方天地。几日后，毛泽东离开板仓时竟有些恋恋不舍，禁不住含蓄地对杨开慧说："我的老家韶山冲上屋场和这个下屋场差不多，门前也是一块土坪，一个小池塘，塘中生满了荷花。"

　　当时，第一师范的课程繁杂，与当时流行的科学救国、实业救国的思想不同，毛泽东坚持"要救国，就只有革命"。因此，他把主要精力都用在攻读哲学、史地和文学等社会科学上。毛泽东曾写过一篇名叫《心之力》的文章，备受杨昌济赞赏，给了一百分。而杨先生改造国家、服务社会、不为个人打算的崇高思想，专心钻研、食必求化的学习方法，有远谋、有毅力、注重实践的办事作风和严谨刻苦的生活方式，对他的学生毛泽东和他的女儿杨开慧，都有着非常有益的影响。

　　"衡山西，岳麓东，城南讲学峙其中。人可铸，金可熔，丽泽绍高风。多材自昔夸熊封。男儿努力，蔚为万夫雄。"一心修学储能的毛泽东在第一师范不仅真心读"有字之书"，而且实意读"无字之书"，与时俱进，追求真理。也就是在这一年，在杨昌济的介绍下，毛泽东成了陈独秀主编的《新青年》的热心读者。1917年，毛泽东以"二十八画生"的笔名在《新青年》第三卷第二号发表《体育之研究》，这是毛泽东公开发表的第一篇文章，也是杨昌济推荐给陈独秀的。

1918年夏天，杨昌济应蔡元培校长之聘，到北京大学担任伦理学教授，杨开慧随全家迁至北京，住在鼓楼附近的豆腐池胡同九号。同年8月，毛泽东为组织湖南青年赴法勤工俭学，也来到北京。

对于毛泽东的到来，杨昌济一家感到十分快慰，热情地帮助他妥善安排好在京的生活。不久，在杨昌济的推荐下，毛泽东到李大钊主持的北京大学图书馆当了一名助理馆员，并因此结识了新文化运动的许多领袖人物。那时，毛泽东住在景山东街，离杨家不算很远，师生之间来往十分频繁。也就在毛泽东与杨家的频繁接触中，17岁的杨开慧与25岁的毛泽东开始了真正的初恋。

毛泽东和杨开慧在北京的第一次见面是在一个周末的午餐会上。与四年前相比，杨开慧已出落成一个亭亭玉立的少女，正值豆蔻年华。

而对于毛泽东，杨开慧自然也是再熟悉不过的了。这位在第一师范学校出尽了风头的男生，是父亲的得意门生之一，且常常是家中的座上宾，有关他的一些故事和传闻她或多或少都是从父亲那里或者其他朋友那里听来的。身居异地他乡，遇到同乡知己，自然平添了一份亲近。同是参加北大新闻研究会的两个年轻人也多了一些共同的话题。闲暇时光，他们一同漫步在故宫护城河边，他们沐浴在春天北海青青的杨柳岸，他们还追逐在寒冬倒垂树枝头的冰柱间……

一个是少年英发、潇洒旷达；一个是豆蔻年华、光艳风华；一个是胸怀天下、探求救国救民真理；一个是聪明好学、钦佩倾慕他乡遇知音。在短暂而又心照不宣的思想情感交流中，两颗年轻火热的心灵碰撞出了爱的火花，他们热烈又真诚地相爱了，你把我作知己，我视你为知音。

1919年3月，因母亲病危，毛泽东不得不赶回湖南。分别时，两人相约别后互通书信。

不久，回到湖南长沙的毛泽东就收到了杨开慧的来信，抬头称呼只有一个字：润。

毛泽东很快复信，抬头也只有一个字：霞（霞是杨开慧的号）。

1919 年 6 月，杨开慧在日记中记录了这段相思相恋的心境，她在日记中写道：

我大约是十七八岁的时候，对于结婚有了我自己的见解，我反对一切旧仪式的结婚，并且我以为用心去求爱，是容易而且必然地要失掉真挚神圣的不可思议的最高级最美丽无上的爱的！我也知道这不是普通人能够做到的事，而且普通人是懂不到这一层来的。然而我好像如此，不能改变，用一句恰好的话可以表现我的态度出来："不完全则宁无。"

不料我也有这样的幸运，得到一个爱人！我是十分的爱他，自从听到他许多的事，看见了他许多的文章、日记，我就爱上了他。

但是杨开慧比较内向，不轻易暴露自己的感情。虽然已经爱上了毛泽东，但又不敢表白。对于这一点，她在日记中这样写道：

不过我没有希望会同他结婚，因为我不要人家的被动爱，我虽然爱他，但绝不表示，我认定爱的权柄操在自己的手里。我决不妄大希求。我也知道都像我这样，爱不都埋没尽了吗？然而我的性格，非如此不行，我早已决定独身一世的。

毛泽东是早已将杨开慧铭刻在心上。但工作太多太重，甚过儿女私情。1919 年 3 月，毛泽东离开北京。回到长沙后，毛泽东以长沙市修业学校主事的身份为掩护，领导了湖南的五四运动和驱张运动。这一年，毛泽东在长沙给杨开慧写了不少的信，杨开慧曾追述道：

一直到他有许多信给我，表示他的爱意，我

杨开慧，1901 年生，1921 年加入中国共产党，随毛泽东在长沙、上海、韶山、广州、武汉等地从事革命活动。她是中共历史上的第二位女党员。大革命失败后，留在家乡板仓从事党的地下工作。1930 年被湖南军阀何键逮捕，同年 11 月英勇就义。时年 29 岁。

还不敢相信，我有这样的幸运。还是一位朋友——知道他的情形的朋友，把他的情形告诉我，他为我非常烦闷，我相信我的独身生活会是成功的。

杨开慧说的这位朋友，就是从长沙到北京准备赴法勤工俭学的蔡和森。

1919 年 11 月 14 日，长沙发生了一件悲惨绝伦的事：一位叫赵五贞的姑娘，因父母非要她嫁一个年龄比她大许多，死了老婆，操行又不好的男人，在花轿抬往婆家成亲的途中，用剪刀自杀了。这一事件对整个长沙震动极大。毛泽东当时从北京回到长沙，抓住赵五贞自杀的社会根源一连发表了 10 篇文章。其中，在《对于赵女士自杀的批评》中，毛泽东开宗明义写道："赵的本意是求生的，而竟求死了，为什么？是环境逼的。赵女士的环境是'三面铁网'：中国社会、赵氏一家人，夫家一家人，只要其中任何一面铁网是开放的，赵就不至于死！"毛泽东对赵五贞的死抱有深深的同情，在接连几篇短论中，分析了逼死赵五贞的是父权母权的家庭制度、媒人制度、合八字的迷信思想。这些玩意相互渗透，扼杀了一个又一个活生生的女性生命，扼杀了女性的人格、自由意志、自由选择恋爱和婚姻的权利。毛泽东用他那特有的辛辣文字写道："打起屋大的灯笼，寻遍了全中国的社会，竟看不到半点恋爱自由的影子。"相反，谁想自由恋爱，反对包办婚姻，往往会碰得头破血流。

连续在湖南《大公报》上为赵五贞自杀发表 10 篇评论后，毛泽东又于 1919 年年底心急如焚地前往北京，原因是恩师杨昌济病危，正在北京德国医院住院治疗。

一到北京安顿下来，毛泽东就急匆匆地赶往病房看望老师。杨昌济明显地消瘦了许多，但精神尚好，见到钟爱的学生，憔悴的脸上露出了笑容。

一对恋人在分别大半年后再度重逢，其中的情愫难以用语言来表达，压抑在两人心头的火花一下子迸发出来。一天，杨开慧发现毛泽东晒在竹竿上的一件白衬衣破了，便取下来为他缝补。不料，被妈妈向振熙看见了，便把此事看作他们"定情"的标志，高兴地告诉杨昌济：

"开慧帮毛先生补衬衣了，她还从没补过衣服呢！"

饱受病魔折磨的杨昌济，脸上露出了欣慰的笑容。就这样，毛泽东和杨开慧的婚事，就算在杨家内部定下来了。

杨昌济的病愈发严重了。毛泽东赶到病房，探望恩师。自知不久于人世的杨昌济示意毛泽东坐到床边，用颤抖的手从身上掏出一块怀表，递给毛泽东："润之，这块表跟我多年，我今天把它送给你，作个纪念吧。你和开慧的事我全知道，我就把她托付给你，……开慧年轻幼稚，你要多照顾她……"

"老师，师母，你们放心吧！"毛泽东强忍悲痛，站起身来，向恩师和师母深深地鞠了一躬。

与毛泽东的恋情不仅使杨开慧更多地了解了毛泽东的思想，也使她不满足于自己的知识结构。她在学习国文和英语的同时积极去北大旁听，认真阅读《新青年》《每周评论》以及父亲订阅的英文版《布尔什维克》等传播马克思主义的进步书刊。开慧深深地被俄国十月革命的胜利所鼓舞，被以李大钊、鲁迅为代表的"打倒孔家店"的新文化运动所激励，初步确立了共产主义人生观。

1920 年 1 月 17 日，一代学人杨昌济在北京溘然长逝。

巨大的悲痛袭击着杨开慧一家。毛泽东也沉浸在无比的悲痛之中，他以半子半婿的身份，倾全力协助杨家料理后事。1 月 20 日，毛泽东参加在沙滩北京大学小礼堂举行的杨昌济追悼会，并宣读了《治丧辞》，悼念恩师。1 月 22 日，毛泽东与蔡元培、章士钊等人联名向外发布了杨昌济病逝的讣告。

1 月下旬，在毛泽东的安排下，杨开慧兄妹等人扶柩南下，将杨昌济的遗体葬于长沙板仓。随后，在父亲生前好友的关照下，杨开慧进入长沙福湘女中读书。

早在 1918 年冬，杨开慧就开始接受了共产主义思想，从一个民主主义者向共产主义者转变。在福湘女中，她积极向同学们宣传民主与科学。

福湘女中是一所教会学校，1914 年由在长沙的美国基督教长老会创办，学校规定学生要读《圣经》、做祷告、唱赞美诗等。当时女同学习惯留长发，她却带头把长发剪短。杨开慧照片中的发型在当时是"另类"的。而校长是牧师的夫人，思想守旧。她觉得这个北京来的学生，头发太短，思想太新，就说杨开慧"男不男，女不女"，是"过激派"[①]。

---

① 过激派，是当时对具有初步共产主义思想的知识分子的贬称。

杨开慧轻蔑地回答："剪短发，是我的自由！"

杨开慧干脆把头发剪得更短些，作为回答。她还在《湖南通俗日报》和《福湘周刊》上，发表了《向不平等的根源进攻》《呈某世伯的一封信》等文章，猛烈抨击封建礼教和封建道德。她主张解放女权，男女平等，婚姻自由，要求制定男女平等的法律。

杨开慧的行动，触怒了校长，扬言要开除她。

李淑一的父亲李肖聃是这所教会学校的国文老师，也是杨昌济的生前好友。他便出面保护杨开慧："她父亲是湖南教育界的名流，是我的挚友。杨先生过世了，对他的后代，望教育界同仁多加照顾。"

李肖聃在长沙教育界颇具名望，他出来说话，教会学校也不好发难。

1920年毛泽东仍在长沙当教员，同时领导新民学会，指导蓬勃兴起的革命运动。文化书社成立后，杨开慧积极参加文化书社组织的一些活动。不久，她加入了中国社会主义青年团。杨开慧的才华、个性日渐显露，她具备她所处时代女性的一切优秀品质：独立、善良、端庄、知书达理又任劳任怨，追求个性解放和婚姻自由。正像杨开慧所感叹所希冀的那样，在毛泽东的心灵深处，杨开慧就好像是为他特生的，一颦一笑无不牵动情思。

月明星稀，夜不能寐，1920年盛夏，毛泽东曾作有一阕情浓词美的《虞美人》赠与开慧，刻骨相思之情，跃然纸上：

堆来枕上愁何状，江海翻波浪。夜长天色总难明，无奈披衣起坐薄寒中。

晓来百念皆灰烬，倦极身无凭。一钩残月向西流，对此不抛眼泪也无由。

这是迄今为止发现的毛泽东的第一首情诗，细雨润物，缠绵悱恻。

杨开慧在福湘女中接到这首词后，心摇神颤，忍不住将此诗送给同窗好友李淑一看，摇着李淑一的肩膀说："他的心盖，我的心盖都被揭开了，我看见了他的心，他也完全看见了我的心。"

杨开慧深深了解毛泽东的情意后，没有丝毫矫作，满腔柔情立即化为一腔英雄主义豪情：

自从我完全了解他对我的真意，从此我有一个意识，我觉得为母亲而生之外，是为他而生的，我想象着，假如一天他死去了，我的母亲也不在了，我一定要跟着他死！假若他被人捉着去杀，我一定要同他去共这一个命运。

1920 年下半年，毛泽东把主要精力放在从事创建中国共产党上。为了进一步传播马列主义，宣传新思想，为建党做好思想上理论上的准备，毛泽东决定创办"文化书社"，发行马列主义书籍和进步报刊。但是，在筹办过程中，毛泽东遇到了困难，首要的就是经费问题。为了筹集经费，毛泽东四方奔走，甚至把自己微薄的薪水都全部贴上去了，然而经费仍然不足。

杨开慧目睹这一切，心急如焚。

怎么办？杨开慧想到了父亲病逝时，北京的朋友们曾赠过一笔祭奠费，这笔祭奠费除安葬父亲时用了一些外，还剩下一部分。但杨开慧又犹豫了。由于父亲的病逝，家里的生活日渐窘迫，这是不能轻易动用的一笔钱。但她又不忍心看到毛泽东为经费奔波而消瘦。想到这里，她决定和母亲商量一下。她有意和母亲谈起毛泽东办"文化书社"的事。

"润之遇到了难处，他为了办书社，把自己的薪水都搭进去了。"

"那现在凑得怎么样？"已将毛泽东视为爱婿的母亲向氏关切地问。

"还是不够呐！"

"唉——"母亲听后，叹了一口气说："要是你爸爸还在世就好了，他一定会想办法资助一些的。"

"妈，爸爸去世时，北京的朋友赠送了一笔祭奠费，不知道现在还剩下多少？"杨开慧看着母亲，试探着问："是不是可以拿出来帮一下润之？"

"剩倒是还剩了一点，不过……"母亲向氏面露难色。

杨开慧知道自己为难母亲了。自从父亲去世后，家里断绝了收入，这笔钱，可以说是全家的救命钱。杨开慧停顿了一会儿，说："妈，润之办书社是件大事。为了改造中国与世界，他想传播马列思想，宣传新文化运动，使广大民众懂得救国的道理，启发工农大众的革命觉悟，打倒帝国主义，推翻封建统治。到那个时候，我们大家都

杨开慧的母亲向振熙

能过上好日子，家家有饭吃，人人有衣穿。母亲的困难，只是暂时的，我们艰苦一点，少吃一口，少穿一点，就能克服过去……"

女儿的一片真情，终于打动了母亲的心。

在杨开慧的协助下，毛泽东创办的文化书社不断扩大，仅长沙城内就设立了七个贩卖部。书社同全国有业务往来的书报社就有70余家；上海的陈独秀、北京的李大钊都是书社的"信用代表"；同恽代英在武汉创办的利群书社结成了姊妹关系，互通有无，并很快在平江、浏阳、衡阳、宝庆等七个县建立了分社。此时的书社，实际上成了毛泽东建党活动的主要联络点，他们经常在这里开会，来自全国各地的信件也都由文化书社收转。文化书社为在湖南传播新文化、传播马列主义和初期建团、建党起到了巨大的作用。

在创办文化书社的同时，为了让学会会员与进步青年和社会人士进一步了解俄国十月革命和马克思主义，毛泽东又发起成立了俄罗斯研究会，明确规定"以研究俄罗斯之一切事情为主旨"，还组织了马克思主义研究会，吸收新民学会以外的进步青年参加。在这些活动中，杨开慧成为毛泽东最为得力的助手。也正是在这些实际工作的接触中，毛泽东确信自己找到了志同道合的伴侣。

1920年冬，毛泽东和杨开慧在一师附小结婚。毛泽东和杨开慧的恋爱是自由的、浪漫的，结婚也表现出对世俗、对传统的反叛。杨开慧不坐花轿，不带嫁妆，既没有媒妁之言，也没有豪华的礼仪，自由地与毛泽东生活在一起。用杨开慧的话说，是"不做俗人之举"。

结婚前，毛泽东和杨开慧都住在集体宿舍里。婚后不久，恰逢春节，两人便回板仓小住十几日，既是看望杨老太太和兄嫂，又算是度蜜月了。期间，杨开慧陪同毛泽东踏遍了板仓的山山水水，探亲访友，实地考察。在杨开慧短暂的人生中，和毛泽东在板仓的这十几天，成了她终生难忘的、不可磨灭的记忆。

第二节　爱的风波

1921年年末，毛泽东和杨开慧一起回板仓过了春节。正月初六，毛泽东回韶山，初十返回长沙。杨开慧则直接从板仓到长沙周南女中读书。周南女中是教育家朱剑凡创办的第一所湖南女子中学，向警予、蔡畅、奇帅孟和丁玲等都在此校读过书。

杨开慧进周南女中不久，一位教员逼死出身贫寒的妻子，杨开慧第一个站出来，带领同学们愤怒控诉封建婚姻制度。

暑假期间，杨开慧奔走于各学校，组织进步学生走上街头，广泛接触工人群众。她曾约了一个同学到火柴公司为女工办识字班，自己编识字课本，自己刻蜡版。参加识字班的女工很踊跃，很快由十几人发展至几百人。为杨开慧的精神所鼓舞，前来教课的同学达几十人。

不久，因为杨开慧投身革命，学校当局把她看成"危险分子"，扬言要将她赶出学校。

当时，湖南教育界正就妇女教育问题展开热烈讨论，"男女同校"成为讨论中的热点话题。要开风气之先，需有勇敢者带头。杨开慧和毛泽东协商要去男子学校读书，毛泽东自然非常支持。于是，杨开慧便串联了许文煊、周毓明、王催琼、杨每累、徐潜、蒋玮（丁玲）等同学，毅然离开周南女中，考入岳云中学读书。这件事，在当时的长沙城引起了很大的轰动，杨开慧和这几位学生一起，成为湖南男女同校的第一批女生。这在当时封建顽固势力统治下的湖南，的确需要非凡的魄力和勇气。

1921年年冬，杨开慧离开岳云中学。同年底，加入中国共产党。

为了适应革命的需要，1922年年初，毛泽东在清水塘[①]22号租了一栋三开间的木板平房，作为中共湘区委员会的秘密机关。毛泽东的小家搬到清水塘，以掩护中共湘区委员会机关工作，杨开慧把母亲向振熙一起接了来同住。毛泽东整日忙于工作，杨

---

① 清水塘，在长沙小吴门外。这里有上、下两口池塘，上塘水浊，下塘水清，上塘水流入下塘水即清澈明亮，故名清水塘。

开慧成了他的得力助手，除负责交通联络工作外，她还协助他收集资料，抄写文稿，夫妻经常工作到深夜。这段时间，杨开慧还协助毛泽东、何叔衡等筹办了湖南自修大学。湖南自修大学先后培养了来自湖南34个县和外省四个县的两百多名进步青年，夏明翰就是其中之一。他的绝命诗一直流传至今："砍头不要紧，只要主义真。杀了夏明翰，还有后来人。"

1922年10月4日，毛泽东和杨开慧的第一个儿子在湘雅医院出生了，也就在这一天，毛泽东领导的长沙泥木工人罢工取得了胜利。毛泽东给儿子取派名远仁，大名岸英，意为社会主义彼岸的英雄。次年，杨开慧又生下了毛岸青。她身上的担子更重了，但她忙得有意义，累得有价值，因为有革命的事业激励着她，有毛泽东的信任鼓舞着她。

然而，后来情况发生了变化。随着革命斗争的深入，毛泽东成了湖南军阀赵恒惕的眼中钉，1923年4月下令通缉毛泽东。毛泽东在长沙不能待了，党中央调他去上海机关工作。昔日聚在清水塘的那些革命青年都分开了，杨开慧不得不离开那里，带着孩子住到别处。这时，她离开了丈夫，又离开了革命集体生活，感到格外孤独和寂寞。杨开慧并没有留下什么文字材料表明她当时的心境，但几年后，毛泽东上了井冈山，她再次过着独处生活的时候，她写了一些笔记，记录了她当时的心情。这篇笔记是20世纪80年代在整修板仓杨开慧故居时从墙壁夹缝中发现的，虽然经历半个多世纪，但从笔记的字里行间，我们可以揣摩到她当时痛苦而复杂的心境：

无论怎样都睡不着，虽然是倒在床上，一连几晚都是这样，合起来还睡不到一晚的时辰。十多天了，半个月了，一个月了，总不见来信，我检（简）直要疯了。我设一些假想，脑子像戏台一样，还睡什么觉，人越见枯瘦了。

太难过了，太寂寞了，太伤心了，这个日子我检（简）直想逃避它。但为着我这个小宝，我终于不能逃避。

又是一晚的没有入睡，我不能忍了，我要跑到他那里去。小孩，可怜的小孩，又把我抱住了。我的心挑了一个重担，一头里是他，一头里是小孩，谁也拿不开。我要哭了，我真要哭了。我怎么都不能不爱他，我怎么都不能不爱他！

从杨开慧留下的这些文字，可以看出她对毛泽东的爱是何等的深！她离开他以后是怎样想念、记挂他！但作为丈夫的毛泽东整日忙于革命工作，却并未十分理解妻子的心。杨开慧几次写信，要求和毛泽东一起到上海、广州去，他回信说：大都会生活费用大，自己经常东奔西走，并不能照顾她们母子，倒不如在长沙好，亲朋好友多，熟人熟地来得方便。毛泽东还笔录了唐人元稹的一首诗《菟丝》赠给她：

人生莫依倚，依倚事不成。

君看菟丝蔓，依倚榛与荆。

下有狐兔穴，奔走亦纵横。

樵童砍将去，柔蔓与之并。

他还在另一首给杨开慧的词中说："我自欲为江海客，更不为昵昵儿女语。"

杨开慧接信以后，肺都气炸了。一向视自己为知己的毛泽东，怎么变得这么不理解她的心情了呢？你毛泽东欲为江海客，不恋儿女情，难道我杨开慧真是那种只知道守着丈夫卿卿我我的旧式女子吗？我之要求和你毛泽东同住，本是为了不脱离革命工作，同时助你一臂之力，你这还不懂吗？只有你革命，我就落后了吗？你要我当家庭妇女，那么，我这个解放了的女性不是又倒退回去做"娜拉式"的女人了吗？……杨开慧满心委屈，赌气不给丈夫回信。

1923 年 9 月，毛泽东在广州出席中国共产党第三次全国代表大会后，回到长沙，在这里筹建长沙共产党组织和社会主义青年团，特地看望了杨开慧母子。

夫妻见面后，杨开慧没了往日的热情，对丈夫没说几句话。毛泽东不知出了什么事，直到夜深人静，才好不容易从枕边了解到妻子的心事。杨开慧含泪向他倾诉了自己的委屈。毛泽东震惊了，深感内疚，自己一心忙着革命工作，很少顾及自己的妻儿。妻子为他承担了全部的家庭重担，他不曾为她分过忧，连她的向上的革命要求，也没有予以重视，难怪妻子要怨恨自己了。但他有革命任务在身，不能在家中久留。歇了一夜，第二天天不明，毛泽东就走了。

这一次，杨开慧破例没有为他送行。毛泽东的心情复杂极了。上了车以后，他一直不能平静，一路上吟成了一首千古绝唱——《贺新郎》：

挥手从兹去。更那堪凄然相向，苦情重诉。眼角眉梢都似恨，热泪欲零还住。知误会前番书语。过眼滔滔云共雾，算人间知己吾和汝。人有病，天知否？

今朝霜重东门路，照横塘半天残月，凄清如许。汽笛一声肠已断，从此天涯孤旅。凭割愁丝恨缕。要似昆仑崩绝壁，又恰像台风扫寰宇。重比翼，和云翥。

毛泽东在词中坦陈肺腑："算人间知己吾和汝"，发誓"要似昆仑崩绝壁"那样与过去决绝，像"台风扫寰宇"那样扫除两人之间的感情障碍。《贺新郎》充满了儿女情长和离愁别绪，既是对杨开慧坦荡胸怀的由衷赞美，也寄予了毛泽东不可遏制的殷殷爱意。毛泽东那伟大刚强的个性里也不由涌现出缠绵脆弱的情愫，但他的理想和抱负同样让他全身血液沸腾。在爱情与事业之间，聪明的毛泽东选择了最完美的方式，夫妻双双比翼齐飞……

杨开慧接到毛泽东这首词以后，知道丈夫已懂得了自己的心情，转悲为喜，破涕而笑，"误会"自然消除了。

第三节　并肩战斗

1924 年 1 月 20 日，是一个十分重要的日子。在孙中山的主持下，国共两党的精英，齐聚于广东高等师范学院那座有着高高塔楼的礼堂内，召开中国国民党第一次全国代表大会。毛泽东以湖南地方组织代表的身份出席，会议期间被指定为章程审查委员之一。他多次发言，除就组织国民政府、出版及宣传、设立研究会等问题发表意见外，还针对国民党内的右派观点申明自己的主张。

毛泽东在会上的表现，受到孙中山和一些国民党人士的赏识。30 日上午，在选举中央执行委员和候补委员时，孙中山亲自拟了一个候选人名单，交付大会表决，其中就有毛泽东。他被选为中央候补执行委员。大会结束后，毛泽东被派往上海参加国民党上海执行部的工作。他于 2 月中旬到上海，同蔡和森、向警予、罗章龙等住在闸北香山路三曾里中共中央机关内，称三户楼。

1924 年 6 月，杨开慧和母亲向振熙带着两个儿子，经汉口坐船到达上海。毛泽东亲临码头迎接。

杨开慧母子到上海后，毛泽东一家便住在英租界慕尔鸣路甲秀里（今威海卫路 583 弄）。这个时候，毛泽东身兼国共两党的工作，担任中共中央组织部部长和国民党上海执行部组织部秘书兼代秘书处文书科主任，异常繁忙，经常工作到深夜。那时，杨开慧身体很好，尽管照顾两个孩子比较累，仍挤出时间帮助毛泽东做了很多工作。

我们现在看到的杨开慧和两个孩子的合影，就是 1924 年在上海照的。

这个时候，国民党成立了农民部，农民部刚成立时千头万绪，需要做的工作很多。但国民党上海执行部的右派国民党人，视共产党人为异己，尤其是对毛泽东最为排斥，因为毛泽东遇事不肯迁就，极力反对他们的右派活动。这样，两党之间就产生了一些摩擦，并且这种摩擦不断地升级，两党成员间的关系越来越复杂，斗争越来越激烈。

由于夜以继日地紧张工作，加之国民党右派在统一战线中制造种种矛盾所带来的重重困难，使毛泽东心力交瘁，病倒了。经中共中央同意，是年年底，毛泽东偕妻子

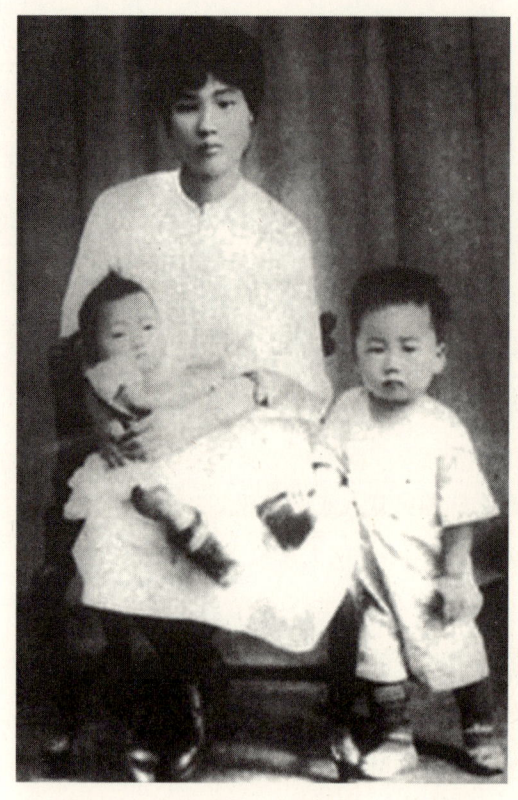

1924 年，杨开慧与儿子毛岸英、毛岸青合影于上海

杨开慧等回湖南"养病"。

1925 年春节前夕，毛泽东回到长沙。春节是在板仓杨开慧的家中度过的。1925 年 2 月 6 日（正月十四），毛泽东携妻儿回到韶山休养。

在同农民的广泛接触中，毛泽东发现湖南农民特别富有斗争精神。毛泽东发动李耿侯、庞叔侃等进步知识分子先后在毛氏宗祠、李氏宗祠等处创办了 20 多所农民夜校。这是杨开慧第一次来韶山，她一面尽力照料毛泽东父子们的生活，为他接待客人，整理文稿；一面抽空深入贫苦农家，宣传革命道理，并亲自上台讲课，利用通俗活泼的形式，对农民进行启蒙教育。

五卅运动爆发后，反对帝国主义的呼声响遍全国。毛泽东抓住机会，提出了"打倒列强，洗雪国耻"的口号，以农民协会为中心，在韶山一带成立了 20 多个乡村雪耻会，开展演讲、游行、检查洋货等反帝活动。1925 年 6 月，毛泽东在其旧居的阁楼上为新党员举行了入党宣誓仪式，组建了中共韶山特别支部。中共韶山特别支部是中国最早的农村党支部之一，毛福轩等第一批支部成员在后来的革命时期都献出了自己宝贵的生命。

农民运动的浩大声势使地主胆战心惊，毛泽东被地主告密，再次受到军阀赵恒惕的通缉。毛泽东和杨开慧不得不离开韶山，先后到达广州。

半年的韶山农民运动，给毛泽东留下了深刻的印象。1925 年 11 月毛泽东在广州填写的《少年中国学会改组委员会调查表》中写道："现在注重研究中国农民问题。""本人信仰共产主义，主张无产阶级的社会革命。"关于个人经历，他写道：

"教过一年书，做过两年工人运动，半年农民运动，一年国民党的组织工作。"1926年3月，毛泽东开始担任第六届农民运动讲习所所长，他亲自给学员讲授农民问题，带领学生到农村调查，"影响学生做农民运动之决心极大"。

　　1926年下半年，国民革命军的北伐战争开始，7月攻克长沙，10月占领武汉。为了发展全国农民运动，配合北伐，10月毛泽东离开广州到武汉。1926年12月，湖南省第一次农民代表大会在长沙举行，电邀毛泽东回湘指导工作。毛泽东和杨开慧回到长沙，住在望麓园。这时，杨开慧又怀了孩子，他们请了一个叫陈玉英的受苦人做保姆。

油画《战友》，李泽浩 许宝中作于 1976 年，中国美术馆收藏

　　《战友》是一幅上个世纪后半叶广为中国人熟知的经典佳作，是以毛泽东、杨开慧爱情故事为题材创作的历史画，并以他们早年在长沙从事革命活动为背景。天上乌云翻滚，江中百舸争流，苍茫中的湘江、橘子洲头和船舶都笼罩在压抑沉闷的气氛中，一场暴风雨即将来临！毛泽东和杨开慧同志在这样黑暗的环境下，却昂首挺胸，迈步向前，去宣传马列主义真理，去发动广大工农群众起来同敌人进行不屈不挠的斗争。他们眉头微皱，眼睛坚毅地凝视着远方，任何艰险也无法阻挡他们争取革命解放的决心。

　　画面采用灰色作为全画的主色调，突出表现了早年在长沙，毛泽东和杨开慧在白色恐怖下从事革命活动的艰难。画家用深沉、凝练的笔触准确地刻画出了两个充满革命激情的年轻人坚毅的身影。

陈玉英来到望麓园的第一天，毛泽东和杨开慧都含笑站了起来，表示欢迎。杨开慧拉着陈玉英的手说："你给我们帮忙，我们彼此不分上下，不分你我，我们是朋友。"陈玉英后来回忆说，她十多岁就给人帮工，做了十多年的保姆，第一次听到这等知冷知热的话，激动得眼圈都红了。

1927 年的毛泽东

1927 年 1 月，毛泽东身着蓝布长衫，脚穿草鞋，手里拿着雨伞，开始对湖南农民运动进行实地考察。他来到一个个村庄，和农民坐在一起，抽着最浓烈的烟草，聊着最家常的话题，32 天里，他徒步考察了湘潭、湘乡、衡山、醴陵、长沙五个县的农民运动，行程 700 多公里。2 月 12 日春节一过，毛泽东举家到达武昌，住都府堤 41 号。白天，毛泽东到武昌农民运动讲习所主持工作，晚上伏案写作《湖南农民运动考察报告》，每天工作到深夜。杨开慧更是没日没夜地帮助毛泽东整理和抄写材料。

在这篇著名的报告中，毛泽东记述了湖南农民所做的十四件大事，高度赞扬了农民运动，认为都是革命的行动和完成民主革命的措施，称"孙中山先生致力国民革命凡四十年，所要做而没有做到的事，农民在几个月内做到了。这是四十年乃至几千年未曾成就过的奇勋。这是好得很。"他还在报告中提出要"推翻地主武装，建立农民武装"。

1927 年 3 月 5 日，《湖南农民运动考察报告》的部分章节首次发表在中共湖南区委机关报《战士》周刊上。12 日，《向导》周刊也发表了该报告的部分章节。随后，长江书店以《湖南农民革命（一）》为书名出版了全文的单行本。

中共中央局委员瞿秋白为该书写了热情洋溢的序言："中国革命家都要代表三万万九千万农民说话做事，到前线去奋斗，毛泽东不过开始罢了。中国的革命者个个都应该读一读毛泽东这本书，和读彭湃的《海丰农民运动》一样……"并高度称赞毛泽东同彭湃一样是"农民运动的王"。

但有谁知道，这份著名的《湖南农民运动考察报告》耗费了杨开慧多少个不眠之夜，又凝聚着她多少的心血。

1927 年 4 月 4 日，杨开慧在武昌生下了第三个儿子毛岸龙。毛泽东不在家，是保姆陈玉英陪杨开慧去的医院。四天后，毛泽东匆匆赶到医院探望。

那段时间，毛泽东简直太忙了。短短几天里，毛泽东就新添了三个职务。3 月 30 日，毛泽东担任新成立的全国农民协会临时执行委员会常务委员兼组织部部长；4 月 2 日，国民党中央常务委员会第五次扩大会议决定成立土地委员会，毛泽东与邓演达、徐谦、顾孟余、谭平山等四人任委员；两天后，也就是杨开慧生产的那一天，毛泽东出席中央农民运动讲习所开学典礼，与邓演达、陈克文任农讲所常务委员，负实际之责。

"霞，这么多天了，我都没有来看望你，真对不起！"在医院里，毛泽东一脸的歉意。

杨开慧望一眼疲惫的毛泽东，眼里闪烁着无限的爱意，幸福地说："这不要紧的，你在工作。我生小孩，你在这里我要生，你不在这里我也要生。你工作要紧，孙嫂[①]在这里，对我照顾很好，你放心好了。"

保姆陈玉英抱着刚出生四天的毛岸龙给毛泽东看。毛泽东双手接过，风趣地说："没有哪个把我的毛伢子换去吧？"一句话，逗得杨开慧和陈玉英都笑了。

1927 年 4 月 12 日，蒋介石在上海发动了"四一二"反革命政变，大批的共产党员和革命群众遭到逮捕和屠杀。7 月 15 日，主持武汉国民政府的汪精卫公开"分共"，中国共产党由合法变为非法，轰轰烈烈的大革命失败了。在革命的危急关头，中共中央紧急召开了"八七会议"，毛泽东提出"政权是由枪杆子中取得的"重要思想，会议决定了武装暴动的新方针。会后，毛泽东受中共中央临时政治局指派，回到湖南领导湘赣边秋收起义。

毛泽东是 1927 年 8 月 12 日回到长沙的。此前，杨开慧和保姆陈玉英已带儿子从武昌返回板仓。毛泽东到达板仓时，已是暮霭沉沉。

———————————

① 指保姆陈玉英。

　　毛泽东一生四次去过板仓。第一次是 1916 年暑假，受恩师杨昌济邀请，毛泽东在板仓与杨开慧认识；第二次是 1921 年春节，毛泽东和杨开慧新婚不久，一家人在板仓过年；第三次是 1927 年 2 月初，毛泽东来板仓考察湖南农民运动，在板仓杨宅召开了农民代表座谈会；第四次是 1927 年 8 月，这是毛泽东一生中最后一次去板仓。

　　板仓的山岚还是那样的青翠，下屋场的小池塘还是那样一汪碧绿，荷花也开得正旺，但夫妻二人再也没有心思欣赏了。毛泽东知道，这一次离别，将是山高水长，不知何时才能见到杨开慧母子。那一夜，毛泽东平生第一次什么也不想，目光和心思全部落在杨开慧母子的身上。看着三个熟睡的儿子，毛泽东一遍遍地叫着杨开慧的小名"霞"，说不完的知心话儿，道不完的离别之情。

　　翌日天未大亮，毛泽东就挥挥手，在他心爱的霞的目送下，离开了板仓。尽管毛泽东和杨开慧都做了最坏的打算，但谁也没有想到，这次分别成了他们夫妻的永别。

　　1977 年 10 月 5 日，上海《文汇报》刊登了一篇回忆杨开慧的文章：

　　开慧姐不愧是毛主席的亲爱的夫人和亲密的战友。她在生活上无微不至的关心体贴，使毛主席有更充沛的精力考虑和处理革命大事。那时，毛主席常常通宵达旦写东西，寒冬腊月也是这样。一到晚上八九点钟，开慧姐就把取暖用具给毛主席准备好；深夜一两点钟，常起床取送临睡前热在锅里的"点心"，有时候毛主席没顾上吃，她就等在旁边，待吃完后才去睡。那时候，毛主席夜里经常只睡两三个小时，清早，又出去工作。她就去整理毛主席夜里写的东西。在草稿本上，凡写"定稿"二字的，她就誊写到另一本簿子上去。那时，他们已有了孩子岸英。开慧姐在抄写文件时，常常把岸英的摇篮放在身边，一边抄，一边用脚摇摇篮。

　　毛泽东与杨开慧共同生活了七年。这期间，杨开慧生育了岸英、岸青、岸龙三个孩子，每次生孩子，毛泽东都因革命工作分不开身而无法在她身边照料。在恶劣的环境中，杨开慧不仅承担了繁重的家务，还要为毛泽东整理材料，做文字工作，无微不至地照顾毛泽东的生活，并协助毛泽东从事工运、学运、农运工作。

杨开慧是一位很有个性的女性，从她留下的文字可以看出，她甚至有些骄傲。但她已融入毛泽东的生活中，她把毛泽东的生活当作她全部的生活。她的自我，就体现在毛泽东的事业中。

杨开慧在党内没有任何职务，始终是毛泽东的眷属。国共合作实现后，毛泽东被选为国民党中央候补执行委员，还担任了国民党中央代理宣传部部长，杨开慧和母亲带着孩子伴随，也仍然是家属身份。

为了照顾毛泽东，杨开慧作为贤妻良母，默默地奉献了一切。从 1920 年秋至 1927 年秋，整整七年，一直紧随在毛泽东身边。时而在长沙，时而在上海，时而在广州，时而在武汉，四海为家。她用一个女人的肩膀，担负着妻子、秘书、助手等几份责任。

第四节　在板仓的日子里

1927 年 9 月 9 日，毛泽东在湘赣边领导秋收起义。但仅仅过了三四天，起义军在国民党正规部队优势兵力的反扑下，严重受挫。为了保留革命火种，毛泽东在文家市力排众议，率起义军向罗霄山脉的井冈山进军。

与此同时，杨开慧在严重的白色恐怖下，和母亲带着三个年幼的孩子、保姆陈玉英一起回到了家乡板仓，继续开展地下斗争。

杨开慧深知时局艰危，生活在如此险恶的环境中，无异于投身虎穴狼窝。但对革命事业充满信心的她，视革命胜于自己的生命，只要革命能够成功，牺牲自己也在所不惜。她唯一牵挂的是她的丈夫毛泽东。

毛泽东终于来信了，是从江西宁冈县的一个中药铺寄来的。信是用暗语写的，大意是说他出门后，开始生意不太好，亏了本，现在生意好了，兴旺起来了，"堪以告慰"。毛泽东还在信中提到了他的脚伤。

这封信写于 1927 年 10 月，毛泽东率领秋收起义军，胜利到达井冈山地区的宁冈县，决定在井冈山一带创建第一个农村革命根据地，实行土地革命，建立工农政权，开辟武装夺取政权的崭新道路。这封信经过不少周折，直到 1928 年年初，才辗转到了杨开慧手中。

杨开慧凝视着自己丈夫熟悉的笔迹，体味着丈夫含蓄的语言，好像见到了自己的丈夫一般，激动万分。收到这封信后，杨开慧写了回信。但此后，杨开慧再也没收到过毛泽东的来信。

在板仓坚持地下活动的日子是艰苦的，杨开慧的生活全靠毛泽东的大弟弟毛泽民从上海寄钱接济，时有时无。杨开慧在给嫂嫂李一纯的信中不无辛酸地写道："由于泽民的家庭理念，我还没有饿饭……孙嫂（陈玉英）不要我的工钱。"连信纸都买不起，杨开慧用包过东西的纸片写信给同学李淑一，请李淑一买些纸笔和读物寄给她。李一纯是杨开慧早年的密友，也是广州农民运动讲习所第六届的音乐教员，杨开智的前妻。

但这些并没有压倒杨开慧。最让杨开慧伤心、无助的是关山远隔，音信不畅，思念她的丈夫毛泽东，她失眠了，辗转反侧，焦虑不安。1928 年 10 月，杨开慧写了一首思念毛泽东的《偶感》诗：

> 天阴起朔风，浓寒入肌骨。
>
> 念兹远行人，平波突起伏。
>
> 足疾已否痊，寒衣是否备？
>
> 孤眠谁爱护，是否亦凄苦。
>
> 书信不可通，欲问无人语。
>
> 恨无双飞翮，飞去见兹人。
>
> 兹人不得见，惆怅无已时。

这就是一个革命者、一个女人、一个妻子，对志同道合的战友、丈夫的惦记、爱恋和思念。

杨开慧的诗写得情深意切，字写得娟秀无比，即使今天重读此诗，也不得不被杨开慧这个美丽善良的女人的坚贞爱情和才气所感动。诗中"足疾已否痊"，足疾是指毛泽东 1927 年 8 月回板仓时引发的脚病。杨开慧在一年后犹念及此，如此细腻真挚的情感，非一般女性所能及。

在领导工农武装开创革命根据地的艰苦岁月中，毛泽东同样也十分思念、牵挂着杨开慧母子。1929 年 11 月 28 日，他从红四军领导机关驻地福建长汀，写信给中共中央政治局常委李立三，信中写道：

多久不和你通讯了，陈毅同志来才知道你的情形。我大病三个月，现虽好了，但精神未全复原。开慧和岸英等，我时常念及他们，想和他们通讯，不知通信处。闻说泽民在上海，请兄替我通知泽民，要他把开慧的通信处告诉我，并要他写信给我。

但十分遗憾的是，直到杨开慧牺牲，毛泽东也没与她联系上。

这一年的 12 月 26 日，是毛泽东 36 岁生日，保姆陈玉英做了几个好菜，煮了一锅面。一家人围在一起吃面。岸英兄弟别提多高兴了，但孩子们哪里知道，这是妈妈为远在苏区正同国民党反动派进行革命斗争的爸爸过生日啊！

当晚，杨开慧久久不能入睡，不禁又思念起亲爱的丈夫。她在《散记》中写道：

今天是他的生日，我格外的不能忘记。我暗中行事，使家人买了一点菜，晚上又下了几碗面。妈妈也记得这个日子。晚上睡在被窝里，又感伤了一回。听说他病了，并且是积劳的原（缘）故，这真不是一个小问题。没有我在身边，他不会注意的……

杨开慧深爱着毛泽东，心系着三个嗷嗷待哺的孩子，牵挂着年迈的亲娘。杨开慧是个女人，是个美丽善良的女人。作为三个孩子的母亲，她的纤细的心在撕扯着，作为老母亲唯一的女儿，她的柔弱的心在颤动着。可为了革命，为了执着追求的正义事业，一切她都能毫不犹豫地舍弃。这就是杨开慧。

第五节　狱中斗争

板仓素有"鸡叫三县"之称，山多林密，地形复杂，敌人的统治力量相对比较薄弱。杨开慧充分利用这一有利条件，不辞辛苦地辗转于板仓周围几十公里，组织和领导农民革命，积极开展地下武装斗争。

1930 年 7 月 27 日午夜，中国工农红军第三军团乘虚攻克长沙城，重创国民党守军何键部。然而，在国民党军重兵大举反攻的情况下，红军被迫于 8 月 6 日撤出长沙，向平江转移。

8 月 20 日，朱德、毛泽东率领红一军团在文家市痛歼何键部右路第 3 纵队戴斗垣部。23 日，红一、红三军团会师，组建中国工农红军第一方面军，毛泽东任总政治委员。根据中央的命令，毛泽东、朱德于次日下达了红一方面军分"三路向长沙推进"的命令，第二次进攻长沙。

驻守长沙的是国民党军第四路军总指挥、湖南省清乡司令何键。此人是一个积极反共的刽子手，早在"马日事变"时就双手沾满了革命者的鲜血。此时，何键在长沙集结了 31 个团的重兵，倚仗坚固的防御工事固守待援。

鉴于红一方面军围攻长沙 16 天，两次总攻都未能奏效，诱歼敌军的计划也未能实现，毛泽东果断决定撤围长沙，向江西吉安进军。

接连遭到红军重创的何键恼羞成怒，在红一方面军撤围长沙后，便进行疯狂的反扑，大肆搜捕、屠杀共产党人。一时间，报纸上连篇累牍地刊登枪毙共产党要犯的消息，腥风血雨笼罩着闷热的长沙城，白色恐怖之中到处风声鹤唳。

何键对朱毛红军又恨又怕，一面派人到韶山将毛泽东的祖坟挖掉，一面又把罪恶的魔爪伸向了隐蔽在板仓乡下的杨开慧母子。他悬赏大洋 1000 元，捉拿"毛泽东的妻子杨氏"。

情况越来越严重，形势越来越险恶。有的革命同志曾劝说杨开慧暂时离开农村，杨开慧坚定地说："我不能擅自离开自己的战斗岗位！"为了防止万一，她把党的机密文件装在一个蓝花瓷坛里，埋在了板仓屋旁的菜地里。自己则做好了随时应变的准备。

1930 年 10 月 24 日拂晓，几十名匪徒突然包围了板仓下屋场。听到屋外轻微的脚步声，警惕的杨开慧意识到自己已处在了敌人的包围之中，连忙翻身下床，拿出早已检点好的文件，轻步走到卧室旁的杂屋里点着了火，她沉着地拨弄着纸屑，以加速文件的燃烧。火光映着她那镇静的脸，那样的坚毅。

杨开慧就这样被敌人逮捕了。同时被抓走的，还有八岁的毛岸英和保姆陈玉英。杨开慧被捕后，先关在长沙警备司令部 10 天，又转清乡司令部监狱关 10 天，最后转押至长沙北门外的司禁湾陆军监狱署。

曾任中共湖南省委书记的叛徒任卓宣向何键献策称："杨开慧如能自首，胜过千万人自首。"于是，何键下令秘密审判杨开慧。

对面前这个长得文文静静像个学生似的柔弱女子，敌人以为只要把刑具往她面前一放，她自然就会乖乖地招供了。然而，敌人做梦也没想到，这个貌似柔弱的女共产党员，竟有着钢铁般的意志。敌人用尽了各种酷刑，把杨开慧折磨得遍体鳞伤，逼她交出地下党名单，交代和毛泽东的联络方法。可杨开慧始终坚贞不屈。

1930 年 10 月 29 日长沙《大公报》报道了杨开慧被捕的消息，社会各界名流纷

这是 1930 年 10 月 29 日《长沙报》关于杨开慧被捕的消息报道。

纷发来电报，要求湖南"剿共"督办主任何键无罪释放杨开慧。

迫于各方面的压力，敌人把杨开慧"请"进客厅，还有新闻记者在场，由执法处长李琼转告何键的意思，只要她在报上登个声明，跟毛泽东脱离夫妻关系，马上可以获得自由。杨开慧勇敢而坚决地拒绝了这个可以给她带来生路的选择："要杀就杀，死不足惜。要杨开慧与毛泽东脱离夫妻关系，办不到！牺牲我小，成功我大！"旋即，敌人又以她上有老母、下有三个未成年的孩子来"打动"她，并让她好好想一想，她只是报以淡淡一笑。

其实，杨开慧早就做好了随时牺牲的准备。哪个母亲不爱自己的孩子？杨开慧也是一个女人，是她所处的那个时代最优秀的女人。她爱她所从事的革命事业，同样深爱着她的丈夫，深爱着她的孩子。只是，这种爱，不是敌人所能够理解和动摇得了的。我们现在还可以看到一封杨开慧当年留给她堂弟杨开明的托孤信：

一弟：

我好像看见了死神——唉！它那冷酷的面孔！说到死，我并不惧怕，且可以说我喜欢的事，只有我的母亲和我的小孩，我有点可怜他们，而且这个情绪缠绕得我非常厉害——前晚竟使我半睡半醒地闹了一晚。

我决心把他们——我的孩子们托付你们，经济上只要他们的叔父在，是不至于不管他们的，且他们的叔父是有很深的爱对于他们的。但是倘若真正失掉一个母亲，或更加一个父亲，那不是一个叔叔的爱抵得住的，必须得你们各方面的爱护，方能在温暖的春天里自然生长，而不至于受那狂风骤雨的侵袭！

不幸的是，在杨开慧被捕前后，年轻的共产党员杨开明也被捕了，而且和杨开慧同时关押在一个监狱里。就在杨开慧牺牲前后，杨开明也壮烈牺牲了。这封饱含慈母爱心的信，却因杨开慧突遭逮捕而未能送出，被藏在屋后的砖缝里，直到50多年后，才被人们发现。

这封信是1982年3月在更换杨开慧住房后墙墙壁时，在壁缝里发现的。更换墙壁的人是开慧村的郭响亮、郭旭等人，他们共发现自传无题散文一篇、诗二首、杂文二篇和两封未发出的信，计 12 页，4000 余字。现存入湖南省博物馆。1990 年 8 月 1 日上午，在维修杨开慧故居危墙、更换杨昌济住房靠天井的墙壁时，在砖缝中发现了杨开慧民国十九年（1930 年）所写的手稿一份，共 4 页，1000 余字，用黄草纸包装。参加更换墙壁的人是开慧村泥工常岳文、张勇山、杨修明等。手稿原件当即交县文化局保存。

1930 年 11 月 14 日清晨，朔风哀号，阴霾密布，几个刽子手来到监狱，提押杨开慧。杨开慧知道，最后的时刻到了。她用手理了理飘在额前的短发，弹了弹已穿了 10 年的灰底红格旗袍上的灰尘，昂然地站起来，大步走出牢房。

八岁的毛岸英紧紧地抱住妈妈的腿号啕大哭。杨开慧缓缓地弯下腰来，双手搂住孩子："英儿，好孩子，将来告诉你父亲，我死不足惜，但愿革命早日成功。"并嘱

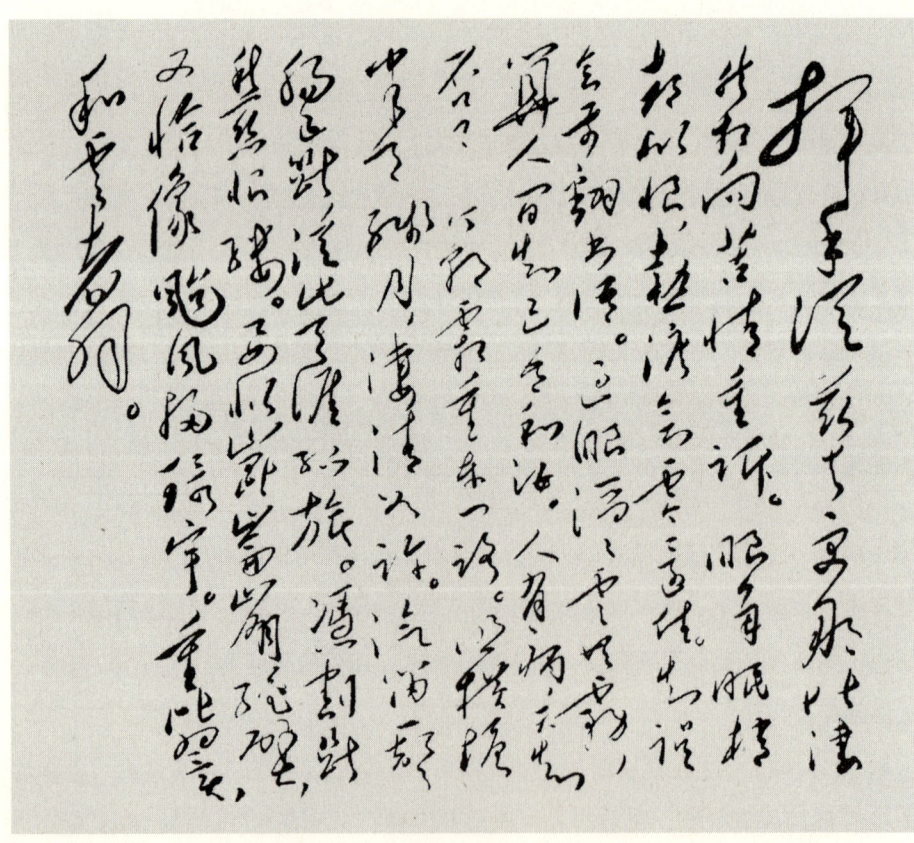

毛泽东手书《贺新郎·别友》

咐："我死后，希望家里不做俗人之举。"——结婚不做"俗人之举"，牺牲仍不做"俗人之举"。生生死死，"苟以国家生死以，岂因祸福避趋之"，撼人心魄。

这一天，杨开慧在长沙市浏阳门外的识字岭[①]就义，英年29岁。为了折磨杨开慧，凶残的敌人向她开了三枪，先把她打伤，让她流血，让她疼痛，一下一下地把她折磨死。杨开慧在痛苦中煎熬着，两只手深深地抠进泥土里，在她身边的土地上留下了两个带着无数手指印的深坑……

一个人，为了信仰，牺牲个人的生命在所不惜。但如要牺牲婚姻、家庭，牺牲妻子儿女，往往就难以做到毫不犹豫了。

毛泽东和杨开慧做到了。

---

① 识字岭，北起浏城桥，南止人民路，现为闹市，原为浏阳门外一片荒山，因有碎石小路，故取名石子岭。1918年有人在此开设私塾教授蒙童，故雅化为识字岭。从清代至民国，岭上为刑场。

第六节　不能忘怀的纪念

1930 年 11 月 15 日，《国民日报》和《大公报》发表了一则相同的消息：

经清乡部审讯，对努力共党工作，煽惑妇女，扩大红军女赤卫队，扰害湘鄂赣各省地方不讳，已于昨十四日下午一时，监提女共匪毛杨氏一名，绑赴识字刑场，执行枪决。

……

"女共匪"毛杨氏，即毛泽东之妻杨开慧。

1930 年 12 月，即杨开慧牺牲一个月后，正在江西中央苏区领导第一次反"围剿"作战的毛泽东，从缴获敌人的报纸上，看到杨开慧殉难的消息，十分哀痛。历历往事涌上心头，他怀着沉重的负罪之感，提笔给开慧的哥哥杨开智写了一封信，信上说："开慧之死，百身莫赎。"深切地表达了对开慧的哀婉痛悼之情。一贯崇尚新风俗的毛泽东一反常规，倾其所有，越过国民党反动派的层层封锁，寄款到千里以外的板仓，让杨开智给杨开慧修墓立碑，上刻"杨母开慧墓。男岸英、岸青、岸龙刻。民国十九年冬立"等字。

毛泽东和杨开慧一起度过了七年的美好时光。杨开慧至死眷恋着毛泽东，而毛泽东也终生思念着这位夫人。

1949 年 8 月 5 日，湖南和平解放。当天，杨开慧的胞兄杨开智致信毛泽东，告诉他母亲杨老夫人尚健在，并询问外甥岸英、岸青及女儿杨展的情况。毛泽东当即复信，他说："老夫人健在，甚慰。""岸英、岸青均在北平。岸青尚在学习。岸英或可回湘工作，他很想看外祖母。""展儿子八年前在华北抗日战争中，光荣地为国牺牲。她是数百万牺牲者之一，不必悲伤。"

对杨家的亲人，杨老太太的起居，毛泽东无时无刻不在牵挂着。但新中国刚刚成立，百废待兴，忙于国事的毛泽东无法亲自前往湖南探望。于是，他便委托王稼祥的夫人、与杨家有世交的朱仲丽，借回长沙探亲之际，看望了杨老太太，并捎去一封亲笔信和一些衣物。信中说："现托朱小姐之便，前来看望你们。皮衣料一套，送给老太太。另有衣料两套，送给开智夫妇。"

1950 年和 1951 年，毛泽东先后两次派长子岸英、次子岸青千里迢迢回板仓，给杨开慧扫墓。

全国由供给制改为薪金制后，毛泽东按期从工资中给杨老太太寄去生活费，以尽人婿之责。

1956 年，毛泽东到长沙视察工作。百忙之中，他亲自请杨老太太到蓉园吃饭。

1960 年 4 月 25 日，日理万机的毛泽东没有忘记这一天是杨老太太九十大寿，他写信给杨开慧的堂妹杨开英，向老岳母祝寿：

开英同志：

杨老太太（岸英的外婆）今年九十寿辰，无以为敬，寄上二百元，烦为转致。或买礼物送去，或直接将二百元寄去，由你决定。劳神为谢！顺致

问候！

毛泽东

一九六○年四月二十五日

1962 年春，结婚不久的毛岸青和邵华从大连回到北京，在中南海见到了毛泽东。毛泽东笑着对小两口说："新媳妇总得去认认家门，让外婆和亲友们看看嘛！"

当时，毛岸青的组织关系在总参谋部，毛泽东就向罗瑞卿请假，让毛岸青带着邵华回湖南探亲。

遵照毛泽东的嘱托，毛岸青和邵华一同回到湖南。他们先到板仓给杨开慧妈妈扫墓，又到韶山看望乡亲们。然后，回到长沙，看望年已九旬的外婆向振熙和舅舅杨开智、舅妈李崇德，并向他们转达了毛泽东的问候。

1957 年 2 月，长沙第十中学的语文老师李淑一致信毛泽东，随信寄上一首她在

1933 年所作的怀念丈夫柳直荀的《菩萨蛮》，并索取毛泽东早年送给杨开慧的那首《虞美人》。

柳直荀，湖南长沙人，毛泽东的早年战友，曾任湖南省农民协会秘书长，参加过南昌起义，历任中国工农红军第二军团政治部主任、第三军政治部主任等职。

李淑一，是杨开慧的同学，在长沙福湘中学时，两人还住在同一寝室，是非常要好的朋友。李淑一和柳直荀就是经杨开慧介绍认识的。

5 月 11 日，毛泽东在给李淑一的复信中写道："开慧所述那首不好，不要写了罢。有《游仙》一首为赠。这种游仙，作者自己不在内，别于古之游仙诗。但词里有之，如咏七夕之类……"信末，毛泽东写道："暑假或寒假你如有可能，请到板仓看一看开慧的墓。"

信中所说的游仙诗，便是那首堪称千古绝唱的《蝶恋花·答李淑一》：

我失骄杨君失柳，杨柳轻飏直上冲霄九。问讯吴刚何所有，吴刚捧出桂花酒。

杨开慧烈士墓

寂寞嫦娥舒广袖，万里长空且为忠魂舞。忽报人间曾伏虎，泪飞顿作倾盆雨。

这是一首现实主义与浪漫主义相结合的诗词，一首情与爱的结晶，一曲对恋人的颂歌。

1962年，章士钊先生为他的早年学友杨昌济作传，其中有一段写到杨开慧，请教毛泽东"骄杨"一词的寓意，毛泽东沉痛地说："女子革命而丧其元（头），焉得不骄？！"稍后，当二子岸青、邵华夫妇请求父亲把《蝶恋花·答李淑一》词手书给他们时，毛泽东当即铺纸握笔，沉思有顷后，挥笔题写："我失杨花君失柳……"岸青和邵华以为是父亲笔误，询问道："爸爸，不是'骄杨'吗？"毛泽东满怀爱慕和怀念之情，道："称'杨花'也很贴切！"

然后，毛泽东笔走龙蛇，一挥而就，写完了这首词，十分郑重地交给了岸青夫妇。

是啊！女子为革命捐其青春，安不称花？

"骄杨""杨花"，是毛泽东对杨开慧的礼赞和怀念。杨开慧忠魂有知，也该含笑九泉了。

毛泽东曾四次接见保姆陈玉英。1957年6月，他在接见陈玉英时，深有感触地说："过去开慧写信告诉我，你对她很好。"又说："你和开慧同甘共苦，在敌人面前很坚强。我今天看到你就像看到了开慧。"接着，他详细询问了开慧在板仓的斗争情况和带着岸英在狱中的情况。

当听到陈玉英说到开慧受敌人严刑拷打、威逼利诱而坚贞不屈，对毛泽东感情真挚，对岸英兄弟满怀希望的时候，毛泽东很难过，伤心地流下了眼泪，并无限深

杨开慧烈士雕塑。墓座上的"骄杨"二字系毛泽东手书。

情地说："开慧是个好人哩！""岸英是个好伢子哩！"

　　毛泽东高度赞扬了杨开慧的崇高品德和献身精神。他还说："革命牺牲来之不易，我家就牺牲了六个。"毛泽东说这话的时候，当年八岁随杨开慧坐牢的长子毛岸英，已在朝鲜战场上牺牲七年了。

　　1962年11月15日，当92岁的向振熙老人病逝时，毛泽东立即致信杨开智："得电惊悉杨老夫人逝世，十分哀痛。望你及你的夫人节哀。寄上500元，以为悼仪。葬仪，可以与杨开慧同志我的亲爱的夫人同穴。我们两家是一家，是一家，不分彼此。"毛泽东在此信中称杨开慧为"我的亲爱的夫人"，这一非同寻常的称呼，在杨开慧牺牲32年后提出，更见毛泽东对杨开慧的深切怀念。

　　权延赤根据李银桥的回忆写成的《掌上千秋》有如下描述：

　　他再不曾闭眼。拾起又放下的是《楚辞》，拾起又放不下的是美好的记忆。杨开慧温柔娴静的面容，她那纯洁善良的微笑，她深邃的总是含着期待之色的眼睛，如

和杨开慧一同入狱的保姆陈玉英（孙嫂）在给解放军战士介绍杨开慧烈士的英勇事迹。

此清晰地活跃在面前，当抚着她那娇小柔嫩的身体时，简直无法将这个身体同那名坚强的妇女运动的领袖、大革命时期最活跃的女共产党员联系在一起。而事实上，她们又确实是同一个人。她就是这样集中了女性温柔和革命者坚强意志的两种品格的杨开慧。

在那严酷的斗争中，在冷冰冰的世界里，她给毛泽东脱去甲胄，获得宁静温馨放松身心的机会。她为他生育了三个孩子，却不曾拖累他一丝一毫。她好像生来就是为了奉献，不曾提过哪怕是一件小小的要求。没有，毛泽东无论如何想不起她生前提过什么要求，就是怀孕反应最厉害的时候，呕吐得满眼是泪，一旦和毛泽东目光相遇，她便会露出一种羞怯甜美的笑。不曾叫苦，甚至不曾说一句想吃什么的话。在家庭中她是贤妻良母，在革命活动中她是忠诚勇敢的战士。直到1930年牺牲，她不曾有一点动摇，一点委屈，就那么安静、坦然地走上了刑场……

一大颗泪珠在毛泽东眼角颤动闪耀，黏黏的，沉甸甸的。他眨了一下眼，那晶亮

这是板仓人民1959年为杨开慧烈士修建的墓碑。

的泪珠便一滚而下，噗地溅落在枕巾上。于是，更多的泪水小河一般随在其后流淌而下。他为一种负疚之心所折磨，他对自己的过去和家庭怀有负疚之心。特别是当他得知杨开慧一直活到 1930 年才被何键杀害的确切消息后，那天他没吃晚饭，并且失眠了。他甚至朝第二个妻子贺子珍发了一通无名之火。因为他为各种流言所惑，不明实情，在两年前已经与贺子珍结婚。而杨开慧却在两年后才牺牲。她的牺牲很大一个原因是她是毛泽东的夫人！

地下党同志寻找到杨开慧烈士为毛泽东生养的儿子毛岸英和毛岸青时，身边工作人员曾悄悄议论毛泽东的家庭为革命作出的牺牲。毛泽东听到了，曾伤感地对卫士说：你们可以这样说，我不能这样说。对我来说，爱人和孩子为我作出了很大牺牲。我是对他们负疚的……

第四章　投身工人运动

毛泽东在给安源工人讲课时，曾在黑板上写出一个大大的"工"字，解释道，上边的一横线是"天"，下边的一横线是"地"，中间的竖线代表工人阶级自己，这个字的意思是，工人头顶蓝天，脚踏大地，顶天立地，整个世界都是你们的。

第一节　毛泽东，工人运动的领头人

在中国共产党成立之前，湖南的工人运动已经有了初步的基础。毛泽东回忆说：

1920 年冬天，我第一次从政治上把工人们组织了起来，在这项工作中马克思主义理论和俄国革命史的影响开始对我起指导作用。

1921 年 5 月 1 日，长沙的工人和学生破天荒地举行了庆祝国际劳动节游行示威大会。这是湖南工人阶级第一次检阅自己的力量。那一天，虽然下着雨，但游行的队伍却精神抖擞，冒雨行进。他们手执写着"劳工神圣""世界是劳动者的，劳动者须当管理世界"等标语的小旗子，高呼着口号，散发着传单，并到处演讲以唤起人们的觉醒。游行队伍走遍了长沙的各主要街道，影响所及，前所未有。上海的《民国日报》在报道这次"五一"游行时说："这次要算湖南几千年来的创举。"《劳工》月刊、《湖南通俗报》、湖南《大公报》等，也都分别出了劳动节纪念专号或刊登纪念文章。

1922 年 7 月，中国共产党第二次全国代表大会召开。中共湘区执委会和中国劳动组合书记部湖南分部，遵照党的二大制定的反帝反封建的民主革命纲领，明确提出，将争取工人政治自由、改良经济生活、参与产业管理、享受补习教育等四项原则，作为湖南工人阶级共同的斗争目标，并发动全省各行各业的工人举行罢工，成立工会和工人俱乐部。

在工人运动初期，由于人少事多，毛泽东曾同时担任过八个工会的秘书，直接领导工人的罢工斗争。后来，工人运动进入高潮，毛泽东则当选为湖南省工团联合会首任总干事，更是直接站在第一线领导湖南全省的工人运动。当时，湖南的近代工业还比较落后，因而产业工人也比较少。但是，在1922年至1923年春的全国第一次工人运动高潮中，湖南的工人运动却蓬勃发展，工作做得非常出色，因而受到陈独秀总书记的特别重视和多次表扬，可以说是全国工人运动的一面旗帜。关于当时湖南工人运动的基本情况，毛泽东后来回忆说：

> 到1922年5月，湖南省委——我当时是书记——已经在矿工、铁路工人、市政职工、印刷工人和政府造币厂工人中组织了20多个工会。那年冬天，开展了蓬蓬勃勃的工人运动。当时共产党的工作主要集中在学生和工人身上，在农民中间则做得非常少。大部分大矿的工人已经组织起来，学生也几乎全部组织了起来。在学生战线和工人战线上，斗争极其频繁。

湖南的工人运动之所以特别出色，除了客观因素以外，主要是由于以毛泽东为书记的中共湘区执行委员会的领导是正确的。他们发动和领导的安源路矿、水口山铅锌矿、粤汉铁路和长沙泥木业工人等一系列罢工斗争，就是最好的证明。尤其是安源路矿的工人运动，成为当时全国工人运动的一面旗帜，在整个中国工人运动史上占有重要的地位。

1921年冬，毛泽东身着蓝布长衫、脚穿布鞋、手持雨伞来到了安源。毛泽东此行的目的是开展工人运动。

安源煤矿属江西省的萍乡县，但因离湖南很近，且有株（洲）萍铁路与粤汉铁路相接，在矿上工作的人又多半是湖南

油画《毛泽东去安源》

人，所以和湖南有着密切的联系。

安源矿业在当时就是一个有 30 年历史的新式大企业。全矿 12000 多工人，每天出煤 2000 多吨，焦煤七八百吨。但安源路矿各方面的设备很差，常常发生冒顶、倒塌、穿水、起火等严重事故，"早上有人下井去，不知晚上出不出"。工人的工资本来就少，经监工、包工头克扣，到手的所剩无几。死一个人，只给 16 块钱的安葬费。工人的生活条件更是苦不堪言。丈余宽、两丈余深的房子里，竟住了 50 多人。空气恶劣，地势低且潮湿，工人的洗澡池一直处在类似泥沟的地方。害了病，更谈不上治疗。

毛泽东在长沙搞工人运动的时候，就注意到了安源矿工的悲惨遭遇。在一年以前的 1920 年 10 月下旬，毛泽东曾到安源做过调查，发现这里工人的生活和所受的剥削，比北京长辛店工人更苦更重。

毛泽东这时除担任中共湘区执行委员会书记一职外，还是中国劳动组合书记部湖南分部主任。安源路矿工人运动属于这两个组织直接领导。

毛泽东是经过长沙及株萍铁路工人的介绍，以中国劳动组合书记部湖南分部负责人的身份徒步来到安源的。他对外的公开身份是湖南平民教育促进会的教员，同行者有李立三、黄爱、庞人铨①等。毛泽东利用同乡的关系，住进安源八方井 44 号一个极为普通的民居，民居的主人毛紫云，是一位工段段长，人称毛师爷。

第二天一大早，毛泽东顾不得旅途的劳顿，换上短衫，提着油灯，让毛紫云带他下井去。

毛泽东以毛师爷"客人"的身份通过巷口，来到井下。工人们正在拼命地干活，有的弯着腰吃力地往拖箕里扒煤，有的正侧着瘦弱的身子艰难地挖煤。他们头上扎着三尺粗布，浑身除了一双熬红了的眼睛以外，从上到下都是墨黑的。因为井下温度太高，工人们的汗水下雨般地滴在煤块上。

毛泽东亲切地喊了一声："工友们辛苦了！"

这一声亲切的问候，使得在场的工友们都愣住了。当牛做马的矿工们，从来没有

---

① 黄爱、庞人铨，湖南劳工会创始人。此会于 1920 年 11 月创立，会员有 7000 多人，多为长沙印刷、缝纫、纺纱、矿业、刺绣、机械、窑业、染色业等工人，创立之初只作经济斗争，是一个受无政府工团主义思潮影响的工人团体。后在毛泽东、何叔衡的具体指导下进行了改组，其目的不仅在从事经济斗争，"尤在养成阶级的自觉"，"谋全阶级的根本利益"。从此，湖南劳工会走上了正确的道路。

听到有人问过一声辛苦，也从来没有被人称为工友。大家站在那儿纳闷，有几个就问领路的工人："这位先生是做什么来的？"

领路的工人告诉大家："这是从湖南来的毛润之先生。"

毛泽东招呼大家一同坐了下来。他看到工人们一个个赤身裸体，全身沾满煤灰，只是头上围条手巾，就关切地问："工友们，你们为什么不穿衣服呀？"

工友们心酸地回答说："先生，我们没有衣服穿呀！有件破衣服，也舍不得在采煤时穿。"

又一个工友叹声道："唉！'劳工三尺布，又当帽子又当裤'。在井下用这块布包头当矿帽，出井在腰上一围，当遮羞布。干活时监工看着不顺眼，抬手就打，苦呀！"

毛泽东气愤地说："你们替他们做工，吃不饱，穿不上衣服，还要挨打，真是太不讲理了！"说罢，毛泽东又问工友们："你们每天做多长时间的工？"

工友们答道："除去进出班时间，每天要做十二个钟头的工，早上看见星星就下井，晚上星满天才出去，资本家还常常延长做工时间。一年到头见不着日头。"

"有星期天没有？"

"哪有什么星期天，一天不上班，就没有工钱，老婆孩子就得挨饿。"

"一天能挣多少钱？"

"有的挣八个毫子，有的挣十二个毫子，还不够两斤米钱呢。为了糊口，有不少人只好累死累活地干，一连几天都不出井。"工友们越说越气愤。

毛泽东心疼地说："你们真是太苦了。你们的苦处真是世上少有。大家说，我们工人为什么这样苦？"

"生就的苦命人，哪有什么办法。"一个年岁稍大的工友无可奈何地说。

毛泽东摇摇头说道："我们劳工并不是命苦。你们想想，我们从早到晚挖一天煤，拿到市面上去卖，就只抵得上八个毫子、十二个毫子吗？"

"那可不止，一千个都不止。"工友们回答说。

"对啊！"毛泽东接着说："既然一千个都不止，那么钱到哪里去了呢？"

这一提问，工人们一时都没有答上来。毛泽东接着又问工友们："你们再想一想，洋人、矿主、工头，他们从来不做工，可为什么成天吃好的，穿好的？他们的钱又是从什么地方来的？"

工友们听了，恍然大悟，争着说："是我们挖煤赚来的。""他们喝的是我们工人的血，吃的是我们工人的肉。"

"对！"毛泽东高兴地说："不是我们工人命不好，是帝国主义、资本家剥削了我们，压迫了我们。所以，我们工人要解放，一不靠神仙，二不靠皇帝，要靠我们自己。"

"毛先生，你说，有什么办法可以救我们工人出苦井呢？"工友们急切地问。

毛泽东打了一个生动的比方。他指着地下的一粒小石子，对工人们说："这石子，一脚就可以踢开，但如果是块大石头，就要很多人才能搬动。安源的工人团结起来，就像一座石山，资本家不但搬不动，倒下来还会把他们砸扁、砸死。"

毛泽东从早上八点钟下井，直到下午两点多钟才出井。出井后，他顾不得休息，又到洗煤台、修理处、翻砂房、水泵房等地考察，还特地访问了工人餐宿处。

工人餐宿处坐落在安源平洞井口的东南角上，一排排破破烂烂、歪歪斜斜的小房子，远远看去，就像是一排鸽子笼。这就是单身窑工们住的地方。毛泽东考察了井下以后，在两个工人的引领下，来到了这里。走进工人睡觉的房间，只见里面阴暗、潮湿，散发着一股腥臭味。摇篮般的木架子床分成两排，每排四个铺，每张床分三层。因为房子窄小，走进去还得侧着身子。

几个衣衫褴褛的工人抬头看见门外走进一位穿长衫的人，心想，这里除了工人们走进走出外，从来没有见穿长衫的先生来过。正在疑惑不解的时候，同来的工友向大家介绍说："这是毛润之先生，特意来看我们的。"

工人们听说这位先生是特意来看自己的，心头一热，纷纷迎上前去，招呼毛泽东坐下。

毛泽东和蔼地和大家聊着家常，说话间还接过一个工友递过来的竹脑壳烟筒，装上烟叶，吧嗒吧嗒地抽了起来。工人们觉得这位先生是自己人，于是就毫无拘束地向他倾诉了一肚子的苦水。

毛泽东听了，眉头皱得紧紧的，问："这房间里住了多少人？"

"要住50多个人。"另一个人说。

毛泽东环顾四周，数了数，奇怪地问："怎么只有20多个床位？"

工人答道："我们上的是两班制，分白班和黑班，大老板为了多赚钱，要我们'下人不卸马，歇人不停车'，轮流睡一张床。"

"就是这样，也住不安宁。你看，这些油渣似的烂被里，虱子、臭虫成堆，人一睡下，臭虫就成群结队，从上床掉到下床，又从下床爬到上床，我们身上都被咬得像蛇皮癣一样。"另一个工人说完，挽起袖子、卷起裤脚给毛泽东看。

这时，一个骨瘦如柴的工人气愤地说："老板不但不过问这些，还严厉管制、监视我们。餐宿处从处长以下，设有房长、职员、监厨等几百人，这些人经常动不动就打骂我们，还要克扣我们的伙食费。"

毛泽东一边听，一边爬到三层床上去看看，摸摸工人的铺盖，然后愤怒地说："资本家太不顾工人的死活了。"

这天下午，天气非常燥热，毛泽东又来到了锅炉房。这儿没有凳子，一个工人搬了个木头墩子，正要用汗巾去擦上面的炉灰，毛泽东一把拉住说："不用擦，你们坐得，我也坐得。"说着，就坐下来与司炉工交谈。

一个工人去撬火加煤时，毛泽东也起身走到炉前，接过撬火铁棍，亲自帮助操作。工人说："毛先生，这里太热，您歇着吧。"

毛泽东笑了笑说："你们整天在这里干活，我试一回还不行吗？"毛泽东劳动了一阵后，又关切地询问了大家的工作、生活情况。接着，工人们陪毛泽东走进了厨房。

毛泽东仔细地询问了工人们每餐吃的什么菜，工人们一边回答，一边开了装菜的钵子盖。毛泽东见里面装的都是青菜，用筷子夹了点尝尝。苦，根本不像人吃的。

工人们告诉他："不但吃的菜是这样，而且吃的饭也是用廉价的霉米做的。我们干的是牛马活，吃的是猪狗食。"

一个大块头的工人对毛泽东说："有一次，我们在青菜里吃出了蚯蚓、小蛤蟆，大家气愤极了，一哄而上把处长狠狠地揍了一顿，将饭锅砸了个粉碎。"

毛泽东听了很高兴，进一步诱导说："资本家把我们当牛马看待，我们就得和他们斗，像以前那样斗还不行，要团结更多的人，使许许多多的人抱成一团，这样，力量就更大，就能把资本家的威风彻底打下去。"一席话，说得工人们的心里通明透亮。

毛泽东此次来安源，名义上是"参观"，实际上是在社会大学里读着无字之书，体察了工人的疾苦。安源真是一方蕴藏着无限潜力的工人运动的处女地。毛泽东通过几天的耳闻目睹，更加重视这个地方了。

这一年冬天，安源十里煤城冰封地冻，毛泽东再次来到了安源。他带来了一位长沙甲种工业学校的教员同行，教员有几个学生在安源做工，通过这一层关系可以联系更多的工人。

夜晚，小油灯下，毛泽东开导做牛做马且难糊口的工人们："我们工人不是天生的奴隶，我们要挺起腰杆，拧成一股绳，铲除这不合理的制度。"

"你们看，"毛泽东随手拿起桌上的一根筷子，轻轻一折，筷子断成了两截；接着又从筷筒里拿出一把筷子，使劲折给大家看："一根筷子易折，一把筷子难断啦！"

一个工人为难地问："怎样才能结成一团呢？"

"组织起来！"毛泽东一语道破天机，并把话引向更深一层："我们可以先办夜校，等人多了，就组织一个工人自己的团体——安源路矿工人俱乐部，怎么样？"

"好，听毛先生的。"工人们兴奋地说。

改写安源历史的时刻终于来临了。1922年1月，安源平民学校附设的工人补习夜校成立。这里有李立三很大的功劳。李立三是对毛泽东1917年"征友启事"中没有明确表态的那半个答应者。1921年，他刚从法国勤工俭学回来，即随毛泽东来到了安源。稍后，就成了劳动组合书记部在安源的"长驻代表"了。1922年5月1日，安源路矿工人俱乐部成立了。安源路矿工人俱乐部的成立，使毛泽东"组织起来"的嘱咐成了看得见的事实。为了进一步发动工人，5月里，毛泽东从长沙又陆续派了一批重要的干部到安源来工作，内中有刘少奇、蒋先云等。安源路矿工人中也涌现出了朱少连等积极分子。

安源路矿当局害怕工人组织的力量，和萍乡县政权勾结，要解散工人俱乐部这个"乱党"组织。但他们的这一举动，却点燃了罢工运动的导火索。路矿和矿局拖欠工人工资已经好几个月，加上物价一日数涨，工人生活困难极了。这等于是给烈火上又加了几桶油。

安源工人与路矿当局双方剑拔弩张。在这关键时刻，9月初，毛泽东头戴草帽，脚穿草鞋，顶着烈日，又来到了工人们中间。

他在牛角坡的一间小平房里召开党支部会议，详细规定了罢工的斗争策略。

他告诉工人兄弟："罢工要运用'哀兵必胜'的道理，提出哀而动人的口号，动员全体工人坚决地同资本家作义无反顾的斗争；要争取社会上绝大多数人的同情，争取社会舆论的支持。"

安源工人在历史上就有着斗争的传统，从1901年到1919年间，先后进行过七次较大规模的斗争。毛泽东的及时到来与领导，使他们相信，工人们的腰杆子真的硬了。

9月9日，他们向资本家提出三项要求，限两天作答：

一、路矿两局呈请官方出告示保护工人俱乐部；二、两局每月各津助俱乐部费用一百元，共二百元；三、积欠工人的工钱在一个星期内全部发还。

资本家看到工人组织强大，说只能承认前两项，至于第三项，因财政困难，无法做到。

9月13日夜里，往日的机器轰鸣声没有了，厂矿的灯光也不见了，只有一片汽笛声。路工放汽笛，矿工切电线，这是罢工的信号，一万七千多工人一齐罢工，到处都是"罢工！罢工！""从前是牛马，现在要做人！"的口号声。

工人俱乐部宣布了罢工纪律，组织了工人纠察队。在罢工的日子里，工人没有赌博的，没有进鸦片烟馆的，没有打架的——过去在此地几乎每天都打死人，流氓横行霸道，现在秩序却特别的好。因此社会上一般人都很称赞，对工人都另眼相看了。

9月17日，工人们冲进锅炉房，愤怒地警告资本家："如果再不接受罢工条件，我们就炸掉锅炉房！"锅炉房被炸，矿井就将被淹没。资本家无可奈何，不得不答应了工人的条件。

安源大罢工取得了重大胜利！

这一胜利，是毛泽东领导工人运动取得的第一次伟大胜利。消息传开，全国工人阶级一时大受鼓舞，纷纷为之欢呼，并通过成立、扩大工会组织，予以通电声援……

毛泽东在给安源工人讲课时，曾在黑板上写出一个大大的"工"字，并解释道，上边的一横线是"天"，下边的一横线是"地"，中间的竖线代表工人阶级自己，这个字的意思是，工人头顶蓝天，脚踏大地，顶天立地，整个世界都是你们的。

对取得罢工胜利的工人们来说，那感觉真的就是这样。

第二节 毛泽民，工人贴心的"总经理"

1922年10月，中共安源路矿（即安源煤矿和株萍铁路的合称）支部书记兼工人俱乐部总主任李立三到长沙清水塘，向中共湘区执委会书记毛泽东汇报工作，其中谈到如何领导工人开展经济斗争，保护和争取工人经济利益的问题。他说，工人俱乐部成立后，为了抵制奸商、路矿资本家和工头们对工人的盘剥，减轻工人的生活负担，曾试办过消费合作社，但参加的工人很少，资本仅有百余元，不能独开门面，只能附设在工人补习学校内。

毛泽东指示说，在与资本家开展政治斗争的同时，必须积极开展经济斗争，要办好工人消费合作社，以减少商人的中间剥削。并决定派易礼容、毛泽民等党员去安源，以加强对工人运动的领导。

在此之前，毛泽民就已经积累了不少领导工人运动的经验。1922年7月，受中共湘区执委会和中国劳动组合书记部湖南分部的派遣，毛泽民前往刚刚成立的长沙笔业工人工会任秘书。他和工会骨干一起，领导长沙的笔业工人积极开展斗争，建立起工会纠察队和宣传组、工作组、生产组等办事机构。

不久，毛泽民便带领300多名长沙笔业工人，手持小旗，高呼口号，前往省议会和长沙县署进行请愿斗争，要求增加工资、改善待遇，但遭到反动当局和资方的无理拒绝。工会决定立即举行罢工斗争。这次罢工斗争坚持了40多天，直到资方最终答应了工人们提出的条件。

1922年年底，毛泽民来到安源路矿，担任路矿工人俱乐部经济股长，兼工人夜校的教员，与易礼容一起筹备成立工人消费合作社。

安源煤矿的规模开采，始于清末洋务运动。1890年，湖广总督张之洞开办铁厂，冶炼钢铁，所需的燃料就来自于安源山蕴藏丰富的优质煤炭。1903年，为运煤而修建的株萍铁路通车。1908年矿井建设完工，年产煤炭达40万吨。同年，汉阳铁厂、大冶铁矿、萍乡煤矿三大企业，由官督商办改为"商办"，成立了"汉冶萍股份有限公司"。但由于中方资金不足，汉冶萍公司一直依靠德国和日本的贷款，勉强运营。煤矿工人深受三座大山的压迫，生活在水深火热之中，不甘忍受压榨的安源工人陆续爆发了数以百计的自发性的斗争。

1923年2月7日，安源路矿工人消费合作社在安源老后街正式开业。这是中国共产党领导下的第一个股份制经济实体，易礼容任消费合作社总经理。为支持消费合作社，路矿工人俱乐部拨来一万元作为活动经费。一个月后，易礼容即被中共湘区执委会调回长沙，消费合作社总经理一职由毛泽民代理。

为了弥补工人消费合作社的资金不足，工人俱乐部最高代表会议决定，在俱乐部部员中招股，招股简章规定：凡本部部员，每月薪金在九元以下者，劝认一股，每股为五角；薪金在九元以上者，劝认二股，多认者听便；每年红利平均分成十份，以四份摊分于各股，三份留为扩充社务之基金，二份为俱乐部基金，一份为社内办事员酬劳金。

1922年9月的罢工斗争胜利后，工人俱乐部的影响深入人心。尽管工人们的家

安源路矿工人消费合作社旧址

庭生活都很困难，他们仍然听从俱乐部的号召，踊跃认购股票。很快，消费合作社就筹集到 7800 余元股金，连同俱乐部拨来的活动经费一起，共计资金 1.8 万余元。消费合作社还用自行设计的股票作为凭证，发给每位认股者。

安源路矿工人消费合作社股票为彩色石印而成，长 25 厘米，宽 13 厘米。股票正面印有总经理毛泽民的名字。认股者的姓名、股金数额和日期都是用毛笔填写的。股票背面的文字为"附本社招股简章"的具体内容。

在韶山时，毛泽民管过"小家"，到长沙后，又逐步管理起"大家"，但规模毕竟不大，人员也不多，资金最多不过千元。而现在，路矿工人消费合作社总资金高达数万元，涉及上万工人股东的切身利益。作为合作社的总经理，如何管理好、用好这些钱，使股金发挥最大的效益，让入社的工人群众切实得到实惠，一连串的问题摆在毛泽民的面前。

从工人俱乐部试办消费合作社到正式开张，仅仅数月，总经理就三次易人，先是俱乐部总主任李立三兼任，后来是易礼容，再后来是毛泽民，以致合作社内部事权和经济不能统一，各股单独进行，形成无政府状态。全社没有统一的营业计划，经济的支配不能均匀，各股扩充各股，使得资本周转不畅。社内又无划一的簿记，账务清理甚为困难。

毛泽民上任后，决定对社务进行一次大整顿：在总经理的直接支配下，统一保管和查核各股每日营业收入的银钱和账目；全社统一实行新式簿记，统一营业计划；增设杂务股，统一经理全社各项杂务；增设一名总务员，即经济保管员。从此，全社在毛泽民的统一指挥下，步调一致地开展工作。

8 月，工人俱乐部换届选举后，毛泽民被最高代表会任命为消费合作社总经理。他主持制定了《安源路矿工人消费合作社办事公约》。最高代表会议和干事会议就合作社社务又陆续作出一些新的规定，例如：合作社营业员须有保人，保人须交保证金 500 元等等，使合作社的经营管理制度进一步完善。

办好消费合作社是与资本家进行经济斗争的重要手段之一。而合作社最基本的任务就是力争从各个环节减少商人的中间盘剥。在筹备成立消费合作社时，毛泽民作了大量的调查研究。他利用各种机会深入矿井、工棚，与工人谈心，了解疾苦，倾听呼声，还把资本家残酷剥削工人的各种经济手段一一记录下来。

在消费合作社成立之前，工人从资方领到的工钱不是现钱而是"矿票"，即矿局发给工人的一种只能在矿区内使用的代金券。资方号称一元矿票抵一元银洋，在市场上却不能流通，必须到矿局或资本家操纵的银铺去兑换现钱，或在他们控制的商号购买东西。经过层层盘剥，一元矿票的实际价值起码要缩水两成。为了帮助社员解决兑换矿票的难题，消费合作社下设兑换股，毛泽民亲自担任兑换股经理。凡是参加合作社的工人，都可以拿矿票来兑换股兑换现钱，一元矿票兑一元银洋，一元银洋按市价兑210余枚铜圆，一律不贴水。兑换股成立仅半个月，就把安源街上大大小小的银铺都挤垮了。

为了让群众在合作社买到物美价廉、称心如意的生活用品，毛泽民经常到工人家中进行调查，根据群众的需要，派人去长沙、汉口等地采购货物。为了减少运费，购回的货物一般由俱乐部所属的株萍铁路职工顺车捎回。这样一来，消费合作社售出的货物价格比当地市场至少便宜三分之一以上。工人们不仅能够买到廉价的粮食和油、盐、酱、醋等生活日用品，还可以用土特产品兑换自己所需的东西。

在安源路矿，至今还流传着合作社总经理毛泽民热心为普通工人服务的故事——

工人袁品高第一次到消费合作社买东西，望着琳琅满目的货架，不知买什么好。寻摸了半天，他决定买一双"洋袜子"。可是，他低头看了看自己满是泥浆的双脚，又有些不好意思。

工人老李在一旁打趣地说："我们这些穷工人一辈子就没穿过洋袜子，这回总该开开'洋荤'了！"老李是个大嗓门，这一声惊动了正在柜台上卖东西的毛泽民。他忙从货架上拿出一双深黄色的长筒袜递给袁品高。可当他发现袁品高满脚都是泥浆时，又热情地从里屋端出一盆热水，让他先洗洗脚。

洗过脚的袁品高，拿着袜子又犯愁了，翻来覆去，弄不清哪是脚面、哪是脚跟。毛泽民笑着走出柜台，帮他穿上袜子，一直帮他把袜筒拉到膝盖上。袁品高伸出两只脚，左看右看，乐得合不上嘴，情不自禁地说："这洋袜子是舒服，又柔软，又暖和。"

转眼间，袁品高又把袜子脱了下来。原来，他看到了自己那双泥巴鞋，就把袜子揣在了怀里。

见此情景，毛泽民凑趣地说："老袁，索性买一双胶鞋吧！是老牌子，六角钱一双，天晴落雨都穿得。"袁品高从口袋里掏出所有的零碎钱，数了数，还有两块多，再买一双鞋绰绰有余。于是，他痛快地说了声："就听毛经理的！"毛泽民从货架上取下一双合适的胶鞋，亲手帮袁品高穿上，还帮他系好鞋带。袁品高穿上新鞋、新袜，使劲儿跺了几下脚，心里乐开了花。

安源矿区方圆数十里，工人居住区分散在大大小小的山坳里，来一次合作社并不容易。以往，矿工吃的都是硝盐，又苦又涩。毛泽民想办法从浙江、广东搞来食盐，还从其他地方采购来豌豆、蚕豆等杂粮。每次合作社来了紧俏货，毛泽民就当起"货郎"，带着一两个营业员，挑着担子，给住在边远地区的工人送去。

在为工人群众提供生活服务的同时，毛泽民没有忘记为他们提供有用的精神食粮。他曾指示合作社，代售中共中央机关报《向导》周刊以及《新青年》《先锋》《工人周刊》和《京汉工人流血记》等革命书刊。消费合作社在门口的销售广告上醒目地写着："处在军阀和外力压迫下的中国人民，谁能引导他们向解放的路上走呢？只有马克思派陈独秀们所办的《向导》周刊！"号召工人群众踊跃购阅。

在当年消费合作社的一份月报表上，清晰地记录着销售情况：销售出大米500石，食盐万斤，食油4000斤，煤油2000斤，布匹约值3000元，日用品千余元，售货总额计约1.3万元。这对于当时仅有8万人口的安源来说，已是相当可观的数目。正如1923年年底，毛泽民在工人俱乐部全体大会上作总结报告时所讲：工人消费合作社"规模虽不甚大，而合作社的意义与利益，却已深深地印在工友们的脑筋中了，成为最受群众拥护的事业"。

工人消费合作社的迅速发展，使资本家、包工头开办的大小商店，无不感到压力，纷纷联手，企图挤垮合作社。一些不法商人乘机从合作社套购货物，转手渔利。毛泽民很快发现了问题，果断实行凭证购货的办法。合作社用木片特制了万余枚记名购物牌，发给社员。持牌者方可购买社内低价商品，否则按市价出售。同时又规定：兑换铜圆也需凭购物牌，每人每天只能兑换一次，每次最多兑换一元，每人月兑换次数不得超过10次。这些措施的制定和执行，有效地保护了合作社的营业和工人的利益。

随着合作社资金的不断雄厚，毛泽民又将合作事业进一步扩充和完善。先在新购置的俱乐部办公楼内增设了一个合作社，专售布匹和南货，又在新街开办了第一分社，内设粮食、兑换、百货等三个股。管理人员和营业人员也由20多人增加到近40人。合作社与工人学校妇女职业部合作，在老后街租了一栋房屋，购置了多台缝纫机，雇了八九个熟练的缝纫工，开办了缝纫实习工厂兼服装店，定做各类服装。

为了解决合作社周转资金的问题，在毛泽民的建议下，工人俱乐部提出"在兑换股设储蓄部，提倡工人储蓄，实行发放合作社纸币一万元"等措施。工人消费合作社发行的铜圆票和纸币，虽然流通范围仅局限于安源路矿的数万名工人和家属，却是中国共产党革命斗争史上最早的货币，是党领导金融事业的最初尝试。此时的毛泽民，如同登上了开创红色经济的大舞台，好似一个思路娴熟的艺术家，导演出一幕有声有色的大戏。

然而，在毛泽民积极地发展合作社事业之时，由于经验不足，也曾出现过漏洞。1923年年底，按照工人俱乐部主任刘少奇的意见，由主任团会同经济委员会，对合作社的账目进行了一次彻底的清查。结果查出服务股经理陈枚生私自挪用公款1000余元，继而又发现俱乐部几名干部向合作社借款长期不还。而事前，毛泽民却丝毫没有察觉。工人俱乐部最高代表会议和干事会对此事极为重视，多次开会查明原因，并作出严肃处理：撤销陈枚生服务股经理职务，查封其房屋，限令退还所欠公款；对俱乐部几名长期借款不还的干部，依据情节轻重给予不同的处分，并限期归还。总经理毛泽民也因失察受到批评。

毛泽民历来严于律己，宽以待人。但他无论如何也没有料到，自己信任的属下竟会因为制度不健全而钻空子，给合作社造成了经济损失，使党的形象受到玷污。通过这次教训，毛泽民认识到，仅凭个人觉悟防止腐败是远远不够的，还必须建立严格的管理制度，彻底堵塞工作中的漏洞。为了杜绝经济犯罪和渎职，工人俱乐部最高代表会议决定改革合作社的管理制度，将经理独裁制改为委员监督制，在总经理之下设营业主任、经济主任和事务主任等，分头管理全社营业、财务和杂务。经过多次整顿和不断改进，合作社的组织和制度渐趋完善。尽管从1924年下半年起，因路矿两局经常欠饷，使合作社营业受到很大影响，但全年销售总额仍然达到7.6万余元。

到 1925 年 9 月安源路矿被军阀赵恒惕封闭和洗劫之前，合作社的资金已经增至数万元。

安源路矿工人消费合作社的创办和发展，对于改善安源工人的经济生活，团结工人坚持斗争，发挥了积极的作用，并为中国共产党领导经济工作创造了最初的经验，培养了一批党的优秀干部。得益于领导安源路矿工人消费合作社的经验，毛泽民后来成为中华苏维埃共和国国家银行首任行长。后来成长为中国工人运动活动家的林育英（化名张浩），曾任消费合作社营业主任。中共韶山特别支部书记毛福轩等，都曾在安源工人消费合作社当过营业员。

安源工人俱乐部一直是全党活动经费的少数几个储备点之一，经常为其他地方的工人斗争提供有力的经济援助。当时在中央局工作的罗章龙，曾在《关于安源工人运动和湘赣边界秋收起义的片段史实》一文中回忆说：

1923 年党的三大以后，我担任中央局秘书兼会计，经管全党活动经费。当时，除共产国际定期拨给一部分经费外，党的活动经费的主要储备点，在北方是全国铁总，在南方是安源。安源在取得罢工胜利后，积累了比较雄厚的工会基金，除自己举办了颇具规模的工人消费合作社和工人教育事业外，常给各地提供经费援助。

中共"一大"代表、中国工人运动早期领导人邓中夏，先后领导过长辛店工人大罢工、开滦煤矿工人大罢工和京汉铁路工人二七大罢工。对于安源工人运动，特别是安源工人消费合作社，邓中夏也有极高的评价。他在 1930 年撰写的《中国职工运动简史》中写道："安源工人俱乐部当时确有很多的成绩"，他们"大战了一场资本家，打破了工头制，建设了一个坚强的大营寨"。

第三节　毛泽覃首次出师，"锣"开得胜

1922 年下半年，湖南工人运动在毛泽东的领导下，达到高潮。10 月间，全区已有 13 个工会，有组织的工人达三万多人。绝大多数工人都参加了罢工。毛泽东和中共湘区执委会在斗争中培养了一批优秀的工人干部和大量的积极分子，并发展了一批党员。共产党员在一些工会中任主要负责人。

11 月 1 日，毛泽东在领导安源路矿大罢工、长沙泥木工人大罢工取得胜利之后，再接再厉，又主持召开了粤汉铁路总工会成立大会，这是中国共产党直接领导下的全国铁路工人中最早的一个统一组织。同日，毛泽东还主持召开了湖南省工人团体联合会成立大会，这是全省工人的统一组织，这个组织的成立，有利于进一步全面地开展工人运动。

这时，毛泽覃已经 17 岁了。平日里，毛泽覃不仅用心学习，凡是青年团和自修大学交给他的事他都非常认真、积极地想尽一切办法去完成，而且干得很是出色。

看着小弟的苗壮成长，毛泽东打心眼儿里高兴。

11 月初，水口山铅锌矿工人俱乐部成立，需要党的人去领导。中共湘区执委会书记毛泽东决定特派毛泽覃去水口山协助蒋先云从事工人运动。确切地说，毛泽东是比较喜欢小弟弟毛泽覃的，因为喜欢，所以对毛泽覃寄予的希望极大，希望他去工人运动的风口浪尖上闯一闯。

1923 年春，毛泽覃乘坐去衡阳的小火轮离开长沙。毛泽东和杨开慧带着孩子岸英到码头送行，再三嘱咐弟弟："要按党员条件要求自己，到水口山以后要好好锻炼和改造自己，要下到最底层，到敲砂棚去敲矿，到矿棚里去劳动，和工人同吃同住同劳动，与工人交知心朋友，你才能领导工人运动。"

"大哥，你放心吧！"毛泽覃含着泪花向大哥大嫂挥手告别。

到水口山以后，毛泽覃担任工人俱乐部教育委员兼工人学校教员，并以教学为掩护，宣传马克思列宁主义。他遵照大哥的教导，经常到敲砂棚、机器间和矿井里去劳

动，每逢星期天，便下矿井和工人一道采掘矿砂。很快他就成了工人的知心朋友，工人们有话都愿意对他说。他曾对工人说："挖煤的工人没有煤烧，织布的工人没有衣穿，做田的农民没有谷吃，不是我们生来就穷，是这个社会太不公平！"

工人问他怎么办？

"造反！"当时，毛泽覃把这个情况汇报到毛泽东处，问哥哥说："水口山工人要造反行不行？"

"工人造反，天经地义！"毛泽东爽快地回答。

于是，毛泽覃连夜把上级的指示传达给水口山工人俱乐部。

12月5日，震惊中外的水口大罢工开始了！

一时间，水口山铝锌矿区轰鸣的机器全部停止了转动，矿井也空无一人。一队队工人纠察队在各处巡逻。平日作威作福的工头们全都龟缩了起来。

资本家被断了财路，恨得牙根生疼，一面调兵遣将，请出军警威慑镇压；一面又发出"请帖"，邀请罢工负责人蒋先云等到矿局衙门里去谈判。

去，还是不去？关系重大。在工人俱乐部，蒋先云召集了骨干来讨论这个问题。

有人说："这是一个圈套，一去准没命。"

也有人说："不去显得我们胆怯，况且的确需要同资本家进行面对面的谈判和斗争。"

讨论中，毛泽覃说："去还是应该去，据理力争，壮大我们的声威！但在外面我们要把3000多工人组织好，做代表们的后盾！"说着，他从墙壁上拿下了一面铜锣，又说，"如果资本家想加害咱们的工人代表，我就猛敲铜锣，纠察队员立即往里冲，坏蛋们准得乖乖就范！"

第二天，蒋先云等人昂首走进了矿局衙

安源路矿工人纪念馆

门，没谈几句，资本家就粗暴地逼他们下令工人复工；招致严词拒绝后，资本家招进了埋伏好的十几个打手，准备对工人代表们下毒手。

这时，早已躲在暗处的毛泽覃见状，立即从背后取出铜锣，一阵猛敲……

随着阵阵铜锣声响，数不清的工人举着各式工具迅速涌进局衙，一阵阵震天动地的抗议声响彻了云霄。

资本家顿时吓坏了，乖乖地在协议书上签了字，罢工取得了决定性的胜利。

17岁的毛泽覃在斗争中经受了严峻的考验，他那临危不惧的精神受到了所有工人的称赞。

12月11日至13日，毛泽东乘胜追击，率领各工会代表与湖南省反动当局进行了面对面的说理斗争，维护了广大工人的利益，使这一阶段的工人运动取得了完全胜利。

是年冬天，毛泽东再次到安源，在这块中国工人运动的最早发源地，总结了工人罢工斗争取得胜利的成功经验。

在安源工人代表大会和党组会上，毛泽东挥着手臂，激励大家说：

这次罢工的胜利，只是斗争的第一步。我们的目标是要推翻整个反动阶级的统治，建立劳动人民自己当家作主的政权，因而我们的责任重大，必须加强团结，努力奋斗。

要趁着罢工胜利的形势，积极慎重地发展一批党员，将在罢工斗争中的优秀工人吸收入党，稳步壮大党的组织，以迎接更严峻的斗争。

第五章　献身农民运动

"我志愿加入中国共产党，遵守党的纪律，严守党的机密……"中共韶山特别支部在韶山冲上屋场成立了。此后，韶山的农民运动有了坚强的领导核心。韶峰之下的革命浪潮一浪高过一浪。中共韶山特别支部，是中国的第一个农村基层支部，孕育着新中国的曙光。

第一节　中共韶山特别支部成立

1925 年春节前夕，毛泽东回到长沙。这是他曾被赵恒惕通缉的地方。1923 年 4 月，赵恒惕秘密下令在全省通缉发动工人运动的毛泽东、毛泽民兄弟及湘区其他中共领导，毛泽东奉调前往党中央工作。

这时，正好毛泽民也在长沙养病。毛泽民在任安源路矿工人消费合作社总经理近两年的时间里，为了更多地给工人群众谋福利，为了给处在艰苦斗争中的幼年的中国共产党储备更多的经费，支援全国工人的斗争，他殚精竭虑，长期超负荷地工作着，身体状况越来越差。1924 年初秋，中共湖南省委决定，让他在长沙休养一段时间，暂时不要回安源。

毛泽民与兄嫂在长沙久别重聚，心中充满了愉悦。

在长沙的一个多月里，毛泽民和大哥都在休息，他们有了这难得的机会促膝长谈。毛泽民向大哥汇报了两年来安源路矿工人消费合作社的发展情况，还特别谈了党的经济工作对壮大革命力量的重大作用。毛泽东对他的工作和意见给予充分的肯定，也兴致盎然地向毛泽民畅谈了他对中国革命走向的看法，阐述了他对农民问题在中国革命中所处地位的深刻见解。

1925 年 2 月 6 日（正月十四），毛泽东带领全家及大弟毛泽民回到了韶山。父母已于 1919 年、1920 年相继去世。动荡的生活加剧了情感的离聚。劝君莫还乡，还乡须断肠。何况双亲已逝，故园风雨飘摇。

在此前后，有一批党团员、进步知识分子，如毛福轩、谭熙春、柳季刚、贺尔康、毛新枚等陆续返回或调来韶山，这给毛泽东、毛泽民兄弟开展工作带来很大方便。

毛泽东离开长沙前，与中共湘区执行委员会书记李维汉就国民运动、农民运动等问题作了详细的谈话和讨论，这使他的一举一动在长沙有了内应。

时机也选择得好。正值春节期间，乡亲们互相走动是很正常的。一时间，来探望毛泽东兄弟的人川流不息。毛泽东兄弟趁此机会向他们询问乡里的生产和生活状况，给他们讲世界上为什么有穷有富；为什么农民起早摸黑，一年累到头，种出了粮食和棉花，而自己却没有饭吃，没有衣穿；为什么地主不劳动，却吃大鱼大肉，穿绫罗绸缎，有权有势……

毛泽东的话入情入理，通俗易懂。

毛泽民呢，长期在韶山劳动，是个地地道道的农民，最会和农民讲话，讲的都是农民自己的"理儿"。千百年来，农民世世代代受封建压迫，他们自认为"命苦""八字差"。毛泽民说："不对！这是因为'土财东'剥削的结果。'土财东'为什么能横行乡里呢？是因为背后有'洋财东'在为他们撑腰！"

因此，毛泽民的话，大家都愿意听，愿意跟着话的思路想问题。

接着，又进一步启发大家，他让大家算一算，天下是穷苦人多，还是像成胥生这样的土豪劣绅多？大家这么一数，穷人占了九个指头，当然是穷人多啊！

毛泽民动员大家组织起来，同剥削穷人的土豪劣绅进行斗争。

一天，一些较有头脑的亲友又一次聚集在毛泽东家。

其中有一位被本乡人称作"硬汉子"的农民钟志申。他是毛泽东小时候的同学，前些年为了抗缴烟灶捐，冲进团防局造反，遭到通缉，在外避了几年难，刚回到韶山。

毛泽东招呼大家坐下来，向他们问起近年来家乡的情况。

家乡能有什么可以相告的情况啊。不说别的，就说捐税吧。田赋征供之下，附加军事特捐，特捐之外，还有亩捐、积谷捐。田赋征供之外，又有各种苛捐杂税，如互济捐、厘金、屠宰、烟、酒、土硝、牙税、盐税附加、口捐、特捐、路捐、房捐、烟亩税等等。农民本来地少，赵恒惕要打仗（当时湖南财政收入每月四十万元，而军政开支需一百多万元），各级官吏要中饱，都打穷百姓的算盘，实在活不下去了。乡亲们你一言、我一语，纷纷把村里的情况、自家的遭遇讲给毛泽东听。

毛泽东紧皱眉头，心里很难过。他一边在屋里踱着步子，一边说："我们韶山有个最大的特点，就是穷。穷到什么程度呢，我前几天走访了毛月秋的家，他家真是粮无升合，地无寸土。再拿在座的新枚哥来说，自己虽然做郎中，可是全家大小七口人吃茶饭，只一亩地，年年是禾镰子上壁，就是没饭吃。但是我们韶山人穷也穷得有志气，好多人都不愿意受地主富人的欺压，像志申哥就是这样，敢于和土豪、湘潭西二区上七都都总团防局长成胥生作对，把成胥生的团丁像赶疯狗一样赶跑。"

不久后的一天晚上，毛福轩等党、团员先后来到毛泽东家中。

毛泽东问："像成胥生这样的劣绅，我们要推倒他们，办得到办不到？"

大家议论了一阵，无一致意见。

毛泽东微微一笑，说："依我看，推得倒推不倒，就看大家齐心不齐心了。人心齐，泰山移，只要我们齐心了，联合起来，力量就大了，就一定能够推翻骑在穷人头上的富人！"

这些深入切实的宣传，点亮了穷苦农民心中的一盏灯，渐渐聚拢了一批农民中的骨干。

毛泽东兄弟与亲戚、朋友、熟人会过面，交流过想法后，就主动串门了。

当时的韶山很偏僻，山深林密，常有野兽出没。毛泽东经常天不亮就出门，穿着单薄的鞋，行走几十里窄细的山路，直到深夜才回家。

有一次，毛福轩跟随毛泽东去杨林访问了几家农户，又在丸子坪开了一个积极分子会，当时夜已很深了。丸子坪离毛泽东家约二十里路，还要翻过一座大山。毛福轩怕深更半夜翻山碰到老虎，就说："晚上过山恐怕老虎伤人！"毛泽东看看夜色，笑着说："人有三分怕虎，虎有七分怕人，不要紧！"他硬是和毛福轩连夜赶了回去。

毛泽东深夜回家后，一般不能直接入睡，常常要看报纸、写调查笔记、整理收集到的资料、处理来往信件。给毛泽东取送报纸的人清楚地记得，自己经常是成扎成扎地到银田寺寄信，成捆成捆地取回书报。

为尽快使工作取得大的进展，毛泽东采用了一切可能的方法。正月期间，乡亲们常三五人不等地聚在一起打麻将、玩骨牌，毛泽东主动入伙，借此与大家交谈，了解情况。

农村人很重视结婚、丧葬、寿宴等红白喜事，毛泽东也不放过这种场合。一次，松树滩办丧事，他借吊唁之机，向群众宣讲孙中山的新三民主义。

毛泽东兄弟、杨开慧、毛福轩等人的工作进展很大。通过翻山过坳，走亲访友，广泛接触社会，发动群众，迅速发现和培养了许多积极分子。通过积极分子四乡串连，二三月间，韶山一带就开始成立了秘密农民协会。

一些农民真正被发动起来了，这就需要把他们经常聚集在一起，灌输更多的道理，然后依靠他们去发动更多的农民。如何把他们聚集起来呢？农民协会只是一种形式，但这在当时是官方禁止的，而且这是一种纪律性、目的性很强的组织，一般农民不可能一下就加入到这个组织里来。毛泽东决定创办农民夜校。

当时，赵恒惕为装潢门面，在湖南大力提倡平民教育。毛泽东充分利用了这一合法形式，指示毛泽民、毛福轩、毛新枚、李耿侯、钟志申、庞叔侃等人通过秘密农协的活动，先后在毛氏宗祠、李氏祠堂、庞氏祠堂等处，借用原有的公校和族校设备，创办了二十多所夜校。杨开慧回韶山后，一直协助毛泽东工作，这时毛泽东让她专门主持夜校。

一天，在李氏族校开办的农民夜校开学了。黄昏时候，三五成群的贫苦农民相继来到了夜校，其中还有妇女。起初，夜校上课没有专门的课本，有的农民就带着《三字经》《百家姓》之类的旧书来上课。他们都怀着无比喜悦的心情，等待着上夜校的第一课。

李耿侯神采奕奕地走上讲台，面对大家亲切地说："我们这个夜校不念《三字经》，也不学《百家姓》，而是学些我们用得着的知识，讲讲我们农民为什么受苦，我们怎么办。"听到这里，大家深深地被吸引住，立即肃静下来了。

讲课开始，李耿侯用粉笔在黑板上写了"手""脚"两个大字，领着大家念了几遍，然后向大家讲："人的手本来是用来劳动的，我们吃的、穿的、用的等等，没有一样不是靠这两只手做出来的。可是偏偏有这号怪事，有的人生着两手，却不劳动，他们手不提，肩不挑，反而穿好的，吃好的。而我们农民一年四季辛辛苦苦，两手不得闲，到头来，却吃不饱，穿不暖。他们有脚不走路，出门还要我们抬轿子。你们说这多么不合理！"这些话，更加触动了大家多少年来埋葬在心底的苦情。

毛泽民、杨开慧、毛福轩也是夜校的教师，他们用最明白易懂的语言，讲述着最浅显也是最深刻的道理。不但"手""脚"两字，其他如"洋油""洋火""洋布"等，都能引申出世间的最大不公来。

毛泽东有过这样的意见：夜校要坚持把讲授文化知识和宣传革命思想结合起来。教师们确实做到了这点，每讲一课，每教一字，都有明确的政治目的。

团防局局长成胥生派他的狗腿子来偷听夜校讲课。夜校师生十分警惕，一发现狗腿子来了，就马上改教一般的写字打算盘。即使这样，成胥生还是听到了一些风声，扬言要封闭夜校。但他一直抓不到证据，没有办法，因为办夜校是赵恒惕省长所鼓励的。

在韶山的贫苦农民和知识分子中，毛泽东兄弟很快团结和培养了一批革命的知识分子，像钟志申、毛新枚、庞叔侃、李耿侯等等，他们都迅速地成长为领导韶山地区农民运动的骨干力量。毛泽东认为在韶山发展党员和建立党支部的时机已经成熟。

初夏的一天早晨，毛泽东再次翻山越岭来到毛福轩的家，找毛福轩研究在韶山建立党支部的问题。

毛福轩家住老豹畲密林深处的山坡上，只有两间十分简陋的茅草房。一家六口人只有一亩田，生活非常穷苦，主要靠砍柴、做零工度日。两年前，他由毛泽东介绍到长沙的湖南自修大学当校工，在那里的附设补习学校半工半读。1923 年，毛泽东派他到安源路矿和毛泽民一起从事工人运动，进一步接受了革命斗争的锻炼和考验，并加入了中国共产党。这次，在毛泽东未回乡之前，上级党组织调他先回韶山，等候毛泽东回来以便协助工作。

在 6 月的一个晚上，一轮明月，把韶山冲铺

毛福轩

上了一层银光，显得格外明亮。

在毛泽东的卧室，通往小楼的杉木楼梯，几个月来已经被大家摸得锃光发亮，毛泽东召集党员和积极分子在小楼上开过无数次秘密会议。然而，今晚的小楼气氛显得分外庄严：一张方桌依然放在屋子中央，但桌上的桐油灯芯比往常粗大，吐出的火苗把满屋子照得更明更亮，墙上挂着一面镰刀斧头红旗和一幅印在书上的列宁像，庄严而肃穆。

毛泽东身穿土蓝布短衣，亲切地迎接来开会的每一位战友。毛泽民、毛福轩和杨开慧也在迎接客人。毛新枚来了，庞叔侃来了，钟志申来了，李耿侯也来了。原来他们都是单线接到通知，直到此时才知道，今天在鲜红的党旗下宣誓的还有这么多战友，相互不约而同地露出了会心的微笑。

毛福轩把一切工作准备就绪，又同毛泽东、毛泽民和杨开慧交换了一下意见，然后，庄严地宣布新党员宣誓和韶山党支部成立大会开始。然后，他简短地回顾了韶山党支部成立前的工作情况，随即请毛泽东讲话。

毛泽东站起来，从容地走到桌前。他首先祝贺四位同志成为光荣的中国共产党员。接着，亲切而严肃地向大家介绍共产党的性质、纲领和任务，阐述了在农村建立党组织、开展农民运动的重要意义，还讲解了如何发挥共产党员的先锋模范作用等问题，勉励大家为了消灭剥削制度，实现共产主义，要准备经受长期斗争的考验，积极投身到火热的斗争中去，在斗争中不断提高觉悟，把自己锻炼成无产阶级先进战士，在人民群众中生根、开花、结果。

毛泽东讲话后，毛福轩、毛泽民和杨开慧又介绍了四位新党员的简单经历。然后他们在党旗和列宁像前，庄严地举起了右手，在毛泽民和毛福轩的领读下，进行了入党宣誓。那声音坚定洪亮，久久在上屋场的上空回荡着……

我志愿加入中国共产党，遵守党的纪律，严守党的机密，活着是党的人，死了是党的魂，一心一意为党工作，打倒列强，洗雪国耻，努力革命，遵守纪律，服从组织，牺牲个人。为实现党的最终目标而奋斗，决不叛党……

新党员们抑制不住内心的激动心情，纷纷向党表示决心：

"我头可断，血可流，决不叛变革命！"

"我坚决革命到底！"

"我坚决为共产主义奋斗到最后一口气！"

宣誓完毕，毛泽东宣布中共韶山特别支部成立。毛泽东多年来亲手培养的党的干部毛福轩任支部书记，主持了第一次支部会议，确定了党支部的代号为"庞德甫"，并决定筹措一笔活动经费，由钟志申负责，迅速在银田寺开办一个"合作书店"，作为与上级通信和联系的秘密据点。接着讨论了当前的形势、今后的任务以及斗争的策略，并决定在韶山周围各地区，积极培养革命骨干，迅速建立和发展党的组织，以迎接革命高潮的到来。

毛泽东在韶山播下了革命火种，把韶山地区农民运动的熊熊烈火点燃了。从此，

中共韶山特别支部成立（油画）

中国农村的革命历史翻开了划时代的新的一页。

中共韶山特别支部在湖南农民运动、秋收起义中大显身手，直到抗日战争、解放战争时期，这里从来没有停止过革命斗争，涌现了以毛福轩、钟志申、庞叔侃、毛新枚、李耿侯为代表的一批又一批坚贞不屈的烈士，谱写了一曲又一曲平凡又壮丽的凯歌。中共韶山特别支部最早的五名党员，都先后为革命事业献出了自己宝贵的生命，成为名垂千古的"韶山五杰"。

由于当时党组织处于秘密状态，为了保护党组织的机密和安全，党支部还宣布了党的纪律，每一个党员都有自己的代号，非经党组织的同意，不许向任何非党组织的人员公开暴露自己的身份。每一个党员都要把自己的一切活动置于党组织的严格监督之下，定期向党组织汇报思想和工作情况，严格遵守党的纪律。

中共韶山特别支部的成立，使韶山的农民运动有了坚强的领导核心。韶峰之下的革命浪潮一浪高过一浪。中共韶山特别支部，是中国最早的农村基层支部之一，孕育着新中国的曙光。

第二节　风雨韶山起农潮

1925 年 5 月 15 日，上海发生日本资本家枪杀中国工人顾正红的事件。事件激起了上海各界尤其是工人阶级的愤怒，在中国共产党的领导和组织下，当天举行了大罢工，罢工浪潮迅速席卷上海各界，很快燃成了反帝爱国的熊熊烈焰。5 月 30 日，声势浩大的五卅运动爆发了。上海公共租界的英国巡捕又在南京路上向抗议的群众开枪，打死 13 名工人和学生，伤者更多，这就是震惊全国的"五卅惨案"。

"五卅惨案"后，全国迅速掀起了规模空前的反对帝国主义列强的抗议怒潮。消息传到湖南，各界群众异常激愤，工人学生奔走呼号。6 月 2 日，长沙成立雪耻会，发起了驱逐军阀赵恒惕的运动。6 月 3 日，长沙举行反帝爱国大游行，停泊在湘江的日本军舰，竟向岸上手无寸铁的游行群众开炮，打死十余人，打伤数十人，制造了"六三惨案"。古城长沙，群情激愤。

正在韶山发动农运的毛泽民，奉命到长沙领导"五卅惨案湖南后援会"及"对日经济绝交委员会"的工作。

6 月 5 日，中国共产党发表宣言，号召全国人民团结起来，支援上海人民的反帝斗争，为中华民族的解放而奋斗。接着，全国掀起了声援上海工人阶级的斗争浪潮，爆发了著名的省港工人大罢工。湖南成立了雪耻会，开展了声势浩大的反帝爱国运动。

身在韶山的毛泽东利用这一大好形势，指示韶山党支部以"打倒列强，洗雪国耻"为口号，迅速在各乡建立了二十多个雪耻会，在广泛宣传和发动群众的基础上，于 7 月 10 日在郭氏祠堂召开了"西二区上七都雪耻会"成立大会。开成立大会那天，郭氏祠堂里里外外贴满了红绿标语，挤满了五六百农民、教师和学生。大会由庞叔侃、李耿侯、贺尔康等主持，选举了执行委员。毛泽东亲临大会讲话，他着重叙述了"五卅惨案"真相，号召韶山地区人民团结起来，深入开展反对英、日帝国主义的斗争。

会后，群众举行了示威游行，"打倒列强，洗雪国耻！""打倒英日帝国主义！""废除不平等条约！"的口号响彻韶山的青山翠谷。

雪耻会还专门组织了宣传队、讲演队，深入山冲山坳讲演、演戏、散传单，张贴标语、漫画等等。雪耻会除了示威游行及开展各种宣传活动外，还检查洋货、禁卖洋货、烧毁鸦片、收缴烟枪等等。毛福轩在总结这段斗争经验时说："这些洋大人和土豪劣绅就像泥塑的菩萨那样，看起来样子吓人，其实没有什么了不起，倒是我们工人农民力量大。真是人心齐，泰山移！正像润之先生早先说过的那句话：什么力量最大，民众联合的力量最大！"

1925年夏天，韶山大灾，一个多月没有下雨。田地龟裂，禾苗枯萎，青黄不接，饥民遍野。可是，地主豪绅却把这看成是大捞一把的好机会，他们不但照样吃、喝、玩、乐，而且囤积粮食，高价出售。

那些日子里，毛泽东和家乡农民的心情一样焦急万分，他每天脚蹬草鞋，头戴斗笠，经常深入田间帮助农民车水，并及时了解灾情的发展情况。毛泽东召来党支部、雪耻会的干部，共同研究度过灾荒的办法。毛泽东指出："当前农村缺粮，既有天灾，也有人祸。我们不能坐等老天爷下雨，也不能幻想地主财东发慈悲，要想想办法才好。地主囤积谷米卖高价，难道我们就没办法？他们偷运谷米出境，难道我们就无阻止的办法？农民也有一张嘴，要吃饭，公公道道出钱买他的米，他不卖，就组织农民跟他斗。眼前农民群众是很容易发动起来的。"

毛福轩等听了毛泽东的话，心里有了主意。他们召开支部会，决定以"雪耻会"的名义，发动群众开展平粜、阻禁的斗争。

第二天，钟志申和庞叔侃等来到成胥生家里，直截了当地告诉他，雪耻会决定平粜、阻禁，要他照办。然后把雪耻会开的十张条子交给他，条子上写着要他拿出平粜的数额。

成胥生看了看条子，翘起八字胡子，像野狼似的吼叫起来："我就是有谷米，情愿放在仓里喂老鼠，也绝不拿出来平粜，看你们雪耻会怎么办？"

大家听说成胥生态度这样恶劣，都非常气愤，纷纷提出要冲到大塘湾成胥生家，砸仓分米。毛福轩向大家说："成胥生绝对不会放过目前这个发财的好机会，我想还是一步步来，只要我们一发现他往外偷运谷米，就有办法整他。"

果然，不几天，银田寺的一个农民跑来报告，说成胥生已经把一批谷米运往银田寺，准备在那里装船运往湘潭。

毛福轩立即派钟志申、庞叔侃带领几百个农民，点起火把，带着箩筐扁担，直奔银田河边，把待运的谷米截住。

成胥生在半夜里得到谷米被阻运的消息，气得连忙派团丁赶到银田寺。团丁一看农民人多势众，慌忙朝天开枪，妄图把农民吓跑。附近农民闻声赶来，声势更大，要求平粜、不准谷米出境的怒吼声响彻银田上空。成胥生听了团丁的报告，恶狠狠地说："这回一定有人主谋，快快打听清楚，要抓住把柄，向赵省长报告，请他派兵抓人。"

第二天，成胥生装着笑脸对毛福轩说，雪耻会的章程他照办，要拿出一些谷米救灾。他一方面想用假仁假义收买人心，另一方面阴谋稳住雪耻会的阵脚，以便下毒手。

成胥生的谷米被平粜的消息，很快传开了。有些囤积米的土豪劣绅，看到成胥生那样大的势力都斗不过雪耻会，只好硬着头皮拿出谷米来平粜给农民。

但是，永义亭的大地主何乔八仍然不甘心把自己的谷米平粜给农民。

毛福轩知道了这个情况后，便把永义亭一带的农民集合起来，冲进何乔八的家，杀猪宰羊，煮大锅饭吃。大锅饭才吃了两天，何乔八便急忙跑回家，答应把仓里的谷米平粜给农民。

这样，由雪耻会出面领导的平粜、阻禁斗争，取得了胜利，从而使韶山一带的农民顺利地渡过了夏荒。

转眼间到了1925年8月，毛泽东回到韶山已经半年多了。半年多来，他辛辛苦苦，日夜操劳，使韶山成为当时湖南省农民运动开展得最好的地区。

在此期间，毛泽东还到过宁乡、安化、益阳等地，调查农民运动的情况，帮助各地建立共产党的组织，并把农民秘密地组织起来。

毛泽东这次回乡，本来是党组织专门安排他养病的，但他实际上却没真正休息过一天。毛泽东工作起来，常常饥一顿、饱一顿，有时就吃一点白开水泡饭，甚至连一个鸡蛋也舍不得吃，说是留着待客。

毛新枚作为郎中，受群众委托，自然对毛泽东的健康负有更多的责任。他多次提醒毛泽东说："身体虚弱，药物治疗是次要的，主要是必须有适当的休息，特别是不能劳心过度；像现在这样不注意身体，长期下去，就会把整个身体搞垮……"

然而，毛泽东总是微笑着对毛新枚说："以后注意，以后一定注意！"

毛泽东在韶山从事的一系列革命活动，引起了地主豪绅们的刻骨仇恨，尤其是成胥生，他带头诬蔑毛泽东在韶山组织"过激党"，想方设法向赵恒惕告密。赵恒惕得知在韶山煽动农民造反的人正是他曾通缉过的毛泽东时，立即命令捉拿归案。

8月28日下午，毛泽东和毛福轩一起正在上屋场开会，忽然一个青年人气喘吁吁地跑来，给毛泽东送来一封紧急信件。

这是一封快马送来的信。写信人是湘潭县议员、开明士绅郭麓宾。

毛泽东打开一看，只见信上写着："润之兄，军阀赵恒惕得土豪成胥生的密告，今日已电示县团防总局，即日派快兵前去捉你。望接信后，火速转移。"

毛泽东早就料到成胥生等人不会善罢甘休的，看完信，不紧不慢地说："原来是八胡子办的好事！他是要赵恒惕来催催我，叫我快点去广州报到呢。"

送信人叫郭士奎，是郭麓宾的侄子。他见毛泽东一点也不紧张，催促道："我叔父叫我告诉你，这次赵恒惕可是下了决心，一定要把你抓到长沙去，先生要赶快转移，千万不能大意。"

毛泽东抓住郭士奎的手说："谢谢，谢谢，你回去告诉你叔叔，就说我毛泽东非常感谢他，并叫他放心，赵恒惕要抓我毛泽东，不是那么容易的。"

郭士奎看看日头已经下山，忙说："时候不早了，我得赶快回去，免得人起疑，望润之先生多保重！"说罢，告辞离去。

望着郭士奎匆匆离去的身影，毛泽东动情地说："麓宾先生真是个好人啊！"

毛泽东要去广州，钟志申像是丢失了什么宝贝似的，怅然说："润之，你要走，我不舍得呢。你在韶山这几个月，是我最舒心的日子。"

毛泽东说："广东那边形势很好。我的病搭帮新枚，也养好了。在家当平民百姓，当了两百多天了，到广州去讲课，有东西讲了。"

毛福轩也生出无限依恋之情，但他知道毛泽东是留不住的。十多年前，毛泽东要离开韶山外出求学，毛泽东的父亲都没留住他，毛泽东不只是属于韶山。便说："润之，你这一向很辛苦，但这次赵恒惕派人来抓你，你不走也得走了。"

毛泽东说："月有阴晴圆缺，人有悲欢离合，这是没有办法的事。有机会你们都可以到广州去学习一下，那时，我们又可以见面了。"

庞叔侃见毛泽东还若无其事，不免担心，忙催促道："润之，时间不早了，你快转移吧。"

毛福轩也说："叔侃说得对，润之，你赶快收拾收拾东西走吧！"

杨开慧和王淑兰已经在收拾东西了。毛泽民要毛泽东自己过去看看还有什么需要带的，这样可快点。毛泽东却不去，说："不要急，来得及。赵恒惕要抓我毛泽东，也许连我一根毫毛也抓不到。这次郭先生冒险送信，也许老天有眼，不想灭毛呢！"

杨开慧和王淑兰把包袱收拾好了，焦急地看着毛泽东，示意他快走。突然，王淑兰想起什么事情似的，又在柜子里翻腾起来，翻出一包银圆，交给毛泽东，说："三哥，这是13块银圆，你带着路上用。"

杨开慧把包袱递给毛泽东，也催促道："带上这些衣服，快走吧。"

大家送毛泽东出门。刚到门口，毛泽东回头看看大家急切的目光，忽然拉起毛福轩的手，进了自己的房间。毛泽东说："福轩，其实我也不愿意走，但外面有更重要的事情等我去做。我这一走，不知什么时候能回来，韶山'庞德甫'的事就靠你了。现在韶山的进步农民越来越多了，像毛月秋、毛文斌、杨幼林、邹祖培等都是不错的，你要注意发展新的力量。你的担子会越来越重，要多依靠志申、叔侃、新枚和耿侯，一起把这副担子挑起来。"

"我会的。润之，你放心吧！"毛福轩想到毛泽东在韶山的这几个月，说是为了养病，实际上一直在不停地奔波，自己也跟着学了不少的东西。现在说走就要走，也不知道何日才能再见面，眼眶有些湿润了。

"不要哭嘛，我们还会见面的。我到了广州，就写信来。叔侃还年轻，方便时，叫他去广州学习一段。志申以前容易冲动，现在已经变聪明了。你还要多多提醒他们，我们不仅要和敌人斗勇，更要学会和他们斗智。"

众人在堂屋里焦急不安地瞅着卧室的门。庞叔侃说："新枚哥，你进去劝劝吧。"

杨开慧摇摇头，她知道这时进去，毛泽东会不高兴的。

毛新枚沉思片刻，说："要不，我们大家一起进去吧。否则，真来不及了！"

大家一起进去了。毛泽东果然没生气，还笑着说："我和福轩说几句悄悄话不行啊？"

大家几乎异口同声地说："润之，快点走吧！"

毛福轩也擦擦眼，说："润之，该走了！"

"好，好。我就走。"毛泽东一抬手，说："你们出去一下，我换件衣服。出门嘛，总得穿体面一些。"

大家都知道毛泽东的脾气，只得无奈地走出了卧室，在外面等着。

一会儿毛泽东走了出来，他已经换上了一件白色长衫，头发也齐齐整整的。他见毛岸青在王淑兰的怀里惊奇地望着他，便走过去，在岸青脸上亲了两下，又对站在身旁的毛岸英说："岸英，爸爸要出远门了，你要好好哄着弟弟啊。"毛岸英没有答话，年幼的毛岸英大概从大人们凝重的神色中，感到了什么。

毛泽东走出堂屋，早有一乘轿子等在那儿了。有个青年想上前抬轿子，毛福轩说不用，叫叔侃和志申抬。可毛泽东说不要轿子，走路要更快些，说着就往前走。

毛泽东走了几步，回头向上屋场的人们挥手告别。大家见毛泽东终于走了，都不由得松了口气。王淑兰见杨开慧抱着岸青，拿着他的小手向毛泽东挥手时，眼睛湿了，推一把杨开慧："去送送吧！"

杨开慧陪毛泽东走过荷塘，荷塘里已没有了荷花，荷叶都变成了褐色，只有几支莲蓬孤零零地立在那儿。杨开慧想到春天刚来韶山时，塘里满满的水，毛泽东还说等到了夏天，要在塘里表演水上睡觉给她看，却一直没有机会，后来天旱塘水干了。跟着毛泽东在韶山的日子，最温馨最叫她留恋的，就是和毛泽东在一起的时候，毛泽东在前边引路，她在后面跟着……记得在长沙女中读书时，每到周末，毛泽东都去校门口接她，然后和她一起回家，和毛泽东走在马路上，她的心里格外踏实，然而她觉得和毛泽东在韶山的小路上走着，比在长沙的马路上走着还要好，可能是因为在丈夫的家乡吧。可如今，他就要走了，她知道以后这样的机会很难再有了。她恋恋不舍地跟着毛泽东，不想分手。此时的她，心有千言万语，不知从何说起，只是默默地跟在毛泽东的身后，走着，走着……她好想就这么跟在他身后，一直走下去……

来到南岸，杨开慧不好再送，这样只会拖延毛泽东的时间，她只得站住脚，对毛泽东说："我不送了，你快走吧！"

毛泽东说："也好，你快回去。赵恒惕的兵抓不到我，很有可能会把你们母子三人抓去交差。你带着岸英和岸青也避一避吧，我都安排好了。我一到广州，就给你写信。"

"我等着你的信。"

……

毛泽东刚刚走到离家不远的湖堤沟附近，便看见远处有灯笼火把朝这边走来，毛泽东和两个护送的农民立即爬上离大路不远的山坡，蹲在灌木丛中。

躲过追兵后，他们又继续赶路。直到叫江庙，毛泽东才和护送的农民依依分手，坐船前往长沙。短暂停留后，取道湖南衡阳、宜章等地到了广州。

韶山之行，毛泽东找到了中国革命的力量源泉与奋斗目标，明白了农民问题是中国革命的根本问题。一场伟大的革命风暴，正在中国辽阔的田野上酝酿着。

第三节　恩爱夫妻要离婚

在日后，回忆1925年在韶山发动农民运动的经历时，毛泽东、毛泽民兄弟俩都用了"逃"这个字。

毛泽东在与埃德加·斯诺谈话中说："……赵省长派兵来抓我，我便逃往广州。"

毛泽民在自填的《个人简历》中写道："……同时，均被通缉，因而与泽东同志逃往广东。"

这个"逃"字，对于毛泽民来说，也许来得更加沉重。

1925年6月初，毛泽民被党组织派往长沙，领导"五卅惨案湖南后援会"的工作。临行前，老实憨厚的毛泽民作出了一个令全家人意想不到的沉重的决定——与相濡以沫15年的结发妻子王淑兰离婚。

毛泽民与王淑兰在长期艰辛的生活和劳动中，建立了深厚的感情。他们夫唱妻随，从未红过脸。然而，从走出韶山冲，参加革命工作四年多的经历中，毛泽民真正认识到，大哥所说的"去参加一些有利于我们国家和民族以及大多数人的工作"是要流血，是要掉脑壳的！近日发生在上海的"五卅惨案"和发生在长沙的"六三惨案"震撼着毛泽民的心。他感到，一场无产阶级、劳苦大众与帝国主义、军阀的殊死搏斗就在眼前！

毛泽民已将自己的终身交给了党的事业，今后的人生只能在不停地奔波和极度的危险中度过。妻子是个小脚，不可能跟随自己在外面劈波斩浪，留在家里危险更大。他不想因为自己在外面革命，连累了妻子和女儿。经过深思熟虑，毛泽民痛下了离婚的决心。

临行前的那个晚上，毛泽民坐在小油灯下，像往常一样和王淑兰拉一会儿家常，嘱咐一些家里的事情。

他说："远志娘，我要走了，什么时候再回来不好说，能不能活着回来也很难说……你跑不得路，不能跟我一起出去，就住在家里吧……我给你留下一些钱，作为生活费，你要把女儿带好……"

直到最后，毛泽民才说出："我考虑了很久，为了你们母女的安全，我俩还是离婚为好。"

"离婚？"霎时间，王淑兰眼前一片漆黑。

"离婚"二字，对于一个传统的农村妇女来说，是多么的残酷啊！在宗祠，在家族，又意味着什么？

在片刻沉寂之后，王淑兰终于控制住自己的感情。她深情地凝视着自己相依为命的丈夫，他那质朴的脸庞在微弱的灯光下，是那样坦诚，那样刚毅。王淑兰深知泽民的为人，此时此刻，他作出这样痛苦的决定，一定有他的道理。王淑兰是一位豁达、明事理的刚强女性，她爽快地对毛泽民说："我生是毛家的人，死是毛家的鬼。你就放心地出去干革命吧，我会把远志带好的。"

这时，女儿远志刚刚过完三周岁的生日。懂事的孩子望着父亲眼角滚下的两行热泪，她只知道父亲又要去远行，却无论如何也想不到，父亲这一走竟是永别！

此时，毛泽东也在韶山。当他知道弟弟的决定已经不可改变时，就劝慰王淑兰说："四嫂，你就住在上屋场吧，你永远是我们毛家的人！"

王淑兰轻轻擦拭着将要滚出的泪水，坚强地点了点头。

第四节　唤起工农千百万

1926 年 7 月，国民革命军八个军正式出师北伐。随着北伐战争的胜利进军，以湖南为中心的全国农民运动蓬勃兴起，势如暴风骤雨，迅猛异常。

1926 年 11 月，湖南农民协会会员由 7 月初的 20 万人发展到 70 多万人。到 1927 年 1 月，会员猛增到 120 余万人，能直接领导的群众达 1000 万人以上。农民运动的蓬勃发展，从根本上动摇了帝国主义和封建主义在中国的统治基础。

于是，地主豪绅、国民党右派分子、北伐军中的反动军官等迅速猬集起来，攻击农民运动"糟得很"，是"痞子运动""惰农运动"，狂叫要"取缔农民运动"。那些体面的"先生"则"雅"人"雅"语，说农民运动是"争得一个唯物史观，打破一个国民革命"。

应该说，北伐战争的胜利，是国共合作的最佳结果。1926 年 7 月，刚开始北伐时，国民党不过只有几个军、不足十万人的武装力量，控制的地盘也不过是以广州为中心的一块不大的根据地；至 1927 年初，国民党的军事力量已经扩大为四个集团军，四十余万人，华南各省的大部分地盘也都已控制在国民党的手中；到 1928 年下半年，中国的各大军阀不是被打败，就是主动易帜，归顺国民党的统治。南京政府正式确立了对全国的合法统治，其军事力量猛增至八十个军、二百余万人。

但是，如果没有国共两党的合作，北伐战争也是不可能取得胜利的。尽管北伐战争是在国民党的领导下进行的，但共产党人为北伐取得成功所作出的积极贡献，是不容忽视、不容抹杀的。除共产党人的革命宣传鼓动给北伐军带来了空前高昂的士气以外，共产党人还在北伐过程中发挥了各种更具体的影响，比如广东、江西和湖南三省农民运动的蓬勃兴起，为北伐军提供了源源不断的兵员补给和取之不尽的物资供应；比如工人的武装起义夺取南昌、上海等一些大城市，给北伐军营造了坚实稳定的大后方等等。而这些农民运动和工人起义，主要是共产党人发动起来的。

然而，共产党领导下的工农革命力量迅速壮大，也使国民党右派吓破了胆，本来在国共合作之初，他们就心存芥蒂，百般阻挠，现在，他们更害怕由于共产党及其领导下的革命组织的影响不断扩大，会逐渐削弱国民党右派的统治力量，乃至最终动摇国民党右派的独裁统治。另一方面，北伐战争的胜利发展，沉重地打击了帝国主义在华的殖民统治，触犯了他们的经济和政治利益。为此，他们加紧了对中国革命的干涉，竭力引诱拉拢国民党右派，分裂统一战线，使革命阵营内部的潜在危险急剧发展。就在这个大背景下，身为国民革命军总司令的蒋介石，便充当了分裂国共合作统一战线，亲手制造血案、挑起内战的刽子手。

1926 年 11 月，北伐军又在江西战场取得决定性的胜利后，随着蒋介石的羽翼日渐丰满，他仇视和压制工农运动的面目就渐渐暴露出来。1927 年 2 月 21 日，蒋介石在南昌总部第 14 次纪念周的演讲中声称："我是中国革命的领袖，并不仅是国民党一党的领袖，共产党是革命势力之一部分，所以共产党员有不对的地方，有强横的行动，我有干涉和制裁的责任及其权力。" 3 月初，在一次公开演讲中，蒋介石杀气腾腾地说："以现在中正的历史，中正的地位，我敢大胆说一句话，无论什么人想假借一种不落边际的宣传和诋毁，或造成一种不利于革命的空气，或赐我以独裁者的名号，或污蔑我是新军阀，以反对中正革命，老实说，这个是不行的！我知道我是革命的，倘使有人要妨碍我革命，反对我革命，那我就要革他的命！我知道革命的意义就是这样，谁反对我革命，谁就是反革命！"蒋介石讲话不久，国民党反动派即在江西相继制造了"九江惨案"和"赣州惨案"。赣州和九江的鲜血还没来得及清理，蒋介石又马不停蹄地制造了"安庆三二三"惨案。4 月 12 日，蒋介石在上海发动了"四一二"反革命政变，开始实行全面清党运动。

这一时期，共产党人的态度又是如何呢？

1926 年 12 月，中共中央在汉口召开特别会议。针对蒋介石的这种变化，陈独秀拿不出任何有效的办法，反而错误地认为当前的主要危险是农民运动勃起并日益左倾，蒋介石因恐惧民众运动而日益向右，这会破坏联合战线而危及整个国民运动。因此，会议决定当前的主要策略是：限制工农运动发展，反对"耕地农有"。共产国际代表吴庭康（维经斯基）、鲍罗廷甚至也支持这种意见。

陈独秀搬出鲍罗廷的话，说中国没有土地革命，而且，搞土地革命也缺乏干部。

毛泽东以中共中央农委书记的身份与会。他坚决主张实行土地革命，支持湖南区委关于实行土地革命的建议。

但是，人微言轻。

是时，正值湖南全省第一次工农代表大会召开，电邀毛泽东回湘指导工作。

1926年12月17日，毛泽东偕妻子杨开慧等回到了长沙。

毛泽东一到长沙，与汉口会议上受到冷落压抑的情况完全两样——他受到了工农代表们亲人般的欢迎。

毛泽东作了近两个小时的长篇演讲。他肯定了湖南农民运动的伟大成绩："我去湘仅一年，而今年和去年的情形大不相同。在去年是不会有这种大会的。在去年是军阀赵恒惕的政府，今年是较能与人民合作的政府。"

在毛泽东指导下，大会通过了四十个议案，议案鲜明指出：现在农村形势已发展到革命和反革命决战的时候，"这时候不是东风压倒西风，就是西风压倒东风。怎能不严厉一点？若是害怕'纠纷'，采取怀疑或反对的态度，这不算是革命党"。指出农民运动的根本目的是"根本铲除土豪劣绅的封建政权"。

这与汉口会议的决定是完全"背道而驰"的，但却是十分符合国情的。

闭幕式上，毛泽东的讲演更具锋芒。有人说："帝国主义没有打倒以前，我们内部不要闹事。"毛泽东厉声问道："过去军阀政府时代只准地主向农民作加租加息的斗争，现在农民向地主要求减点租、减点息就是'闹事'了吗？""这种只准地主向农民压榨，不准农民向地主作斗争的人，就是站在帝国主义、反革命一边，就是破坏革命的人。"

为了回答党内外对农民运动的种种攻击、怀疑和指责，长沙的事情告一段落后，1927年1月4日至2月5日，毛泽东以国民党中央候补执行委员的身份，在毛福轩、戴述人等人的陪同下，身着蓝布长衫，脚穿草鞋，手拿雨伞，在湖南农村风尘仆仆地考察了32天。

1月4日，毛泽东从长沙出发，在戴述人（当时是国民党湖南省党部监察委员）和毛福轩的陪同下，乘船到湘潭县城，当晚在湘潭县农协开了座谈会，了解全县的农运形势。5日，他从县城步行至湘潭第一区农协所在地银田镇，考察第一区的农民运动。

这天晚上，毛泽东召集第一区以及各乡农协的代表三十多人，在银田寺开会座谈。靠近银田寺的宁乡、湘乡等地农会干部也闻讯赶来。大家围坐在毛泽东周围，有说有笑。毛泽东翻开他的笔记本，根据事先拟好的调查提纲，一个问题一个问题地和大家讨论，听大家汇报。

当他问到农会同地主豪绅在经济方面作了些什么斗争时，宁乡县高露乡的代表汇报说："农民协会办起来后，许多农民成群结队地到地主家去吃大锅饭。反对农会的土豪劣绅的家里，一群人拥进去，杀猪出谷；土豪劣绅的小姐少奶奶的牙床上，也可以踏上去滚一滚。"

听到这里，毛泽东爽朗地笑了起来，高兴地说："滚得好！"

高露乡的代表听了，很受鼓舞，又接着说："我们那里原有平粜米，后来被取消了。一个叫欧二宝的皮匠，带头起来闹，要地主豪绅恢复平粜米，结果石家湾那个'二民主义'的国民党区党部指使团防局，把欧二宝抓起来，关到宁乡县的班房里去了。"

毛泽东还是头一次听到"二民主义"这样的新名词。于是，他停下笔，问道："什么叫'二民主义'？"

"取消了平粜米，就是不要民生主义，少了民生主义，那三民主义不就成了'二民主义'啦？"那位代表回答说："目前，我们正打算到县政府去示威，要求释放欧二宝，实行平粜米。"

毛泽东听了这番话连连点头，说："这个'二民主义'的区分部，不但把民生主义丢了，而且把孙中山的联俄、联共、扶助农工政策中的'扶助农工'也丢了。我赞成你们的意见，到县政府去示威，要求释放欧二宝，实行平粜米。"并对坐在一旁的戴述人说："国民党宁乡县党部最近开县代表会，你去出席，揭露那'二民主义'的区分部破坏农运的错误。"

继高露乡汇报之后，银田寺乡农协负责人汇报了原团防局局长汤峻岩杀了两个叫花子开张的大冤案。他说汤是杀人不眨眼的屠夫，在其任内，杀了五十余人。现在他又组织保产党，破坏农运，农民恨之入骨，一致要求法办。

对这一意见，毛泽东当即表示赞同，并指示说："对那些残酷杀害农民的大土豪劣绅，枪毙一个，全县震动，对于肃清封建余孽，极有效力；汤峻岩不诛，不足以平民愤！"

在毛泽东的支持下，高露乡争取平粜米、银田寺人民镇压土豪汤峻岩的斗争最后均获胜利。

结束了银田寺的考察后，6日中午，毛泽东来到了韶山特别区农协所在地清溪寺进行实地调查。

第二天一早，他就风尘仆仆地直奔韶山冲。

得知毛泽东要来，韶山特别区第一、第二乡半夜里就敲响了挂在乡农协前面的古钟，一下子汇集了几百人的队伍。站在队伍最前面的农会会员高举犁头大红旗，其他会员执着红绿小旗。他们敲着锣、打着鼓，走出五六里之外去迎接。人群来到第一乡农协所在地毛震公祠。毛泽东了解乡里的农运情况后说："我在外面听见有人讲农民运动搞糟了，在这里听农协委员讲农民运动搞得好。革命不是请客吃饭，不是绘画绣花，农民协会就是要办得激烈些。地主是极少数，我们贫苦农民是大多数。穷人团结起来，就能打倒土豪劣绅。"

这一天，祠堂里来了很多妇女。

在湖南乡下，夫权思想特别严重，妇女是没有什么地位的。家里来了客人吃饭时，女人和孩子不能上桌，只能躲在厨房吃，给客人添饭送菜。至于祠堂等同族人共同祭祀祖先的地方，妇女更是进不得的。

毛泽东很关心妇女的命运。以前男女不能同校，他曾极力支持爱人杨开慧及一些先进妇女进入男校学习。他创办的工人夜校等也吸收了不少女工加入。

毛泽东看到祠堂里还有许多妇女，特别高兴地说："今天妇女同志来得不少。过去妇女受压迫，封建思想又作怪，妇女不能进祠堂。现在打倒了族权，妇女翻了身，能进祠堂了。今天要请她们坐头席！"

群众对毛泽东的讲话报以阵阵热烈的掌声。许多妇女激动地流下了热泪，她们都说，我们的解放是搭帮毛委员，应该请毛委员坐头席。

毛泽东还是坚持让妇女坐了头席。

1927年毛泽东在韶山（油画）

午饭后，第三、第四乡农协组织了两三百人的队伍前来迎接毛泽东去视察。大会在第三乡农协所在地毛鉴祠堂举行。

在欢迎会上，毛泽东用风趣的语言，鼓励农民破除迷信，解放思想，自己解放自己。他说："过去，遇到旱灾，就拜菩萨，结果还是不能解决问题。现在农民修了塘坝，解决了一些问题。看来还是要靠自己动手。民国十四年，我回韶山开展农民运动，一些人对我讲：我们八字不好，坟山不贯气。现在，农民运动搞得轰轰烈烈，只几个月光景，土豪劣绅、贪官污吏一齐倒台了。过去穷人没得饭吃，农民一搞起来，减租减息，也有饭吃了！难道这几个月以前土豪劣绅、贪官污吏走好运，他们的坟山都贯气，这几个月忽然又走坏运，坟山也一齐不贯气了？神明吗，那是很可敬的。但是，不要农协会，只要关圣帝君、观音大士，能够打倒土豪劣绅吗？那些帝君、大士们也可怜得很，敬了几百年，一个土豪劣绅不曾替你们打倒！现在你们想减租，请问你们有什么法子，信神呀，还是信农会？"

这些话，说得大家都笑起来了。因为答案是明摆着的。

接着，毛泽东以极大的热情赞扬了韶山一带的农民运动，称他们所做的是"明明白白的好事"，搞革命就需要有这样的劲头。但是，毛泽东随后又指出："我们的革命才开始，打几个土豪、几个劣绅，这还算不得什么，好比指甲缝里的污泥，还只挑去一点点，要彻底消灭封建地主，打倒军阀，赶走帝国主义，还要出几身热汗。我们要团结起来，团结才有力量。一根筷子容易折断，一把筷子就难折断。"

毛泽东的这番话，说到了农民们的心坎里，使他们更充满了信心。

会后，毛泽东又在家里开了座谈会，详细询问了当地农民协会的组织情况和开展斗争的方式。专门听取韶山党组织的汇报后，他特别指出一定要抓住枪杆子、刀把子，建立农民自己的武装，否则会出乱子，同时要大力发展党的组织，以壮大力量。

在韶山期间，为了获取充实的材料，毛泽东还先后到坝子头、坪里冲、徐家湾等地考察。

1月9日，毛泽东一行人离开韶山，经湘乡县瓦子坪到达唐家坨（今名棠佳阁）。

毛泽东到了唐家坨外婆家，勾起了无限的回忆。毛泽东出生两个月后，母亲文七妹便把他抱回了唐家坨娘家。外婆特别看重毛泽东，硬要放在自己身边抚养。为使毛泽东这个命根子顺利长大成人，外婆带他拜一块石头为"干娘"，又因毛泽东之前有两个哥哥夭折，他排行第三，便给他起乳名叫"石三伢子"。

现在外公、外婆均已仙逝。毛泽东把表兄弟、表嫂子侄都叫到一起，给他们讲建农会的好处，他说："唯有合群斗争，推翻地主武装，建立农民武装，才有出路。"

11日，毛泽东一行到达湘乡县城。一到县城，毛泽东顾不上休息，就召集有关人员在湘乡饭店开会，听取他们的汇报。

县农会负责人谭天民首先做了汇报。他从农会组织的迅猛发展，说到农民阻禁，又从平粜、阻禁的情况，讲到斗争土豪劣绅。他还说，宋塘有个姓朱的地主婆对抗农会，农民用纸扎了个猪头的假面具，勒令她戴着去示众，把地主的体面威风都扫尽了。

"好得很！"毛泽东听到这里，兴奋地站了起来，说道："这是几十年乃至几千年未曾有过的奇迹。农民运动的兴起完全是对的，好得很嘛！"

毛泽东的一席话，吹散了多少天来罩在大家心头的雾霾。于是，大家七嘴八舌地说开了。

一个农会干部说："有个大土豪逃到长沙，到处攻击农民运动，说什么'那些一字不识的黑脚杆子，翻开脚板皮做牛屎臭，也当了农民协会委员长，晓得搞什么啰，弄得乡里不安宁'！"

毛泽东马上指出："土豪劣绅是我们的死对头，我们要把他们打倒，他们怎会讲我们的好处呢！"

有人反映县农会中有个别领导，害怕群众斗争，放走土豪劣绅龚义伯。

毛泽东非常生气，严肃地说："这是一个很大的错误！农会是为贫苦农民办事的，罪大恶极的土豪劣绅、反动阶级的嚣张气焰压不下去，农民就发动不起来，农会也不会办得好。你们应该成立一个审判土豪劣绅的委员会，这个委员会可以叫作特别法庭。有了这样的法庭，就可以处决土豪劣绅。另外，还要迅速壮大农民武装。你们想想看，我们要打倒帝国主义，打倒土豪劣绅，打倒封建军阀，没有武装行吗？干革命，就要枪对枪、刀对刀地干。"

"毛委员，农民搞武装，武器哪里来呀？"有人问道。

毛泽东笑了笑说："梭镖，不就是很好的武器吗？另外，县里有团防局，还可以缴他们的枪，建立农民自己的自卫队嘛！"

不久，毛泽东还通过省农协派了一位黄埔军校的学生到湘乡，帮助培训农民自卫军。

这表明，在考察中，毛泽东日益认识到推翻地主武装、建立农民武装的重要性。

在湘乡考察中，毛泽东发现监狱里关了好多农会委员长、委员。他尖锐指出："这个错误非常之大，助长了反动派的气焰。"并指示中共县委要放鞭炮迎接他们出狱。

在湘乡县城考察后，毛泽东14日离开湘乡，经萧家冲，于15日至衡山白果。

当晚，毛泽东在白果的区农协所在地关圣殿里，召开农协干部座谈会，仔细听取了汇报。

白果是军阀赵恒惕的老家。毛泽东赞扬道："岳北农民敢于在赵恒惕的胞衣盘里闹革命，就像《西游记》里的孙大圣钻进铁扇公主的肚子里一样。你们要让南岳衡山革命烽火引燃其他几个山岳，让革命风暴席卷全国。"

16日，毛泽东到离白果镇不远的劳山公祠，召开妇女座谈会。他刚到祠堂二进的正厅，就遇到了正在那里等着的一群剪着"革命头"的妇女。毛泽东亲切地和她们一一握手，问大家好。

都进屋坐下后，毛泽东便和妇女们拉起话来。这些妇女说话都很利落，她们一口气向毛泽东讲了妇女们怎样成立女界联合会的事，怎样和男同志一起打土豪的事，怎样放脚、剪巴巴头的事，又怎样不准婆婆、丈夫虐待媳妇的事……毛泽东一边听，一边连连称赞说："做得好！做得好！"妇女们听到赞扬她们，都高兴得不得了。

毛泽东接着又说道："先前，乡下有个老规矩，女子不进祠堂，这是封建礼教。这个老规矩不打破，今天你们就不能坐在这里开会了。"

"是的，是的。"提起妇女进祠堂，大家更活跃了。一个女青年走到毛泽东跟前说："毛委员，你说到我们心里去了。"

毛泽东一看眼前说话的这个女青年，举止大方，干净利落。猜想她很可能就是前几天农会干部汇报中提到的那个朱棣棠。便笑着问她："你叫朱棣棠，是女界联合会的秘书，到祠堂里去吃酒，是你打的头，对不对？"

毛泽东这么一问，朱棣棠反倒觉得不好意思了。她低着头回答说："毛委员，先前不要说我们不能进祠堂吃酒，连祠堂门也不能进呢。就说这个劳山公祠吧，它是大军阀赵恒惕的祖祠，族长是赵恒惕的叔父赵南八。他依着赵恒惕这个靠山，无恶不作，有不顺他眼的，就被提到祠堂里问罪，轻的打个半死，重的就沉潭。不知让他们害死了多少穷人家的女子。农民运动起来了，我们妇女才闹了翻身。"

"你具体谈谈进祠堂吃酒的事吧。"毛泽东插话说。

朱棣棠兴奋地说了起来："在冬至那天，劳山公祠大摆酒席，开堂祭祖。正当那班穿着长袍马褂的地主豪绅，拜过祖先，推推嚷嚷，准备坐席吃酒的时候，我们白果女界联合会三十多个剪着短发的会员，一窝蜂似的拥了进来。赵南八一看，都快气疯了，他摆出族长的架势来拦阻，说什么'家有家规，族有族规，妇女吃酒，不成体统'。我们哪里听他那一套！愤愤地说：'农会也有农会的规矩，女子不能吃酒，这个旧规矩就是要打破！'那班地主豪绅，气得直瞪眼，可拿我们没办法，只好听我们的便。吃完酒席，我们又把赵南八五花大绑，戴上高帽子，罚他游街。妇女们总算出了口气，真是痛快极了！"

毛泽东听完朱棣棠讲的话，高兴地说："这个老例破得好，这个反造得好！你们带了个好头，要把你们的斗争精神推广到全国去，使全国的妇女都和你们一样，捆紧把子抱成团，和男子们一起闹革命，推翻旧世界，建立新世界。"

两个月之后，毛泽东就把白果妇女结队涌进祠堂吃酒的事，写进了《湖南农民运动考察报告》里。

衡山县是农民运动开展得很好的一个县。1923年春，毛泽东亲自派刘东轩、谢怀德等工人运动的骨干深入衡山岳北一带，创建了湖南农民革命运动的第一个组织——湖南衡山岳北农工会。所以，毛泽东在衡山县考察得特别仔细，时间也比较长。

从16日到19日，毛泽东沿途考察了刘家祠堂、福田铺、宋桥（世上冲）等地。

1月20日，毛泽东到达衡山县城。晚上，听取中共衡山县委书记向钧和其他负责人汇报。

为迎接毛泽东的到来，21日，县委召开欢迎会暨新党员宣誓会。毛泽东发表讲话，在强调加强党的建设的同时，再次强调建立农民武装的重要性，提出要大力发展梭镖队，要积极在纠察队、自卫军中发展党组织。

在衡山，毛泽东视察农民运动讲习所找，学员座谈。他说："要提高农民的文化，要办好夜校，要编写适合农民的教材。我在乡下考察时听到农民讲'上无片瓦，下无插针之地'，这句话把贫苦农民的贫穷状况描写得通俗易懂，是一种最好的农民文学。"

毛泽东还找懂得"三教九流"的下层人士、县衙门的小职员等交谈。县农协秘书恽汉卿曾在县监狱干过事，毛泽东就找他了解旧监的腐败情况，获得了许多过去闻所未闻的事情。后来毛泽东还念念不忘这件事，说："使我第一次懂得中国监狱全部腐败情形的，是在湖南衡山县做调查时该县的一个小狱吏。"

衡山县也发生了类似于湘乡的事情，县监狱关了农民协会委员长和委员。毛泽东得知此事，要求立即释放，并放爆竹迎接他们出狱。指出："应该把农会的纪律整顿好，绝不能随便派兵捉人，损害贫农阶级的威信，助长土豪劣绅的气势。"

县农协的报告中说，全县乡农协职员中，赤贫阶层占50%，次贫阶层占40%，穷苦知识分子占10%。毛泽东找到县农协负责人，对报告内容连连赞许，说："乡村中一向苦战奋斗的主要力量是贫农。这个贫农领导，是非常之需要的。没有贫农，便没有革命；若否认他们，便是否认革命；若打击他们，便是打击革命。"

23日，毛泽东离开衡山，在县党部与县农协召开的欢送会上，毛泽东作了长达两个多小时的讲话。他说："土豪劣绅说农民运动'糟得很'，我们说'好得很'。土豪劣绅说农工会的会员是'流氓地痞'，我们说是'革命先锋'。要提防帝国主义和反动派的阴谋破坏，要夺取地主豪绅的武装，发展农民武装，要联合，要团结。"

1月24日，毛泽东带着一大堆笔记和各种材料，风尘仆仆地回到长沙望麓园，把笔记和材料交给杨开慧整理。

20个日日夜夜，开会、听汇报、调查、整理材料、赶路，毛泽东实在太累了。但他仍未休息。三天中，他向中共湖南区委作了详细汇报，给党校、团校各做了一次报告。

1月27日，大雪纷飞、寒风刺骨。这一天，毛泽东告别温馨的家，到达醴陵县，对县城、东富寺、龙凤庵、渌口等地又进行了为期十天的考察。

醴陵南二区三星乡大土豪易萃轩原是"乡里王"，农会组织起来后，他拼命巴结，见了农协干部就点头作揖。农会挂牌那天，他送谷送猪，还送一块"革故鼎新"的金字匾，并把儿子送到何键部。

毛泽东听说了这一情况，当即教育到会的同志，要提防土豪劣绅表面上投降，实际上暗中同农会作对，不要上他们的当。农民要稳坐江山，就要大力发展梭镖队，建立农民武装，建立乡村自治机关。

一个农会干部汇报说：当地一个雇农起早摸黑给地主做工，原定每年工资20元。年初他支取了五石谷，当时谷价每石两元。年底结账时，他满以为还可以拿上钱回去养家糊口。可地主说谷涨价了，硬要按每石五元计算，结果反倒欠地主五元。因家里衣食无着，悲愤自缢。

毛泽东抓住这个典型事例教育大家，说："搞农民运动就要发动和依靠像这个长工那样受苦最深的人，他们上无片瓦，下无插针之地，不怕失掉什么，是农会的中坚力量。"

考察中，毛泽东十分重视农民中的团结问题。

有个农会负责人受陈独秀"右"倾思想的影响较深，限制农民的革命行动，私自放走了被农民关进监狱的土豪劣绅。毛泽东对此很不满，但为团结计，并未采取过激的措施，而是语重心长地给予教育，批评他是"好好先生"，不懂得革命。

在东富寺的群众大会上，毛泽东指着围墙说："这墙是用三合土筑的。三合土中的沙子是散的，可是加进黄泥、石灰，用水合拢，干涸之后，用羊角耙也挖不进去。单纱很容易断，可是纱多了，合成一股，系上一块大石头也断不了。这说明团结才有力量。"

在醴陵考察期间，毛泽东极力支持和高度评价了当地的农民运动。

当得知农民组织起来后，采取行动，从政治上、经济上打击地主阶级时，他总是满脸笑容，频频点头，连声称赞说："对！对！做得好！做得好！现在就是要压得他们永世不得翻身。""农民几千年受封建压迫，现在组织起来了，就有了力量，敢作敢为，这一下就当家作主了。"

毛泽东还结合其他各县的农运情况，充分肯定了迅速发展的农民运动："哪里越'糟'就越好，哪里越'糟'就证明那里的农运搞起来了。"

第五节 毛泽东，主持培养农民运动骨干

瞿秋白曾经说过，彭湃、毛泽东是"农民运动的王"。这个评价恰如其分地反映了彭湃和毛泽东在中国农民运动的理论和实践上的杰出贡献。

毛泽东不仅在领导农民运动方面积累了实践经验，而且对中国农民问题做了大量的调查研究，所以当时无论党内党外，都公认他是搞农运的专家，请他担任领导农民运动的职务和起草有关农民问题的重要文件，讲授农民问题的课程。

当时，国民党还在执行孙中山的革命政策，与共产党团结合作。1926 年 2 月，经国民党中央农民部提议，国民党中央第二次常务委员会批准，成立了指导全国农民运动的机构——农民运动委员会，任命毛泽东为委员。3 月 16 日，国民党中央农民部农民运动委员会第一次会议，讨论农民运动讲习所问题，决定任命毛泽东为第六届农民运动讲习所所长。

农民运动讲习所，是大革命时期国共两党合作创办的培养农民运动骨干的学校。从 1924 年 7 月到 1926 年 10 月，广州农民运动讲习所共办六届，第一届至第五届的名称是"中国国民党中央执行委员会农民运动讲习所"；第六届扩大规模，增加招生，并更名为"中国国民党农民运动讲习所"。校址设在广州市番禺学宫。

1926 年 2 月上旬，毛泽东开始筹办第六届农讲所的工作。2 月 6 日，国民党中央农民部发出第二号通告，决定扩大农民运动讲习所，并通告各地选派学生。其具体要求是：（一）学生必须经过严格考试，入学资格是：1. 决心做农民运动，2. 中学文化程度；3. 年龄在 18 至 28 岁之间，身体健康无疾病。（二）不收女生。（三）农讲所供给来粤路费及在所伙食费。（四）3 月 25 日前到达广州，4 月 1 日开学。（五）三个月后毕业，派回所在省工作。

5 月 3 日，毛泽东任所长的第六届农民运动讲习所正式开学。学生来自全国 20 个省区，共 327 人（其中九人中途退学，毕业时有学生 318 人）。由于讲堂被广东省第二次农民代表大会借用，所以 5 月 15 日才正式开课。

第六届农讲所开设课程 25 门，主要讲授革命理论和方法，尤其注重农民运动理论与方法的教授。主要的授课教员有毛泽东、周恩来、萧楚女、彭湃、恽代英等。其中毛泽东讲授的《中国农民问题》课时最多，达 23 个小时；同时，他还担任了农村教育和地理课的讲授工作。

毛泽东讲课形象生动，深入浅出，很受学员们欢迎。例如，在讲到中国社会的阶级关系时，毛泽东形象地把阶级压迫比作一座多层的宝塔。他边讲边在黑板上画出一座宝塔，然后指着黑板说："你们看，这最下层是塔基，由工人、农民和小资产阶级所组成，人数最多，被压迫和被剥削最深，生活最苦；压在他们上面的一层，是地主阶级和买办阶级，人数不多；再上一层是贪官污吏和土豪劣绅，人数更少；更高一层是军阀；塔顶是帝国主义。"毛泽东慷慨激昂地对学员们说："你们要动员广大农民起来为自身的解放而斗争。千百年来被人称作'泥腿子'的农民，今天要成为土地的主人、国家的主人！你们要去告诉农民群众，压迫剥削阶级虽然很凶，但人数很少，劳苦大众的力量大得很，大家只要齐心协力，奋起抗争，压在工农身上的就是几座大山，又何愁不能推倒呢？……"

毛泽东把全部心血都倾注在农讲所里，倾注在对学员的教学工作上。他除了亲自授课外，还指导学生进行理论研究。当时发给学生的课外参考书有 31 种，多数都是他和萧楚女搜集选定的。

毛泽东历来注重学生自学，特别强调学生要从事实际问题的调查研究。1926 年 7 月，毛泽东组织五十多个学生赴韶关实习了一个星期。8 月，又组织全体师生赴海丰实习了两个星期。通过对农民生活情况的调查、对农会和农民自卫军组织的考察和对农运现状的了解，学生增强了毕业后从事农运工作的信心和决心。为了进一步提高广大学生分析问题、解决问题的能力，农讲所还将学生按地区组成十三个农民问题研究会，研究农民运动的实际问题。研究会每星期开会一至两次，列出的调查研究题目有租率、主佃关系、利率、田赋、工价、农民的观念及感想、失业情形、妇女地位、会党及土匪、农村组织状况、地质之肥瘠、宗教之信仰、度量衡、民歌、成语等。这些调查题目内容广泛、丰富，涉及政治、经济、文化、阶级关系、宗教信仰、风俗习惯等诸多方面。

通过调查研究，一方面训练和培养了学生观察和解决问题的能力，另一方面也获得了大量研究全国各地农村的政治、经济状况和阶级关系的资料。毛泽东把学生们提供的调查材料作了审核、修改后，编入《农民问题丛刊》，前后共出了十几种。9月1日，毛泽东为《农民问题丛刊》写了题为《国民革命与农民运动》的序言，阐明了农民问题和农民运动的重要性，并高度评价了广东农民运动的经验。

由于当时面临着打倒帝国主义及其走狗反动军阀的革命任务，毛泽东十分重视学生的军事训练。农讲所设有专门的军事课，聘请赵自选任专职军事教官。全所学生编为一个总队，下设二个队、十二个区队。由赵自选任总队长，黄征沣、罗焕荣任队长，马天恨、毛华达等任区队长，负责对学生进行正规的军事训练。

农讲所师生关系融洽，革命情深。毛泽东经常利用课余饭后的时间和学生们一起散步，交流思想。他态度谦逊，和蔼可亲，毫无架子，又有强烈的求知欲，同学们都乐意接近他，向他敞开自己的心扉，接受他的教诲。

9月11日，第六届农民运动讲习所学员举行毕业考试。随后，毛泽东在结业式上发表长篇讲话，勉励学员："拜农民为老师，同农民做朋友，脱掉知识分子的衣服，放下臭架子；敢于同反动势力作斗争，不怕艰苦，不怕牺牲，为农民求解放，为农民谋利益。"至10月5日，学员分别秘密地回到各地，参加当地的实际斗争，成为各地农民运动的骨干，推动了农民运动的迅猛发展。

广州农民运动讲习所结束后，随着北伐战争的节节胜利，革命形势迅速发展，革命的中心已由广州移至武汉，毛泽东遂决计在武昌筹办农民运动讲习所。

1926年11月15日，中共中央批准了由中央农委书记毛泽东主持制订的《目前农运计划》，其中第六条规定：在武昌开办农民运动讲习所。

11月下旬，毛泽东联络湖南、湖北、江西的国民党省党部、省农民协会筹办湘鄂赣三省农民运动讲习所，得到了三省党部和农民协会的支持。各省都推选了干部，提供了经费。

为了更好地把握农民运动发展的新形势，毛泽东于1927年1月4日到2月5日，布衣草履，手拿雨伞，徒步考察了湘潭、湘乡、衡山、醴陵、长沙五县的农民运动。这次考察，历时32天，行程700公里，所到之处，毛泽东都认真听取了各党派团体的汇报，邀集有代表性的农民及农运工作者召开调查会，还找"三教九流"的下层人士及小职员、开明绅士交谈。通过考察，他毛泽东对农民运动有了更进一步的了解。这次考察的成果是，毛泽东写成了著名的《湖南农民运动考察报告》。

考察湖南农民运动后，毛泽东立即赶赴武汉，住进武昌都府堤四十一号，为主办农民运动讲习所日夜操劳。

在湘鄂赣农民运动讲习所筹备工作大致就绪时，全国各地许多热心农民运动的青年纷纷要求投考。于是，根据毛泽东的提议，国民党中央决定将湘鄂赣农民运动讲习所扩大为"中国国民党中央农民运动讲习所"。国民党中央农民运动委员会推选邓演达、毛

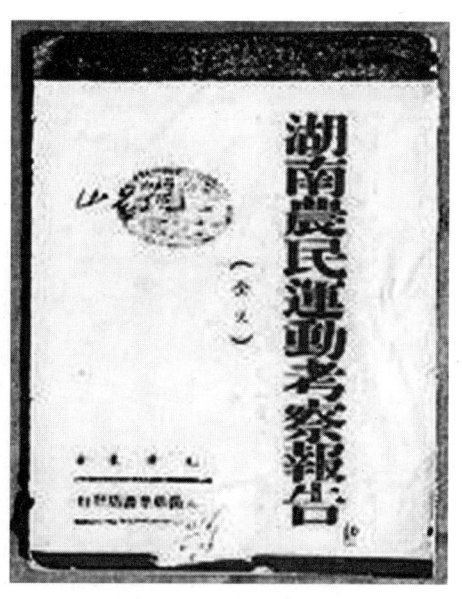

1927 年 3 月 5 日，毛泽东发表《湖南农民运动考察报告》。

泽东、陈克文三人为常务委员，并决定学员名额扩大为八百人，学制四个月。

3 月 7 日，武昌中央农民运动讲习所正式开课，学员有来自全国 18 个省市的 800 余名，分四个班。

1927 年，毛泽东在武汉

在武昌中央农民运动讲习所，毛泽东讲授的农民问题、农村教育等课程占全部课时的百分之六十。此外，他还编了一本《中国佃农生活举例》，纳入《中央农民运动讲习所丛书》，供学员及全国各地农运工作者自学参考。《中国佃农生活举例》以湖南湘潭西乡一位租田 45 亩、仅有一妻一子的壮年佃农为"假定事实"，详细分析了他的收支情况。通过计算可以看出，即使"在绝无水旱风雹虫病各种灾害；身体健康，绝无妨碍工作之疾病；所养猪牛不病不死；冬季整晴不雨；终年穷劳全无休息等条件下，收支相抵，尚欠 19.17 元。"

　　这里是中央农民运动讲习所的学生寝室，寝室内陈列着简朴的双层木床及卧具、军装、枪架，墙上贴着体现农讲所办学方向的口号："到农村去！""实行农村大革命！"

　　1926年11月，毛泽东任中央农民运动委员会书记。1927年初，毛泽东在武昌创办中央农民运动讲习所。这是武昌中央农民运动讲习所的大门。

而事实上，上述这些条件是很难同时具备的。毛泽东通过典型分析，得出结论："中国佃农比世界上无论何国之佃农更苦，而许多佃农被挤离土地变为兵匪游民"。

武昌中央农民运动讲习所继承了以往历届农讲所的光荣传统和良好学风。同时，在蒋介石背叛革命，残酷屠杀共产党人和革命群众的风云突变的形势下，农讲所学员除完成学习任务外，还积极参加了当时的革命斗争。

1927年5月17日，国民革命军独立第十四师师长夏斗寅在蒋介石的策动下，勾结四川军阀杨森发动叛乱，偷袭武汉。在这紧急关头，毛泽东果断地将农讲所学员四百余人编入中央独立师第二团第三营，参加平叛，对保卫武汉革命政府的安全作出了贡献。

5月底，毛泽东调集中央农讲所三百多人开赴麻城，配合武汉政府所派的一营军队，镇压地主武装民团和土匪叛乱，支持了麻城农民运动。

经过三个多月的紧张学习、实践和战斗生活，农讲所学员的政治觉悟和工作能力

这是中央农民运动讲习所旧址，位于武昌红巷13号。讲习所正门上悬挂着由周恩来亲笔题写的"毛泽东同志主办的中央农民运动讲习所旧址"匾额。

大大提高。6 月 18 日，中央农民运动讲习所举行毕业典礼。毛泽东等向全体学员颁发了刻有"农民革命"四个大字的铜质五星证章，勉励他们到农村去，开展农民革命运动。

大革命失败后，农民运动讲习所的不少学员都参加了中国共产党领导的武装起义，成为农村革命根据地和工农红军的骨干。

毛泽东在农民运动讲习所培育的革命种子，已在中国农村的广大土地上生根、发芽、开花、结果。

第六章　相逢又分手，毛家兄妹风雨兼程

在武昌都府堤 41 号，毛家兄弟三人和妯娌三人一起，彻夜分析着大革命失败后的局势并商量各自的打算。毛泽覃想去军队，毛泽民表示要同妻子一起设法返回上海，继续从事党的地下工作。毛泽东说他想回湖南韶山，那里是他的出生地，又是他发起革命最早的地方，群众基础好，他要在家乡组织起农民自卫军，上山下乡大干一番！

第一节　毛泽民，奉命转入敌后

1925 年 9 月，毛泽民遭赵恒惕通缉后，组织上安排毛泽民和同在安源工作的萧劲光一起去了广州，在农民运动讲习所工作。

广东农民运动讲习所第五届讲习班于 9 月 14 日开课。毛泽民到广州后，担任本届农讲班中共总支书记。当时的广东虽然是国共合作的局面，但中共党员的身份及党的工作并不公开。毛泽民的公开身份是农讲所学员兼任甲班班长。

第五届讲习班的学员成分较之前四届有了很大的改变。过去主要是为广东省农运培养骨干，学员大多来自本省。随着大革命迅速在南方各省兴起，第五届讲习班改为向全国招生，学员来自广东、湖南、广西、湖北、江西、安徽、山东、福建等省份。讲习班对学员的文化程度也有一定的要求，学员以中学毕业生为主，不再限于农民子弟。讲授的课程也更加丰富，更加系统和深入。讲习班在学习方法上也有所改变，采用学生自治会、听报告、小组漫谈的形式。此外，讲习班还设有宣传训练、军事训练、农民运动见习等实践课程。主持第五届讲习班的是中共著名的农民运动领导人彭湃，教员有毛泽东、罗绮园、阮啸仙、谭平山、谭植棠，以及共产国际顾问鲍罗廷等。澎湃讲"海丰农民运动"，阮啸仙讲"全国农民运动形势及其在国民革命中的地位"，罗绮园讲"广东省农协的重要工作及其巨大贡献"，谭平山讲"国民革命中的农民问题"，毛泽东讲"中国社会各阶级的分析"等。

毛泽东、彭湃和阮啸仙讲课，学员们特别愿意听，既有理论，又插入大量生动的

实例。毛泽东讲《中国社会各阶级的分析》时，边讲课，边在黑板上画图示意。当讲到中国社会的阶级构成及其土地占有情况时，他在黑板上画了两个大圆圈，一个代表人口，一个代表土地，再对应进行分割注数，让人一目了然。

这时的毛泽民已经充分认识到，中国革命的根本问题是农民问题，学会发动农民，培养农民骨干，建立农会，创建基层党组织是目前中国共产党的当务之急。在韶山从事农民运动，与大哥朝夕相处的五个月时间里，毛泽民对农民运动握有第一手资料及较丰富的实践经验，在讲习班听起课来也感到更亲切，心中更加豁亮。无论是思想觉悟还是工作能力，毛泽民都得到了进一步地提高。

革命形势瞬息万变，蓬勃发展的中国大革命急需得力的干部。毛泽民在广东农民运动讲习所学习了37天，尚未结业，就接到党中央的电报，奉命去上海，负责主持党中央机关刊物《向导》周刊的总发行工作。

为了适应地下工作的需要，毛泽民化名杨杰，公开身份是某印刷厂的老板。

第二节　毛泽覃广州结婚

毛泽覃与周文楠在广州结婚，缘于赵先桂的出国。

1925 年 10 月，毛泽覃与赵先桂结婚后不久，赵先桂便受党派遣，赴苏联莫斯科中山大学学习。此后，毛泽覃与赵先桂夫妻俩天各一方，断了"红线"。于是，毛泽覃与周文楠又通过自由恋爱走到了一起。

周文楠，祖籍江西省临川县，小名三妹，又名周菊年、周润芳，1910 年 10 月生于广西桂林。她父亲周模彬在清末时做过知县、知州，在社会上颇有名望，后来在长沙定居，住在小吴门松桂园一号。周模彬去世后，她和母亲周陈轩及哥哥周自娱一家住在一起。周自娱名颂年，早年中过秀才，做过滇军总司令总参议、江西实业厅调查矿委员、月口行营判官等职，1925 年 7 月广州国民政府改组后，解甲闲居长沙松桂园。

毛泽覃与周文楠相识于 1924 年。当时周文楠的侄女周国英在长沙黄家坪颜子庙平民半日学校读四年级，级任老师是毛泽覃。12 岁的周国英是班上的好学生，毛泽覃非常喜欢她，常买来笔、墨、纸、砚等奖励她。这时他住在望麓园宁乡同乡会宿舍的楼上，此地离周家不远，毛泽覃常去访问，检查周国英作业，这样便和周文楠认识了。

周文楠个头较小，一米五左右，身材瘦弱，额头、颧骨稍高，细长眼睛，脑后梳着发髻，倒像江南水乡农村妇女的模样。可是，她性格刚毅，举止利落，浑身上下透着一股灵气。当时她在长沙含光女子职业学校念中学。一次，班主任张老师生病，请毛泽覃为他代课，通过学习交流，周文楠便和毛泽覃产生了一定的感情。从毛泽覃嘴里，周文楠了解了毛泽东一家，她由衷地敬慕这个革命家庭。毛泽民、郭亮、夏明翰、萧子升等人常在周家活动，众人与周家关系密切。

1925 年秋天，毛泽东去广州后，杨开慧也离开了韶山。不久，毛泽覃也去了广州，投奔毛泽东，在黄埔军校政治部工作。

1926 年夏天，周文楠在含光女子职业学校毕业。一天，她接到毛泽覃的信，要她去广州学习。于是，她和母亲周陈轩一起去了广州。到广州后，便和毛泽覃结了婚。

对于这桩婚事，由于赵先桂已前往苏联，毛泽覃和赵先桂断了联系，毛泽东和杨开慧对他们的结合并没有反对。

1927 年 9 月，赵先桂回国后得知毛泽覃与他人结婚，非常伤心。然后，她去了湘乡从事党的地下工作。不久，因有人告密，她被湘乡"剿共"司令、团防局局长萧介潘逮捕。在几个月的监狱生活中，她不管敌人用何种手段来威胁、利诱，都坚守党的机密，没有屈服。1928 年 1 月，她趁川军一部入湘乡县城，秩序一片混乱之际，逃出监狱，在洞庭湖滨一带从事地下工作。

1930 年，她来到山东，担任了中共山东省委秘书，并改嫁给山东省委宣传部部长裴光。1932 年 6 月，裴光在外地被捕。听到这个不幸的消息后，她忍不住痛心哭泣。此举引起了她的邻居——一个国民党特务的怀疑。不久，她被捕入狱，旋即遭到杀害，时年 27 岁。

毛泽覃与妻子周文楠和岳母周陈轩的合影

周文楠与毛泽覃结婚后，便在妇女运动讲习班学习，也常去农民运动讲习所听课。在长沙，周文楠没有见过毛泽东，到广州后才认识毛泽东。她与大哥大嫂相处得很好。

一天，毛泽东和杨开慧抱着一大堆书，来到他们的住处。因为毛泽东家太挤，又是《政治周报》的通讯处，连放东西的地方都没有，因此把东西搬来寄放在他们家里。

周文楠帮忙搬书。

"孔夫子搬家，全是书。"毛泽东风趣地说着。

这时，杨开慧拣出一本《论语》，问周文楠："看过这个没有？"

周文楠点头。

杨开慧又说道："这位老夫子怎么也想不到，两千年后的今天，还有人在研究他和他说过的话呢。"

周文楠笑了。

随后毛泽东又搬来几件东西，忙完以后，毛泽东又说；"润菊（毛泽覃字号）工作忙，关心你少了，莫怪啰。革命成功了，一切都会好的。"

说完，他们夫妇俩都爽朗地笑了起来。

第三节 毛泽东，"心潮逐浪高"

1927 年 4 月 12 日，蒋介石在上海发动了"四一二"反革命政变，疯狂屠杀共产党人和革命群众；4 月 18 日，又在南京成立了一个国民政府，与在武汉的国民政府分庭抗礼。中国反帝反封建的第一次大革命遇到了严重的挫折和危机。

正是在这种革命的紧急关头，中国共产党于 1927 年 4 月 27 至 5 月 9 日在武汉举行了第五次全国代表大会。大会的中心议题是明确在紧急时期党的任务。毛泽东出席了这次大会。

大会根据共产国际执委会第七次扩大全会关于中国问题决议案的精神，虽然批评了陈独秀放弃革命领导权的右倾错误，但没有提出任何切合实际的纠正陈独秀右倾错误的措施和办法，并继续选举陈独秀为总书记，因而大会在实际上没有解决任何问题。也就是说，这次大会没有制定出挽救中国革命的路线、方针和政策。

毛泽东在这次大会上当选为中共中央执行委员会候补执行委员，只有发言权，没有表决权。但他仍然一如既往，十分关心解决农民的土地问题。毛泽东以中共中央农委书记的身份把解决农民土地问题的方案提交大会审议，但遭到了陈独秀的压制和阻挠，大会没有讨论这个方案。

当时，挽救中国革命危机的唯一出路是：迅速彻底地解决亿万农民的土地问题，坚决充分地把亿万农民组织和武装起来，同地主阶级和一切反革命势力进行坚决的斗争。只要把中国的几亿农民发动、组织和武装起来，个把蒋介石是不够打的；即使比蒋介石更凶恶的反革命势力，也是完全可以打败的。但是很可惜，中国共产党第五次全国代表大会在陈独秀的操纵下，否定了毛泽东关于解决农民土地问题的正确提案，否定了毛泽东关于挽救中国革命危机的正确主张。这样，中国共产党在中国革命遇到严重危机的关键时刻，处于软弱无能和无所作为的境地。

毛泽东深深地为中国革命的前途忧虑，为中国共产党的命运担心。

会后一天，毛泽东和杨开慧到了武昌的黄鹤矶，登上了黄鹤楼。两人放眼望去，万里长江，烟波浩瀚，龟蛇二山，雾气迷蒙；粤汉线上的火车，鸣着嘶声的汽笛；长长的江汉码头，只显出一片模模糊糊的影子。夫妻二人都没有多说话。共同的理想，共同的战斗，共同的忧虑和共同的欣喜，早已把两颗心紧紧地连在了一起。

黄鹤楼，传说是因一位骑鹤的费姓仙人乘黄鹤到此楼休息而得名，唐崔颢有名句"黄鹤一去不复返"，为历代所传诵。

此刻，站在黄鹤楼上的毛泽东，心情也像这奔腾澎湃的万里长江一样，波涛汹涌，无法平静。中国的革命到底如何发展？中国革命的前途究竟怎样？究竟应该如何来挽救中国革命的危机？这许多复杂的问题都云集于毛泽东的心头，真令他焦虑如焚。正如他在《菩萨蛮·黄鹤楼》一词中所描述的那样：

茫茫九派流中国，沉沉一线穿南北。烟雨莽苍苍，龟蛇锁大江。

黄鹤知何去？剩有游人处。把酒酹滔滔，心潮逐浪高！

从来不游山玩水的夫妇俩，这一天在黄鹤楼徜徉到夜幕降临才回到都府堤41号。

后来，毛泽东自己在解释这首词中的"心潮"时说：

心潮：1927年，大革命失败的前夕，心情苍凉，一时不知如何是好，这是那年的春季。夏季，八月七号，党的紧急会议，决定武装反抗，从此找到了出路。

第四节　相聚又分手，毛家兄妹风雨兼程

1927 年 4 月 1 日，汪精卫由德国回到上海。当天，蒋介石向他提出两件事：一是赶走共产国际顾问鲍罗廷，二是分党。蒋汪即举行秘密会议。蒋介石主张立即用暴力手段"清党"，但汪精卫还不想立刻摘掉革命的"面纱"。上海的情势日趋紧张，到处充满了火药味。

4 月上旬，中共中央从上海迁往武汉。中央出版发行部也随党中央迁到武汉。毛泽民需要处理大量的遗留工作，仍然在上海忙碌着。

4 月 12 日，蒋介石悍然发动"四一二"反革命政变，向共产党人和上海工人阶级举起了屠刀，上海总工会、工人纠察队总指挥部、各区工会、上海特别市政府、上海学生联合会、上海妇女联合会、《平民日报》等革命团体皆被查封，整个上海陷入白色恐怖之中，共产党人和革命群众的鲜血染红了黄浦江……

上海长江书店正式开业仅仅几天，就被反革命的血手扼杀了。

5 月，党中央调毛泽民去武汉，继续负责党的出版发行工作。钱希均留在上海，继续坚持地下斗争。

正好这时，毛泽覃奉党的指示，和妻子周文楠一起转赴武汉，途经上海。他们准备和二哥毛泽民同路前往武汉。从大革命的中心广州，来到白色恐怖的上海，见到久别的亲人，年轻的毛泽覃、周文楠夫妇有许多话要对二哥讲。

这时，弟妹周文楠只有 17 岁，已经是一名中共党员。经过地下工作磨炼的毛泽民变得老成深沉，上路前，他再三嘱咐弟弟、弟妹："在船上，我们先装作互不相识，攀上老乡后，再显出亲热才行。"

江轮从上海到武汉，逆水而行，需要四五天时间。一路上，随处可以听到枪炮声，轮船只要一停靠码头，就很长时间不能开航，好不容易才抵达汉口，兄弟俩又搭乘渡轮来到武昌，在都府堤 41 号找到了大哥毛泽东的家。这时，大哥对外称姓杨，

人们都称他"杨先生"。让兄弟们特别高兴的是，一个月前，大嫂又生了一个宝宝，取名毛岸龙。

大哥高兴地把弟弟、弟妹留在家里住，大嫂热情地招待他们。岸英、岸青两个小家伙一下子抱住二叔，搂住他的脖子，让他讲故事。

毛泽东高兴地告诉弟弟们，他在一二月份实地考察了湖南五个县的农民运动。在这次考察中，他最先去了湘潭县城、银田寺和韶山一带。

听说大哥又回到过韶山冲，两个弟弟兴奋地瞪大了双眼，目不转睛地听大哥往下讲。

毛泽东说，韶山的情况与他1925年秋天离开时已经大不一样了。祠堂、庙宇做了农民协会的会址，农民协会还组织农民修塘、修坝，禁烟禁赌，办农民夜校，韶山成了农民的天下。在韶山，他与毛福轩、王淑兰等农协干部谈话。四嫂王淑兰现在可是不简单，她参加了共产党，还担任了韶山特区妇女联合会执行委员。她率领妇女游行，组织妇女开会，上台演讲，动员妇女剪头发、放小脚，还率领妇女冲进毛震公祠，办饭，坐上席。毛泽东又谈到他去唐家坨，见到两位舅父和几位表兄的情况。

毛泽东还告诉弟弟们："国民革命需要有一个大的农村变动。辛亥革命没有这个变动，所以失败了。现在有了这个变动，乃是革命完成的重要因素。"

在大革命失败的危急时刻，毛泽东却从农民运动的蓬勃发展中看到中国革命的希望和曙光。这更加坚定了兄弟们革命到底的决心和毅力。

7月15日，汪精卫在武汉公开发动了"四一二"反革命政变，在其"宁可枉杀一千，不可使一人漏网"的口号下，武汉地区的工会、农会和其他群众团体被查封，大批共产党员和革命群众被杀害。

汪精卫集团的叛变，标志着国共合作的彻底决裂和国民革命的最终失败。

轰轰烈烈的大革命虽然失败了，但它沉重地打击了帝国主义和封建主义的反动统治，唤醒了全国人民，在广大人民中间留下了不可磨灭的革命影响，播下了革命火种，特别是教育和锻炼了幼年的中国共产党，使共产党在以后更加残酷的斗争中能够经得起任何严峻的考验，继续领导中国革命走上复兴的道路。

下一步的具体行动该怎么办？

毛泽东虽然热血冲涌但却心境苍凉，他叫来毛泽民夫妇和毛泽覃夫妇，在武昌都府堤 41 号自己的住处，兄弟三人和妯娌三人一起，彻夜分析局势并商量各自的打算。

毛泽东首先征询小弟的去向，毛泽覃表示想打仗，愿意去军队。

"拿起枪，带上万把人打他狗日的反动派！"毛泽东当场支持了三弟的选择。

毛泽东再征询大弟的想法，毛泽民说他想同妻子一起设法返回上海，继续从事党的地下出版发行工作。对于大弟夫妇的选择，毛泽东没有表示异议。

毛泽民和毛泽覃反问大哥想怎么办？毛泽东说他想回湖南韶山去，那里是他的出生地，又是他发起革命最早的地方，群众基础好，他要在家乡组织起农民自卫军，上山下乡大干一番！

毛泽东对两个弟弟说："困难和挫折算不了什么事，大鹏鸟也有折翅的时候，只要它养好了伤，就会飞得更高、更远！"又说："没有国，何以有家？我们都是热血男儿，一定要为革命事业奋斗到底！"

听大哥这样一说，毛泽民又表示要留下来和大哥一起干。毛泽东想了一下，同意了。

很快，毛泽东通过叶剑英的关系，介绍三弟毛泽覃去了张发奎任军长的国民革命军第四军政治部工作。

鉴于形势的严峻，已在国民革命军第四军政治部任上尉的毛泽覃准备同邓中夏再次前往广州。他们登上了南去的列车后，才到长沙，因局势太紧张，无法南进，只得又折回武汉。深夜，毛泽覃敲响了妻子周文楠的房门，灯光下，只见他身着军装，腰挎短枪，军帽边缘已被汗水浸湿。他望着即将分娩的妻子，半天没吱声。等了好一阵，毛泽覃才低声对妻子说："我不能照顾你了，我要跟随部队行动，准备往南昌方向走。"

第二天天刚亮，毛泽覃便离开了家，奔赴南昌参加"南昌暴动"。

局势越来越紧张，几天以后，周文楠在毛泽东的安排下，由毛泽民护送回了长沙。杨开慧则安排孙嫂带着孩子也在汉口租界租了一处房子，以应付急变，自己和毛泽东仍住在都府堤 41 号。

1927 年 7 月 12 日，根据共产国际的指示，中共中央进行改组，陈独秀停职，由张国焘、李维汉、周恩来、李立三、张太雷组成临时中央政治局常委会，主持全国大局。13 日，中共中央发表对时局宣言，谴责武汉国民党中央和国民政府的反共活动，命令在武汉政府的共产党员退出。然而，形势已无可逆转。7 月 15 日，汪精卫反革命集团公开宣布同共产党决裂。

7 月 20 日，刚刚改组过的中共临时中央政治局常委会发出《中央通告农字第九号——目前农民运动的总策略》，明确提出中国革命已"进到一个新阶段——土地革命的阶段"。

毛泽东率先响应通告的精神。

7 月底，毛泽东起草了《中共湖南省委关于湘南运动的大纲》。在这个文件中，毛泽东表述了下列意见：

湘南特别运动以汝城县为中心，由此中心进而占领桂东、宜章、郴州等四五县，成一政治形势，组织一政府模样的革命指挥机关，实行土地革命，与长沙之唐政府对抗，与湘西之反唐部队取得联络；此湘南政府之作用有：（1）使唐在湖南本来未稳定的统治更趋于不稳定，激起唐部下之迅速分化；（2）为全省农民暴动先锋队，造成革命力量之中心，以达推翻唐政府之目的。

8 月 1 日，中央常委批准了毛泽东关于湘南运动的建议大纲，并寄发湖南省委。同一日，以周恩来为书记，李立三、彭湃、恽代英等人为委员的前敌委员会在江西南昌发动起义，郭亮、柳直荀等人受党的委派也参加了起义。此时，已担任北伐军第三十五军第二师政治部主任的陈昌也赶往南昌参加了起义。

南昌起义，揭开了中国共产党武装反抗国民党反动派的序幕。

8 月 3 日，中共中央发布《关于湘鄂粤赣四省农民秋收暴动大纲》，其中规定组织湖南特别委员会，由毛泽东任书记，成员有夏曦、郭亮和任卓宣。

8 月 1 日南昌起义前，国民党武汉政府尚未大规模公开逮捕屠杀共产党人。南昌起义爆发后，8 月 2 日，武汉政府露出了狰狞面目，明令对共产党员"一经拿获即行明正典刑，决不宽恕"，开始了公开的反革命屠杀。汪精卫发出"宁可枉杀一千，不可使一人漏网"的疯狂指令，大规模地逮捕、屠杀共产党人和革命群众。与此同时，一切工会、农会和革命团体都被封闭。

一时间，武汉三镇处于白色恐怖之中。

为了挽救党和革命，营救被捕的同志，毛泽东不顾个人安危，在腥风血雨之中四处奔走。而汪精卫的叛军、特务也正在四处追捕共产党"要犯"毛泽东。

一天，毛泽东送几个农讲所的学员回乡组织革命，一直送到江边，看着他们平安上船，然后才放心地离开码头。当他回来走到六渡桥时，遇上了两个便衣特务。他们打量着一身工人装扮的毛泽东，迟疑了一会儿问："你，你看见毛润之他们没有？"

面对特务的盘问，毛泽东心中一震，但马上又镇定下来。他从对方的问话中判断他们并没有认出他，灵机一动，从容地说："毛润之是谁？我不认识。"

"你刚才看见有几个人从这里过去吗？其中有一个高高瘦瘦的，像个教书先生。"一个特务面对着眼前这位高高瘦瘦的"教书先生"，像吃了迷魂汤似的接着盘问。

"哦！看见了，他们往码头那边去了。"毛泽东坦然地用手往码头的方向一指。

两个特务信以为真，顺着毛泽东手指的方向追去。

毛泽东很快就消失在大街上，平平安安地回到了武昌都府堤41号他的家里。一进屋，毛泽东便对杨开慧说："我们得换一个地方，敌人已注意我们了。"

当晚，毛泽东一家便转移到一位同志家中。

第五节　毛泽东，要上山交绿林朋友

1927 年 8 月 7 日，中共中央在武汉召开了紧急会议，这就是有名的八七会议。出席这次会议的中央委员，候补中央委员，监察委员，共青团代表，上海、湖南、湖北代表和军委代表，共计 21 人。瞿秋白、张太雷、邓中夏、任弼时、苏兆征、顾顺章、罗亦农、陈乔年、蔡和森、李震瀛、陆沉、毛泽东、杨匏安、王荷波、李子芬、杨善南、陆定一、彭公达、郑超麟、王一飞、李维汉等人都参加了会议。同时，参加会议的还有时任党中央秘书处长的邓小平。此外，共产国际代表罗米纳兹和其他两个俄国同志也出席了会议。

由于环境险恶，八七会议由上午到晚上只开了一天。八七会议的会场，设在汉口市原三教街 41 号。这是一座公寓式的房子，会场选在楼上的一间房内。

会议最后在选举临时中央政治局时，李维汉和蔡和森等主张让毛泽东加入政治

八七会议址

局，但是，毛泽东却一再提出："我准备去参加秋收起义，不能加入政治局。"

会后，瞿秋白找毛泽东谈话，要毛泽东去上海党中央工作。而毛泽东此时已决心去发动秋收起义，上山打游击，于是回答说："我不愿跟你们去住高楼大厦，我要上山交绿林朋友。"

随后，毛泽东"上山"的请求得到了瞿秋白和中央的批准。

8月9日，毛泽东出席由瞿秋白主持召开的临时中央政治局第一次会议。会议选举瞿秋白、苏兆征、李维汉为临时中央政治局常委。瞿秋白兼管农委、宣传部并任党报总编辑，苏兆征兼管工委，李维汉兼管组织部和秘书厅。会议进一步讨论了湘、鄂、赣三省秋收起义问题和各地党的工作。在讨论湖南问题时，湖南省委书记易礼容提出："最好由湘南工农武装，编成一师与南昌起义部队配合共同夺取广东。"

共产国际赴长沙的巡视员马也尔也赞同这一意见："易礼容的这一意见可取。"

这是看轻湘省暴动，忽视了应将湖南形成统一的革命力量的观点。毛泽东马上表示反对，说："组织一师往广东是很错误的。大家不应只看到一个广东，湖南也是很重要的。"

接着，他又解释说："湖南民众组织比广东还要扩大，所缺的是武装，现在正是暴动时期，更需要武装。前不久我起草经常委通过的一个计划，要在湘南形成一师的武装，占据五六县，形成一政治基础，发展全省的土地革命。纵然失败也不用去广东而应上山。现在的省委是在事变后收拾残局的，成立不到两个月，它在恢复湖南组织上是建立了一点功劳的。以后省委应增加工农同志，以前党内群众对党的负责人是不满的。"

毛泽东的意见得到了临时中央政治局的赞同。会议决定毛泽东以中央特派员的身份回湖南传达八七会议精神，改组省委，领导秋收起义。

就要离开武汉了。临行前，杨开慧去和已转入地下工作的向警予告别。此时向警予已调到湖北省委宣传部工作。杨开慧来到她的住处时，她刚从阳罗附近传达八七会议精神回来，在白色恐怖下，两人依依惜别。

8月12日，毛泽东和杨开慧离开武汉，前去长沙。

这一天大清早，杨开慧和毛泽东都化了装。杨开慧穿着一件素净的、灰色带格子花的短旗袍，毛泽东穿了一套白色的学生服，为了防止意外，网篮里还带了一套灰色的中山装。出发时，杨开慧和母亲、岸英、岸龙先走，毛泽东和另外几个人结伴后行，约定到鲇鱼套车站会合。

酷夏的武汉天气很闷热。杨开慧身上流着汗，手里抱着刚生下4个多月的岸龙，身旁站着大儿子岸英，在鲇鱼套车站的进站口等候毛泽东。母亲向振熙在远远的土站台上守着行李。

岸英用小手擦着脸上那些流不完的汗水，仰起小脸问："妈妈，爸爸怎么还不来？"

孩子的疑问，更增加了母亲的焦虑。

车站入口，国民党军队的岗哨正在盘问旅客。站台的另一边，有几个鬼鬼祟祟的家伙，像游魂似的东游西逛，好像也在等候什么。眼看火车头喘着粗气进站了，但是毛泽东还是不见人影，杨开慧担心误车，神色不安地转过身子，忽然看见有几辆黄包车朝进站口飞驰而来。前面的车停下了，车上跳下来三个妇女，其中有两个她认识。刚打过招呼，毛泽东从最后一辆黄包车上走下来，向她们挥了挥手，便朝前走了。

杨开慧见毛泽东他们进了站，这才放下了一颗心。她又有意等了一会儿，才一手抱岸龙，一手拉岸英，跟着进站上了火车。

他们刚刚上车，火车便开动了。

这是南行的列车，车厢破旧，挤满了人。由于路基不好，火车一摇三晃地向前移动着。杨开慧和母亲带孩子坐在前边，毛泽东坐在后边，彼此很少说话。几天来，杨开慧很少睡觉，上车不久就打起盹儿来。有时候停车，国民党士兵的怒喝声把她惊醒，她一惊醒，便朝毛泽东那里望上一眼，看到他还在才又放下心。就这样摇着，晃着，迷蒙着，也不知过了多久，杨开慧忽然听见有人说，快到长沙北站了。

她看到两个孩子睡得正香，再往后边一望，毛泽东却不见了。她以为可能是毛泽东暂时离开自己的座位，可是等了好一会儿，仍然不见毛泽东的身影。

她心里着急了。虽然事先有相机行动的思想准备，但此时还是放心不下。于是，她轻声把这一情况告诉了几个同行的伙伴。

大家心里都很焦急，可又不敢作声。火车上不仅有国民党押车的士兵，还有敌人的暗探。杨开慧什么也没有说，只是暗暗地抱怨自己，担心毛泽东会出事，忍不住掉下眼泪来。

火车到站了，她抱着孩子，出了站台。

当她怀着焦急的心情走到望麓园一号，刚要敲门时，只见一个高大魁梧的人将门帘一掀，站在她面前笑眯眯地说："你们来嗒！"

杨开慧见是毛泽东，满肚子忧虑一下都飞到九霄云外去了。她心里十分高兴，嘴里却埋怨说："你要先走，又不作声，害得我们担心死了，你还笑呢！"

毛泽东接过行李，笑着说："抓我的人就在车上，我哪能作声呀？"

杨开慧一听没有再说什么了。她衷心佩服毛泽东机智果断，化险为夷。心想，今后自己无论碰到多么复杂的情况，都要从容镇定。

第七章　毛泽建：为有牺牲多壮志

　　1928年夏天，毛泽建和丈夫陈芬领导的游击队在敌人的重围下突围时，双双身负重伤，先后被捕。此时的毛泽建已身怀有孕。夫妻二人的双手被敌人反绑起来。陈芬最后一次深情地望着妻子毛泽建，唱起了《国际歌》，因身负重伤，歌声断断续续，毛泽建便接着唱下去……

第一节　秋菊傲霜

　　"毛氏六杰"中，最早牺牲了生命和家庭的，是毛泽东的堂妹毛泽建。

　　毛泽建，又名毛达湘、毛日曦。1905年10月生于韶山冲东茅塘毛蔚生家，离毛泽东的家上屋场也就四里地。因为毛泽建出生的时候正是深秋，菊花盛开，父母就给她取了个乳名叫菊妹子。

　　菊妹子与毛泽东的曾祖父是毛祖人。毛泽建的祖父毛思农（字德臣）和毛泽东的祖父毛思普（字翼臣）是兄弟。她家这一脉，到了祖父辈家境渐渐贫寒，特别是她的父亲毛蔚生，很早就靠给人帮工为生，因生活贫困，劳累过度，年轻时就得了肺病，经常咯血。母亲陈氏，勤劳俭朴，曾患"火眼病"，双目只有三四分光。菊妹子一生下来就泡在苦水里，四五岁上山砍柴，寒冬腊月还得跟着母亲外出讨米。

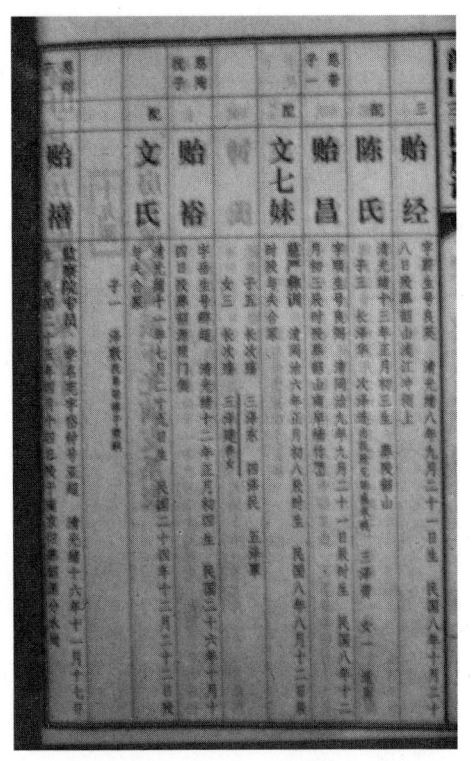

毛泽建自幼聪明伶俐，热爱劳动，深得毛泽东父母的喜爱。1911年，毛泽建六岁时，毛泽东的父母将她接到家中当作亲生女儿抚养。这是毛氏族谱中有关毛泽东父母带养毛泽建的记载。

1911年，韶山大旱，毛蔚生家里困难重重，无法过活，毛泽东父母便把毛泽建接到上屋场，作为过继女儿抚养。

菊妹子从小性格坚强。刚到上屋场没多久，有一天，她一个人在家，不料来了强盗，强盗问她贵重东西在哪儿，她拒不回答，虽被打得鼻青脸肿，却始终没有作声。

毛泽东的母亲文七妹生过两个女儿均未成年，对菊妹子十分疼爱，三个哥哥也很喜欢她，她在上屋场过了七年比较遂心的生活。

毛泽东的父母去世后，刚满14岁的菊妹子只好从上屋场回到东茅塘那个破败的家。此时，她的母亲双目已完全失明，四个弟妹大的不到十岁，小的才一岁多一点，生活十分艰辛。万般作难之际，母亲听从一个姓萧的远房亲戚的劝说，把她送到韶山杨林乡萧家去，当了人家的童养媳。

菊妹子在萧家每天干着繁重的家务劳动，一家大小，里里外外的事情都压在她一个人身上。尽管累得腰都伸不直，还经常受到婆母的责骂，甚至连饭也不给吃。一天，菊妹子在洗锅的时候，突然头昏眼花，额头撞到了锅沿上，撞开了一道很深的口子，血流不止。婆母不仅不来救护，反压着她的头往热锅上烫，致使她满额受到灼伤，晕倒过去。从此以后，她的前额就留下了一块永远难以消失的伤疤。

1921年的春节，菊妹子获得了新生。毛泽东回到韶山，启发弟弟们舍家为国，离开韶山到长沙去干革命。毛泽东亲自把菊妹子接回家中，起名毛泽建，带到省城长沙。

据毛泽建的胞弟毛泽连回忆：

主席的父母相继去世后，泽建没人抚养了。那时，她已十四五岁，只好仍旧去讨饭。我老表萧南庭见了，便对我母亲讲："这么大的妹子出去讨米太丑了。何不找个人嫁出去算了。"并说："我可以帮忙，给她做个介绍。"同时问我母亲放不放心，我母亲说："有你老表帮忙，我哪有不放心的！"泽建找的是他的本家，杨林一个姓萧的。萧家母亲去得早，只有一个父亲，还有几亩地，经老表牵线，讲成功了。

主席的母亲去长沙治病，带泽建一同去了，在长沙住了两个月。他母亲对主席说："润之，你父亲兄弟四人，只有泽建一个女儿，你要把她当亲妹妹看。我不行了，只希望你们好！"主席说："母亲，你放心，我一定把泽建当亲妹妹看。"

后来，主席到北京去了，泽建则回到了乡下，"嫁"到杨林萧家，当了童养媳。但她还多次到上屋场，希望能看到主席的来信。

没几个月，主席回来了。没见泽建，便来我家问我："怎么不见泽建？"我母亲说："你母亲死了，你叔叔也死了，没人抚养她，便把她嫁出去了。"主席听了说："我要把她接回来。"后来，主席让一个叫毛希乔的农民去送信，叫泽建回来见他。泽建立即赶到上屋场。见了三哥，她非常高兴。主席说："别做童养媳了，跟我去长沙读书。"泽建听了更是高兴，忙说："哥哥到哪儿，我就到哪儿去。"主席让她把丈夫叫来，对他说："我要带泽建去读书，你也一起去吧。"萧说要回家和父亲商量，他走后几天都没回来。主席等不及了，就带着泽建走了。

后来，萧家到我家来要人，说是活要见人死要见尸。还问我要了主席的地址，写信去要人。主席回信说："泽建不会回来了，让萧家再找一个媳妇。"并托人给萧家带去一些钱，这事就算解决了。

就这样，泽建从那时出去后，就再也没有回来。

第二节　投身革命

1921 年春节过后，毛泽东把毛泽建带到了长沙，先后送她在长沙城内的"建本"和"崇实"女子职业学校读书。由于她刻苦攻读，进步很快，由跟不上班到名列前茅。毛泽建从小就性格倔强，干什么就一定要干好，再加上她心灵手巧，刺绣成绩尤为突出。在崇实女子职业学校，毛泽建加入了社会主义青年团。

1922 年 9 月，中共湘区委员会在自修大学附设的补习学校开办不久，毛泽建就来到这里，白天在自修大学补习，晚上到平民夜校听课，下课后返回清水塘住处还要看书学习到深夜。

一天，毛泽东把泽建和泽覃叫了去，要当面考考他们的成绩。毛泽覃调皮地说："先看钝钉子的吧！""钝钉子"，是爱开玩笑的毛泽覃替毛泽建取的绰号。毛泽建笑着答道："我这颗钝钉子钝一点，只要下功夫，也是可以钉进木头的！"考完后，毛泽东写了一首诗称赞毛泽建的刻苦精神，其中有两句是"绳锯木断，水滴石穿"。

在两年半的时间里，毛泽建学完了五六年的课程。她除了积极学习科学文化知识外，还主动为文化书社递送书籍和报刊，为在清水塘秘密召开的党的会议站岗放哨，帮助工会刻印传单、张贴标语等。在斗争中，她的思想觉悟不断提高，1923 年春，加入了中国共产党。这年夏天，军阀赵恒惕通缉毛泽东。不久，毛泽东离开长沙前往上海。毛泽建也改名为毛达湘，在毛泽东的安排下，经夏明翰介绍，前往衡阳。

这年秋天，她考入衡阳省立第三女子师范学校，一面学习，一面从事革命活动，担任学生中的党支部书记和湘南学联女生部部长。在三女师，毛泽建是一位品学兼优的学生，以学习勤奋、生活俭朴闻名全校。毛泽建平日喜爱阅读进步书刊，如《向导》周报、《新青年》和鲁迅的《呐喊》等，同时鼓励同学也阅读这些书刊。她先后发起组织了"旅衡同学会""旅邵励进会"和"品学励进会"，利用这些学生中公开的群众性组织，经常跟同学讲政治，反对贪官污吏，反对土豪劣绅，和男子一样闹革命，做顶天立地的事业。她还经常组织同学上街宣传，发动妇女剪发、放小脚，反对

这是省立衡阳第三女子师范学校旧址

"三从四德"，反对夫权，反对纳妾。在担任三女师党支部书记期间，毛泽建要求每个党员至少要培养一名积极分子加入党的组织。她教育党员选择那些思想进步、家境贫苦、勤俭好学的同学做朋友，启发他们仇恨旧社会，激发其革命热情，及时吸收他们入党，壮大党的组织。毛泽建还规定党员每周要向支部汇报。湘江河畔的沙洲上，就是毛泽建组织党员学习和汇报工作的好地方。

毛泽建在衡阳三女师学习时，毛泽东十分关心她的学习和工作。他在赴粤途中路过衡阳，曾到第三女子师范看望毛泽建，鼓励她努力学习，团结同学和进步力量，打击顽固分子。毛泽建牢记三哥的话，学习十分用功，关心国事，积极投入党领导的各种政治活动。

1925年，"五卅"运动爆发后，毛泽建带领三女师的同学，积极参加反帝爱国运动。当时，衡阳商会会长宾步成是个一贯崇洋媚外的反动家伙，明目张胆地大卖日货，广大群众无不愤慨。根据党的指示，毛泽建深入发动群众，经过精心安排，组织了一批同学，高喊"打倒日本帝国主义！""坚决抵制日货！""打倒商会会长宾步成"等口号，冲进其公馆，斗争了宾步成，焚烧了他店里堆积如山的日货。

这是湘南学联旧址。湘南学联是湘南地区 24 县进步学生组织的革命团体。毛泽建被推为湘南学联负责人之一。

当时的衡阳县县长陈其祥，为了镇压学生运动，无理逮捕了湘南学联的一个代表。面对反动势力的挑衅，湘南学联决定举行示威游行。毛泽建在三女师积极进行动员和组织工作，她激动地对同学们说：明天示威游行，我们要冲进县衙门去，让陈其祥答应我们的要求，如果对抗，我们就把他暴打一顿。如果他们开枪，我们也要冲，把枪夺过来，绝不能后退。第二天，毛泽建等率领本校及附近中小学的几千学生示威游行，并冲进了县府，勒令县长立即放人，吓得陈其祥逃跑了。后来他不得不答应学生们的要求，释放了被无理抓走的学联代表。

第三节　志同道合的爱情绝唱

革命者的青春岁月，洋溢着奋斗的理想，也蕴藏了布尔什维克的罗曼蒂克。在如火如荼的革命斗争中，毛泽建认识了省立第三中学学生、共产党员陈芬。

陈芬是湖南耒阳人，湘南学联负责人之一，中共的优秀干部。陈芬中学毕业后，一直在衡阳、衡山、耒阳、郴县等地开展革命活动。

当时，毛泽建 18 岁，陈芬长她一岁。陈芬深深为毛泽建的革命热情所折服，因为共同的革命事业和理想，两人长期携手并肩为党工作，迸发出爱情的火花。1925 年冬，二人在衡阳结婚。婚后，陈芬即被组织上派往郴县开展农民运动，毛泽建则留在三女师学习，同时担任湘南学联女生部长，继续从事革命活动。

1926 年夏，驻守衡阳地区的唐生智部宣布加入叶挺独立团挺进湘南，大革命形势迅猛发展。毛泽建积极组织同学到街头、工厂和城郊演讲，演出文艺节目，热情宣传北伐战争的形势和伟大意义，动员各界群众支援北伐。

陈芬，系湖南省立衡阳三师学生党支部书记，湘南学联负责人之一，1925 年与毛泽建在共同的革命斗争中，结为伉俪。

随后，毛泽建奉中共湘委指示，离开第三女子师范到衡阳、衡山开展农民运动，先后担任县委妇运委员，组织农民自卫军，成立女界联合会，开办农民夜校，斗争土豪劣绅，发动妇女放脚、闹祠堂，还在神皇山建立了党的组织，称赞农民运动"好得很！"因此，神皇山农协被评为省和衡阳县的模范农协。

1927 年 1 月下旬，毛泽建作为衡阳代表，到长沙参加了湖南第一次妇女大会。会议期间，毛泽建特别去请教毛泽东和杨开慧有关湖南运动的问题。毛泽东眼看着毛

1926 年 8 月，毛泽建根据中共湘南特委指示，离开尚未毕业的三女师，任中共衡阳县委妇女运动委员。

泽建日益坚定成熟，联想到六年前刚从韶山出来时畏畏缩缩的样子，喜悦在心。兄妹俩紧紧握手，尽情欢笑，谁能想到这竟是他们最后一次见面。

毛泽建回到衡阳后，开办了两期农民运动骨干训练班，培训了四百多名学员。在农民中发展了 20 多名党员，为进一步开展农民运动和建立农民武装，打下了基础。

1927 年 5 月 21 日，一场骇人听闻的反革命武装政变在长沙发生了。是晚 11 时许，1000 多名荷枪实弹的叛军，在许克祥的指挥下，分途向长沙城内各革命机关发动突然袭击，省总工会、省农民协会和国民党湖南省党校是他们攻击的主要目标，其他革命机关，如中央军事政治学校第三分校、省特别法庭、国民党省市党部及工运训练班、党员训练班等，均遭叛军疯狂袭击。至 22 日上午，被捣毁和袭击的革命机构达 70 余处。叛军在长沙整整捕杀了一夜，被杀害的共产党员、国民党"左"派人士和革命群众达 100 余人，被捕的 40 余人，被临时拘押的则无法计算。与此同时，在押的土豪劣绅则全部开狱释放。工人纠察队和农民自卫总队奋起抵抗，同敌人展开激烈的战斗，但是，由于敌我力量悬殊，没有能够击退敌人的进攻。这就是骇人听闻的

"马日事变"。

白色恐怖笼罩着长沙。叛军一方面夺取了湖南省的党政大权；另一方面，采取贼喊捉贼的手法，声称此次事变是由省工人纠察队要缴军队的枪械，军队被迫自卫引起的；与此同时，通电攻击共产党领导的工农运动和反帝反封建的国民革命，到处张贴"铲除暴徒""拥护劳苦功高的蒋总司令"等标语，大造反革命舆论。以此为掩护，在戒严的幌子下，继续在长沙进行反革命活动，大肆屠杀、逮捕共产党人和革命群众。反动军官指挥的血腥大屠杀不仅仅发生在长沙，湖南其他各地也发生了同样的血腥屠杀。常德、溆浦、湘潭、湘乡、浏阳、衡阳等20余县，都先后发生了反革命大屠杀事件。"马日事变"严重地摧残了湖南的党组织和工农群众团体，使湖南的大革命由高潮走向低潮，共产党人的革命活动被迫转为地下。

衡阳同样被白色恐怖笼罩着，党组织遭到严重破坏。毛泽建被迫拿起武器，发动和组织群众投入武装斗争。她曾带领集兵滩一带的农民，袭击了罗家坪的地主武装，拔掉了土豪罗清溪、劣绅罗老八等所设的几个反动据点。8、9月间，她又和衡阳县委负责人萧觉先、戴金吾，县农民协会负责人屈森澄等，带着各方集合起来的农民武装来到岣嵝峰，组建了"衡北游击师"，使用大刀、梭镖、鸟铳、土炮等武器，数次夜袭挨户团，缴获不少武器弹药。他们在当地召开群众大会，声讨国民党反动派的滔天罪行，处决了周德翠、周凤鸣等土豪劣绅，沉重地打击了敌人的反革命气焰。

在大革命的低潮时期，毛泽建领导的"衡北游击师"成为一面革命的旗帜。

第四节　壮烈而又凄婉的生死相依

1927 年 10 月下旬，毛泽建接受新的任务，离开了衡阳县。这时，陈芬也从郴县调回衡阳。夫妻二人一起奔赴衡山。11 月，他俩以县委负责人的名义，在距县城 10 里的九龙泉的后山上，主持召开了衡山县临时党代表大会，通过了"开展武装斗争，进行土地革命"的决议，并按中共湘南特委指示，改组、重建了中共衡山县委，由陈芬担任县委书记兼市委书记，毛泽建担任县委妇运委员并负责县委通讯联络等机要工作。

会后不久，毛泽建和陈芬即去宋桥。陈芬化名林青，毛泽建化名"唐小姐"，住在宋桥一个姓宾的同志家里。县委机关实际上也就设在这里。他们的主要工作是恢复党和农会组织，聚集武装力量。

11 月上旬，衡山工农游击队宣告成立。毛泽建参加了游击队的领导工作。她有时扮成珠光宝气的贵妇人，有时扮成朴实无华的农家女，往来于城镇和乡村之间，刺探敌情，部署工作。她曾带领游击队员，袭击挨户团，打击土豪劣绅，轰炸县衙门，破坏铁路和敌人的通信设备。因此，她成了远近闻名的"女游击队长"，使敌人闻风丧胆。

就在毛泽建住户的对门，有一个名叫宾海溶的地主，因石桥团防局长"剿匪"不

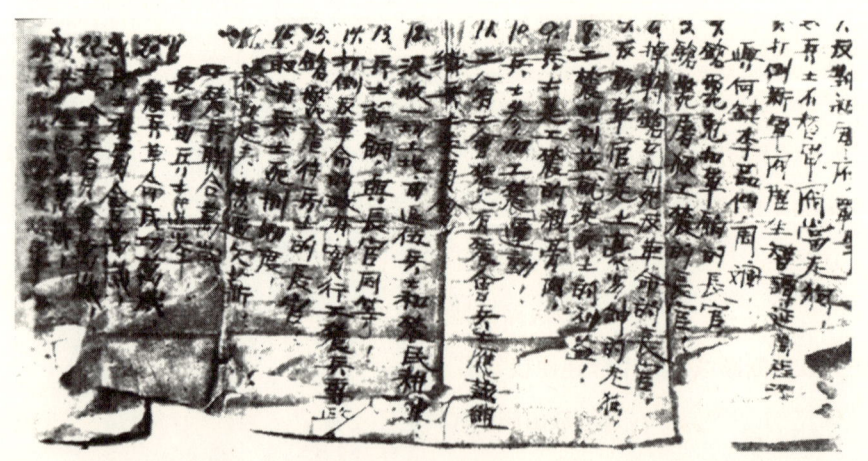

1927 年冬，毛泽建、陈芬领导中国工农革命军第十师在湘、衡、醴边界与反动势力展开了不屈不挠的武装斗争，声威远震四方，使敌人闻风丧胆。这是中国工农革命军第十师印发的宣传标语。

力，县里委派他去石桥接任。毛泽建了解这一情况后，立即与陈芬商议，给宾海溶写了一封警告信，说明利害。宾海溶接信后，急忙吩咐家丁："快去回复县府，说我旧病复发，待休息一段时间，再去石桥上任。"这件事情很快就在群众中传开了。游击队的威信很高，它的活动常常成为群众悄悄议论的话题。

1928 年初，新军阀白崇禧的"西征军"与何键的部队在湘西一带混战，敌人一时无暇对付我游击队。陈芬和毛泽建利用这个有利时机，率领衡山工农游击队主动出击，夺得衡山县境内一个团防局的步枪 20 余支和一些轻武器，俘敌数十名。接着，又派出几名党员，对盘踞在衡山、湘潭、醴陵边境上的小股土匪武装进行了改造。但这伙土匪顽固不化，竟将中共派出的工作人员残酷杀害，公开投敌，袭击游击队。毛泽建和陈芬不屈不挠，仍坚持武装斗争，并鼓励大家要耐心坚持，即使剩下最后一个同志，也要斗争到底。

1928 年 3 月，由于叛徒的出卖，中共湘南特委遭到了严重破坏，陈芬和毛泽建带领游击队的部分人员，冲出重重围困，到达耒阳，参加了朱德、陈毅领导的湘南暴动。毛泽建担任耒阳县妇联主任，打土豪，分田地，参加了革命政权的创建。

湘南暴动后，朱德、陈毅率领起义部队前往井冈山与毛泽东会师。陈芬、毛泽建奉命留在当地组建游击队，坚持斗争。毛泽建被推举为游击队队长。

在艰苦斗争的岁月里，毛泽建仍不忘学习革命理论，激励自己的战斗意志。有一次，她在学习后对房东说："今天，我给自己取了一个名字，叫毛日曦。我们共产党人就要像太阳一样，轰轰烈烈，光明普照。"平时，她给同志们和亲人写信，写条子，在落款处总要画一柄利剑。陈芬感到奇怪，就问她这是什么意思。她说：剑与建同音，"泽建"，就是"泽剑"。我喜欢利剑，它所向披靡。我们革命者就要像利剑一样，对敌人毫不留情。

1928 年初夏，毛泽建和陈芬领导的游击队在耒阳县夏塘铺的一次战斗中，陷入敌人重围，突围时，双双身负重伤，先后被捕。此时的毛泽建已身怀有孕。夫妻二人的双手被敌人反绑起来。陈芬最后一次深情地望着妻子毛泽建，唱起了《国际歌》，因身负重伤，歌声断断续续，毛泽建便接着唱下去⋯⋯

不久，年仅 25 岁的陈芬在耒阳敖山庙惯武桥上英勇就义。灭绝人性的敌人，把陈芬的头砍下来，装在一个木笼子里，挂在耒阳县城的城门口"示众"，"杀一儆百"。

第五节 烈士风范，长留人间

毛泽建被捕后，被反动武装押往耒阳县团防局夏塘铺挨户团关押。那时候，毛泽建已近临产，快要当母亲了。世上没有哪个母亲不爱自己的孩子，而毛泽建更爱共产党这个伟大的母亲，更爱苦难深重的祖国这个母亲。敌人审问时，问她叫什么名字，她说："我叫共产党。"在狱中，面对敌人的严刑拷打和叛徒的诱降劝说，毛泽建始终只有一句话："要杀就杀，共产党人是杀不尽的。革命的前途是光明的，革命一定会胜利！只要革命成功，穷苦人翻身了，牺牲我们个把人，有得关系。"

井冈山革命根据地得到毛泽建被捕的消息后，曾派出一支小分队袭击了耒阳县团防局和夏塘铺挨户团，救出了毛泽建和陈芬的姐姐陈淑元等人。撤退中，遇到强敌追击。当时毛泽建身负重伤，且身怀有孕，她主动要求留下，隐藏在夏塘铺的一个孤老太婆家里，以免拖累部队行动。

几天后，毛泽建生下了一个男孩。望着这个眉眼极像丈夫陈芬的男孩，毛泽建激动地流下了幸福的泪水。她做母亲了，可25岁的陈芬不会见到他们的儿子了。毛泽建怀着母亲热切的期盼，为孩子取名"艰生"——她好希望这个孩子能够在艰苦的环境里活下来，健康地成长，去完成他的爸爸未竟的事业。

谁知敌人并未放过她，不停地搜山，听到小孩的哭声，顺藤摸瓜，又一次逮捕了毛泽建和陈淑元。不久，陈淑元被保释出狱，带出了艰生。但由于没有奶吃，小小的艰生只在这世上活了几个月，便夭亡了。

敌人再次抓到毛泽建，如获至宝。6月，夏塘铺挨户团为向上司请功受赏，把毛泽建押解到耒阳县城。8月，国民党衡山县政府又以毛泽建"系毛泽东之妹，马日前后，在衡山县负该党重要职责"为理由，把她从耒阳押解到衡山县监狱。

在狱中，面对敌人的严刑拷打，毛泽建坚贞不屈，信念不变，时刻做好了为革命而牺牲的准备。她对来探监的陈淑元说："我可能活不了多久了。我不怕死。共产党是杀不尽的，只可惜我不能看到润之哥哥胜利的那一天。"陈淑元离开监狱时，泽建将一封书信交给她说："我死后，你将这封信交给我润之哥。"

1928 年 8 月，国民党反动派决定杀害毛泽建。敌人罗列了毛泽建三大"罪状"：

一、毛达湘乃共党总头子毛泽东之妹；

二、乃衡阳共党首犯陈芬之妻；

三、毛达湘本人是顽固的共党分子。

1929 年 8 月 20 日，中国共产党的坚强战士、中国早期的无产阶级革命者毛泽建在衡山县城南门外马王庙坪英勇就义。临刑前，毛泽建昂首挺胸，一路高呼口号："打倒国民党反动派！""誓将革命进行到底！""中国共产党万岁！"那一天，离毛泽建的 24 岁生日，尚差两个月。

毛泽建就义后，国民党反动派张贴布告，限令三天不准收尸。但是，就在当天晚上，几个码头工人冒着生命危险，把烈士的遗体抢运出来，悄悄地葬在湘江岸畔的西溪桥头。半年后，为免遭洪水淹袭，又将烈士墓迁移到金紫峰麓的雷打石山上，并刻有石碑，上面写着："民国十八年刊，毛达湘女士墓，原籍湘潭人氏。"为防止敌人破坏而又方便后人寻找，将石碑掩埋大半截，仅让"毛"字露在野草丛中为记。

毛达湘者，毛泽东的堂妹毛泽建是也。

1950 年 5 月，毛泽建丈夫陈芬的外甥女见到毛泽东，谈到她舅母坟墓的事，希望毛泽东跟地方政府讲一声，把墓找到，并修一下。

毛泽建墓

毛泽东说："现在刚解放，在过去牺牲的烈士很多，数以万计。政府搞建设需要大量资金，哪有那么多钱修墓呀！"

但是，衡山县委没有忘记烈士，曾多次派人寻找毛泽建烈士墓。1966 年 11 月人们终于在金紫峰麓发现"毛"字露出地面的石头，然后从掩盖的泥土里掘出整块碑，碑下的木棺已半朽。1969 年 8 月，移葬新落成的"毛泽建烈士陵园"。

毛泽建烈士陵园

第八章 十里洋场的大老板

对一个共产党员来说，党的利益高于一切。在上海这个黑白势力杂处、三教九流并存的大都会，"毛泽民学会了同形形色色的人打交道，学会了应付地痞流氓的骚扰。为了开展革命工作，毛泽民脱掉了土布短装和布鞋，穿上了长衫马褂，时而也西装革履，出入报馆、书店和发行所，潇洒大方，俨然一位出版界的大老板。

第一节 北伐时期的敌后尖兵

革命书刊的出版发行是中国共产党宣传工作的重要组成部分，是打击敌人、唤起民众的锐利武器。党中央对出版发行工作历来非常重视。1924 年 5 月，中共三届三中全会决定在上海设立中央出版部。1925 年 1 月中共四大之后，中央出版部更名为中央出版发行部，由中央秘书长王若飞兼任部长。"五卅"运动的爆发，使轰轰烈烈的大革命进入高潮，革命形势日渐好转，革命刊物的读者范围也日渐扩大，党中央决定进一步加强发行工作。

1925 年 11 月，正在广东农民运动讲习所第五期学习的毛泽民，接到党中央的电报，奉命前去上海，任中央出版发行部经理，负责主持党中央机关刊物《向导》周刊的总发行工作。

为了适应地下工作的需要，毛泽民化名杨杰，公开身份是某印刷厂的老板，人称"杨老板"。

毛泽民来到上海之前，党的发行工作一直是由上海书店负责的。1923 年 11 月，在中央负责人瞿秋白的领导下，上海书店在上海华界小北门正式开张。书店经理徐白民是中共早期党员。

《向导》周刊是中国共产党第一份中央机关刊物，1922 年 9 月 13 日在上海创刊，由蔡和森任主编，其后由瞿秋白、彭述之继任。最初，上海书店发行的《向导》周刊，印数虽有 3000 份，实际发行量只有 1000 多份。门市部营业非常清淡，一天经常只能做到四五元的生意。在徐白民的主持下，经过艰苦奋斗，直到 1924 年下半年，书店的经营收入才算稳定下来。

大革命高潮的到来，使南方各省对于革命出版物的需求陡增，上海书店的营业额也与日俱增。于是，中共在闸北香山路香兴里创办了一个自己的印刷所——国民印刷所。徐白民不仅经营上海书店，还负责上海本地的书刊发行工作。自毛泽民来到上海后，中央出版发行部与上海书店的来往，就由他直接负责和联系。

这时，正是第一次国共合作时期。表面看起来，革命大本营广州及南方各省，工农运动风起云涌，一片赤旗。但就全国来看，由于军阀混战不断，时局依旧动荡。上海这座地方军阀和反动势力的坚固堡垒、西方冒险家的乐园，更是处于严重的白色恐怖之中。街上到处是荷枪实弹的军警，租界巡捕房的"包打听"无孔不入，夜深人静时，街上会突然响起刺耳的军车警笛声……

为了开展革命工作，毛泽民脱掉了土布短装和布鞋，穿上了长衫马褂，时而也西装革履，出入报馆、书店和发行所，潇洒大方，俨然一位出版界的大老板。

中央出版发行部机关设在上海新闸路培德里一幢石库门房子里。毛泽民接任发行部工作时，由他负责发行的只有党中央机关刊物《向导》周刊一种，其余零散的书刊均由上海书店发行。毛泽民接收的资本仅有 72 元 3 角 8 厘。出版发行部的一切经费全靠本身收入开支。那时，《向导》周刊每月都要在《申报》《新闻报》《民国日报》三家报纸上刊登广告，广告费需要支付 72 元。中央除拨给 60 元广告费外，其余一概不管。

出版发行对于毛泽民来说，毕竟是一个陌生的工作。凭着特有的执着和一往无前的开创精神，他不断摸索印刷发行的经验，掌握其中的规律，还结识了许多业内朋友，很快就担负起党的"出版印刷发行之总责"。

当时，上海书店是中央出版部的公开发行机构，店址在较偏僻的南市。为方便广大读者购书，扩大革命书刊的销售量，毛泽民先后在沪西、沪东、闸北建起了多个分销处。如设在上海大学内的书报流通处，实际上就是上海书店的闸北分销处。

为适应革命形势的发展，毛泽民在整顿上海书店和国民印刷所的基础上，又在培德里建立起一套秘密印刷发行机构，专门负责党中央文件和内部刊物的印刷发行。当时人手很少，发行部只有几个人，最多时也不过十几个人，毛泽民将行政、党务、后勤、财务一肩挑，逐步制定和完善了发行部和印刷厂的规章制度。

在警察、特务到处乱窜，租界巡捕房的"包打听"无孔不入的白色恐怖中，为了保证党的出版发行机构的绝对安全，毛泽民始终保持着高度的警惕性，即使对上海书店这个公开机构，也不敢有丝毫懈怠。有一次，报纸上刊登了一条消息，说中国共产党有多少支部在暗中活动，其中一个支部就是以上海书店为中心，还点了书店经理徐白民的名字。毛泽民立即指示徐白民，尽快登报声明，予以否认。第二天，徐白民便在报纸上登出启事，说报纸上的消息纯属谣言，申明他是一个正当的商人，不是共产党。

在上海这个黑白势力杂处、三教九流并存的大都会，"杨老板"学会了同形形色色的人打交道，学会了应付地痞流氓的骚扰，不仅保护了上海书店，也为今后更好地从事地下工作积累了丰富的经验。

安排好上海的工作后，毛泽民又奔波于全国各大城市，建立和扩大革命书刊的发行部门。随着大革命的蓬勃开展，分销处由最初的上海、北京、广州、长沙四地，发展到全国20多个大中城市，甚至乡村，在中国香港、法国巴黎和德国柏林也设有代售处，以至书刊尚未印刷，就收到上千元的预订款。毛泽民将这些预订款作为资本，使发行工作得到迅速发展。到1926年底，即毛泽民到任一年时间，出版发行部进行内部结算，已经赚到1.5万余元。

为了更好地保守党的机密，中央组织部考虑得很周密。在毛泽民到上海不久，即安排了一名叫钱希均[①]的女同志来到毛泽民的身边，对外以"夫妻"身份作为掩护，协助毛泽民的工作。

对一个共产党员来说，党的利益高于一切。钱希均二话没说，服从了组织的决定，第二天就拿着中央组织部的介绍信，来到了中央出版发行部。

那天，毛泽民正在伏案工作，只听房门被轻轻敲了两下。他抬头一看，一位留着齐耳短发、圆脸的年轻女同志正站立在门口。

毛泽民微笑着站起身来："如果我没猜错，你一定是钱希均同志吧？"

---

① 钱希均，浙江诸暨人，时年21岁，出生在贫苦的农民家庭，1922年初参加了中国共产党。

钱希均爽快地点了点头。

毛泽民搬来凳子，让钱希均坐下，并给她倒了一杯凉茶。于是，开始了简单的交谈。

谈话中，毛泽民向钱希均简要地介绍了出版发行部的情况和要她做的工作。他说："我们这个发行机关是党的宣传部门的咽喉。你除了做好报纸和书刊的发行外，还要担任党的地下交通工作，要经常到中央机关和一些领导同志的住地，传递一些秘密文件。要记住，安全、保密是一条铁的纪律。你要尽量减少社会关系，少与外界来往，要保证党中央和我们这个机关的绝对安全。"

钱希均认真地听着，不住地点头。

直到握手告别时，钱希均才知道，眼前这个"杨老板"叫毛泽民，是党中央出版发行部的经理。

这次接头之后，钱希均就开始在毛泽民的领导之下工作了。革命工作的锻炼和考验，使钱希均变得更加成熟。她有时打扮成阔太太，神气十足地坐上黄包车，到党的秘密机关送文件。她不时从小手包里掏出小镜子，在脸上扑点儿香粉，暗中观察身后的动静。有时她又装扮成普通贫苦妇人，到基层交通点去取稿件。为了保护党的秘密机关的安全，甩掉身后的"尾巴"，她经常要绕很远的弯，多走很多的路。

在出生入死的共同斗争中，毛泽民和钱希均渐渐产生了感情，相知相爱。这年年底，经组织批准，他们正式结为革命伴侣。

1926年7月，国民革命军正式北伐。

北伐军首先集中兵力在两湖战场打击吴佩孚所部。北伐正式开始后，势如破竹，国民革命军连克长沙、平江、岳阳等地，8月底取得两湖战场上的关键一战——汀泗桥、贺胜桥战役的胜利。10月10日，北伐军进抵武汉，先后占领武昌、汉阳、汉口，全歼吴佩孚部主力。

而盘踞在华东地区的孙传芳部却苟延残喘，上海的情势一天天恶化。孙传芳以"印刷过激书报，词句不正，煽动工团，妨害治安"为罪名，封闭了上海书店。党的出版发行工作，只好全部转入地下。

毛泽民与书店经理徐白民商量，为了避免军警纠缠，干脆把书店搬进租界区。他很快就在英租界宝山路上寻找到一处门面房，办起宝山书店，继续发行革命书刊。

鉴于长江中游一带形势已渐好转，毛泽民遂向党的总书记陈独秀提出建议，在革命形势较好的汉口，建立一个公开的发行机构——长江书店。他的建议很快得到党中央的支持和批准。

中央出版发行部决定由上海书店经理徐白民去汉口，负责筹建长江书店。不料，在动身前两天，徐白民突然患上严重的伤寒病。毛泽民只得亲自出马。

经过周密的考察，毛泽民选择了武汉三镇中商业最为繁华的汉口镇，在"血花世界"（今民众乐园）下首租赁了一处房屋。他请当地人装修了门面，对内部进行了简单的修缮。随后，即急匆匆地返回上海，筹措资金，又从全国各书店为长江书店调运去大量的图书。经过一番紧锣密鼓的筹备，11月，长江书店正式开业了！

这一天，武汉的主要报刊都刊登了长江书店开业的广告和书目预告。广告语用特别显眼的字体明示：本书店"继承上海书店营业"。看到这则广告，武汉三镇来长江书店购书的读者络绎不绝。书店的销售人员还在开箱，旁边已经围满了准备购书的读者。新图书根本来不及上架，直接从箱子里拿出来，就被抢购一空。闻讯而来的人就更多了。有的人看一眼书上的定价，就急忙付钱。从上海、广州运来的所有书刊，三天之内全部售完。由于后续书刊一时供应不上，书店不得不一度拉上铁门，暂停营业。

为了迅速解决长江书店的书源问题，毛泽民又紧急从上海调运大批进步书刊，由长江水路运往汉口，几乎间隔两三日就有一批新书到港。毛泽民用巧妙的办法，委托长江轮上的水手和茶房，冒着极大的风险潜运了大批的进步书籍，从未中断过。只有两批书被查获没收，其余均平安运抵汉口，直至6月中旬，汉口形势恶化，才停了下来。

在从上海调运书刊的同时，毛泽民还积极加强长江书店自身的印刷能力。他派专人把上海印务局的机器全部运到汉口，创办了长江印刷厂，专门印刷长江书店的出版物。实际上长江印刷厂成了汉口长江书店的"子公司"。

总书记陈独秀对长江书店开业和建立长江印刷厂曾给予很大的支持。他以私人名义向本家亲戚借了 7000 两上海银子，折合现洋 1 万余元，除用 7000 元购置机器外，其余的借给毛泽民的发行部支配。但是这笔钱不仅买机器不够，开办书店的费用也非常紧张，这些钱还要限期偿还。毛泽民承担着党的出版、印刷、发行之总责，所有的事情全在他掌管之下，他不得不统筹兼顾，多方筹措。

当年，领导长江书店的是党中央宣传负责人瞿秋白，具体工作由中共湖北区委派专人主持。书店主要经销马克思、列宁著作和进步书籍，同时发行中共中央机关刊物《向导》、共青团中央刊物《中国青年》、中共湖北省委的《群众周刊》等革命刊物。长江书店的出版物不仅具有丰富生动的思想内容，而且种类繁多。它还出版、经销妇女和青少年读物以及实用书籍、文艺读物，如《妇女生活》《中国青年汇刊》《汉口青年》《青年工人问题》《少年先锋》《少年共产国际》《恋爱与结婚》《科学与人生观》等，都受到广大读者的喜爱与欢迎。

在众多图书中，有两本书对日后指导中国革命有着特殊的意义。一本是彭湃的《海丰农民运动》，另一本是毛泽东的《湖南农民运动考察报告》。瞿秋白要求汉口长江书店把毛泽东的书"单独刊印"，以《湖南农民革命》为书名，出版单行本。瞿秋白还为这本书写了序言，序言指出："中国革命家都要代表三万万九千万农民说话做事，到前线去奋斗，毛泽东不过开始罢了。中国的革命者个个都应当读一读毛泽东这本书，和读彭湃的《海丰农民运动》一样。"这两本著作对当时最突出、最迫切的中国革命的中心问题——农民问题，给予了马列主义的回答。

北伐军在两湖战场取得胜利后，转向江西战场，消灭孙传芳部主力，占领南昌、九江，随后又攻占福建、浙江。为肃清长江下游之敌，国民革命军总司令部于 1927 年 1 月上旬决定进军杭州、上海，会攻南京。

毛泽民在创办和运作汉口长江书店的同时，并没有放松上海的出版发行工作。当年 2 月，北伐狂飙席卷杭州、嘉兴一带，宁沪杭革命形势迅猛发展，宣传工作日益扩大，各种书报的销量非常多，仅《向导》周刊一期的发行量就有八万份，《共产主义的 ABC》一书半年之内在全国销售三万余本。

在北伐大进军的狂飙中，革命书刊像漫天的雪片，如同战斗的号角，鼓舞着北伐军将士和广大民众同北洋军阀展开英勇的搏斗。为策应北伐军攻克上海，党中央决定，在上海举行全市工人大罢工，继而转为工人武装起义。毛泽民接到党中央指示，赶印一批传单，在起义爆发前一天傍晚，送到设在青云路的起义总指挥部。

当钱希均秘密地取回党中央起草的密件后，毛泽民立即组织排版、打样、校对和印刷。随着印刷机的翻转，一万张用16开红、黄、绿三色有光纸印出的传单全部完成。就在毛泽民吩咐把传单秘密送出的时候，运货员却突然打了退堂鼓，甚至向毛泽民提出辞职，告假回家。

人所皆知，淞沪警备司令李葆璋号称"杀人魔王"，曾在一天内，斩杀散发传单的市民40余人。送传单一定要经过华洋交界的宝山路口，那里正有李葆璋的大刀队把守。时间刻不容缓。为了万无一失，毛泽民决定放下手头的工作，亲自把传单送出去。

这时，印刷工人沈玉山主动请缨。他很有信心地对毛泽民说："大刀队多是目不识丁的大老粗，即使认识几个字的，在昏黄的路灯下，根本看不清彩色纸上印的是什么东西。"毛泽民再三叮嘱他，要加倍小心，还事先教给他几个应付敌人的妙计。

天过黄昏，马路上的行人越来越少。毛泽民帮助沈玉山把捆得紧紧的两捆传单，拎到十字路口，又为沈玉山雇了一辆人力车。他有意把两捆传单无遮无掩地放在沈玉山的脚前，看着他消失在夜幕之中。

当人力车经过宝山路口时，果然被大刀队拦住。匪兵们一窝蜂似的涌了过来，上手就要搜查："这是什么东西？！"

沈玉山不慌不忙地说："我是装订所送货的，给人家送书去。"

匪兵喝道："什么？书怎么是红红绿绿的？"

沈玉山回答："基督教的马太福音书，就有红绿纸。"

匪兵们像是听懂了，手一扬："去吧！"

人力车不紧不慢地扬长远去。

3月21日，在周恩来、罗亦农、赵世炎等组成的中共特别委员会的指挥下，上海80万产业工人举行了总罢工，迅即转入第三次武装起义。起义军经过30个小时的激战，终于打败了负隅顽抗的军阀部队，于 23 日占领整个大上海，成立了上海市特别临时政府。

北伐军占领上海的那几天，大街小巷一片欢腾。各大报纸每天刊载大量的鼓舞人心的号外消息。上海工人和革命群众无不扬眉吐气。

毛泽民及时把握形势，在工人起义的当天，即将《向导》《新青年》《中国青年》三种刊物的总发行所易名，正式设立了上海长江书店。

第二节　白色恐怖下，两度临危受命

1927 年 4 月 12 日，蒋介石悍然发动了反革命政变，向共产党人和上海的工人阶级举起了屠刀，上海总工会、工人纠察队总指挥部、各区工会、上海特别市政府、上海学生联合会、上海妇女联合会、平民日报社等革命团体皆被查封。毛泽民主持的上海长江书店，也未能幸免。

尽管上海长江书店被迫停业，汉口长江书店仍然存在。在瞿秋白的领导和主持下，党的出版发行工作照常运转，《向导》《中国青年》与当地的《楚国日报》《汉口民国日报》等组成了强有力的舆论宣传阵地。5 月，党中央调毛泽民去武汉。

初到汉口时，毛泽民作为中央出版印刷发行负责人，负责管理长江书店和长江印刷厂。

那时候的武汉有很多报纸，但大型报纸只有两份，一是《中央日报》，一是《汉口民国日报》。《中央日报》是国民党中央宣传部的机关报，是国民党右派的喉舌。《汉口民国日报》在名义上是国民党湖北省党部的机关报，实际上却是掌握在共产党的手里。那是北伐光复武汉后，在瞿秋白和中共湖北区委负责人的积极指导和筹划下，以董必武（当时化名董用威）为首的国民党湖北省党部、汉口特别市党部以及北伐军总政治部的名义，创办了《汉口民国日报》。报社社长董必武，总主笔沈雁冰，以及编辑部的编辑，几乎都是共产党员。报纸的编辑方针和宣传内容都是由中共中央宣传部确定的。

董必武是中共一大的代表，学识渊博，为人谦和，在国共双方都很有影响力。他当时的兼职

汉口民国日报社旧址

很多：中共湖北省委委员、国民党湖北省党部常务委员、湖北省政府常务委员兼农工厅长等等，工作十分繁忙。

毛泽民的到来，无疑解了燃眉之急。于是，董必武把报馆的行政事务全都托付给了毛泽民。由毛泽民担任报馆总经理，负责排版、印刷、发行、人事、财务等全部业务工作。

由于《汉口民国日报》打着国民党地方党报的旗号，有专门的经费，印刷精良，出版迅速。在国内，特别是在湖北、武汉地区影响很大。在上海、北京、广州、南昌、长沙、福州和莫斯科、纽约、巴黎、伦敦、日内瓦等国内外重要城市，都聘有特约通讯员。当时，《汉口民国日报》每天出 10 版，其中 6 版新闻，4 版广告。新闻虽各有侧重，但基本上都是围绕着群众运动这个内容，集中反映了共产党的主张和政策。

毛泽民到武汉后，《汉口民国日报》又增加了不定期的副刊。在他和沈雁冰及报社同仁的共同努力下，发行量很快从最初的每日 4000 份陡增到 1 万余份。

这年 4 月 27 日至 5 月 9 日，中共五大在武汉召开，大会的主要议题是确定党在紧急时期的任务，批评陈独秀犯了忽略同资产阶级争夺领导权的右倾错误。中共五大虽然强调争取无产阶级领导权、建立革命民主政权和实行土地革命的重要性，但对无产阶级如何争取领导权，如何领导农民实行土地革命，如何对待武汉政府和武汉国民党，特别是建立党领导的革命武装等问题，都没有根据当时的危急局势，提出有效的具体措施。

进入 5 月中旬，湖南、湖北的政治形势风云突变，险象叠起。先是 5 月 17 日，武汉国民革命军独立十四师师长夏斗寅在宜昌叛变，进攻武汉。武汉卫戍司令叶挺根据中共中央指示率部平叛，于 19 日将叛军击退。5 月 21 日，湖南的许克祥在长沙发动反革命政变（即马日事变），袭击了湖南省总工会、省农民协会及其他革命组织，捕杀共产党人、国民党左派和革命群众。"马日事变"加速了以汪精卫为首的武汉国民党中央的动摇和走向反动。6 月中旬，汪精卫的反共态度已十分明显。也就在这时，又传来了冯玉祥与蒋介石在徐州会谈的消息。原来国民党"左"派和共产党寄予很大希望的冯玉祥，在关键时刻也倒向了蒋介石。在武汉的共产党人不得不作最坏的准备。为应付突发事变，7 月 8 日，毛泽民清理了手头的工作，待总主笔沈雁冰写完最后一篇社论《讨蒋与团结革命势力》后，便一同辞掉《汉口民国日报》的工作，于当天转入地下。

7月15日，汪精卫召开武汉国民党中央执行委员会，正式作出"分共"的决定，公开背叛了孙中山确定的国共合作政策和反帝反封建纲领。随后不久，汪精卫和蒋介石一样，对共产党人和革命群众实行大屠杀。

在中共五大会议上，党中央决定成立中央出版局，张太雷任局长。而在革命形势急转直下的情况下，机构尚未设立，局长一职就一再易人。因张太雷担任中共湖北省委书记，又当选中央临时政治局常委，不久局长一职便由《汉口民国日报》业务部经理汪原放接任。

此时，陈独秀虽仍为中共中央总书记，但因在对敌斗争中一再退却，威望同建党初期相比，早已不可同日而语。在革命的危急关头，他想回上海，又不了解上海的形势，便令至交汪原放放下手头的工作，先回上海观察一下动静。

陈独秀的一句话，毛泽民便于危难之际，接任了中央出版局局长的职务。

7月中下旬的武汉，满城腥风血雨。毛泽民又被派去筹办湖北省委机关报《大江周报》，出版局局长的职务即由郑超麟接任。汉口长江书店、长江印刷厂和新开办的"宏源纸行"都已经瘫痪。书店里的存书被人搬的搬，偷的偷，闹得一团糟；国民党右派分子天天来敲竹杠，动不动就威胁要去报告军队来查封"共产党机关"。郑超麟只好关闭纸行，把印刷机器装箱，准备送回上海，同时遣散了经理和工人。就这样，中央出版局下属的三个机构——汉口长江书店、长江印刷厂和宏源纸行都已不复存在。

8月7日，在共产国际的帮助下，中共中央在汉口召开紧急会议（即八七会议）。

八七会议后，毛泽民跟随毛泽东一起回到长沙，参加秋收起义的准备工作，负责军运和管理军需。期间，毛泽民曾秘密潜回韶山，为起义部队筹措军饷。

9月9日，湘赣边界秋收起义爆发。

毛泽民在追赶起义队伍途中，不幸被地方团防和反动武装逮捕。他机智地逃脱后，却与毛泽东率领的部队失去了联系。

毛泽民立即组织了几个农民赤卫队员，昼夜兼程地追赶部队。他化装成商人，赤卫队员化装成轿夫，但路过湘赣边界时，被地主民团截住。民团见他们身带武器，说是有"赤匪"之嫌。毛泽民理直气壮地训斥说："我是做生意的商人。外边兵荒马乱，我带了几个人，有几支枪，有什么大惊小怪的？"民团虽未发现可疑之处，却不让他们继续前进。

毛泽民只得返回长沙。

不久，中共湖南省委任命毛泽民为省委交通处处长，于是他便辗转于武汉、长沙及湘赣之间开展工作。

1927年11月初，党中央紧急调毛泽民回上海，恢复党的出版发行工作。

在此之前，党中央领导机关已陆续从武汉迁回上海。上海是中国工人运动的策源地，有80万产业工人，革命力量比较雄厚。上海又有较大的租界地区，便于利用敌人之间的矛盾，掩护党的秘密活动。诚然，上海也是帝国主义侵略势力云集之地，与国民党的统治中心南京毗邻，敌情复杂，又会给党中央的活动带来许多困难。

党的宣传工作是党的喉舌。刚刚从血雨腥风中走出来的中国共产党，立即着手恢复党刊的出版发行工作。9月15日，党中央讨论了中央出版局的组织与工作问题，决定由郑超麟、彭礼和、毛泽民、倪忧天等人组成中央出版委员会。10月24日，由瞿秋白主编的中央机关刊物《布尔塞维克》在上海正式创刊。

当毛泽民风尘仆仆地回到上海，接手原来的工作时，摆在他面前的却是令他十分骇异的窘境——两手空空，一切都要从头做起。

为了迅速开展党刊、党报的出版发行工作，毛泽民重起"炉灶"，从发行党内刊物《中央通讯》和党中央理论刊物《布尔塞维克》着手，逐步理清头绪，一份又一份党的刊物先后创刊，如期顺利地出版发行。

《布尔塞维克》是大革命失败后，党中央出版的第一份公开的机关刊物，就像飘扬在白色恐怖中的一面旗帜，激励着英勇的共产党人从血泊中爬起来继续战斗。

《布尔塞维克》的发刊词这样写道：

国民革命因为国民党领袖的背叛革命而受着非常严重的打击——国民党，中国最早的革命政党已经因此灭亡了。

大革命失败后，中共中央机关刊物《向导》被迫停刊。中央机关从武汉迁上海后，决定继《向导》后重新出版中央机关刊物，定名《布尔塞维克》。

此后民众所看见的国民党，已经不是以前的革命的国民党，而是屠杀工农民众，压迫革命思想，维持地主资本家剥削，滥发钞券、紊乱金融、延长乱祸、荼毒民生，屈服甚至勾结帝国主义的国民党。此后中国的革命，只有无产阶级的政党能够担负起领导责任。

《布尔塞维克》开辟了国内政治、国际状况、职工运动、农民运动、国民党、中国革命问题、经济与财政、妇女问题、青年问题、读者之声等专栏。为了哀悼在革命斗争中牺牲的烈士，从第11期起，还特辟"我们的死者"一栏，发表了许多烈士的传记和诗抄。这些革命的宣传内容如同一把把锋利的匕首，直刺国民党反动派的心脏。瞿秋白、周恩来、李立三、蔡和森、邓中夏、恽代英、王若飞等中央负责同志经常为《布尔塞维克》撰稿。

国民党反动派千方百计地破坏《布尔塞维克》的出版发行，在上海创办了《新生命》月刊，企图用一些革命辞藻为自己辩护，与共产党的刊物争夺群众。为扩大党的政治路线的宣传，党中央于 1928 年 11 月在上海创办《红旗》周刊，后改为半周刊。1930 年 8 月，《红旗》与中宣部和江苏省委主持的《上海报》合并为《红旗日报》。

大革命失败后，反动的书刊充斥着国内书报市场。在黑暗之中勇敢探索的进步青年和革命群众，渴望阅读到能为其指引光明前途的革命图书。面对国民党反动派的严密搜捕和层层检查，毛泽民想尽了办法，他让印刷厂为革命和进步刊物装订上假封面，像《中国文化史》《中国古史考》《新时代国语教科书》《平民》等等，有时还仿造国民党机关刊物，用《中央半月刊》来迷惑敌人，从而保证了党中央的机关刊物被源源不断地运转到读者的手中。

这一时期，毛泽民在上海创办了无产阶级书店，先后印刷发行了《中国革命与共产党》《全国总工会政治工作》《共产主义青年运动的理论与实际》《党内斗争》和《支部工作》等 24 种革命书刊。后来，他又创办了华兴书局和浦江书店。在读者中颇有影响的启阳书店和春阳书店，都是华兴书局的化名。这些书店秘密出版和发行的大批马列著作和进步书刊，为在黑暗中寻求真理的革命者指明了斗争的方向，也给生活在阴沉、萧条的国民党统治区的人们，展现出春天的生机，带来了光明和希望。

身处反动派统治的森严壁垒中，中共中央下拨的用于出版发行的经费微乎其微。为了保证报刊的正常发行，毛泽民早出晚归，四处活动。中午，他经常不回家。在印刷厂工作时，他就买两个烧饼，用开水泡着吃。如果在外边，他就在街上买一碗最便宜的阳春面充饥。而阳春面与他老板的装束又很不相称，街上到处都是"包打听"。每当这时，他就有意拍拍自己的肚皮，用生硬的上海话说："阿拉屋里厢油水老大，在外面吃碗阳春面，清清肠胃，倒也蛮惬意的。"

身在上海的毛泽民，非常思念在井冈山开辟武装根据地的哥哥和弟弟。毛泽民节衣缩食，经常从上海寄钱给在长沙从事地下工作的大嫂杨开慧，接济她和孩子们。杨开慧在给好友李一纯的信中曾经说道："由于泽民的家庭观念，我还没有饿饭。"

在战争年代里，兄弟之间很难互传家书。毛泽民就利用负责出版发行工作的有利条件，在自己领导排印、发行的报刊上，认真寻找和查看毛泽东的消息：

1928 年 4 月，毛泽东率部接应朱德、陈毅带领的南昌起义余部和湘南起义农军在井冈山会师。

1929 年 1 月，为打破敌人"会剿"和严重的经济困难，毛泽东与朱德率红四军主力，向赣南出击，随后在当地中共组织和群众武装的配合下，相继建立了赣南、闽西苏区。

身在红色苏区的毛泽东也从带有墨香的党中央刊物上，看到毛泽民在负责党的出版发行工作中所作出的成绩。一份份革命的书刊，不仅传播着中国革命和世界革命的大事，也联结着毛泽东、毛泽民兄弟的亲情，传递着兄弟间的思念和鼓励。

第三节　毛泽民被捕

白色恐怖笼罩着上海。

在国民党的反动统治下，共产党出版事业是非法的，国民党政府不断进行大肆的"围剿"和封杀。书刊编辑发行部门、承印机关、书刊贩卖人，以至读者都随时受到严重威胁。《上海报》以《白话日报》的名称出版的第一天，公开馆址就被查封，经理和主笔被通缉。《红旗日报》出版只有一个星期，就被巡捕房和国民党军警先后捕去四五十名发行员，承印机关多次被封闭，一些订户的住地也被搜查过。

毛泽民及其领导下的中央出版发行工作，在极端险恶的环境中顽强地坚持着，他们随时都有遭受通缉和逮捕的危险。敌人虽然绞尽了脑汁，却总也切不断共产党的中央机关刊物的印刷和发行。一个秘密印刷厂被敌人破坏后，党刊的印制很快又转到另外的秘密地点继续进行。

毛泽民曾经说过，他随时准备着不可避免的牺牲，宁愿为党流尽最后一滴血。

当年，党中央最大的秘密印刷机关——协盛印刷所设在派克路，毛泽民同时兼任这个印刷所的负责人。他几乎每天都去印刷所上班，亲自安排各项工作。

1929年夏天的一个上午，20多个巡捕房密探——"包打听"突然闯进印刷所，发现车间里正在印刷共产党的宣传品，便立刻封锁了弄堂口，对印刷所进行搜查。

领头的"包打听"用手抖搂着几张刚刚印出的传单，质问毛泽民。

毛泽民镇静地回答："我给人家印传单是为了赚钱。我得养活这么多的工人。人家给的价钱高，又是现金，我为什么不干？我是商人，不懂什么共产党。"

这些"包打听"不容分说，将全体工人集中在一个车间里，派了十几个狗腿子看守着。领头的又令人给毛泽民戴上手铐，带着几个人，把毛泽民秘密押到一个旅馆里。

这帮"包打听"想乘机敲竹杠，领头的无赖开口就要用一万元绑票的赎价与毛泽民谈判。

在上海滩闯荡了多年的毛泽民，从容不迫地用地痞流氓的套路对付他们。他左手叉腰，右手的大拇指向外一撇，摆出一副老开的派头："你可以打听一下，在大上海，在商界、出版界，哪个不晓得我杨某人？"

"包打听"趁机敲诈："好啊，那你就拿出钱来吧！"

毛泽民顺手从上衣口袋里掏出300元钱，甩在桌子上："拿去好了。我身上只带了这些，是准备买纸的。其余的，只有等我出去再说！"

见毛泽民出手大方，几个"包打听"互相看看，有些不知所措了。

那天，钱希均正好外出办事，刚到弄堂口，便发现情形不对。她立刻将毛泽民被捕和工人们被关押的情况报告给中央特科。中央特科负责人周恩来紧急部署了营救工作。他批准可用3000～5000元，保全数十位工人同志和价值一万余元资本的工厂。但经过毛泽民与"包打听"软硬兼施的"谈判"，用"天下皆朋友"的江湖套路，只送给他们800元，就化解了这场危机。

鉴于协盛印刷所发生的异常情况，党中央认为，毛泽民已经不宜继续留在上海，决定调他去中共河北省委工作；协盛印刷所已经暴露，必须及早转移。

第四节　辗转津沪

1929 年冬的一天，上海《新闻报》刊登了一则启事："协盛印刷所厂主杨杰出卖印刷设备"。印刷所门口也张贴同样的告示。这批印刷设备包括对开印刷机二台，脚踏印刷机、切纸机、装订机各一台，以及各号铅字和工装夹具等。

几天后，一位陌生的新"主顾"看了货，请人装箱、打包，干净利落地把这些设备全拉走了。

协盛印刷所连同它的"杨老板"，神不知鬼不觉地从上海滩消失了——这是毛泽民的"金蝉脱壳"之计。他把印刷所的设备全都"卖"给了自己。

一批印刷设备很快转移到了天津。这时，党组织又派钱之光 [①] 先行抵达天津，协助毛泽民尽快把中央出版发行机关的工作开展起来。

毛泽民和钱希均一到天津，就在楼门口大大方方地挂上"华新印刷公司"的招牌。鞭炮一响，印刷机就运转了起来。

这时，毛泽民化名周韵华，公开身份是华新印刷公司经理。

华新印刷公司的干部和工人都是毛泽民从上海带来的，是一支精干的人马。经过几年与国民党反动派的较量，大家的斗争经验更加丰富。为了迷惑敌人，公司的一层对外营业，承接的业务五花八门，什么信纸、信封、卡片、表格、发票、税票、请柬、喜帖，还有戏院的演出广告，糖果包装纸等等，净是些零活儿，生意不紧不慢，但细水长流。二楼则是印刷党的报刊和读物的重地，任务相当繁忙，不仅继续排印《布尔塞维克》《中国青年》《红旗》《北方红旗》《共产主义的 ABC》等书刊，还要排印党的文件和通电。在一层营业室的柜台下，装有电铃开关，只要外边有可疑的人进来，营业员一踩开关，楼上的电铃就会轻轻地响起来，排字、印刷和装订的人员就立刻做好掩护工作，以应付突发情况。

[①] 钱之光，是钱希均的哥哥，也是中共早期党员。

毛泽民还在他们夫妇居住的英租界小白楼附近的福安里，设立了一处党的秘密机关。凡是需要送交印刷的秘密稿件，都是由交通员先送到福安里，再由钱希均转交给印刷厂。钱希均仍然是党的地下交通员，负责传送稿件、清样、文件的工作。

为了加强骨干力量，在撤出上海之前，毛泽民派专人去韶山，将堂侄毛远耀、毛特夫带到上海学习印刷。随他们一起出来的还有毛远耀的妻子、大革命时期的共产党员胡觉民。在毛泽民的帮助和教育下，毛远耀和毛特夫都加入了中国共产党。

在天津，毛泽民不仅负责中央出版发行机关的工作，还兼任中共顺直省委的财务工作和秘密交通。他在天津最繁华的劝业场开了一家书店，作为印刷厂的秘密转运站。印刷厂印出的书刊先送到这家书店，再由书店分发、邮寄出去。

顺直省委为了掩护毛泽民和党的出版发行机关，在旧法租界五号路（今和平区吉林路）开设了一家小古玩店。中共顺直省委负责人柳直荀是古玩店的东家兼经理，毛泽民是股东之一。

毛泽民夫妇与住地邻里的关系也相处得非常融洽。福安里的那处住宅是一座两楼

钱希均（右）与女儿毛远志合影（1976 年）

两底的天津租界式的小洋楼。房东姓刘，是山东青岛人，在法国律师处当翻译，每月工资300大洋。住宅的后门对着专门定做西装的兴记服装店。

那时，毛泽民夫妇穿戴都很体面。毛泽民提着一个棕色的公文皮包。钱希均常穿一件藕色底烟色图案的平绒夹袄，一双古铜色的皮鞋。因经济拮据，他们早上经常不吃饭，中午和晚上吃得也很简单，有时就弄点咸菜下饭。可是为了营造安全的环境，他们偶尔还会请邻居吃饭，和服装店老板、老板娘一起打麻将，还故意输上一盘两盘，让老板娘高兴。

当初毛泽民离开上海时，国内形势已经开始发生有利于革命的变化，新的军阀混战爆发，全国红军和革命根据地发展迅速，白区党的组织工作有了一定程度的恢复。这也使当时党的出版发行工作能够比较顺利地展开。

1930年3月初，周恩来去莫斯科向共产国际汇报工作，由中央政治局常委兼宣传部部长李立三主持中央工作。李立三被暂时的胜利冲昏了头脑，对中国革命形势、性质和任务等问题提出了一整套的错误主张，甚至制订了以武汉为中心的全国暴动和集中全国红军进攻中心城市的冒险计划，幻想能够"会师武汉"，"饮马长江"。毛泽民也不时听到"左"倾路线领导人诋毁毛泽东和朱毛红军的言论，他常常为兄长的处境担忧。

这年春天，恽代英以中央代表身份去厦门出席福建省委第二次代表大会，又去闽西苏区视察，亲眼看到朱毛红军经过长期游击战争所取得的伟大成绩。他饱含激情地撰写了《请看闽西农民造反的成绩》和《闽西苏维埃的过去与将来》两篇文章，发表在党中央机关刊物《红旗》上。

恽代英十分赞赏毛泽东以工农武装割据包围城市进而夺取城市的正确主张。他热情地歌颂道："闽西80万工农群众斗争中建立的苏维埃政权，获得朱毛长期游击战争经验的帮助和指导，在政治上确实已经表现了伟大的成绩。"

读了恽代英的文章，毛泽民不由得回想起1925年初跟随毛泽东回韶山发动农运的情景，以及大革命失败后，毛泽东在武昌都府堤41号住地关于考察湖南农民运动的长谈，备受鼓舞，心里也更加敞亮。他相信，中国革命的星星之火一定能燃烧成燎原之势！

华新印刷公司在天津运转了近一年时间，尽管还能开工，但回旋余地较小，报刊的发行和资金转运都极为困难。再者，天津离上海党中央太远，中央印刷宣传品和文件感到很不方便。年底，毛泽民接到中央来电，要他立即返上海重建印刷厂。

毛泽民与钱之光一起回上海进行筹备，把天津华新公司的工作和设备全都转交给中共顺直省委。他带着自己的精兵强将重新杀回了"上海滩"。

这次回上海重建党的出版发行机关和印刷厂，形势比他离开上海时更加险恶。在李立三"左"倾错误路线的领导下，党的城市工作、各地红军和根据地都受到了严重的损失。

根据中央负责人周恩来的指示，印刷厂的建立要采取"化整为零"的策略。周恩来还指示党中央机关会计熊瑾玎和毛泽民、钱之光一起进行统筹安排，做好掩护中央出版发行机关的工作。

熊瑾玎是毛泽民的老相识，而且是一位年长毛泽民10岁的老大哥。他是湖南长沙县五美乡张家坊村人，是最早的新民学会会员。毛泽民在湖南自修大学负责庶务时，熊瑾玎是教务主任。从那时起，他就极力提倡创办经济实体，为革命积蓄经费。1921年6月底，毛泽东和何叔衡赴上海参加党的一大的旅费，就是熊瑾玎帮助筹措的。1928年4月，熊瑾玎来到上海，担任中央机关会计，负责筹集和管理党的经费。他在上海四马路（云南路口）开了一家"福兴商号"，经营纱布生意。这家商号还是中共中央政治局开会办公的秘密机关和联络点。

经过周密的考虑和安排，他们三人选择了齐物浦路（今周家嘴路）元兴里一处两层两底的连体楼，东边一栋开印刷厂，西边一栋开绸布庄。因为在紧挨着印刷厂这边，还有一家小五金工厂，冲压机巨大的噪声正好掩盖了印刷机的转动声。

这是一家小印刷厂，只安装了一台四开的脚踏印刷机。印刷厂的内部工作由瞿秋白的弟弟瞿云白（后被捕叛变）负责。毛泽民夫妇就住在印刷厂。瞿云白兼做校对工作，他的妻子徐伟成除做些家务外，也做些包装、装订工作。但从表面看，这里就是一户普通的住家，与外界没有任何业务来往。

绸布庄这边住着钱之光一家，以夫妻店的形式掩护印刷厂内外的活动。这时钱之光化名徐之先，负责印刷厂的对外联系，同时管理绸布庄的生意，批发、零售各种绸缎布匹。印刷厂和绸布庄之间开了一道秘密的活动墙壁。印刷厂用的纸张和印好的文件，都是伪装成绸缎布匹进出绸布庄。

印刷厂和绸布庄都是由毛泽民负责。他还要负责党的出版发行等许多重要工作。为了安全起见，他一般不直接到这个地方来。除了由钱希均担任交通员外，周恩来还经常派熊瑾玎的妻子朱端绶，来绸布庄送取稿件和信件。

毛泽民重返上海不久，在上海党内酝酿着一场激烈的斗争。

1931 年 1 月 7 日，根据共产国际的指示，扩大的中共六届四中全会在上海召开。共产国际代表米夫出席了会议，并不断使用组织手段控制会议的进行。会上，陈绍禹（王明）等在米夫的支持下，以"执行国际路线""反对立三路线""反对调和主义"为旗号，虽然批评了李立三的一些"左"的错误，但却指责以李立三为代表的错误是在"左"的词句掩盖下的"右倾机会主义"，提出一系列比李立三冒险主义还要"左"的错误观点。会议通过中共四中全会决议案，补选王明等为中央委员，改选了中央政治局。从此，以王明为代表的"左"倾冒险主义统治全党达四年之久。

毛泽民虽然长期从事党的经济工作，但他政治觉悟很强，对党内斗争始终保持着清醒的头脑。后来，他在自己的《个人简历》里这样写道：

> 党的组织工作，因上述工作的缘故，仅只担任过小组长和支部书记等工作。同时，虽在如此长期白色恐怖中，从没脱离过党的组织生活，也从没有受过党和苏维埃政府的警告或处分。在参加反陈独秀机会主义、反立三路线和反罗章龙右派等的斗争中，是一贯在党中央的正确路线领导下与之作坚决斗争，没有犯过任何错误。

这年 4 月下旬，中共临时中央政治局委员、中央特科负责人顾顺章在汉口被捕叛变。顾顺章掌握着白区中央领导机构和中央领导人的全部情况。他的叛变是中国共产党白区斗争史上一个极其严重的事件。

被称为"龙潭三杰"的中共隐蔽战线的著名领导人李克农、钱壮飞和胡底三位同志密切配合，及时将截获的有关顾顺章被捕叛变的紧急情报转报党中央。在周恩来的指挥下，党中央采取紧急措施，废止顾顺章所知道的党内一切工作方法，掐断了顾顺章所能接触的所有关系和线索，各部门实行紧急应变，终于抢在敌人前面，将党中央和中共江苏省委机关及工作人员，全部安全转移至秘密新址，避免了一次后果极端严重的大破坏。毛泽民领导的中央出版发行部和地下印刷厂也进行了秘密转移。

6月，党中央决定派毛泽民和钱希均去中共广东省委工作。根据中央的安排，毛泽民将秘密印刷厂的工作交给钱之光负责。在以后近三年的时间里，印刷厂先后五易厂址，以极其巧妙的斗争方式坚持工作，及时印刷党的文件和党报、党刊，安全圆满地完成了党中央所交给的任务。

第五节　营救毛岸英三兄弟

1930 年 11 月 14 日，年仅 29 岁的杨开慧在长沙市浏阳门外的识字岭壮烈牺牲。

湖南军阀何键本想斩草除根，将毛岸英也一同杀掉。但岸英才是个八岁的孩子。按国民政府的法律规定，未满 16 周岁不能判处死刑。何键就耍了一个更加阴险的毒计，企图用岸英作诱饵，抓捕更多的共产党人。敌人释放了岸英和保姆陈玉英后，派出便衣特务，在板仓杨宅附近暗中监视。

毛泽民从天津回到上海不久，便接到中央关于营救和安置毛岸英三兄弟的任务。他立刻写信给湖南党组织，请他们帮助，设法把三个孩子送出来。随后，他又给杨开慧的家人写了一封信，大意是：大嫂去世了，深表悲痛，望杨老夫人并全家节哀。兄在外不能回来，望按信中说的时间、地点，将三个孩子送到上海。他将两封信一并寄给湖南党组织。

这时已是旧历年关，家家户户正忙着过年，特务们也有好几天不见"光临"了。一天晚上，一个走街串巷的修鞋匠，背着修鞋箱，悄悄地来到长沙近郊东乡板仓。对过暗号后，来人从怀中取出一封信递给李崇德，转身走了。

李崇德回到自己的房间，在油灯下，心情紧张地拆开信封，取出一封信，还有一张字条，禁不住大吃一惊：这分明是孩子们的二叔毛泽民的笔迹！她一口气看完信，又仔仔细细地看了两遍字条上所写的时间、地点和接头方法。得到这个突如其来的消息，李崇德犹如在黑暗的深渊中见到了一线光明，这正是她们一家日夜盼望的啊！

当晚，杨老夫人和家人商议了一个通宵。他们决定按党组织的指示办，春节过后，便由李崇德护送三个孩子去上海。第二天天一亮，李崇德就去了长沙，找到杨怀中先生的老朋友、明德中学校长胡子敬老先生，向他筹措了 50 块银洋做盘缠。

孩子们离开板仓的前一夜，等他们都睡熟了，杨老夫人和李崇德便在桐油灯下为孩子们收拾行李和随身的物品，又将毛泽民的密信缝在小岸龙棉裤的裤腰里。婆媳俩的心情十分沉重，按说把孩子们交给组织，总是比放在自己跟前要放心，可是孩子们这一去，不知什么时候才能再见面呢？杨老夫人不禁潸然泪下。

春节过后的一个清晨，已是花甲之年的杨老太太和儿媳李崇德扮作走亲戚的样子，领着岸英三兄弟来到杨开慧的坟前，让孩子们给亲娘叩头拜别。随后，由农民纠察队员缪配秋用土车将李崇德和岸英兄弟送到粤汉铁路白水车站。他们搭乘闷罐火车来到汉口，再改乘江轮顺水而下，前往上海。

从十六铺码头上岸后，李崇德带着三个孩子，按照字条上指示的地址，很快找到"天生祥酒行"，这是中共的一个地下联络站。老板姓李，脚有点跛，也是湖南人。李老板热情地把他们安排在辣斐德路（今淮海路）靠近外滩的一家旅店住下。

毛泽民得知消息后，给孩子们买了一些好吃的糖果，便和钱希均一起急匆匆地来到旅店。岸英一头扑进二叔的怀里，先是一阵痛哭，接着抽泣着说："二叔，我要找爸爸……妈妈被反动派杀害了……我要报仇！"

站在一旁的岸青一句话也不说，他的眼睛里深藏着仇恨，小拳头握得紧紧的。

钱希均抱起三岁的岸龙，眼睛一酸，眼泪像断了线的珠子一样滚落下来。

李崇德为孩子们擦干了眼泪。钱希均把带来的糖果分给他们吃。毛泽民心情沉重地听李崇德讲述大嫂牺牲的经过，眼睛里喷射出愤怒的火焰。

毛泽民抚摸着岸英的头说："好孩子，不要哭，要坚强些，爸爸正在很远很远的地方打反动派，为你们的妈妈报仇，为所有受反动派欺负的穷人报仇呢！"

岸英抬起头，望着毛泽民，急切地说："二叔，我要跟爸爸一起当红军，消灭反动派！"

毛泽民又开导他说："你们现在还小，现在的任务是好好学习，锻炼好身体，长大了才有力气打反动派。到那时，叔叔婶婶一定送你们去找爸爸，当红军。"

毛泽民还告诉岸英："爸爸托人带信来，要你在上海听叔叔婶婶的话，照顾好弟弟们。"

岸英懂事地点了点头。

最让人心疼的，还是三岁半的小岸龙。与两个哥哥相比，他长得更像父亲，圆圆的脸，大大的眼睛，既聪明又可爱。听着大人们谈话，他也过来拉住二叔的手说："我也要跟爸爸当红军，消灭好多好多的坏蛋！"毛泽民爱怜地把他紧紧地搂在怀里。

几天后，毛泽民和钱希均用平日节省下来的钱，给每个孩子买了一身新衣服，然后领着化名杨永福、杨永寿、杨永泰的岸英三兄弟来到大同幼稚园，与园长和老师们见面。

大同幼稚园是中共上海党组织创办的。大革命失败后，许多革命烈士子女成了无人收养和照顾的孤儿。为了安置和教育这些革命后代，上海党组织决定由党的外围组织"中国互济会"出面，申请办一所幼稚园，并请中共地下党员、圣彼得教堂牧师董健吾负责这项工作。

当时，党的经费十分拮据。董健吾一面在教友中开展募捐，一面回到自己在上海青浦的老家，将祖母分给他的几十亩田产全部卖掉，换回 500 多块大洋。他租下教友萧智吉医生在戈登路（今江宁路）武定路拐角处的两幢石库门房子，作为园址，又让木匠打了几十张小床，还购置了几十套被褥和用具。董健吾又通过关系，请国民党元老于右任先生题写了"大同幼稚园"的匾额。经过登记注册，大同幼稚园正式开张了。

1930 年，中国革命互济会在上海戈登路 441 号开办了大同幼稚园。毛岸英（二排右一）、毛岸青（二排左一）、毛岸龙（二排左二）均在其中学习。

大同幼稚园的领导人最初是何叔衡。互济会派来两位同志负责行政事务。幼稚园还招募了几位热心慈善事业的教友做保育员。主要工作人员均是中共的关系人。幼稚园收养的孩子，除少量教友的子女外，大多数是烈士遗孤和党的领导人的孩子。

懂事的岸英拉着园长和老师的手，自我介绍说："我叫杨永福。"随后，他又指着两个弟弟说："这是我的大弟弟杨永寿，这是小弟弟杨永泰。"他还恭恭敬敬地向园长和老师表示："你们就像我的爸爸妈妈一样，我们三个一定听你们的话。"

孩子们的舅妈李崇德在上海停留了一个星期左右，准备回湖南老家去。临走前，她去幼稚园看望了孩子们。她强忍着内心的悲伤，对孩子们说："你们三个在这里要好好听阿姨们的话，以后我还会再来看你们。"

李崇德离开上海时，毛泽民为她送行。毛泽民鼓励她说："你回去还要准备吃苦，但是要记住，最后胜利一定是属于我们的！"

顾顺章叛变后，党中央通知毛泽民和钱希均立即隐蔽并及时转往香港工作。

临走前，他们很想再见见侄儿们。但党中央处在非常时期，正在采取紧急应变措施，为了保

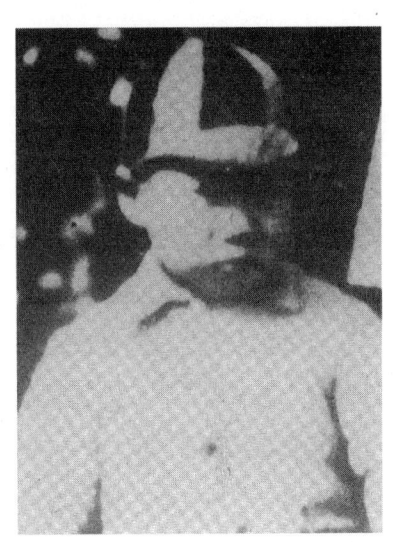

毛岸英在大同幼稚园

护园内孩子们的安全，任何外人不允许进入幼稚园。最后，董健吾同意，由地下交通员把三个孩子带到法国公园去游玩，让他们叔侄再见上一面。

毛泽民夫妇来到公园时，孩子们正在草坪上追逐嬉闹。岸英三兄弟见到叔叔婶婶后，立刻扑了过来。

毛泽民和钱希均把孩子们搂在怀里，爱怜地对他们说："叔叔婶婶要出远门了，要很长时间才能回来。你们要好好学习，听老师的话，要和小朋友搞好团结。"毛泽民还特别嘱咐岸英，要照顾好弟弟们。

就在毛泽民夫妇恋恋不舍地准备离开时，岸英突然从怀里掏出一封信。看来，这信已经写好很久了。他要叔叔把信转给爸爸。

毛泽民向岸英承诺："你放心。这一次，叔叔一定亲手把信交给你爸爸！"

在以后的日子里，毛泽民无时无刻不在关心着三个侄儿的命运。只要有同志去上海，他就托他们打听孩子们的下落。

后来，在陕甘宁边区，毛泽民得知潘汉年要去上海，又托潘汉年打听侄儿们的情况。潘汉年到上海后，只找到了岸英和岸青。1932年，大同幼稚园被反动当局强行解散，岸英、岸青兄弟流落街头，受尽人间苦难。

关于毛岸龙的情况，在中共中央文献研究室编纂的《毛泽东年谱》（1893—1949）中，有这样一段注释：

关于毛岸龙的死亡，1979年中央组织部曾派人做过调查，1982年李静峰在《党史研究》第四期上载文披露了调查到的情况："1931年5月底或6月初的一天夜里，毛岸龙突然生病，腹泻、高烧，由保育员陈凤仙（又名秦怡君，李求实同志的爱人）抱到附近的广慈医院就诊。医院诊断为噤口痢，经救治无效当夜死亡。次日由幼稚园负责行政事务工作的姚亚夫买棺入殓处理了丧事。"

第九章　井冈山的艰辛与欢欣

今天团聚，大家都高兴。我借机会顺便提醒各位。还是十年前那句老话：舍小家为大家。国之不存，何以为家？家破人亡，何以言国？我们家的规矩是："舍家报国，家国命运合一。要记住，以后我们不管干什么，都是在苏维埃国家里当差，家事服从国事……沾上我的亲，带上我的故，也许要惹麻烦，受连累。谁让你是毛泽东的亲人呢？"

第一节　朋友袁文才

毛泽东和贺子珍的相识，不能忘记两个人，一个是王新亚，一个是袁文才。

王新亚是毛泽东上井冈山之前，毛泽东和贺子珍双方都认识的唯一一个人。王新亚是一名北伐军军官，贺子珍是在江西领导永新暴动时认识他的。当贺子珍和哥哥贺敏学上井冈山的时候，王新亚正带着他的农民自卫军向湖南进发。分手的时候，王新亚还通过贺敏学给贺子珍留下了一百块银圆。秋收起义前，在湖南浏阳，王新亚和毛泽东会合，并向毛泽东介绍了永新、安福的革命斗争情况，讲了袁文才和王佐的队伍以及罗霄山脉的地理位置。后来，王新亚的农民自卫军接受毛泽东的改编，与安源矿工起义队伍合编为中国工农革命军第一师第二团，王新亚任团长。遗憾的是，王新亚在秋收起义中率领第二团攻打湖南浏阳后失踪，是战死、投敌还是隐姓埋名？不得而知。毛泽东正是从王新亚那里得知井冈山的群众基础和地理条件比较好，才决定在秋收起义失败后前往井冈山的。

袁文才，原名袁选三。因家境贫困，中学没有毕业就辍学回家。由于当地豪绅地主的压迫和剥削，他带领群众与当地劣绅谢冠南作斗争，被官府通缉，家中房屋被烧，母亲被杀，新婚妻子被霸占。走投无路之下，袁文才参加了当地绿林首领胡亚春的"马刀队"。由于袁文才的聪明才干，他很快就当上了"马刀队"的首领。1926年秋，"马刀队"被编为宁冈县保卫团，袁文才任团总。同年9月，受湖南农民运动的影响，在中共宁冈县支部的领导下，袁文才率部举行宁冈暴动，成立了宁冈县人民委员会，袁文才任常务军事委员，主管全县的军事工作；并建立农民自卫军，任总指挥。同年11月，加入中国共产党。

1927年大革命失败后，袁文才率农民自卫军在茅坪坚持斗争。7月，根据中共党组织的指示，袁文才会同王佐等率领农军攻进永新县城，打开监狱，营救被关押在永新的共产党员和群众。同时，成立了永新县革命委员会和赣西农民自卫军，袁文才任自卫军副总指挥。后来敌人反扑占领了永新县城，袁文才见敌人势众，带领农民自卫队保护中共永新县委负责人王怀、刘珍、贺子珍等迅速撤回宁冈茅坪一带。之后国民党调一个团的正规军进山"追剿"农民自卫军。袁文才利用山高林密的天然屏障，灵活指挥，将部队化整为零，出没无常，有利就打，不利就躲，历时一个多月，拖得国民党"追剿"军精疲力尽，无功而返。

1927年9月9日，湘赣边界秋收起义爆发，毛泽东担任前敌委员会书记，卢德铭担任起义部队总指挥。起义军编为工农革命军第一师，下辖四个团，兵分两路，直取长沙。但由于敌强我弱和经验不足，起义部队很快遭受挫折。毛泽东领导前委立即作出决定，命令各路部队向浏阳文家市集结。

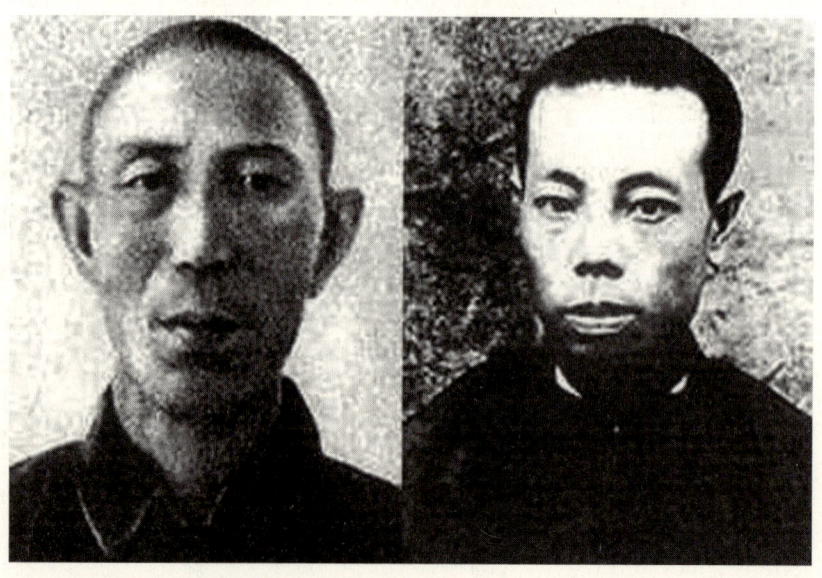

这是被喻为"井冈双雄"的袁文才和王佐。

秋收起义（油画）

9月19日晚，毛泽东在文家市里仁学校召开了前委会议。会议开了整整一夜，争论十分激烈。毛泽东指着地图上的山脉说："这个眉毛一样的地方是罗霄山脉中段，阎王老子都管不到，正适合我们落脚，到那里做个山大王。"师长余洒度等人却坚持要攻打长沙，说革命革到山上当大王，还叫什么革命？毛泽东耐心地说服大家，说我们这个山大王是共产党领导的，是有主义、有政策的"山大王"，是代表人民利益的工农武装。总指挥卢德铭坚决支持毛泽东的主张。天色将明时，除极个别人反对外，大多数人都接受了毛泽东的意见。

一轮太阳升起，满天乌云散去。近千人的队伍集结在里仁学校的操场上。毛泽东健步走到大家跟前，示意大家坐下，亲切地说："我们秋收暴动打了几个败仗，这算不了什么，失败是成功之母，万事开头难。目前我们的力量还不大，敌强我弱，不能继续打长沙，以后我们力量壮大了，一定会打长沙、打武汉、打南京。反动派并不可怕，只要我们团结起来，勇敢战斗下去，最后胜利一定是属于我们的。"毛泽东的话通俗易懂，落地有声，在黑暗中给大家点亮了一盏明灯。他形象地说我们好比一块小石头，蒋介石好比一个大水缸，"我们这块小石头总有一天，要打破蒋介石那口大水缸。"起义部队沿着湘赣边界山区，开始向罗霄山脉中段进军。

9月23日，部队在芦溪遭到了国民党朱培德部的袭击，总指挥卢德铭英勇牺牲。

部队继续南下，转向莲花、永新、宁冈等地游击。

9月30日，部队来到了江西永新县三湾村，毛泽东在这里进行了著名的"三湾改编"，把一个师缩为一个团，番号为工农革命军第一师第一团，党支部建在连上，重新任命了干部，连队建立士兵委员会，内部实行民主制度。

10月3日，工农革命军到达宁冈古城，毛泽东主持召开了前委扩大会议，确定了在井冈山立足和对袁文才、王佐这两支农民自卫军采取团结合作的方针，排除了某些人想把袁、王部队吃掉的主张。

10月6日，毛泽东委托宁冈县委书记龙超清做介绍，在距茅坪不远的大仓村第一次会见了袁文才。

"毛委员一路辛苦。袁某是山村野人，孤陋寡闻，今日有缘相会，实乃三生有幸，望毛委员不吝赐教！"初见毛泽东的袁文才对毛泽东还有一些担心，他担心毛泽东是为了抢地盘而来。

"哪里，哪里！我奉中央指示，秋收暴动，意在救国救民，然而出师不利，转战到这里，想借你们这块宝地，休养生息，以图发展建立革命根据地，还望你们扶助！"

毛泽东很快切入正题，给袁文才分析了大革命失败后的国内形势，介绍了工农革命的基本情况，肯定了袁文才带领农民自卫军敢于反抗地主豪绅的斗争精神。然后以商量的口气说道："我们到井冈山来，是为打击地主豪绅而来。我们要以罗霄山脉中段为依托，建立根据地。只有这样，敌人才拿我们没办法。"停顿一下，毛泽东又说："广大农村像海洋，我们像鱼，农村是我们休养生息的好地方，我相信你袁文才会与我们携起手来一道干的。"

听了这些话，袁文才的担心顿时烟消云散。原来，人家不是来吃掉他的队伍的，而是来跟他一同打土豪劣绅反动派的。袁文才走过去紧紧握住毛泽东的手说："毛委员，我们听你的。"

"好！"毛泽东拍一下袁文才的肩膀，高兴地问："你们现在有多少枪？"

"60多条！"

一听到袁文才还保存有60多支枪的家底时，毛泽东立即接过话头，说："难得，

向井冈山进军（油画）

难得！大革命失败后，你们还保存了 60 多支枪，这是革命的本钱呀！以往的失败就在于我们没有抓枪杆子。但是还要发展！这样吧，为了我们和衷共济，同创大业，我送给你们 100 支枪，过几天派人到砻市来担吧！"说罢，即让同来会见的陈浩写了张取枪的条子。

有枪便是王。袁文才玩命似的惨淡经营，才发展到 60 多支枪的"家底"，毛泽东初次见面就赠枪 100 支，如此慷慨大方，袁文才被深深感动了。惊喜之余，袁文才连忙说："多谢毛委员一片诚心！我袁文才一定竭尽全力，跟着毛委员干革命，虽肝脑涂地，在所不惜。今后凡是用得着我袁文才的，一定效劳。"随即，命人取来1000 块大洋做见面礼赠予毛泽东，并说，"部队的粮草和在茅坪建立后方的事，都包在我身上！请毛委员明早率部进驻茅坪！"

第二节　结缘贺子珍

贺子珍是江西"老俵"。历史上，湖南人多由江西迁来，所以湖南人亲切地称江西人为"老俵"。她1909年生于江西永新。祖父辈系乡间望族，曾拥有不菲的田产和房屋。少女时代的贺子珍因容貌姣好而被誉为"永新一枝花"。贺子珍16岁便加入中国共产党，是永新县委第一任妇女部长，与哥哥贺敏学和妹妹贺怡一起，被誉为"永新三贺"。在1927年守卫永新县城的战斗中，她持枪上阵，以娴熟的枪法，在城墙上两枪连毙两个敌人，吓得敌人落荒而逃。随后，跟随宁冈县农民自卫军首领袁文才、王佐的队伍上了井冈山，成了井冈山上第一位女共产党员。

在井冈山的战火中，毛泽东和贺子珍产生了爱情的火花。从井冈山到瑞金，从雪山草地到陕北高原，他们颠沛流离几万里，相濡以沫，患难与共，经历了生与死的重重考验。人世间很少有家庭能与他们这个家的磨难相比，天下很少有夫妻能与毛泽东、贺子珍之间的患难真情相比。

1927年10月，当穿着破旧的灰布中山装、脖子上系着红绸带的毛泽东收拢秋收起义余部，带着衣衫褴褛的队伍，跛着化脓溃烂的双脚在井冈山和袁文才第一次见面的时候，毛泽东就看见了一起来欢迎他的贺子珍。

这时，毛泽东34岁，贺子珍18岁。

一开始，毛泽东还以为贺子珍是袁文才的女儿呢！当袁文才告诉他贺子珍是永新县委的干部时，毛泽东看她这么年轻，很是佩服。毛泽东上前握住贺子珍的手，说："很好，很好，今后我们共同战斗吧！"

"很好，很好，今后我们共同战斗吧！"贺子珍回到住处，把这句话端端正正记录在笔记本上。写下后，贺子珍又反复地念了好几遍。

这是极不平凡的一天。晚上，明月当空，星光璀璨，茅坪村沉睡在一片安谧之中。贺子珍悄悄地坐到桌前，认认真真再次阅读毛泽东写的《中国社会各阶级的分析》。文中的每一个字都如珍珠一样璀璨：

　　谁是我们的敌人？谁是我们的朋友？这个问题是革命的首要问题。中国过去一切革命斗争成效甚少，其基本原因就是因为不能团结真正的朋友，以攻击真正的敌人。革命党是群众的向导，在革命中未有先领错了路而革命不失败的。我们的革命要有不领错路和一定成功的把握，不可不注意团结我们的真正的朋友，以攻击我们的真正的敌人。我们要分辨真正的敌友，不可不将中国社会各阶级的经济地位及其对于革命的态度，作一个大概的分析……

　　贺子珍一字字一句句读了一遍，合上书本，觉得不过瘾，又读了一遍。这篇文章，以前上政治夜校时，老师介绍过，朗读过，还做了分析，但理解得不是十分的透彻。今日聚精会神地潜心细读，竟读得字字珠玑，读出了真味，眼前似乎亮堂了许多。

　　贺子珍的眼前又一次浮现出毛泽东高大魁梧的形象，令人十分的钦佩和崇敬，她不由赞叹：写得多好啊！对中国社会各个阶级各个阶层分析得多么精辟、透彻，入木三分。那是毛泽东用马克思列宁主义的立场、观点和方法分析中国社会各个阶级的光辉典范，代表了当时理论界的最高水平。因而贺子珍的脑海里对毛泽东又产生了一种崇敬之情。

　　"很好，很好，今后我们共同战斗吧！"这个初识的情景，贺子珍终生难忘。

　　茅坪的第一次会面，成为毛泽东和贺子珍十年夫妻姻缘的起点。

　　开始，毛泽东并不住在茅坪八角楼，而是住在步云山。为了了解井冈山的情况，毛泽东经常步行去茅坪同袁文才和王佐交谈。袁文才和毛泽东熟悉后，非常敬佩他，便邀请毛泽东搬到八角楼住，以利商谈工作方便。随着了解的加深，袁文才和王佐越来越觉得毛泽东是个"大能人"，为了彻底留住毛泽东，两人商量了一个办法：让毛泽东成为井冈山的女婿。谁最合适呢？两个人不约而同地想到了贺子珍。

　　先是王佐出面找贺子珍的哥哥贺敏学。贺敏学是个爽快人，知道这桩婚事对大家都有好处，满口答应做妹妹的工作。贺子珍本来就对毛泽东十分崇敬，听哥哥一说，没有推辞。贺敏学就转告王佐，说这事有门儿。

　　几天后，袁文才就向毛泽东提起了这件事，并说贺子珍已经同意。毛泽东一听，颇感惊讶，连说："使不得，使不得！我在湖南有妻室子女。"断然谢绝了袁文才的

"美意"。后来，袁王二人又分别多次提起这件事。毛泽东看他俩态度坚决，大有不办成此事誓不罢休的样子，便有几分明白了他们的用意。

红军第三次攻下永新后，贺子珍率领一支工作队到永新县塘边村发动土地革命，住在贫农周香姬的家里。周婆婆住的原来是一个恶霸的房子，第一次打下永新后，这个恶霸遭到了镇压，他的住房被分给了周婆婆。房子一共四间，左边一间，右边三间，右边的第一间做了客堂。贺子珍来后，就住在左边的一间里。周婆婆有一个儿子，参了军，家里还有一个媳妇和一个孙子，他们就住在右边的厢房里。不久，毛泽东率领一部分战士也来到塘边村，工作队一时为他找不到更合适的住处，就只好安排他也住在周婆婆家里。

那天，贺子珍带着高大英俊的毛泽东来到周婆婆家时，周婆婆一定把他们当成了一对夫妻，上了年纪的周婆婆给他们腾出了一间房和一张大床，并亲切地对他们说："我没有好房好床，就委屈你们两公婆住这里吧！"

周婆婆的一句话，说得贺子珍两颊"刷"地一下红到了耳后跟，毛泽东也不好意思地摇着头。贺子珍把嘴凑到老太婆耳边说："周婆婆，你搞错了，我们不是两公婆。"

周婆婆不解地问："不是两公婆，那是哪个？"

贺子珍说："是同志，是革命同志。"

周婆婆还是不懂，问："同志是哪个？"

贺子珍没办法给周婆婆解释清楚，她觉得很为难。毛泽东笑了笑说："别解释了，你就跟她说我们是兄妹吧。"

贺子珍犹豫了一下，但真的就这样说了，并提出她要和老太婆一起睡。老太婆负疚地笑了笑，点点头表示同意了。

然而，就是周婆婆这一次不经意的安排，彻底打破了毛泽东与贺子珍以前的平静生活。在此之前，毛泽东与贺子珍的关系是同志式的、兄妹般的感情，毛泽东关心贺子珍，在工作上给她以指导；贺子珍敬重毛泽东，在生活上给他以帮助。这一夜，毛泽东和贺子珍都失眠了……

贺子珍和毛泽东在塘边村前后工作了40余天。两人同住一个屋檐下，一起走访农民，进行调查，制定分配土地的方法，进行《永新调查》的写作。他们坐在一起，一个写一个抄，不时地为一些事情商量着。两人的感情，也在塘边村的工作中进一步得到升华。

有一次，贺子珍外出工作回来，正准备和往常一样轻手轻脚地走进毛泽东的房间。她见毛泽东正在伏案写着什么，便一声不响地倚在门框上，深情地注视着他。

不知过了多久，毛泽东停笔沉思，一抬头，正遇上贺子珍那双炽热的眼睛。两个人的目光蓦然撞击在一起，一时无语。但他读懂了她，她也读懂了他。毛泽东打破了沉默，招呼贺子珍坐下，用他那满口的湖南话温存地说："你是一个好同志、好姑娘，我很喜欢你！"

接着，毛泽东对贺子珍讲了他追求真理、献身革命的经历，谈他以前的家庭。他已经34岁了，结过婚，妻子杨开慧和三个孩子都留在湖南老家了。路遥关险，天各一方，也不知道他们现在的情况如何，是死是活也搞不清楚。湖南的反动派抓到共产党就杀，听到妻子杨开慧的多种传言，有的说她被国民党抓去了，有的说她已经不在人世了……

听到毛泽东的这些坦诚之言，贺子珍的心被深深地感动了。她看着毛泽东身上好久没洗过的旧军装，在敬佩、同情的目光中，又加上了更多的怜爱之情。

那天，毛泽东和贺子珍谈了很久，谈了很多，情是那样的真挚，话是那样的投机。不同的身世，不同的经历，在他们的心灵上引起了共鸣，彼此产生爱慕之情，两颗心不知不觉地融合在了一起。

贺子珍和杨开慧不一样，面对爱情，杨开慧是死死地不肯揭开心盖。而贺子珍呢，她的性格也是刚烈果断，从不会掩饰什么。本来，她早已爱上了毛泽东，但碍于毛泽东的"死守"，她一直没有开口。现在，听到毛泽东"我很喜欢你"的话，她大胆果断地选择了勇敢。

心心相印，两情缱绻。在患难之中，毛泽东和贺子珍确立了爱情关系。

结束塘边村的工作，贺子珍和毛泽东一起回到象山庵后，他俩便结合在了一起。那一天是1928年5月26日。

袁文才备了两桌饭菜请了军委、前委、特委、永新县县委等一班人吃了一顿饭，就算是办了婚事。他们的全部家当就是两人的背包和身上穿的几件衣服。贺子珍花了几天工夫，在煤油灯下一针一线地精心缝制了一个多用挎包，在那天送给了毛泽东。挎包用的是江西农村的蓝土布，设计奇特而实用，有装"文房四宝"的大小多层口袋。后来，这个挎包成了毛泽东必不可少的办公用具，无论是行军还是作战，毛泽东都背在身上。

尽管井冈山的斗争是十分艰苦的，但那段岁月却是他们一生最浪漫、最幸福和最甜蜜的时光。晚年贺子珍依然十分怀念那段时光，她曾如此回忆道：

> 物质生活虽然贫困，但我们的精神生活却是富有的。毛泽东博览群书，肚子里的墨水很多。夜深人静，他写累了，就给我讲他读过的故事，讲他的诗文。他的话，把我带入一个五光十色的书的世界。我盼望有一天，也能像他那样，在书的世界里遨游。常常是一个讲着，一个听着，不知不觉就迎来新的一天……

毛泽东和贺子珍就这样走到了一起。从 1928 年到 1937 年，尽管毛泽东和贺子珍的婚姻只维持了短短十年，随着贺子珍出走苏联而结束，但他们的生死与共患难与共的爱情，并没有随着岁月的流逝而改变。

毛泽东深深地爱着杨开慧，那是一种相知相恋；毛泽东亦深深地爱着贺子珍，那是一种相亲相近。

在战争年代，在 1928 年的中国，毛泽东和贺子珍瓜熟蒂落的爱情和婚姻，值得后人永远敬重。

第三节　井冈会师的信使

毛泽东率领工农革命军在井冈山站稳脚跟后，便把注意力转向了山外。此时，毛泽东很关心周恩来、朱德、陈毅等人领导南昌起义后部队的去向。因为参加南昌起义的部队有两万多人，不但人多武器好，而且部队训练有素，是著名的能征善战之师。如果这支部队能够与井冈山地区的武装斗争相互配合，对今后的革命事业将会产生巨大的影响。

不幸的是，南昌起义部队在广东地区被几路敌军围攻，损失很大。保存下来的部队一部分去了海陆丰地区，另一部分在朱德和陈毅等人率领下退到湖南和江西交界地区。当时，朱德等人虽也知道毛泽东领导秋收起义后率部队转移，但由于消息不通，毛泽东和朱德彼此都不知道对方在哪里。毛泽东所率领的工农革命军只有一千余人，朱德带领的部队也不足三千人，都处于势单力孤、十分困难的境地。所以毛泽东和朱德都想尽快相互联系上，并都派人打听寻找对方。

毛泽东派出的是何长工。何长工于 1927 年 10 月从井冈山出发，先到长沙，向中共湖南省委汇报了秋收起义后的情况，然后绕道南下，于 1927 年年底到了广州。正当他准备返回井冈山时，党领导的广州起义爆发，各地敌军纷纷向广州围了过来。几经周折，何长工来到韶关。事有凑巧，何长工在韶关洗澡堂时，听到云南军阀范石生的第十六军几个军官在谈论说范军长老同学朱德化名王楷，带领队伍到了犁铺头。何长工很快见到了朱德以及曾一起在法国勤工俭学的陈毅。

再说朱德这边。早在 1927 年 10 月底，当朱德率南昌起义部队到达信丰时，就从赣南特委来人那里听到毛泽东带领秋收起义暴动人马上了井冈山的消息。1927 年 11 月朱德率部到达了赣南崇义上堡，忽然有一天听说毛泽东的部队就在附近，大家兴奋极了，陈毅亲自化装前去探听情况，到了那里一看，原来是张子清、伍中豪率领的秋收起义部队一个营。他们也是在战斗中与大部队失去了联系，暂时驻扎在此。张子清一见南昌起义部队，立即率全营加入朱德部队。这下朱德更有信心找到毛泽东了。于是，朱德决定派出"特使"——毛泽东的小弟弟毛泽覃，根据从报纸上得到的消息，向井冈山方向寻找毛泽东。

11月中旬，"特使"毛泽覃从江西崇义起程。22岁的毛泽覃化名"覃泽"，身穿国民党正规军军官服，备有相应的军官身份证件，以国民革命军第十六军副官的身份，一路闯关过卡。行抵茶陵县坑口镇时，从驻在那里的靖卫团团长罗克绍口中了解到附近驻有井冈山袁文才的一个连队。"覃泽"马不停蹄地找到连长游雪程，经过一番交谈，便如实告诉他是毛泽东的小弟弟，游雪程一端详，这青年军官酷似毛泽东，便把他送到宁冈县。

久未联系的毛泽东、毛泽覃兄弟突然相会，分外高兴。毛泽东听了毛泽覃汇报朱德、陈毅率领南昌起义留下的部分队伍，历经千难万险的战斗历程，和目前湘南开展的革命形势，以及朱德、陈毅对毛泽东的期望，连连说好！是夜，兄弟二人进行了长谈。

原来，1927年八七会议前后，毛泽东、毛泽民、毛泽覃三兄弟自武汉分手后，毛泽覃受组织委派，随国民革命军第四军去了江西，准备参加南昌起义。当抵达九江时，军长黄琪翔按兵不动，毛泽覃只好独自前去南昌。当他赶到南昌时，"八一"起义的枪声已经响过了，起义军已于8月3日离开了南昌，取道临川、宜黄、广昌，向广东进军。

毛泽覃一进入南昌城门口，便被反动军警拦阻盘查。毛泽覃身穿长衫，潇洒英俊，反动军警问他从何而来，他从容地掀开长衫，指着内衣上那枚第四军军部上尉书记官的符号说："我是从这里而来。奉军部命令有重要任务，谁敢留难？如误了战机，定加严惩！"敌人见他神色镇定，不敢怠慢，连忙放行。

毛泽覃脱险后，顺着起义大军南下的路线，一路追赶。路上敌人设卡站岗，只好爬山越岭抄小道行走。脚走烂了，钱用光了，食宿都成了问题。于是脱下身上穿的那件长衫卖了几块钱做盘缠。快到临川边境，起义部队发现了他，怀疑他是敌人派来的奸细，将他押往了指挥部。进得门来，周恩来一见是曾在黄埔军校任过教官的毛泽覃，惊喜地说："是你啊，毛泽覃同志。"

押解的人听到周恩来叫他同志，都有些不好意思。毛泽覃笑笑说："几位，快来快来，我要感谢你们给我找到了周恩来、叶挺这些领导啊！"第二天周恩来便安排毛泽覃在叶挺任军长的第十一军政治部工作。

"哦！"毛泽东放下心来，问："后来的情况如何呀？"

"我在汕头……"毛泽覃继续讲述着他的传奇经历："当时，我军主力在汤坑被黄绍竑埋伏的部队包了饺子，接着又在流沙被打散，全军覆没；不想黄绍竑那狗日的随后又亲自率领着三个师的兵力直取潮州，这一下汕头全乱套了，谁也找不到谁，指挥部的头头们也都跑散了，敌人一进城就到处追杀我们的人……"毛泽覃深深地叹了一口气，说："这个只红了七天的潮汕一下子又变成了白色……"

毛泽东又问："你是从汕头逃出来的？"

"逃是逃出来了……"毛泽覃继续说："我们几个同志一起，在路上又会合了几百人，一路打打藏藏地辗转到了饶平，在那里遇到了朱德同志的部队；他的部队在三河坝同敌人钱大钧部激战了三天三夜，突围后经饶平想赶赴潮汕同主力会师。遇到我们后，他们才知道潮汕已经失守，朱德同志就率领我们向闽西赣粤边转移……"

听到这里，毛泽东关切地问："朱德同志那里有多少人，都还有谁？"

毛泽覃说："开始时有一两千人，后来死的死、伤的伤、逃的逃，到了江西安远的天心坪整编时，就只有七八百人了。"

"哦……"毛泽东听到这里惊讶地叫了一声。他奇怪地发现，朱德率领的这支部队竟然同他率领的秋收起义的部队有着十分相似的经历，突然使他产生了一种患难遇知音的感觉。

毛泽覃又说："一天，朱德同志把我叫去，指着一张刚缴来的报纸说，看吗，你大哥带着秋收起义的部队上了井冈山，敌人拿他没办法；泽覃，你立即动身，到你大哥那里去联系一下两军会师的事……"

"好哇！"毛泽东这才明白了三弟的来意："原来你是特遣大使呀！"

毛泽覃颇有些得意地笑了笑，从衣袋里取出一张名片，递给了大哥。毛泽东接过来一看，见名片上印着"国民革命军第十六军少校副官——覃泽"。

"怎么会是十六军？"毛泽东问。毛泽覃便又把朱德的部队目前隐藏在第十六军的情况说了一下。

毛泽东把拿在手里的名片再看了看，笑道："你把名字颠倒，也学会本领啦！很聪明么！"

"还多亏了这个！"毛泽覃得意地拍了拍身上的军服说："这一带的地主武装就吃这个，都像龟儿子似的，摆酒接风，设宴款待，这才打听到你们！"毛泽东不由得哈哈大笑起来，接着又问："朱德同志他们想怎么办？"毛泽覃说："我们在国民党第十六军隐蔽不过是权宜之计，朱德同志想找个既能屯兵又能打仗的地方，所以让我来找你联系，看这里怎么样？"

"这里很好哇！"毛泽东简要地介绍说："这里进山有奇险可守，出门四处可攻，地盘也大，群众基础也好，藏千军万马不成问题！"

两支艰苦转战的部队终于联系上了。两军会师、合力征战，这也正是毛泽东所日夜期盼的大事。毛泽东告诉弟弟，他也派了自己的"特使"何长工，四处打探朱德的队伍。

是夜，兄弟二人携手走出攀龙书院。毛泽覃问哥哥："哥，我嫂子和三个侄儿有消息吗？"毛泽东见问，突然沉下脸来，面对着苍苍大山难过地摇了摇头，没有作声……毛泽覃知道大哥心里难过，便没再问，也没有问及周文楠，免得大哥伤心。

过了一会儿，毛泽东说："润菊，汉朝有个大将军霍去病说过，'匈奴未灭，何以家为'？你我弟兄都已投身革命，革命不成也实难回家呀！听说湘潭的土豪把我们家的田亩全占去了，湖南军阀悬赏了几十万银圆要我的脑袋，你嫂子带着孩子们恐怕难以幸免……我写过两次信，也不晓得她还能不能见到，更不晓得文楠现在怎样，如果平安的话，我想早该生伢子了……"毛泽东有些说不下去了，毛泽覃也不想再说什么，两兄弟就这样默默无语地并肩走着，一时竟无言以对，双双陷入了对亲人的无限思念……

过了好一会儿，毛泽东才说："润菊啊，革命者难以顾及我们个人的一家一户呀！你我也要随时准备为革命掉脑袋的……"

"这我懂……"毛泽覃坚毅地点了点头。

第四节　毛泽覃与贺怡的红色姻缘

1927年夏天，第一次国共合作全面破裂。中共湖南省委在"马日事变"中遭受严重打击，省委书记任卓宣叛变。中共中央决定成立以毛泽东为书记的新省委。那时，毛泽东兄弟们都在武汉，毛泽东把两个弟弟找来，分析当前的形势，沉重地说："和平的日子不多了，我们三兄弟在一起的日子不多了。"并鼓励两个弟弟说，"困难和挫折算不了什么事。我们都是热血男儿，一定要为革命事业奋斗到底！"

毛泽东兄弟姐妹各奔东西，生离死别。他们各自的家也历尽了曲曲折折，没有一个是完整的。有的因战火阻断、为革命四处奔波而断成两半；有的因丈夫或妻子牺牲破了半边，又顽强组建起来；有的则因夫妻双双牺牲而完全破碎。

毛家的媳妇们，除杨开慧、贺子珍外，其他人也都为革命作出了巨大的牺牲。她们都参加了革命，备尝艰辛。她们或历经动荡年代婚姻阴错阳差的痛苦，或独自承受失去丈夫的悲痛。在硝烟战火中，毛家的媳妇们不得不舍弃自己的孩子，远走天涯闹革命，或英勇牺牲。有的孩子得以在新中国成立后与她们团聚，有的则永远也找不到了。每个孩子都是母亲身上掉下来的肉啊。作为革命同志，毛家的媳妇们个个都是当之无愧的。而作为妻子、作为母亲，她们承受了常人难以承受的痛苦！

在风雨飘摇的年代，在1930年的长沙，毛家有三个媳妇同时蹲着国民党的监狱。一位是杨开慧，带着儿子毛岸英；另两位分别是毛泽民的发妻王淑兰和毛泽覃的第二任妻子周文楠。

贺怡是毛泽覃的第三任妻子，1949年11月22日在寻找毛泽东和贺子珍的孩子毛岸红的路途中，因车祸而牺牲。毛泽覃和他的另外两个妻子赵先桂、周文楠均先后为革命牺牲了自己的生命。

毛泽覃的第一任妻子赵先桂在婚后不久，即于1925年被党组织派往苏联学习。1927年9月回国后，改名易姓辗转于长沙、武汉、上海、天津和济南等地从事党的地下工作。曾担任中共山东省委秘书，与中共山东省委宣传部部长裴光结婚，

1932 年，夫妻二人先后被捕牺牲。

周文楠是毛泽覃的第二任妻子，1927 年 9 月生下儿子毛楚雄后，不到半年就被国民党逮捕入狱。在狱中，周文楠不屈不挠，与敌人进行了针锋相对的斗争。直到 1930 年 6 月，红军攻下长沙城后，周文楠才获得了自由。

1928 年 4 月 28 日，是一个不同寻常的日子。这一天，朱德率南昌起义队伍与毛泽东领导的秋收起义部队在井冈山胜利会师。5 月 4 日，会师庆祝大会在砻市举行。大会由陈毅主持，朱德、毛泽东等分别讲了话。根据前敌委员会的决定，会上宣布部队进行改编，成立中国工农革命军第四军，朱德任军长，毛泽东任党代表，陈毅任政治部主任。此外，毛泽东还兼任第十一师师长。毛泽东显得非常高兴，挎上了匣子枪，说："挎上驳壳枪，师长见军长。"随后，他就把驳壳枪交给了警卫员，这是他平生少有的身背武器的历史记载。

井冈会师，开辟了中国工农红军武装割据的新局面。从此，"朱毛"的名字便紧紧地联系在了一起，也一起名震天下。

1929 年 1 月，毛泽东、朱德率红四军出击赣南，以解井冈之围。敌人反扑，形成了对大余县城的包围。由于敌人反扑突然，林彪的第二十八团正在休整之中，仓促应战，溃不成军。毛泽东暴露在敌人面前。关键时刻，陈毅急调第三十一团一营和独立营阻击敌人。三十一团一营党代表毛泽覃率部英勇作战，拼杀在前，掩护毛泽东和军部转移到安全地带。战斗中，毛泽覃腿部负重伤。

毛泽东和毛泽覃是一母同胞的亲兄弟，贺子珍和贺怡是一奶同胞的亲姐妹。因此，贺怡成为照顾毛泽覃养伤的最佳人选。在赣西南特委书记江健民的安排下，贺怡和毛泽覃假扮夫妻，在一位红属老大娘家住下。在贺怡的悉心护理下，毛泽覃的伤好转很快。贺怡的美丽大方和聪颖泼辣，给毛泽覃留下了很好的印象。

毛泽东的两个弟弟虽然文化程度远不及长兄，可一母同胞如出一辙的才俊，也是非同一般的。在毛泽覃和贺怡假扮夫妻生活期间，毛泽覃的坚韧、风趣也深深地吸引了贺怡。

随着毛泽覃的伤愈，两颗心也越来越贴近。两个人的爱情也渐渐成熟起来，宛如一层薄薄的窗户纸，一捅即破。但谁都没有捅破这层薄纸。毛泽覃觉得，自己虽然喜

井风会师（油画）

欢贺怡，但又没有这个权力。大革命失败后，周文楠搬家，毛泽覃辗转多处来到井冈山。由于长沙叛徒活动猖獗和国民党反动派对苏区的严密封锁，毛泽覃和周文楠都联系不上对方，对方是生是死无从知晓。贺怡虽然大胆泼辣，是个敢作敢为的人，但她也不知道毛泽覃的婚姻情况。相互的爱慕只能深深地藏在心底。

其实，爱情是需要缘分的。该是你的，迟早都是；不该是你的，强求不来。

不久，贺怡在父母的劝说下，嫁给了当时的赣西南特委刘士奇。半年后，刘士奇因犯右倾错误，被开除党内职务，派往上海学习。受丈夫的牵连，贺怡也被停止了工作。刘士奇怕影响贺怡，临出发前特别提出离婚，贺怡才得以恢复工作。

毛泽覃伤愈后，任红六军政治部主任。1931 年 6 月，中央红军取得了第二次反"围剿"的胜利，为了进一步保护和巩固胜利成果，成立了永（新）吉（安）泰（和）特委。受上级指派，毛泽覃担任特委书记兼红军独立师政委，贺怡担任特委委员兼保卫局局长。

两个相互爱慕的人再次走到一起，两年前假扮夫妻的那段美好的日子，又在各自的记忆中鲜活起来。两人很快确立了恋爱关系。

如果说毛泽覃和周文楠的失之交臂，带有战争残酷的必然性；那么，毛泽覃和贺怡的相遇相知，则蕴藏着革命战争青春情怀的偶然性。

1931 年 7 月 20 日，经党组织批准，毛泽覃和贺怡结为伉俪。

第五节　三兄弟三妯娌大团圆

1931 年 6 月，毛泽民、钱希均夫妇离开上海，前往中共广东省委工作。当时，中共广东省委机关设在香港。不料，在毛泽民夫妇从上海出发之前，叛徒顾顺章已经带着特务秘密潜入香港。顾顺章指捕了正在香港指导工作的中共南方局书记蔡和森，并通过港英当局将蔡和森引渡给广东军阀。由于顾顺章非常熟悉中共高层领导的情况，毛泽民夫妇到达香港后，党组织决定派毛泽民去中央苏区工作，并沿途巡视中央交通局新开辟的通往中央苏区的秘密交通线。

通往中央苏区的秘密交通线长达千余公里，蜿蜒曲折，沿途设有大大小小的交通站，中央设有专职交通员。沿途还有各种公开合法的策应掩护机构，如文具店、百货店、药店、旅社、饭店等。从交通线建立到 1931 年春天，曾护送过大批领导干部进入中央苏区，其中有党中央从白区调往苏区加强工作的领导同志，还有从苏联学习归来的同志，共计100 多人，包括项英、任弼时、邓发、叶剑英等。经毛泽民巡视后，中央负责人周恩来，以及李克农、钱壮飞、吴德峰等也从这条秘密交通线进入中央苏区。由于敌人的严密封锁和不断"围剿"，中央苏区的物质条件非常困难。苏区每年需要从白区进口大量的食盐、布匹、药品、无线电器材，这条秘密交通线又是红军补给的生命线。

7 月下旬，毛泽民在党的地下交通员的陪同下，从香港出发，沿秘密交通线，踏上了前往中央苏区的行程。一路上，他悉心缜密地视察潮汕和沿途的各秘密交通站点，逐站逐点地与负责人谈话，了解情况，传达党中央的指示。经过 10 多天的行程，终于到达秘密交通线的终点，进入闽西苏区。长期在白区压抑的环境中从事地下工作的毛泽民，对革命根据地的一山一水、一草一木都倍感亲切。大革命失败后，毛泽民就准备随毛泽东参加秋收起义，创建农村革命根据地，但因途中受阻，没能赶上起义部队而未能如愿。在踏上红色土地的那一刻，一种游子回家的美好感觉从他心中油然而生。

闽西苏区与赣南苏区相距不远，但在第三次反"围剿"胜利前却被白区分割着。第三次反"围剿"战争胜利后，赣南和闽西两块革命根据地连成了一片，形成了以瑞金为中心的中央革命根据地，范围扩展到 28 个县境，拥有瑞金、兴国、于都、长汀、上杭等 15 座县城，总面积 5 万多平方公里，人口达 250 多万。这是中央苏区的全盛时期。

毛泽民在滞留闽西期间，担任闽粤赣军区部部长。在这 100 多个日日夜夜，毛泽民无时不在思念近在咫尺的大哥毛泽东和小弟毛泽覃。现在，两个根据地已经连成一片，毛泽民又被调往中央苏区工作，兄弟们终于又能团聚了，欣喜之情溢于言表。

那是一个夏日的傍晚，夕阳已经西下，在红军总指挥部驻地叶坪村的村口，毛泽东穿着一件发了白的旧灰布衬衣、一条膝盖上补了两大方块补丁的土布裤子，在陈昌奉的侍卫下，走向一片开满了金黄色野菊花的山间；他一面在战地赏菊，一面细细思考着采取什么样的具体作战方法和步骤，调动敌人和更有力地打击敌人……

这时，毛泽东万万没有想到，红十二军政委谭震林陪同一位身穿西服的人来找他了。定睛一看，竟是与他分别达四年之久的二弟毛泽民！

毛泽东惊喜万分，三步并两步地奔出菊丛、向大弟跑去；毛泽民也呼喊着"大哥"，张开双臂向他奔来……

兄弟俩紧紧拥抱在一起，又是捶胸又是握手，两人张了几次嘴却都没有说出一句话来……

站在一旁的谭震林和陈昌奉，见到毛泽东兄弟久别重逢后激动的样子，也都为他们感到高兴。

在分别的四年中，兄弟俩经历得太多了。毛泽民先是告诉大哥，这四年来他一直在上海和天津主持中央的出版发行工作。后来由于顾顺章叛变革命，周恩来立刻采取了一系列果断措施，通知他和钱希均立即去香港……

毛泽东听了大弟的述说，感慨交集，高兴地说："周恩来是一个大好人啊！润菊在临川被他认了出来，免去了一顿痛打，你又在上海被他救了一命，可见他对革命、对同志的一片赤诚之情……"

接着，毛泽东向大弟讲述了他率领工农武装走上井冈山，到如今闽赣苏区开创出一片红彤彤的天地。毛泽民也向大哥谈起家乡的情况，这些都是毛远耀、毛特夫两个堂侄到上海学习印刷时，给他带来的消息。其中多有兄弟二人的感慨、兴奋和遗恨……

毛泽东告诉大弟："目前正准备召开第一次苏维埃共和国代表大会；你来得正好，立刻投入工作吧！就由你来负责这次的筹备工作，这可是600多人参加的大会哟！特别是代表们的吃、住，你要统筹安排，尽力把这项工作做好！"

最后，毛泽民又谈起岸英、岸青、岸龙三个孩子在上海的情况。他告诉毛泽东，岸英这孩子很懂事，一定要跟他来苏区找爸爸，说是要为妈妈报仇。毛泽东在黑暗中轻轻地吁了一口气，就再没有说话……两兄弟彻夜未眠。

随后的几天里，兄弟俩几乎每个晚上都彻夜长谈。经过几天相处，性格开朗、泼辣的大嫂贺子珍，给毛泽民留下很好的印象。令毛泽民格外高兴的是，小弟毛泽覃在大哥的引导和带领下，也很快地进步成长起来。此时，他是中共永（丰）、吉（安）、太（和）特委（后又改为中心县委）书记，兼独立师政委。

让毛泽民更为惊喜的是，此时，哥哥毛泽东和弟弟毛泽覃还亲上加亲，成了一对连襟。

第二天晚上，在毛泽东的住处，三兄弟、三妯娌与贺子珍的大哥贺敏学围桌而坐。这是难得的一次团聚。菜很简单，以辣为主。毛泽东不停筷子地为泽民、希均夹菜："你们嫂子的手艺不错。来，来，多吃菜，多吃菜！"

钱希均被辣得直哈气，用手捂着嘴。贺敏学问："你不是江西人，怕吃辣吧？"

毛泽东说："希均是浙江人，西施美女的同乡，可惜不吃辣椒。泽民在上海才几年，也怕吃辣椒喽！"

毛泽民憨厚地笑了笑。钱希均解释："泽民在上海饥一顿饱一顿的，开始靠辣椒下饭，结果伤了胃，肠胃一直都不好，酸辣冷烫都吃不得。"

毛泽东对贺子珍说："那就麻烦你了，再去炒一碗不辣的菜。"

"你们慢吃。"贺子珍起身离去。

毛泽东接着说："江西、湖南人喜欢吃辣，一辣开百味。甜、酸、苦、辣、咸，辣味威力最大。要与这里的群众打成一片，就要学会吃辣椒。我说的不吃辣椒就不懂得中国的革命，就是这个意思，不要绝对化。"

钱希均听得入神，筷子慢慢伸向辣椒碗："听你们湖南、江西人说，辣椒没补，两头受苦，是什么意思？"

毛泽民眼看着大哥，笑了，说："以后告诉你，吃饭的时候说不得的。"接着，毛泽民放下筷子，又说，"一家人围在一起吃饭，我又想起十年前大哥在火塘前给我们说的那番话！"

毛泽东说："对了，明天你就参加'一苏大会'的后勤工作，让全国来的代表们吃好住好。等我们的苏维埃共和国成立了，要你去管全国人民的伙食，那担子才叫重呢！"

毛泽覃又插话："大哥是家长，叫你干什么，你就得干什么！"

这时，毛泽东望着小弟笑了，说："你一说家长我就怕，就怕你举手喊口号，打倒家长作风！"

毛泽民惊讶地看着小弟，问："有这样的事？"

毛泽覃有点不好意思了，笑着说："有！那是前年，我在乔林乡开辟根据地的时候，有一次因为扩红的事，大哥要打我，我就喊口号说，这是共产党的部队，不是你的毛家祠堂！"

毛泽民点着小弟的头说："都这么大了，调皮的毛病一点没改！"

一家人都笑了。

毛泽覃说："别提了，那是我的错。不过，大哥，你打我是不对的，走到哪里，我也是这样说！"

毛泽东也笑了，说："打你是不对，我恐怕是有点家长作风，不光你说，人家也说过。"毛泽东放下筷子，继续说："今天团聚，大家都高兴。我借机会顺便提醒各位。还是十年前那句老话：舍弃小家，为了大家。中国人创造文字，绝顶聪明，把'国'和'家'字连在一起，不可分离。国之不存，何以为家？家破人亡，何以言国？我们家的规矩是：舍家报国，家国命运合一。要记住，以后我们不管干什么，都是在苏维埃国家里当差，国事归国事，家事归家事，家事服从国事。轮到好事要让给别人，遇上了为难的事，不好叫别人，只有让自家人先吃亏。沾上我的亲，带上我的故，也许要惹麻烦，受连累。谁让你是毛泽东的亲人？"

众人异口同声："我们一定记在心里！"

第六节　几多欢喜几多忧

1928 年 5 月 26 日，毛泽东和贺子珍在茅坪象山庵结婚。请房东做了几个菜，叫来袁文才、王佐等十几个战友热闹了一番，就算举办了婚礼。婚后，贺子珍担任了湘赣边界特委和红军特委机要秘书，留在毛泽东身边工作。他们住在茅坪攀龙书院的八角楼里。

八角楼是一栋普通的小木楼，两层高，楼梯顶上用明瓦镶嵌了一个八角形的图案，使光线能够照到上下楼梯上，故称八角楼。楼前是茅坪河，河水清澈见底；对面是一片茂密的枫树林。毛泽东工作之余或晚饭后，常常到茅坪河边散步休息，有时也在枫树下看书。

毛泽东和贺子珍住的那间屋子不大，陈设也十分简单。临窗放了一张书桌，那是毛泽东写作的地方。白天，书桌上洒满阳光；夜晚，桌上那盏小油灯的光亮，透过木制的窗棂射出来，与明月交相辉映。当年，根据地的条件异常艰苦，红军有一条关于使用油灯的规定。按规定，作为特委书记、军委书记和红四军党代表的毛泽东，是可以点三根灯芯的，但他一直用一根灯芯办公、看书、写文章，常常忙到深夜而不眠。茅坪的村民深夜经常可以看到八角楼里那昏暗的灯光。当年曾有一首名叫《八角楼的灯光》的歌谣在根据地传唱：

天上的北斗亮晶晶，

八角楼的灯光通通明；

毛委员就是那掌灯的人，

照亮中国革命的万里程……

《八角楼的灯光》，温暖了一代又一代中国人的心房。

毛泽东喜欢在夜深人静的晚上工作，贺子珍也不休息，坐在一旁，默默陪伴着他，或看书，或帮毛泽东抄写文稿。毛泽东写文章，喜欢一边写一边改。有些重要文章，每改一次，贺子珍就要用毛笔正楷誊抄一遍。有时，贺子珍刚抄完，毛泽东又冒出新的见解，又大改一稿，贺子珍就再替他抄一遍。有时，毛泽东写完一段，会停下笔，对贺子珍说："子珍，你来听听这段写得怎么样？"贺子珍是毛泽东文章、报告的第一个读者，她听得很认真，有时还能提出一些意见供毛泽东参考。

当毛泽东伏案久了、写累了的时候，他们也会海阔天空地聊天，放松一下。有一次，他们说起了中国古典文学作品，贺子珍说她喜欢《三国演义》《水浒》，不喜欢《红楼梦》。她说："《红楼梦》里尽是谈情说爱，软绵绵的，没有意思。"毛泽东反驳她："你这个评价不公正，这是一本难得的好书哩！我看你一定没有仔细读这本书，你要重读一遍。"两人就这样谈着，争论着，有时还争得面红耳赤，有时放声大笑。不知不觉，就度过了一个不眠之夜。

对毛泽东和贺子珍来说，他们住在八角楼的时光是忙碌而甜蜜的，但也有不愉快甚至伤心的时候。

贺子珍当了毛泽东的生活秘书和机要秘书后，工作性质来了个一百八十度的大转弯：以前她干的工作，无论是动员群众，还是宣传革命，都是风风火火的，现在却是整天待在屋子里，要么是整理文件，要么是替毛泽东誊写手稿。她觉得不习惯，甚至有一种失落感。尤其是当她看到别的女同志独立工作，干得很有成绩，或者在学习上有很大进步时，这种失落感就更强烈。开始的时候，她自己心里生闷气：要不是同毛泽东结婚，也不会当什么秘书。后来，终于沉不住气，同毛泽东闹起了别扭。

毛泽东先是生气地批评贺子珍"不懂事"，向她耐心地解释工作的重要性："我们同中央的联系，中央对我们的指示，上传下达，都要通过你。你把秘书的工作做好了，不光是对我工作的支持，也是对特委、前委工作的支持啊！"接着，用柔情化解贺子珍的怨气："再说，我也离不开你啊！"

细致耐心的解释，中肯诚挚的话语，使贺子珍终于想通了。从那个时候起，直到1933年，她一直做着秘书这个工作。在井冈山时期，她为前委、湘赣边界特委管理机要文件。到了中央苏区，她又为苏维埃中央政府管理文件。同时，她兼做毛泽东的生活秘书，照顾着毛泽东的起居。

毛泽东虽然与贺子珍结合了，但他并没有忘记自己在长沙的妻儿老小。最初，毛泽东与杨开慧的联系是通过宁冈县一家中药铺秘密中转的。1927年底，毛泽东告知过杨开慧他到达井冈山的消息。1928 年上半年，毛泽东给杨开慧发去一封急信，却被店铺耽搁了，直到 6 月的一天，杨开慧的堂弟杨开明来到永新，才带来了杨开慧的消息，他才知道她还活着，带着三个孩子还住在老家板仓。她还托堂弟给毛泽东捎去了两双布鞋。听到这个消息，望着心上人亲手缝制的布鞋，毛泽东很是欣喜。秋收起义后，他一个人走了，留下他们母子四人生活在白色恐怖中。一度不知他们是死是活，现在平安的消息传来，他怎能不高兴呢？但是，面对贺子珍，他又无言以对。贺子珍用女性特有的细心与温情悉心照料着他，无论在生活上，还是工作中，都给了他极大的支持。

贺子珍也陷入了深深的痛苦之中：她爱毛泽东，而且已经有了身孕，她是多么不舍得与他分开！而不分开，毛泽东在湖南又有妻子，将来如何见面？两个家，一个男人，怎么办？在井冈山茅坪攀龙书院的八角楼里，贺子珍一想起自己的尴尬地位，就经常掉泪，眼睛哭得红红的。毛泽东心疼怀孕的贺子珍，经常劝慰她："不要想得太多，你现在还怀着一个小毛毛呢！"实际上，毛泽东也不知怎么解决好。他也感到苦恼，心中对两个女人都充满了歉意。

毛泽东是一个感情丰富的男人，杨开慧和贺子珍都是有情有义的女人。在白色恐怖笼罩下的长沙，善良而坚强的杨开慧正冒着生命危险从事着党的地下工作，她早已将生死置之度外，唯一牵挂的就是她的丈夫毛泽东。在井冈山艰难的环境中，毛泽东与贺子珍甜蜜的爱情和婚姻也因此夹杂着无奈的酸涩和艰辛。

贺子珍体会自己的难处，更体会开慧姐的难处。她做好了随时离开毛泽东的准备。为了能让自己在杨开慧来的那天走得自自然然，她平时就注意把自己的衣物与毛泽东的分开，单独放在一个包袱里，搁在另一个地方。毛泽东是个细心人，有一天，他发现了贺子珍的这个秘密。他故意指着包袱问贺子珍那是什么东西。贺子珍正在埋头剪报，头也没抬，随口回答说那是她的行李。毛泽东走过去，把包袱打开。里面除了贺子珍的一身换洗衣服、一双草鞋、一双布鞋、一把刀子外，再没有别的东西。这就是贺子珍的全部家产！

毛泽东看到这些，心里酸酸的，故意问贺子珍为什么准备行装。贺子珍随口回答："准备走呀，你什么时候把开慧姐接来，我什么时候离开你。她带着三个孩子，多不容易，我还年轻，到哪里都可以工作生活。"然后，扬起清秀俊美的脸，冲毛泽东一笑。这笑，满含苦涩，让毛泽东又爱又怜，他看着贺子珍，好半天没有说话。眼前的爱人，虽然年轻，胸怀却是如此宽广！他又能说些什么呢？

开慧姐始终没能来到井冈山。她于 1930 年 11 月 14 日，在长沙识字岭壮烈牺牲。听到这个消息，善良的贺子珍和毛泽东一起陷入了悲痛之中。

几十年后，贺子珍回忆起她和毛泽东初期的这段家庭生活，说毛泽东是个很重感情的人，他的性格有豁达豪爽的一面，也有温情细致的一面。一次，毛泽东要到下面去视察工作。临行前，他看了看为他收拾好行装的妻子，柔声地向她请求："我要走了，你送送我好吗？"贺子珍点点头答应了。马夫牵着马在前面走，他们俩在后面慢慢地跟着，一面走，一面说着悄悄话。经过红军医院时，毛泽东提出两个人走在一起，怕影响不好，骑上马到前面等贺子珍。当时在那偏僻的山区，群众的思想还比较封建，即便是夫妻一起出门、一起散步的情景，也是很少见的，部队的同志也不习惯这样做。作为全军领导的毛泽东，自然十分注意周围群众的影响。

1930 年，红军攻下吉安后，贺子珍从陂头来到吉安与毛泽东会合。在吉安，贺子珍与分别两年多的父母亲和妹妹相逢了。贺子珍想到父母亲那里住几天，同毛泽东商量，毛泽东同意了。可是，贺子珍在父母亲家里刚待了半天，毛泽东就来了。贺子珍的母亲一看这情形，赶快给他们做了几样可口的饭菜，当晚便让他俩回去了。一离开母亲，贺子珍问毛泽东："不是说好我在妈妈那里住几天吗？你怎么来了？"毛泽东笑着回答："我一个人挺寂寞的，刚好下午没什么事，就来看你了。"

在井冈山最困难的时候，毛泽东和贺子珍也只能分一点伙食尾子吃。毛泽东爱吃辣椒，贺子珍为了改善一下毛泽东的生活，特地从老乡那里买来给他吃。当时，有人传说毛委员有肉吃，年仅 15 岁的红军女战士彭儒也存有疑问，专门凑吃饭的时间，突然袭击，闯进毛泽东和贺子珍的家，但连续去了几次也没有看到他们碗里有肉。

由于蔬菜太少，毛泽东还得了便秘的毛病。贺子珍就亲自做好肥皂水，借来通气管，帮毛泽东缓解便秘的痛苦。井冈山虽然地处南方，但在冬天也很寒冷。毛泽东、贺子珍同大部分红军战士一样，没有御寒的衣服，只能穿着单衣过冬。袁文才让妻子谢梅香给他俩各做了套棉衣。第二天，毛泽东在山上散步，看到有位老人冷得难熬，就把棉衣送给了这位老人。他到宿营地视察，发现有个战士没有被褥，立刻让贺子珍把他们的被褥拿来，送给了这个战士。而他俩的床上，没有被子，没有褥子，床上垫的是稻草，盖的只有一条缴获来的灰毛毯。后来，那位接受了毛泽东棉衣的老人给毛泽东家送来一篓木炭。贺子珍把炭盆生着，放在毛泽东的脚旁，又把那条唯一的灰毛毯披在他的身上，以抵御冬夜的阵阵寒气。

1929 年 6 月 22 日，红四军第七次党的代表大会召开，错误地否定了毛泽东的正确意见。在选举前委书记时，毛泽东落选。此时，毛泽东正身患重病。会后，贺子珍一直陪伴在他的身边，从龙岩到上杭，从上杭到苏家坡，千方百计地给予他精神上的安慰。

1929 年 9 月下旬，红四军第八次党代表大会在上杭召开，毛泽东拖着虚弱的身子，坐在担架上去开会。当他到达时，会议已结束。毛泽东怏怏而归，贺子珍见他神情不悦，更加悉心地陪护他，为他改善生活，尽力帮助他渡过政治难关。后来经过一位名医十多天的治疗，病情明显好转。正逢重阳节，看到院中黄菊盛开，毛泽东诗兴大发，填了一首《采桑子·重阳》：

> 人生易老天难老，岁岁重阳。今又重阳，战地黄花分外香。
>
> 一年一度秋风劲，不似春光。胜似春光，寥廓江天万里霜。

1931 年 11 月，毛泽东遭到"左"倾路线的排挤，被撤去苏区中央局代理书记职务。1932 年 10 月宁都会议，毛泽东的军内职务也被撤掉。他被迫离开了红军的领导岗位。1933 年，苏区大反"罗明路线"，实际上矛头主要指向的还是毛泽东。家里其他人也受到了牵连：贺子珍被取消机要员资格；毛泽民受到了批评，但因为是个兢兢业业的理财专家，工作也离不了他，没有被撤职；毛泽覃被指责为江西罗明路线的代表人物，被撤职。贺怡虽然已经怀孕六七个月了，还是被送进了党校，参加高级班的学习，成为重点斗争对象。她想不通，有时就跑去跟姐姐说，说到伤心处，不禁落下泪来。贺子珍在一旁听得难过，也陪着掉眼泪。这时，毛泽东在一旁静静地听，表情严肃、冷峻。被毛泽东称为"好人"的贺敏学，曾配合彭德怀的红五军坚守井冈山，此时也被停止了师长的一切工作。但他们坚定不移地支持毛泽东，相信红军和党

1933 年 6 月，毛泽东（左一）在瑞金和红军官兵合影。1931 年秋，在打败国民党军第三次"围剿"之后，中共中央苏区已拥有江西的瑞金、会昌、寻乌、安远、兴国和福建的建宁、泰宁、龙岩、长汀等21 个县城和周围农村，面积约 5 万平方公里，人口约 250 万。

最终会走到正确的轨道上来。

　　毛泽东一生中最为艰难的一段岁月，是贺子珍陪伴他共同度过的。这对革命伴侣，相濡以沫，生死与共，共同经历了残酷战争的考验，一起承受着政治上的风风雨雨，度过了极为艰难困苦的烽火岁月。从井冈山到闽西，从赣南到长征路上，天下有几对夫妇有过如此经历？天下有几多爱情承受过如此的磨难？在颠沛流离的战争环境中，他们不曾有过一个长久而稳定的家。但他们心心相通，患难与共，夫妻情深，又有谁能说他们不曾拥有过真正的家园？

　　1932 年 11 月，贺子珍生下了她的第一个孩子。因产后吃了不干净的蔬菜，得了中毒性痢疾，人一下子瘦下来。第十四天，毛泽东赶到医院探望，见贺子珍身体这样差，很是忧虑。第二天，毛泽东就给贺子珍送来了热气腾腾的鸡汤。毛泽东把瓷罐子递给贺子珍，让她快趁热吃。在那个年月，一只鸡是很难得的滋补品。贺子珍问毛泽东从哪儿弄来的鸡。毛泽东说是警卫员到老百姓家里买的，是用组织上给他发的休养费买的。贺子珍知道毛泽东身体不好，让他吃。毛泽东哄她说，一共买了两只，自己已留下了一只。贺子珍知道毛泽东手上的钱那么少，不舍得一次买两只鸡，但她也了解毛泽东的为人，如果她不吃，他就会一直劝说下去。于是，她让他把鸡汤倒出来，端给她喝。毛泽东坐在旁边，笑眯眯地看着她把鸡汤喝下去。这一幕，成为贺子珍一生最温暖的回忆。

中国历史上有个典故，叫作"项庄舞剑，意在沛公"。把它用在博古等"左"倾教条主义者身上，是最恰当不过的。因为他们以反对"罗明路线"之名，行进一步打击毛泽东之实。

1933 年 1 月下旬，正当红军第四次反"围剿"的战斗处于关键时刻，以博古为首的中央首脑机关从上海来到了瑞金。中共苏区中央局和中共临时中央合并，从此博古负总责的中共苏区中央局直接领导苏区的工作。不久，博古领导开展了批判"罗明路线"的政治运动，对罗明兴师问罪。

3 月，苏区中央局代表在检查江西省南部苏区县工作时，认为会、寻、安中心县委书记邓小平和永、吉、泰中心县委书记毛泽覃的做法与罗明是一致的，认为他们所领导的机关过去是执行了一条同党的进攻路线完全相反的退却逃跑的所谓纯粹的防御路线，于是又一场反对"罗明路线"的错误运动在江西展开。

所谓反"江西罗明路线"是指对抵制"左"倾错误的邓小平、毛泽覃、谢唯俊、古柏等继续进行错误打击的运动。实际上，邓、毛、谢、古是江西苏区党内支持毛泽东正确主张的代表人物，他们在四中全会后就在理论上和实际工作中抵制了王明"左"倾错误。

4 月 18 日，在中央局《斗争》第八期发表了张闻天的文章《罗明路线在江西》，指出："罗明路线不但在福建的杭永岩，而且在江西。""防御路线的问题，不但在会、寻、安，而且还在江西其他地区。"要求"江西省委必须最严肃的检查所有边区各区工作，揭发自己过去工作的指导的政治错误"，"把这一反对单纯防御的机会主义路线的斗争深入到群众"中去，预示着一场暴风雨将扩展到江西全境。

"左"倾领导者责成"江西的罗明"交出一份像样的申明书，邓小平气愤地陈述道："我们交的两份检查，写的全是实话。回顾历史，认识自己所做的一切，是对党的事业负责的，是对中国革命负责的。"

5月5日，中央局批准了《江西省委对邓小平、毛泽覃、谢唯俊、古柏四同志二次申明书的决议》，继续对这些同志进行批判和斗争，要求他们"必须向党作第三次申明书"，"必须向党忠实地从历史根源起彻底揭发反党小组织活动"。中央局撤销了他们的工作职务，将他们调往基层担任巡视员，并将这一斗争在江西全面展开。全省各县相继召开类似的以"反罗明路线"为中心的党代表大会，批判斗争了一些坚持正确路线的领导干部。

毛泽覃、贺怡婚后，心心相印，互敬互爱，相敬如宾。1932年8月，第一个孩子出世了。开始批斗时毛泽覃是可以回家的。随着斗争的深入，毛泽覃被撤了职，成了敌我矛盾，问题就严重起来。由于毛泽覃的问题，贺怡也成了反动分子的家属，也成了斗争的对象。一天，博古找她谈话："我们同江西罗明的斗争，已成了我党的生死存亡的大问题。你是共产党员，要同毛泽覃划清界限，揭发毛泽覃的'反党'罪行，才是你的明智选择。"

生性豪爽的贺怡一口回绝了，她斩钉截铁地说："毛泽覃没有什么问题。包括罗明都是好同志，他们坚持的是一条实事求是的路，不合你们的胃口。我不知道他有什么'反党'罪行，只晓得他是我们党的好同志！"

"你要这样说，我就撤你的职！"谈话者跳起脚来。

贺怡也针锋相对："权在你们手里，你就看着办吧！"

第二天，组织便有了新的命令，贺怡的中共瑞金县委组织部部长的任职被撤销。第三天，又有一纸命令把她送进了中央党校学习改造。

1933年10月，贺怡只身来到党校。说是党校，实则监禁。党校只有贺怡一个女同志，自然是一个人一间房，地上铺些稻草，便是床铺。这时她已怀孕三个月，白天遭批判，夜间写检讨，没有星期天，使她心力交瘁。此时她担心的不是自己，而是丈夫毛泽覃。贺怡的精神承受着极大的压力。直到她将要分娩时，才允许她离开党校。结论是开除党籍，以观后效。幸好这件事被副校长董必武知道了，他认为这种做法不妥，给压下了。许多人碍于董老的情面，也不再提此事。

贺怡分娩后不到一个月，再次遭到批斗。在挨斗期间，她常去姐姐贺子珍那里坐坐，寻找一些安慰。那时，毛泽东的日子也不好过，见到贺怡过来，问了一些情况："今天又批斗没有？"

贺怡道："批斗了。我心里有气，来了个徐庶进曹营一言不发，一上午隔着窗子瞅树枝，把他们气坏了。说我有后台，非打掉我这个高干亲戚的傲慢性不可！"

"项庄舞剑，意在沛公！"毛泽东说道："他们越这样搞越不得民心。你们要经得起委屈，谁让你们是毛泽东的亲戚呢？"

贺怡坚强地点点头。

毛泽东在中央苏区的那段时间里，是他一生中最曲折、最坎坷的时期，遭到了一次次的打击和排挤。王行娟在《贺子珍之路》里这样写道：

这时，他们夫妻带着小儿，已经来到瑞金。过去，瑞金他们的家，经常是高朋满座，宾客盈门，毛泽东和贺子珍也都特别好客。如今是门可罗雀，谁也不敢轻易进他们家的门了。因为，现在已经不同于原来路线斗争了。路线斗争中是思想认识问题，毛泽东还可以同战友们来往；可现在被说成反党小集团，那是敌我斗争，谁沾边谁就成了反党分子。这个帽子不得了呀，谁戴了就翻不了身。

毛泽东看到这种情形，为了不牵连或少牵连别人，不再和同志们讲话，同志们怕加重他的"罪"，有意避开他，不同他讲话。毛泽东完全被孤立起来了。有时候，他几天，甚至几个星期，都不同外人讲一句话。这种日子有多难熬啊，贺子珍想想都觉得心酸。

一场扩大化的对罗明路线的批判，不但失去了人心，也丧失了打破第五次"围剿"的有利时机，从而失掉了整个中央革命根据地，这场批判不得不草草收场。峰回路转。1934年春，贺怡不计个人得失，服从组织安排，担任了瑞金夏肖区区委书记。这时，毛泽覃被解除职务，派往偏远地区协助基层工作，两人见面机会甚少。不久，中央被迫作出决定：退出中央根据地，实行长征。中央决定毛泽覃、贺怡夫妇留在赣南，坚持游击斗争。

第十章　别样英雄

"人要换种，草要过烧，石头要过刀！"随着中央主力红军的转移，国民党五十万大军压境，红区顷刻沦为白区，四处都是碉堡、铁丝网、步哨和关卡；大街小巷血流成河，城外村口人尸成堆……

第一节　去留心事都嫌重

1934年10月10日，是个沉重的日子。中央主力红军就要"西征"了，要撤离这块红土地了。

中共中央分局、中央军区领导留下来的干部、红军、赤卫队、游击队，坚持敌后斗争。

走的人和留的人，心绪都难以平静，这一别也许就是生离死别。

敌众我寡。走的人，不知前程在何方。

形势险恶。留下的人，不知命运会如何。

周恩来语气沉重地叮嘱项英："留下不少老同志，何叔衡、瞿秋白等，要尽力照顾。还有毛泽覃、古柏，再不能抓人家辫子了。大敌当前，要共同对敌。中央已任命毛泽覃为中央分局委员、红军独立师师长，古柏为闽粤赣边游击队司令员，要充分信任他们。"

周恩来十分明白，留下来的大多是过去犯过"错误"，或在批判"罗明路线"和"邓毛谢古"运动中挨了整的人。

云石山寺庙外。

洛甫走过来关心地问道："子珍同志，东西都收拾好了吗？部队快要出发了，你随队出发，赶紧把毛毛安排好。"

贺子珍问："我妹妹和泽覃走不走？"

"他们留下来，在项英、陈毅领导下打游击。"

贺子珍说："我打算将毛毛交给妹妹贺怡。"

"那就赶紧送走。你准备好，马上去休养连报到，董必武是你们连的支部书记，谢觉哉、徐特立、邓颖超都在休养连，你还有什么事情需要处理吗？"

贺子珍想了想说："别的没什么，我担心润之……"

"你放心，老毛也随大部队行动，他很快回来安排政府各部的转移事项。"

贺子珍一直悬着的心，终于才放了下来。

毛泽覃、贺怡来向哥哥、嫂子告别。贺怡进里屋跟姐姐说话去了，泽覃在外屋跟哥哥对坐着。

毛泽东神色黯然地注视着弟弟说："你嫂子经我争取，已同意她随军转移，她又怀了孕，毛毛就带不走了。"

毛泽覃装出轻松的口吻说："大哥，交给我带吧！你不要为我担心。没问题，打得赢就打，打不赢就走，反正打游击的地方有的是。"

毛泽东说："你和贺怡既要照顾我们的老丈人、丈母娘，又要照顾小毛毛……"

毛泽覃动情地说："毛毛你就不用挂心，我这里最保险，情况紧张时，我会送他到老乡家去。我倒不放心你呀，大哥，你脾气刚烈，又不被中央理解，再发生重大碰撞，只怕咱兄弟连见面的机会都没有哩。"

毛泽东掩饰住内心的不安，安慰说："过虑了，不至于。我还是政治局委员、共和国主席嘛。当然，路上什么情况都可能发生，说不定还有机会呢。"

毛泽覃说："但愿如此。蒋介石比谁都明白，他就惦着毛泽东悬赏，惦着毛泽东'围剿'，不认别人。"

"蒋介石惦着我，我也惦着他。这一生我都要跟他斗下去！"

"大哥，保重！"毛泽覃声调有点哽咽地说："我走了！"

毛泽东从洛甫手中拿过中央政府留下人员的名单一看，眉头就皱紧了。名单上有项英、陈毅、何叔衡、瞿秋白、梁柏台、周月林、陈潭秋、阮啸仙、张鼎丞、邓子恢、周以栗、陈正人、曾山、毛泽覃等。很显然，这个名单带有惩罚性和遗弃性，除了少数骨干外，大部分是过去犯过"错误"或反对过"左"倾路线方针政策而不被信任的人，如要以人划线的话，也多数是"毛派"人物。

毛泽东凝望着窗外丝丝缕缕的细雨，似乎听到了叶落雁飞的声音，心事变得更加沉重起来。

"这些名单都是谁定的？"毛泽东问。

洛甫说："都是博古同志亲自定的。"

"有没有变动的可能？"

"可能性很小。"

"有没有正式通知他们？"

"留下的人员还没有通知，就等你回来开个政府会议，宣布名单，布置一下善后事项。"

"我去找博古和恩来同志谈一谈，像秋白、叔衡、潭秋等同志，能带走的要尽量争取带走。"

"那好吧。"洛甫摇了摇头。此时的毛泽东"人微言轻"，他的建议很难被采纳，他的弟弟毛泽覃不就被留下了吗？

10月上旬的一天，毛泽东将中央政府各部部长请到云石山古庙的佛经堂前，召开"青山会议"。中央政府各部委领导都来了，坐了满满一屋子。按照"三人团"规定的口径，毛泽东主持了会议，洛甫说明了撤离苏区的决定并宣布了去留名单。

毛泽东以缓慢而沉重的口气说，我们的第五次反"围剿"失败了，但是革命是有前途的，大家一定要增强信心。他的心情十分沉重，说着说着就动了感情："诸位都是苏维埃共和国各部委的领导，按过去说法叫大臣、阁员，大家都为建立和管理这个国家，尽了心，出了力。可是大家心里都明白，我们已不可能在内线打败国民党对我们的第五次'围剿'了，中央机关与主力红军就要突围转移了。在座的同志，有的将编入野战军，有的要留下坚持斗争。无论是走是留，都会面临很大的困难，都要我们去正确对待。"

毛泽东觉得这些安慰话有些空洞，只得尽快结束谈话，他以惜别心情扫视了战友们一眼，说："要把各部的善后工作做好，使留下来的同志能够更好地继续革命斗争，更好地联系群众。"

毛泽东说完，瞿秋白咳嗽了几声，轻声说："组织上决定我留下，我服从。但是如果有可能，我还是希望能跟部队走。"

徐特立帮腔说："是呀！秋白同志当教育部部长，共和国需要他，你们就让他走吧，你们怎么不让他走呀？"

毛泽东说："秋白同志的心情，我理解。大家的心情我也理解。我去找他们谈了，可是，不顶用呀！"

大家这才明白，原来谁走谁留，共和国主席事先也是不知道的。

会议在一片悲壮的别离气氛中结束了。

瑞金下肖村。一个简陋的屋子。

桌上一盏煤油灯亮着微弱的光，秋白侧身躺在床上，冲着墙不断地咳嗽着。

毛泽东走上前去，用手轻轻拍了拍床沿。

秋白听到动静，侧转身子看到毛泽东，急忙坐起来，抖动着身子不停地咳嗽。

毛泽东随手倒了杯热水递过去："秋白，近来身体如何？"

瞿秋白悲伤地说："哎，我这倒霉的身子，越到要紧的时刻越不争气，近些日子一阵阵心口痛。"他喝下一口水，说："润之，他们好像划阶级那样来定去留，有过不同意见的人就等于领取了一张留守票。"

毛泽东同情地说："留下你们几个书生，是不合适的。秋白同志，我为此专门找过上面，可人家不同意啊，哎……"

瞿秋白说："我多么希望能跟部队一起走，离开红军我能做什么呢？你们走了，我就只能听凭命运的摆布了，我们还能相见吗？如果不能相见，那就此永别了！"

"秋白，革命的路还很长，要保重身体才是，对前途乐观一点吧。"说着，毛泽东抓紧了瞿秋白的手……

毛泽东和王稼祥，一个是病号，一个是伤员。两人正在指点篾匠做特制担架，用两根长竹竿做抬杠，串起一副担架骨架子，上面用油布做成弧形的盖，像船篷，既遮阳，又避雨。

一匹快马奔来。原来是刘英，她腰间皮带上别一支小手枪，挂一个白搪瓷缸子，穿着军装，打着绑腿，挺精神的。她翻身下马，打招呼说："毛主席、王主任，你们在做什么呢？"

"做担架呢，老毛和我设计的特制担架。"王稼祥说。

毛泽东对刘英说："在于都叫你走，你不走，不走就把你丢了！"

刘英反而埋怨毛泽东："你怎么不早告诉我红军要走？光讲'特别任务'！含含糊糊的。"

毛泽东笑了："你倒怪起我来了，军事秘密，不便明说嘛！你要我犯错误呀？"

刘英关心地问："长途转移，你们的身体可吃得消？"

毛泽东说："我们设计了担架，我和稼祥，一个病号，一个伤员，抬着走。"

王稼祥指着正在扎制的担架炫耀地说："这种担架呀，是流动的房子。"

毛泽东打趣地说："刘英，要不要坐坐试试？"

"我坐什么担架呀？"刘英"咯咯"地笑着说："我又不是病号，我骑着马跑，神气哩！"

刘英翻身上马，飞驰而去。

望着远去的身影，毛泽东对王稼祥说："小个子刘英，是够神气的哟！"

王稼祥笑说："相比之下，我们躺在担架上，让人家抬着，形象就差远了。"

走的一定要走，留的必须要留下来。贺子珍的母亲颤抖地拉着贺子珍的手说："孩子，去吧，路上要小心，要照顾好老毛的身体哟。以前他让我们全家受到连累，以后也只能指望他哩。"

毛泽覃抱起小毛毛亲了又亲："往后听叔叔的，叔叔给你做手枪，做风筝……"

小毛毛双手箍紧叔叔的脖子，噘起小嘴在他的脸上不停地亲着，嘴里却说："不嘛，不嘛！我要跟爸爸去打仗，我是小红军！"

贺怡劝说流泪的姐姐："分离是暂时的，有散就有聚。你放心走吧，爸妈和孩子我们会安顿好，不要多挂虑。"

贺子珍擦擦眼泪，看了小毛毛最后一眼，转身就走了，再没有回头。

10月18日傍晚，毛泽东带着随行人员，离开于都城，踏上了艰苦转战的征途。

那是黄昏时候，毛泽东阔步走出于都西门，来到于都河的浮桥边。

浮桥两岸的红军人山人海，无数的火把宛如条条火龙；军号声、马嘶声和前后联络的呼喊声连成一片……

成千上万的男女老幼向渡口涌来。有的给部队送茶水，有的帮部队挑担子、背背包，还有数不清的妇女、儿童和老大娘等穿行在队伍中间，送草鞋，送布鞋，送斗笠，还硬往战士口袋里塞吃的东西。

千言万语，道不尽依依惜别之情。

心像黄连，看到的尽是苦涩的笑容。

"同志哥，可一定要回来啊！"

"放心吧，老俵，红军一定会打回来的！"

"红军一定会回来的！大娘保重啊！"

……

远处有歌声传来：

> 送红军啊到江边，
> 江上穿呀穿梭忙。
> 千军万马渡江去，
> 十万百姓泪汪汪！

浮桥边的大樟树下，赣南省、县的一些领导正和毛泽东告别。他身着单军装，左臂搭着一件夹大衣，虽然大病初愈，身体还很虚弱，但走起路来还是挺有精神。前来告别的人有曾山、刘启发、钟若兰、罗过崑等，有的后来还见过，有的则永别了。

过了于都河的浮桥，毛泽东跟着行军的队伍沿着河岸，向西南挺进。

马夫牵着一匹黄骠马，紧随毛泽东身后。马上驮着毛泽东的全部行装：马褡子里装着两条毯子，一条薄棉被，一条布床单，一块油布；还有一把红油纸伞、一个挎包同干粮袋系在一起，搭在马背上。此外，还有一个挑夫挑着毛泽东的两个铁皮文件箱。

第二节　别样英雄

1934年10月，贺子珍跟随中央红军总卫生部休养连开始长征。到达贵州盘县时，在一个叫猪场的地方遭到敌机的袭击，贺子珍毫不犹豫地扑倒掩护伤员，结果自己的头部、背部多处受伤，生命垂危。当时医疗条件极差，不能手术，弹片自然无法取出，虽然包扎着伤口，但仍流血不止，贺子珍危在旦夕。连里领导一时不知道该怎么办，正想打电话给毛泽东时，贺子珍央求道："不要把我负伤的情况告诉毛泽东，他在前线指挥作战，不能分散他的精力……"最后，连里决定将奄奄一息的贺子珍留在当地老乡家里养伤。

当时，毛泽东正在指挥红军四渡赤水战役，与围追堵截的国民党军队迂回周旋，一刻也不能离开。得知贺子珍负了伤，要不行了，毛泽东掉了泪。他不能丢下妻子，立刻给休养连打电话："不能把贺子珍放在老乡家里，无医无药，无法治疗，安全也没有保证，就是死也要把她抬走！"

贺子珍躺在担架上的两个多月里，毛泽东一有空闲就去看望她，省下自己口中的粮食，带给贺子珍。后来，贺子珍在回忆这段往事时说："是毛泽东救了我的命。我当时昏迷着，不知连里曾决定把我留下，放到老乡家里。当然，连里这样的决定也是一片好心。但如果那时毛泽东同志同意了，我就没命了。我的伤那么重，农村又没有医疗条件，不要说碰到敌人，就是光躺着也要死的。我苏醒过来后，怕增加同志们的负担，也曾多次向连里提出把我留下的意见，他们都没有同意。我这才活过来了。"

根据贺子珍的回忆，红军长征到达毛儿盖时，还发生了一件遗憾的事。贺子珍的弟弟贺敏仁在喇嘛庙私自拿了百十个铜板，被人说成是拿了一千多个银圆。师部在没有调查清楚的情况下，为维护红军铁的纪律，枪毙了他。贺子珍知道这件事后，很伤心。但是，她控制住自己的感情，对这件事作了客观的调查，并如实向军委和毛泽东作了反映。毛泽东没有作任何表态。事后，贺子珍也没有干预对这件事的处理，更没有利用自己的地位，采取任何报复性的行动。若干年后，她对兄妹谈到这件事，平静地说："如果这件事发生在平时，当然可以争个是非曲直，但当时是战争，是红军生死存亡的紧要关头，一切都要服从这个大局，不能干扰毛泽东对军队指挥工作的进行。即使是有人有意地陷害，我也要用红军的纪律约束自己，也要用红军的纪律严格要求自己的亲人。"

"到抗日的最前沿去！"爬雪山，过草地，毛泽东带领红军怀着坚定的信念北上，北上……

第三节 长征路上的"扁担银行"

红军长征前五天，毛泽民才得知转移的消息。他匆匆结束了手头的工作，紧急组织国家银行的同志捆扎好转移所携带的财物，落实人员编组，准备好扁担、箩筐等全部运输工具。

10 月中旬，中央红军主力跨过于都河上的浮桥，从此拉开了震惊世界的二万五千里长征的序幕。

长征初期的行军序列是：红一军团、红九军团在左翼，红三军团、红八军团在右翼，红五军团担任殿后，分别掩护着中央纵队和军委纵队，作甬道式开进。中央纵队的辎重多得吓人，整个红军队伍如同一副八抬大轿，异常缓慢地向前移动着。

隶属于中华苏维埃中央政府的国家银行，被编为中央纵队第 15 大队，下设三个排九个班。大队长袁福清、政治委员毛泽民、党支部书记曹菊如。全大队共有 14 名干部、200 多位运输员和一个特务连。

第 15 大队担负着运输国家银行的钞票、金银等贵重物资的重要任务。尽管按照毛泽东的意见，毛泽民已经把金库中的大部分"家当"分给各军团保管使用，剩下的仍有几十担光洋、部分纸币，还有一些金子和珠宝首饰。这些都是毛泽民担任国家银行行长近三年时间里，辛苦积攒的最后的家底，也是中央红军在长征途中的后备资金。第 15 大队被视为中央红军的命根子，前后左右都有红军部队保护着。

由于"左"倾路线领导人"大搬家"的错误指挥，中央苏区的坛坛罐罐都搬出来了。第 15 大队的运输员还抬着国家银行印钞票的石印机，挑着纸张和油墨。200 多位运输员每人肩上的担子都有六七十斤重。装光洋的担子都是用煤油桶临时改装的，每只煤油桶大约能装 1000 枚光洋。

中央红军进行战略转移是由少数人秘密决定的，包括一些领导同志在内，谁走谁留，也是博古、李德等几个人决定的。例如，瞿秋白、何叔衡、刘伯坚等中央和红军的领导人，以及毛泽民的小弟弟毛泽覃等，都被"左"倾路线领导人留在了中央苏区。在第 15 大队的运输员中，多数是犯了"错误"的红军指战员，即被王明路线打成"AB 团"或"社会民主党"的，并非雇用的挑夫。有的人因为在一起喝了点儿酒，说了两句牢骚话，或者在一起打过扑克，就被说成是"AB 团"或"社会民主党"。

至于黄亚光是否能跟随大部队撤离，也有人提出疑义。毛泽民毫不犹豫地回答："当然要走。他不走，谁来画票子？"毛泽民对苏区"肃反"扩大化一直有看法。他认为，这些"犯错误"的人，大多是蒙受冤屈的好同志。他们在残酷的战争中，在遭受无端打击的情况下，仍然坚持革命，实在不容易。在长征路上，毛泽民对他们格外照顾。黄亚光经常闹肚子，毛泽民就把自己的马让给他骑。黄亚光，原名黄雨霖，是中华苏维埃共和国国家银行调查处处长，中央苏区的纸币就是他设计的。新中国成立后，曾任中国人民银行总行副行长、中共福建省委书记等职。

在长征途中，第 15 大队一直履行着国家银行的职责。全军的经费开支由没收征发委员会和国家银行供给。供给部部长林伯渠是没收征发委员会主任，毛泽民是副主任。长征出发时，林老已经年近半百，虽然须发灰白，还戴着深度近视眼镜，但他精神矍铄，老当益壮。毛泽民更是主动争挑重担。没收征发委员会一路筹粮筹款，保障红军的后勤供给。红军部队集体采购粮食和军需用品，大多支付银圆。个人购买一些简单的日用品，多使用自己保存的苏区纸币。当部队路过较大集镇时，国家银行都会设立临时兑换处，帮助当地群众把从红军战士手中收到的苏区纸币兑换成银圆或法币，以免他们蒙受损失。

中央红军战略大转移是严格保密的。国民党军队虽然布置了几道严密的封锁线，却一直不知道红军究竟向哪个方向突围。在长征开始的前三个月里，红军日夜兼程，一路强行军，几乎就没有停过脚步。为了躲避敌机轰炸，红军只能在夜间行军。第15 大队的运输员们，每人挑着六七十斤重的担子，几乎天天急行军，劳累和辛苦可以想见。而在第 15 大队，最忙碌、最辛苦的还要属毛泽民。他跑前跑后，全力照顾着犹如长龙的"扁担银行"。每逢翻山越岭，他都最先爬上去，站在高处给同志们加油。遇到过河，他总要自己先去蹚水试试深浅。有些运输员身体不好，他就接过担子，挑过最艰险的一段路。到了宿营地，他还要烧热水让大家烫脚解乏，布置警戒，时刻保卫"扁担银行"的安全……

为了研究筹粮筹款等问题，毛泽民经常与林伯渠一路同行。林老也配备了一匹马，但他很少骑，总是把大量的文件和警卫员、饲养员的背包驮在马背上，自己则挂着一根从瑞金带出来的木棍子，深一脚浅一脚地与同志们一起徒步行军。好多次，警卫员请求他上马，林老却风趣地说："大家都是用两条腿走路，我现在已经多了一条'腿'，为什么一定要用四条腿呢？"他有意把木棍子在地上用力地拄了两下。他的乐观和幽默，把毛泽民和大家都逗乐了。

夜行军时，林老总是提着一盏小马灯，站在险隘难行的路口，照着让战士们通过。战士过去后，他还特意交代后面的同志注意险路。当时的红军宣传队员黄镇，在行军途中作了一部长征组画，其中第一幅便是长征途中的老英雄林伯渠提着小马灯阔步朝前走的素描。

在第15大队100多副担子中，有一副担子毛泽民最关照。挑担的人叫黄德泉，是位江西老俵。他三十开外，身体粗壮，长征出发前在国家保卫局工作。这副担子里究竟是什么东西，黄德泉本人始终不知道，只知道是最贵重的东西，是国家的财产，还有文件。这副担子，白天由黄德泉挑着，晚上则由党支部书记曹菊如负责看管。行军中，毛泽民见黄德泉一路上太辛苦，经常接过他肩上的担子，自己挑着走一段，有时还放在自己的牲口上驮一段。一次行军休息，突然敌机来轰炸，一颗颗炸弹接连爆炸，毛泽民不顾个人安危，眼疾手快，一把拉起黄德泉躲开了。敌人的一颗炸弹正落在刚才待的地方。国家的贵重财产和黄德泉的性命都保住了。

大家都知道，在行军中炊事员非常辛苦，他们除了自己的背包外，还要背着沉重的铁锅和部分粮菜，每天出发都要走在大部队的前边，提前到宿营地为部队烧水做饭。为了减轻炊事员的疲劳，毛泽民作出一条规定：每隔10天，要让炊事员们休息一天，由干部轮流做一天饭，他自己也不例外。因为他的工作太忙，同志们都不同意他参加做饭，但他坚持这样做。这个制度从长征开始，一直到过草地还在执行着。第15大队的全体炊事员都坚持走到了陕北。

长征前，毛泽民连续三年患恶性疟疾，讨厌的阑尾炎后遗症又时常折磨着他。长期奔波不定的革命生活，又使他患上严重的胃病，进入中央苏区之前，还在上海做过手术。部队进入云贵高原后，在一次翻山途中，因他挑的担子过重，累得口吐鲜血……

1936年6月，美国记者斯诺在宋庆龄、张学良的帮助下，冲破国民党军的封锁，秘密进入陕北红区，作了四个月的采访。回北平后，他将采访记录整理成册，取名为《红星照耀中国》（即《西行漫记》），于1937年10月在英国伦敦出版，立时轰动了世界。西方舆论高度评价说：此书对中国共产主义运动的发现和描述，与哥伦布发现新大陆一样，是震惊世界的成就。斯诺在书中报道了没收征发委员会和国家银行在长征中前无古人的壮举。他写道：

……他们沿途"没收"有钱人、地主、官吏、豪绅的财产，作为自己的给养。没收是根据苏维埃法律有计划进行的，只有财政人民委员会的没收部门才有权分配没收物资。它统一调配全军的物资，所有没收物资都要用无线电向它报告，由它分配给行军各部队的供给数量……他们从江西带着大量的钞票、银圆，和自己的国家银行的银圆，一路上凡是遇到贫困地区就用这些货币来付所需的物资。

第四节 毛泽覃牺牲

中央红军主力走了。博古、李德、周恩来、洛甫、毛泽东、朱德都走了。留下来的，是走不了的。

此时的毛泽覃，正站在秋天的云石山下，表情凝重。

西去的路上，尘土飞扬。长时间的挥手告别，使毛泽覃的手臂有些酸胀。

秋风瑟瑟，落叶萧萧。凄凉而又悲壮的送行，让人阵阵揪心。

目送最后一批出征者的背影，毛泽覃不禁热泪盈眶，百感交集。前面的项英还在招手，身后站着何叔衡、瞿秋白和他的妻子贺怡，再后面，站着一大片留下来的人。

这是 1934 年 10 月 12 日的赣南瑞金梅坑。

红军主力还会不会回来，能不能回来，他们还管不管我们？一种被抛弃的情绪在留下来的人们中弥漫。

主力红军转移前，在瑞金梅坑成立了中国共产党中央分局，由项英、陈毅、陈潭秋、贺昌、瞿秋白等五人组成（后又增加了邓子恢、张鼎丞、谭震林、梁柏台、毛泽覃、汪金祥、李才莲），项英为书记；成立中华苏维埃共和国政府办事处，陈毅为主任、梁柏台为副主任。留在中央苏区的红军连同政府机关人员、伤病员一起大约三万来人，而枪支弹药很少，多数是大刀、梭镖。

中央交给分局的任务是：牵制国民党军，掩护中央红军主力转移，保卫中央苏区和土地革命的胜利成果，使进占苏区的敌人不能顺利统治下去，准备在有利条件下配合红军主力反攻，恢复被国民党军占领的城镇和地区。同时还规定，必须等红军主力和中央机关全部突围到湖南以后，才能向部队和地方干部、群众公开宣布主力红军突围转移的消息，在这以前必须严格保守秘密。中央划定瑞金、会昌、于都、宁都四个县城之间的三角地区为基本游击区和最后的坚守阵地。

走的已经走了，留下来的还要继续战斗，他们必须坚守"最后的阵地"。

主力红军走了，苏区一下子显得空旷起来。入夜，无边无际的黑暗降临梅坑，巨大的寂静使村庄偶尔传出的鸡鸣狗吠声令人心惊。

紧接着，国民党五十万大军压境，红区顷刻沦为白区，四处都是碉堡、铁丝网、步哨和关卡；瑞金城已被国民党"清剿"部队翻了个底朝天。敌人到处张贴标语："人要换种，草要过烧，石头要过刀！"大街小巷血流成河，城外村口人尸成堆，苏区群众遭到了空前的浩劫……

这时，毛泽覃率领的独立师战斗频繁，生活极其艰苦。在山上，没有粮食就挖竹笋、摘野果子充饥；没有衣服被褥，就穿着破旧的单衣在山林间和岩洞中裹着茅草和树叶过夜。这时天气已经很冷了，凄风苦雨雾凋零，夜无衣被腹中空。在如此艰难困苦的斗争环境中，毛泽覃怀着一腔誓死报国的决心和对革命事业的无限忠诚，怀着对革命事业必定胜利的坚定不移的信念，率领部队克服一个又一个难以想象的困难，英勇顽强地同残暴的敌人进行着周旋和殊死博斗……

12月上旬，毛泽覃率领部队突袭到瑞金城边去解救群众，在城边遇上了敌人。战斗一开始，毛泽覃先让一部分部队保护被解救的群众快速撤离，然后组织火力阻击敌人的追赶；战斗中，毛泽覃发现在平地上同敌人交火，敌强我弱，红军会吃亏，便指挥部队撤退到邻近的谢坊小镇，这里山高林密，是个打伏击的好地方。

毛泽覃在谢坊的山林间布置了一个伏击圈，不久，负责牵制敌人的红军战士按计划把敌人引了过来，只见400多名敌兵在几名军官的指挥下，杀气腾腾地追了上来，一头扎进了伏击圈。

毛泽覃立刻打响了信号枪。顷刻之间，一串串愤怒的子弹、一颗颗复仇的手榴弹猛烈地向敌人打去；接着，毛泽覃当先率领部队向敌人发起了冲锋。这一仗红军大获全胜！

12月18日，在红军的长征路上，主力部队和中央机关向西穿过湘南到达了贵州东部的黎平县境内。

在黎平县城，周恩来主持召开了中共中央政治局会议，肯定了毛泽东的正确主张，第一次响亮地提出了红军要"北上抗日"的战略方针，否定了博古、李德坚持会合红二、六军团的错误意见，决定绕道向贵州北部前进，并通过了相应的决议，正式改变战略，从而扭转了形势，开始争到了与敌人斗争的主动。

这时留在瑞金地区的毛泽覃接到苏区中央分局的命令，要他率领的部队与福建省委书记万永诚率领的部队会合整编，转战闽赣边界。组织上考虑贺怡怀有身孕，同时她的父母和孩子也需要照顾，决定贺怡不随军行动，携父母去赣州坚持地下工作。

12月下旬的一个早晨，天低云暗，冷风阵阵，在会昌县白鹅州四码头，毛泽覃与贺怡依依惜别。

毛泽覃将两位老人扶上船，内心掠过一丝酸楚，又送贺怡和孩子上船。贺怡注视着毛泽覃消瘦而透着刚毅的脸和坚强又饱含深情的目光，心头不禁一酸，哽咽地说："泽覃，今后一切要多保重！"

毛泽覃点点头说："贺怡，你以后的日子会更困难，但无论碰到什么情况都一定要坚持住！我会派人来看你的。"

谁也没有想到，码头一别，竟是他们夫妻的永诀！

1935年1月7日，红军先头部队突破敌人重兵设防的安顺场后，迅即占领了黔中的重镇遵义城。

1月15日，中共中央政治局扩大会议在遵义召开。会场设在老城子尹路原黔军第二师师长柏辉章的官邸，一座砖木结构的曲尺形二层楼房。会议在楼上的一张椭圆形桌前进行。

参加会议的人员有毛泽东、李德、博古、周恩来、张闻天、王稼祥、朱德、陈云、刘少奇、邓发、凯丰、刘伯承、李富春、彭德怀、林彪、聂荣臻、邓小平、杨尚昆、李卓然等近20人，伍修权任翻译。

会议由张闻天主持。博古作为党中央书记作总结报告，强调指出第五次反"围剿"的失败"是帝国主义和国民党的力量强大，苏区物质条件太差，各方苏区军队相互之间配合不够"，完全不承认他和李德领导的错误，反而"认为在中央军委领导下，李德同志指挥的军事路线是没有错的"。周恩来作为军委负责人之一，向大会作了第五次反"围剿"的补充总结报告。

对于博古的报告，众人反应不一。

张闻天不失时机地代表毛泽东、王稼祥和他本人，向大家宣读了一份反对"左"倾路线的报告提纲，会场顿时变得骚动起来；接着，毛泽东做了重要发言，一针见血地指出了李德和博古的"左"倾错误路线是导致第五次反"围剿"失败的根本原因，并明确指出李德"不懂得中国革命战争的特点"，是个只会"纸上谈兵"的人，同时指出博古"盲目地跟着外国人指挥棒走"，"搞得党内毫无民主作风"，"压制和报复"敢于坚持正确路线的人，面对敌人的重兵"围剿"先是"主观冒险"，后是"惊慌失措"。在发言中，毛泽东对"左"倾错误路线进行了全面的、深刻的、切中要害的分析批判，正确阐述了中国革命战争的战略问题，指明了今后的正确方向。

王稼祥紧接着发言，表示赞同毛泽东的意见，并指责和批评了李德和博古的种种错误做法。随后，张闻天表示拥护毛泽东和王稼祥的发言。

这时，周恩来起身发言，表示完全拥护和赞同毛泽东和王稼祥的观点，并作了自我批评……

1月17日，遵义会议否定了博古所作的报告，实际上也就是否定了1931年以来以王明为代表的六届四中全会的错误路线；会议增选毛泽东为政治局常委，并作为周恩来军事指挥上的协助者，使毛泽东重新走上了指挥红军的主要领导岗位。

遵义会议，彻底地结束了王明"左"倾机会主义路线在党中央的领导，确立了以毛泽东为代表的新中央的领导，从而在危急关头挽救了共产党、挽救了红军、挽救了中国革命，为中国革命开辟了通向胜利的航程……

毛泽东重新掌握了红军的军事指挥权之后，用高超的游击战术率领红军继续前进。他出奇制胜，忽进忽绕，一再回旋，使敌军迷离彷徨，摸不清楚红军的去向和动态。红军离开遵义后纵横驰骋，在万山丛中犹如一条舞海蛟龙，再也无法抵挡和束缚……

1935年1月19日，中央红军按照毛泽东的部署分左、中、右三路向赤水方向进军，准备经川南渡过长江，北上与红四方面军会合，在川西北建立新的革命根据地。

1935年4月，留在瑞金苏区的毛泽覃率领独立师和福建军区的部队退守山林。无奈福建省委书记万永诚极力主张与敌人硬拼，毛泽覃多次劝阻无效，万永诚一意孤行，很快将他带出的部队拼得只剩下了40多人，万永诚自己也牺牲了。

毛泽覃悲痛地掩埋了战友们的尸体，带着仅存的几十个人进入深山密林中继续与敌人周旋；他坚信，总有办法与项英、陈毅的部队取得联系，总有办法突出去，等待时机再打回来……

4月25日这天，毛泽覃身边只剩下11名红军战士。

当天晚上，他们来到瑞金红林山区的黄狗窝一个槽坊中休息。十几个人烧了一堆火，大家席地而坐。毛泽覃派了一名战士去找陶古游击队，约定好天一亮就去攻打黎子岗炮楼，从那里冲出敌人的封锁线。

第二天黎明，山谷间突然枪声大作。原来，派出去的那名战士被敌人抓到后经不起拷打，当了叛徒，并带着敌人来包围了房子。

毛泽覃机警地冲到前边门口，命令其他人赶快从后门撤往山上；他自己端起机枪向门外的敌军一阵横扫，打得敌军没有一个人敢往前靠……

敌军官用手枪督着士兵们往房前爬："给我冲，抓住毛司令有重赏！"

最后，毛泽覃的子弹打光了，他只好抓了一支步枪，上起了刺刀，准备同敌人进行白刃战。就在这时，一颗子弹击中了他的右腰上方，一直穿过前胸，迫使他魁梧的身躯重重地倒在了血泊中，手中还紧握着那支上了刺刀的步枪……

这一年，毛泽覃29岁，时任福建省军区司令员、红军独立师师长。

毛泽覃牺牲的时候，正是毛泽东率领着红军四渡赤水的时候。

1935年10月，中央红军到达陕北后的第七天，毛泽民从部下缴获的一个敌电台中听到了毛泽覃牺牲的消息，便匆匆赶往大哥毛泽东家。

毛泽东听说此事后，沉默了好久没有说话，过了大半天，他才撑着腰站了起来，审视着毛泽民问："你是什么时候听到的？"

"我今天上午才听到此事。"

"这有可能。我们突围后，那里的情况比我们想象的更要严重。我估计小弟牺牲有些日子了。"毛泽东沉重地说："母亲在世时，曾把我召到床前专门向我交代，一定要照料好小弟。我是没有尽到当大哥的责任啊！"

兄弟俩久久地沉浸在悲痛之中……

第五节 "长征是宣言书"

举世闻名的二万五千里长征是中国工农红军在中国共产党的领导下，以不畏艰险、前仆后继的英雄气概谱写的团结战斗的光辉史诗，是中国革命史上的奇迹。这次长征，是在日本帝国主义对中国加紧侵略，全国的抗日救亡运动不断高涨，中日民族矛盾逐渐上升的总形势下进行的。由于中国共产党内以王明为代表的"左"倾冒险主义领导者实行错误的战略指导，使红军未能粉碎国民党军队的第五次"围剿"，中共中央被迫放弃中央苏区，向湘西转移。随之，除陕甘苏区的红军外，各苏区的红军主力也先后退出原来的苏区，进行大规模的战略转移。

1935 年 10 月，毛泽东率中央红军到达陕北吴起镇，与坚守陕北根据地的陕北红军会师了。他们的战友，从长征开始时的八万人，只剩下八千人。随着长征的胜利结束，中国的革命事业迎来了新的转机。

美国著名记者埃德加·斯诺把长征誉为"当今时代无与伦比的一次史诗般的远征"。中国工农红军在长征中坚定勇敢、不怕牺牲的英雄壮举感动了无数中国人和许多外国人。英国作家威尔逊曾写道："当红军离开江西时，他们并不知道去哪里，也不知道最后长征会使他们跨越 11 个省，共 6000 英里，穿过了雪峰和急流，通过了沼泽和森林，经过土匪的地域、敌视的酋长们的禁区和只有饮用自己的尿才能生存的无水地带。他们放弃了一个比利时大小的根据地，走上了持续一整年的旅程，这个旅程相当于从伦敦走到东京，或从纽约走到里约热内卢。"

1936 年 2 月，当鲁迅先生得知这个消息后，受到了极大的鼓舞。他请史沫特莱托人转道巴黎，致电毛泽东和朱德，热烈祝贺这个伟大的胜利。他在贺电中满怀激情地写道：

英雄的红军将领和士兵们，你们的英勇斗争，你们的伟大胜利，是中华民族解放史上最光荣的一页，全国民众期待你们更大的胜利，全国民众正在努力奋斗，为你们的后盾，为你们的声援！你们的每一步前进，将遇到极热烈的欢迎与拥护。

红军长征到达陕北。左起：王首道、罗瑞卿、杨尚昆、程子华、聂荣臻、陈光、徐海东、邓小平。

到达陕北后的红一、二、四方面军与红十五军团团以上干部在陕西宫和镇合影。

长征到达陕北后的（右起）毛泽东、朱德、周恩来和秦邦宪（博古）。

鲁迅接着又充满信心地说：

在你们身上，寄托着人类和中国的未来。

共产国际也高度评价了中国工农红军的长征，说是"英雄斗争的模范"。

11 月 5 日，毛泽东在甘泉县象鼻子湾向随行部队讲话时，对长征初步做了总结。他说：我们从瑞金算起，总共走了 367 天。我们走过了赣、闽、粤、湘、桂、黔、滇、川、康、甘、陕，共十一个省，经过了五岭山脉、湘江、乌江、金沙江、大渡河以及雪山草地等万水千山，攻下许多城镇，最多的走了两万五千里，这是一次真正的前所未有的长征。敌人总想消灭我们，我们并没有被消灭。现在，长征以我们的胜利和敌人的失败而宣告结束。长征，是宣言书，是宣传队，是播种机。它将载入史册。我们中央红军从江西出发时，是八万人，现在只剩下一万人了，留下的是革命的精华，现在又与陕北红军胜利会师了。今后，我们红军将要与陕北人民团结在一起，共同完成

红军到达陕北时的周恩来　　　　红军到达陕北时的毛泽东

中国革命的伟大任务！

　　同时，毛泽东还以诗人的激情、诗人的语言，对长征作了高度的概括和总结。他在著名的《七律·长征》中写道：

> 红军不怕远征难，万水千山只等闲。
>
> 五岭逶迤腾细浪，乌蒙磅礴走泥丸。
>
> 金沙水拍云崖暖，大渡桥横铁索寒。
>
> 更喜岷山千里雪，三军过后尽开颜。

　　12月27日，在瓦窑堡党的活动分子会议上，毛泽东又进一步阐明了长征的伟大意义。他说："讲到长征，请问有什么意义呢？我们说，长征是历史记录上的第一次，长征是宣言书，长征是宣传队，长征是播种机。自从盘古开天地，三皇五帝到如今，历史上曾经有过我们这样的长征吗？十二个月光阴中间，天上每日几十架飞机侦察轰炸，地下几十万大军围追堵截，路上遇着了说不尽的艰难险阻，我们却开动了每人的两只脚，长驱二万余里，纵横十一个省。请问历史上曾有过我们这样的长征吗？

毛泽东在陕北

没有，从来没有的。长征又是宣言书。它向全世界宣告，红军是英雄好汉，帝国主义者和他们的走狗蒋介石等辈则是完全无用的。长征宣告了帝国主义和蒋介石围追堵截的破产。长征又是宣传队。它向十一个省内大约两万万人民宣布，只有红军的道路，才是解放他们的道路。不因此一举，那么广大的民众怎会如此迅速地知道世界上还有红军这样一篇大道理呢？长征又是播种机。它散布了许多种子在十一个省内，发芽、长叶、开花、结果，将来是会有收获的。总而言之，长征是以我们胜利、敌人失败的结果而宣告结束。

谁使长征胜利的呢？是共产党。没有共产党，这样的长征是不可能设想的。中国共产党，它的领导机关，它的干部，它的党员，是不怕任何艰难困苦的。谁怀疑我们领导革命战争的能力，谁就会陷进机会主义的泥坑里去。长征一完结，新局面就开始。"

为什么如此艰苦卓绝的长征，能够取得胜利呢？刘伯承在《回顾长征》中这样总结道：

回顾长征的全部过程，我们可以清楚地看出：长征是彻底纠正了"左"倾错误路线，确立了毛泽东同志正确路线的领导，才取得胜利的；长征是在与张国焘的右倾机会主义路线和他的分裂阴谋做了坚决斗争，并坚持了毛泽东同志的正确主张，才取得胜利的。

我们也可以看出：只有毛泽东同志久经考验的马列主义与中国实际相结合的革命战略思想，是中国革命唯一正确的指导思想。只有它，才能赋予中国共产主义运动以无比顽强的生命力，赋予革命军队以无坚不摧的战斗力量。也只有它，才能引导红军奇迹似地战胜千苦万难，完成长征，走向新的胜利。

长征，用它铁的事实宣布：以毛泽东思想武装起来的中国共产党人，是不可战胜的。

第十一章　宝塔山下

抗战八年，延安成为中国抗日的中心，中国民主和进步的象征。毛泽东的坚决抗日和新民主主义思想迅速成为引导全国人民坚决抗日的一盏明灯，成千上万的有志青年和知识分子，从四面八方云集而至……

第一节　家事与国事

延安，地处陕北的黄土高原上，一眼望不到尽头的黄土大山中，坐落着以一排排、一幢幢窑洞和一簇簇杨树、榆树相间而构成的城堡，一条延河水日夜不停地从城堡的东侧哗哗地流淌着，给世世代代居住在这里的人们提供着生活的源泉……

陕北，中国最贫穷最落后的地区之一。多少个世纪以来，水土流失使陕北的土地贫瘠而荒芜，只能供养很少且极贫穷的人口。延安尽管是一座建于3000多年前的古城，但却没有特别值得夸耀的历史，是一座偏僻的、默默无闻的边镇。

但是，延安又是一块平凡而神秘的黄土地。自古以来，这里的人们都在黄土崖上挖掘窑洞作为栖身之所。时光一个又一个世纪流逝了，人类繁衍了一代又一代，延安人以窑洞为家的习惯没有改变。年复一年，延安城周围的黄土高坡上，以冬暖夏凉为特点的窑洞日益增多。这里的人们衣着俭朴，但男人们头上习惯裹一条"白羊肚"手巾、腰间习惯扎一条红布带；婆娘们的穿着也很朴实，只是习惯用布裹了绑腿，一是为了走路轻快、便捷，二是为了防止路上的黄土荡进裤腿里去。

1937年当延安成为红色首府之后，大批机关、学校设立，几乎每一个沟沟岔岔、坡坡洼洼上都是蜂窝似的窑洞。中央领导人居住的也全是窑洞，毛泽东当然也不例外。毛泽东和贺子珍来到延安，被安置在北门内凤凰山脚下的一排四间相通的宽敞的窑洞里住下来了。

在延安城东侧延河岸边的山上，有一座九层高的八角形宝塔，加上塔顶总共10层，巍巍耸立在高高的山顶上。由于中国共产党中央进驻延安，这座宝塔从此就成了延安革命圣地的象征。

在延安一安顿下来，毛泽东就开始了紧张的工作。1937年1月18日，毛泽东与洛甫致电正在西安处理"西安事变"的周恩来、博古，要他们准备向即将召开的国民党五届三中全会提出建议书和处理西安善后问题的条件，在力求和平的总方针下要求张学良回陕北。同时，致电周恩来、潘汉年、彭德怀等人，一方面加紧进行红军的新的战略部署，一方面要求认真掌握与蒋介石谈判的各项条件，并指出红军代表立即准备退出西安的一切事情。

在此期间，滞留陕西的东北军由于失去了他们的最高统帅张学良，军心涣散，军队中的左、中、右三派矛盾加剧，左派力量喊出了"打出陕西去找少帅"的口号……

1月27日，毛泽东闻讯后，还致电周恩来、博古，请他们设法说服东北军中的左派，应以大局为重立即撤兵。同时，毛泽东还致电潘汉年，告之东北军大多数师团干部要求见张学良一面后才撤兵，否则要打，请蒋介石让张学良来陕北一次。但是，东北军将士因蒋介石背信弃义扣留张学良而情绪激昂。三天后，毛泽东还与朱德、张国焘联名致电周恩来、博古等人，明确提出了红军与东北军、西北军应"同进同退"的方针。同时，毛泽东还致电周恩来和博古，指示应提醒杨虎城对整个政治前途要有信心。东北军和西北军在多方工作之下渐渐安定下来。

春节将近了，延安城里城外的乡亲们纷纷忙碌起来，他们打扫窑洞，置办年货；偶尔，长满了枣树枝枝杈杈的黄土坡上，会传来铿然有力、荡气回肠的"信天游"的歌声，歌声传得很远很远，在黄土高原上久久回响……

2月10日是农历的大年三十。这一天，延安军民一派团结抗日的崭新气象。

就在这一天，中共中央致电即将召开的国民党五届三中全会，提出了实现国共合作抗日，停止一切内战，集中国力，一致对外的五项要求和四项保证。四项保证是中国共产党为实现合作抗日而作出的重大让步。中国人民反抗外敌侵略、同仇敌忾的大环境即将形成。

春节过后的一天晚上，贺子珍来到了朱德住的窑洞，和朱德夫人康克清闲谈。在交谈之中，贺子珍忧虑地说："润之总是忙工作，他不是看书就是写东西，要么就是去抗大讲课或者开会……"

康克清似乎发现了点什么，笑着问她："子珍姐，你怕是有什么心事吧？"

贺子珍憋不住地说："他总是不在家……"

康克清一听，马上明白了她的意思，开导说："毛主席现在是我们党、我们军队的领袖，我们党和军队的许多大事，都得靠他作主呢！他忙于工作，也很正常，你别多想啊！"

贺子珍依然心事重重地说："过去，我除了打仗就是打仗，长征路上又受了伤，身体垮了，现在……"

康克清安慰说："子珍姐，你想得太多了！红军中谁不知道你是女英雄！你是我们女红军中的榜样，是我们的骄傲！你是我们领袖的夫人，要心胸宽似海、肚量大如天才对。"

贺子珍无可奈何地淡淡一笑："我已经生了5个小孩，肚量还不大吗？"

"子珍姐，瞧你说的。"康克清也笑了："明天我去看娇娇，朱老总还让人从西安买了奶粉来呢！"

这时，贺子珍对她说："干脆，我和你到抗大学习去吧，怎么样？"

贺子珍的主意正合文化水平不高的康克清的心意，康克清高兴地说："我也正想去学习！"说完，康克清又有点疑惑，问："你去学习，娇娇怎么办？"

贺子珍说："我想好了，交给奶妈带！"

两个人商量好以后，第二天便分别向毛泽东、朱德提出了去抗日军政大学学习的要求，这一要求马上得到了毛泽东和朱德的一致赞同和支持。

两天后，贺子珍和康克清要去抗大报到了。临行前，两个人戴好了八角军帽，穿了军装，扎了皮带，打了绑腿，背了背包，像一个出征的战士向毛泽东和朱德告别。凤凰山麓的窑洞距离抗大的校址不远，也就一二里路，用不着骑马；毛泽东和朱德一起站在窑洞外，看着她们英姿飒爽地上路，互相满意而舒心地相视而笑了。

1937年2月15日，国民党召开五届三中全会。会上，宋庆龄、何香凝、冯玉祥等14人向大会提出恢复孙中山联俄、联共、扶助农工三大政策。杨虎城和东北军将领于学忠代表西安方面，提出了抗日救国八项主张的提案。宋庆龄在会上做了《实行孙中山的遗嘱》的讲演，认为共产党提出的"五项要求"是正确的，批判了汪精卫关于继续"剿共"的提案。经过激烈斗争，国民党五届三中全会通过了一个实际上接受中共中央关于国共合作、团结抗日主张的决议案。至此，国共合作的抗日民族统一战线初步形成。

这时在延安抗日军政大学里，贺子珍和另外九名女红军被编在由红军干部组成的第一大队里。抗大共有 12 个大队，每个大队大约 100 人。其他大队还有不少来自大、中城市的学生领袖，有参加了北平"一二九"学生运动的燕京大学学生和 100 多名失去家园的东北流亡学生。

贺子珍过去在部队行军、打仗习惯了，她习惯于军号声声、战马嘶叫和枪炮的轰鸣。在战场上，在枪林弹雨中，她纵马驰骋、果敢指挥、奋勇杀敌；就是伴在毛泽东的身边，她也习惯了毛泽东夜里工作、白天偶尔休息一下的没有规律的战地生活。如今，到学校了，每天早晨五点半要按军号起床，叠被子、戴军帽、扎皮带、裹绑腿，五分钟后要集合好、列队整齐报数，然后跑步 30 分钟，或者做集体体操，或者开简

这是中国抗日军政大学旧址（延安市北二道街），古色古香的校门上方书写着"中国抗日军政大学"的字样，校门两边墙上写着"团结、紧张、严肃、活泼"的校训。

短的班务会、进行点评……早饭后上课，午饭后还是上课，课后有一个半小时的军事训练，接下来还要开一个半小时的班务会或支部会，进行一天来的学习讲评和批评与自我批评，直到晚上九点半才是上炕睡觉的时间。

新的生活既紧张又有规律，使贺子珍信心百倍、满面春风。虽然，这时天气乍暖还寒，长征路上留在肉体深处的炸弹碎片时常发疼，但她强咬着牙关忍耐住了，为了新的生活、新的希望，她脸上焕发了青春，仿佛又回到了井冈山的斗争岁月。每当周末，贺子珍和康克清一起离校回家。回到家里，贺子珍先要把娇娇接回来。孩子的笑声、哭闹声，给毛泽东一家人带来无限的乐趣，一排四孔窑洞里充满了欢快的生活气息。

这时，毛泽东正在反复思考着西安事变后的时局变化和如何促成抗日民族统一战线，晚上还要抓紧时间写作《实践论》和《矛盾论》。但是，即使再忙，他也常常放下毛笔，走出那间作为办公室和书房的窑洞，过来和妻子一起逗逗孩子，问问妻子的学习情况。

1937 年，贺子珍在延安

1937 年，毛泽东和贺子珍在陕北

1936年，贺子珍和毛泽东在陕北保安

　　周末相聚，贺子珍虽然不能像往常那样为丈夫查找资料或抄写文稿，但她尽力专心地照看女儿，想办法给丈夫做些可口的饭菜，尽量使丈夫吃得好、身心愉快，一家人和和睦睦地生活在这充满了革命气息的延安窑洞里。周日傍晚，她送走孩子，然后和康克清两个人结伴返校。

　　这时的延安不仅有当地的老百姓和从长征路上走过来的红军，还有许多从全国各地涌来的满怀革命激情的热血青年。在这些青年中，有从北平来的，有从上海来的，有从南京来的，也有从广州、武汉来的，还有从香港、台湾和海外来的。在这些人当中，有许多女学生，还有大学教授。

　　在抗日军政大学里，大家来自五湖四海。有的怀有一技之长，有的懂外语，有的原来就是红军，虽然每个人的经历各不相同，原来的工作各异，但大家同心抗日，都如饥似渴地学习着革命理论和抗日的道理及军事知识。渐渐地，贺子珍在学员中感到了一种压力，这种压力来自她所面对的众多有知识、有文化的青年；他们有文化，有知识，热情洋溢，学习知识接受得快，各项活动表现突出。尽管他们对红军充满了敬意，对贺子珍交口称赞，倍加尊重，但贺子珍还是感受到了一种无形的挑战。她开始不愿意别人知道她是毛泽东的夫人，或者知道她是"贺子珍"；她要努力学习功课，以便今后更好地独立工作，她更乐意用自己的实际工作赢得众人的承认。

可是，事与愿违。这种心态下，贺子珍越是想努力做好一切，她越感到体力不支。开始时，她朝气蓬勃，也显得虎虎有生气，出操训练斗志昂扬，排队报数声音响亮；但是，时间一长，紧张的生活使她日渐脸色苍白，时而气短头晕、体倦无力，时而腰酸腿软，时而心慌不支。她不明白这是为什么，以为是自己还没适应集体生活，便努力坚持着，咬着牙关照常参加所有的课程和活动。一天上军事课，练习跑步卧倒、匍匐前进，做到第三遍，她突然脸色大变，心跳气短。教官见状急忙让她到一边休息。十几分钟过后，她感到好些了，便上前喊"报告"，要求入列重新投入训练。教官允许了，但当她跑步卧倒又做到第三遍时，卧倒后便再也起不来了。在半昏迷状态中，她被康克清等人扶持着回到宿舍休息；校医检查后，让她停课两周。

毛泽东得到消息，立刻骑马赶到抗大来看望她。

没完成学业就做了逃兵，贺子珍满肚子的不高兴，唉声叹气。毛泽东便搬了把木椅子坐到她的炕头前，给她讲起了一个故事——一个女人把家产变卖光了，换了银钱去赎受冤坐牢的丈夫回家，她信奉的名言是留得青山在，不怕没柴烧。后来，这个女人的女儿也用这句话来劝说自己被罢了官的病得很重的丈夫……毛泽东讲完故事后，又说："这个病丈夫就是鄙人毛润之，那个女人的女儿呢，就是你桂圆。留得青山在，不怕没柴烧。"

贺子珍见丈夫提起了在瑞金的往事，也深受感动，只得装出一副安心养病的样子，不让丈夫分心。这时，毛泽东正在写哲学讲稿，准备到抗大去讲《实践论》。一提到哲学，她总感到有些神秘，很想去听毛泽东讲解"神秘"的学问。在初春的日子里，贺子珍等待着身体恢复健康，再到抗大去学习，去听丈夫讲神秘的哲学。

1937年3月1日，毛泽东在延安凤凰山麓的窑洞里接见了美国进步女作家史沫特莱，陪同史沫特莱前来拜会毛泽东并担任翻译的，是一位名叫吴丽丽的年轻女同志。毛泽东通过吴丽丽，就中日问题、"西安事变"等向史沫特莱讲述了中国共产党所持的方针、政策和立场。

这时的贺子珍正按照毛泽东的嘱咐在家中养病。但是，当她感到自己的身体状况好了一些时，便又要求到抗大上学了。再次来到抗大后，开头两天她还能勉勉强强应付，可是到了第三天，她又坚持不住了。尽管她咬紧牙关坚持着，可苍白的脸色隐瞒不住她的病情；同学们劝她休息，她不听，依然坚持上课。

课间休息时，她到厕所去。上课了，同学们还不见她返回课堂来，她平时是很守时间的，上课从来没有迟到过，今天这是怎么了？同学们急了，几个女同学赶忙报告了老师，然后快步跑去厕所一看，只见贺子珍早已经晕倒在地上了！

贺子珍被送进了红军医院，几经检查，最后由傅连暲复诊，确定她患了严重的贫血症，需要休息六个月左右的时间。在这种情况下，贺子珍没办法，想起毛泽东那句"留得青山在，不怕没柴烧"的话，于是只好退学，离开了心爱的抗大，回家继续养病了。

回到毛泽东的身边，她感到自己像是在战场上打了败仗、当了俘虏似的，心情沮丧，暗自对自己生气，有时竟独自发些无名火。而这时的毛泽东则比以前更忙了，白天他要去中央开会、研究工作，即便有一点时间也要到抗大去讲课或做报告。贺子珍一个人在家里感到很憋闷，每当听到窑洞外面不远处传来的军号声和人们的喧闹声，她便感到自己像是被遗弃了，内心深处涌起种种失落感。她痛惜自己失去了上抗大学习的机会。在家里待着，她常常追忆井冈山的生活。那时她独立地带兵打仗，独立地做妇女工作，独立地发动群众、打土豪分田地、建立乡村政权；后来离开井冈山随毛泽东东征、南下，她纵马驰骋疆场、奋勇拼杀。她觉得那时的她紧随着革命的步伐前进，一步没有被落下过。而现在到了延安，丈夫日夜忙于筹划抗日救国的大计，她却因为伤病连去学习都不行了，她感到一种莫名其妙的惆怅。

周恩来和朱德等人也常进窑洞来看望她，但贺子珍知道他们很忙，说不定哪天谁又要到西安、南京去开会，或是到前线去指挥战斗，感动之余更觉得羞愧；洛甫和宋任穷、林伯渠等人也常来，不时寒暄几句，也只是坐一坐，因为忙也不能坐多长时间；有时张国焘也来，但她不喜欢同他多说话，她看不惯他那种故作豪放的姿态和喜怒无常的哭闹。休养中，贺子珍的孤独感和失落感不仅没有消失，反而变得越来越重。这样，她与毛泽东安静的生活中仿佛潜伏着一种不安定的感情波澜。

贺子珍是习惯于在风雨中、在崎岖的山路上、在战火纷飞的硝烟中、在艰难困苦的岁月里生活和战斗的人，她喜欢跟着大部队南征北战、东拼西杀。在战争环境中，即便心中有多少苦闷、多少忧愁，只要枪炮声一响，她便挺身而起，跃马持枪上阵了，一切烦恼就会统统抛到九霄云外。如今，她已不能像过去那样，同毛泽东并辔疆场，也不能独自上阵杀敌，她感到属于她的一切愈来愈少，丈夫天天出去作报告、开会或者上课，即便在家里也要会见左一个、右一个的客人；久而久之，她不能去抗大学习的惆怅和失落感逐渐化为无望和烦恼，变成愤怒，最终化为炽热的岩浆，一旦震动而又无法自持时，便会冒着熊熊火焰，带着滚烫的岩浆流，异常迅猛地喷发出来……

3月中旬的一天，史沫特莱又来毛泽东住的窑洞拜见毛泽东了，在她的身后依旧跟着翻译吴丽丽。史沫特莱进入窑洞一见到毛泽东，感情显得比上次更加亲热："啊，使人钦佩的军事战略家！"

毛泽东微笑着请客人坐下来谈话，警卫员小贺给客人沏了茶水、拿来了水果。谈话中，毛泽东问吴丽丽："你是上海来的吗？英文中文都精通，多大了？"

吴丽丽回答："我的英文中文都不像你说的那样精通，只是能讲几句……"

这一次，毛泽东同史沫特莱又谈了很多，也谈得很晚。当史沫特莱起身告辞时，毛泽东热情地将她们送出了窑洞。

晚上，不知为什么，毛泽东住的窑洞里传出了贺子珍同他的吵

1937年，史沫特莱在延安。艾格尼丝·史沫特莱，美国著名记者、作家和社会活动家，中国人民的朋友。抗战初、中期，她目睹日本对中国的侵略，向世界发出了正义的声音。她的《中国红军在前进》《中国人民的命运》《中国在反击》《中国的战歌》等专著，向世界宣传了中国的革命斗争，成为不朽之作。

架声。警卫员小贺不敢上前劝，赶紧跑出窑洞去搬救兵。这时住在附近的朱德和周恩来都不在，小贺只搬来了毛泽东的湖南同乡、中央政府的秘书长谢觉哉。

谢觉哉快步走进窑洞，看到他所熟悉的这一对感情很好、脾气不好的夫妻，一个脸红、一个脸白，正在互相生气，一时倒不知该先劝哪一个。

毛泽东见到谢觉哉，忙说："谢老，你来得正好；明日让子珍到桥儿沟去！"

谢觉哉不知什么意思，随即问道："桥儿沟？"

毛泽东的意思是要把贺子珍送到设在桥儿沟的中央党校去："让她到党校去学习！"

贺子珍依然大声对丈夫说："我不去！要去，你去！你也得好好学习学习！"

谢觉哉明白了毛泽东的意思，于是先把贺子珍拉到侧间的窑洞里坐下来消消气，轻言细语地劝说："有话等消了气再说，何必大呼小叫地吵得四邻不安呢？"

谢觉哉，1884年5月生于湖南宁乡，晚清秀才。1925年加入中国共产党，是我国人民司法制度的奠基者之一。在中央苏区，他和林伯渠、董必武、徐特立、何叔衡一起，被尊称为"苏区五老"。长征到达陕北后，任中央政府司法部部长兼陕甘宁边区高等法院院长。七七事变后任陕甘宁边区政府高等法院院长。1959年4月任中华人民共和国最高人民法院院长。1965年担任政协第四届全国委员会副主席。1971年6月15日在北京逝世。

贺子珍也不客气："你有话去对毛泽东讲，我自己不用劝。"

谢觉哉只得返回身来再劝毛泽东，说："这样把人送去党校也不是办法，会伤害了贺子珍的自尊心，不但问题得不到解决，搞不好还会激化矛盾……"

但是，无论谢觉哉怎么说，毛泽东在气头上就是不答应，坚持第二天一定要把贺子珍送到桥儿沟去；谢觉哉想夫妻没有隔夜仇，哪怕一时吵翻了脸，过后冷静下来就会和好如初的。他只好先答应下来，然后劝说毛泽东到贺子珍待的窑洞那边去。

第二天上午，谢觉哉走到毛泽东的窑洞看望贺子珍。他看到毛泽东还没有起床，便让警卫员把贺子珍找来毛泽东的书房里再谈一谈。他说："子珍，夫妻间吵架很不好，虽然知道的人不多，但隔墙有耳，总会慢慢传开的。现在同国民党的大内战刚刚不再打了，又发生了这样的小内战，会让人看笑话的。本来夫妻间磕磕碰碰，家家难免，但发生在延安、发生在毛泽东家，人们难以接受，像毛泽东和贺子珍这样的家庭应当是革命的、和美的典范。现在他又正在写《矛盾论》，矛盾是客观存在处处都有的，要处理得当，使之转化，变不利因素为有利因素，我们要因势利导地化解矛盾和妥善处理矛盾啊。"他批评贺子珍性情太急躁了。

贺子珍知道谢觉哉同毛泽东的亲密关系，她同他说话也无所顾忌。她直言告诉谢老："我已不是第一次见毛泽东给我这副脸色了！在江西时，为了袁文才的事，夫妻俩就大闹了一场；现在又这样吼着要把我送到桥儿沟去，我接受不了。"说到这，她说："同我贺子珍抖什么威风！上党校本来是件好事，但强迫命令就成了惩罚，我才不怕他吼呢！如果我贺子珍一直没生孩子、没受伤、身强力壮，干什么都不在话下，他敢……"

谢觉哉笑了，他深知贺子珍的性格，耐心地规劝她凡事要想开些，以大局为重，以革命事业为重，以身体健康为重。这样，贺子珍总算暂时接受了不再吵架的规劝，但是说："毛泽东要收回让我去党校学习的成命，否则我要离开延安！"

谢觉哉大吃一惊："离开？现在烽火连天，你到哪儿去？"

贺子珍说："还没想好，我想找地方去做手术，取出留在身上的炸弹碎片，无论什么地方，只要能做手术就行。"

谢觉哉劝她："你暂且把这个念头放一放，如果你讲出要走，同润之让你上党校一样，彼此就'将军'了，会越闹越对立。"

这时毛泽东起床了。谢觉哉又去劝说毛泽东。

毛泽东一听说贺子珍"要走"，心里也吃了一惊。他知道贺子珍执拗得很，凡是她下定了决心要办的事，哪怕九头牛也拉不回来。但是，他细细一想，认为这其中带有某种恫吓、威胁的味道，这反倒激起了他更大的怒火，一气之下，坚持要送贺子珍去桥儿沟，而且马上就去，到党校后要她边学习，边检查！

谢觉哉感到事情越来越不可收拾了，只得采取拖延政策，不慌不忙，继续规劝双方寻找解决问题的良策。

由于谢觉哉从中斡旋，问题一拖再拖，毛泽东的火气渐渐消了许多，不再坚持送贺子珍去党校了，任凭谢觉哉安排贺子珍今后的工作去向。贺子珍也不再提出离开延安，暂且安下心来继续在家休养身体。至此，双方挂起了"免战牌"，一段时间内又相安无事了。

1937 年 11 月 20 日，国民党政府在南京受日军三路逼攻，宣布迁都重庆。

12 月上旬，南京处于日军的三面包围之中。

这时的延安，天冷了，贺子珍体内的伤痛阵阵发作，终日心绪不宁，心情郁闷；而这时毛泽东的工作更忙，没有闲下来的时候，更没有多少时间去细心体谅妻子的各种苦衷。

一天，毛泽东又去抗大与新来的学员们讲话了。贺子珍独坐家中，悄悄写了要求去西安治伤的报告。毛泽东从抗大讲课回来得到消息后大吃一惊。

其实，早在 10 月贺子珍就向他透了风，只是毛泽东没有在意而已。那时，贺子珍又一次怀了身孕，并试探性地对毛泽东说："我……我想走……"

毛泽东一听，问道："你走哪里去吗？"

贺子珍说："我到西安、到上海治伤去。"

这时，警卫员小贺在门外喊"报告"，毛泽东只得停下他想说的话，对门外应道："进来！"

小贺一走进窑洞后，贺子珍就起身离开了。接着，机要秘书叶子龙又来请示毛泽东："主席，抗大来电话，说新班又来了 200 多人，请示主席什么时候接见他们？"

毛泽东手执毛笔坐在桌前，翻看了一下台历说："后天下午三点吧！"

叶子龙退出后，贺子珍又走回作为毛泽东书房的窑洞。毛泽东放下手中的毛笔，站起身来对她说："抗大又新到了一批青年，要我去接见。"

贺子珍心绪忧郁地说："你可真忙！一有时间你就消耗掉，不是开会就是写书，再不就是看文件、接见什么人……"

毛泽东解释："我忙的是工作，现在正是抗战时期，形势变化一日千里，我们不去研究不行啊！"继而，他耐心地说："桂圆，现在局势发展了，我们应该和这些来延安的人多交往，多谈心；还有这些从四面八方来的非党群众、爱国青年，很需要我们给他们讲一讲革命的道理，这也是调查研究，是眼睛向下联系群众的政治工作，为什么不做呢？"

贺子珍一时语塞，只是说："你的感情太复杂了……"

毛泽东笑慰道："革命的感情是第一位的嘛！"

贺子珍表情怏怏的，但是再也没有说什么。

第三天，毛泽东如期到抗大去接见新来的200多名学员。

面对一心忙于工作的丈夫，贺子珍为自己的身体状况而烦恼，更为自己终日守在房中不能进行工作、不能投入延安火热的生活而痛苦；她在战争的环境中生活惯了，不习惯过"平淡"的日子，因此，她下决心要离开延安，先去找个地方治好身上的伤，再来进行工作。

这时正处在中国命运变化的关键时期，毛泽东需要考虑的大事太多了，他整日整夜地工作着，根本没有留意到妻子感情上的复杂变化。

面对怀着身孕执意要离自己而去的妻子，毛泽东对她说："桂圆，你听我讲，你最好不要走。我们之间有些误会，是能在宽容之下消除的。你晓得，我这个人平时不爱掉眼泪，但是我一是听不得穷苦老百姓的哭声，看到他们受苦，我忍不住要掉泪；二是……"

贺子珍强调说："我身上的伤痛得越来越厉害，我要去治伤。"

毛泽东走向前来，深情地对妻子说："二是跟过我的通讯员，我舍不得他们离开，有的通讯员、警卫员牺牲了，我难过得掉了泪。我这个人就是这样，骑过的马老了、死了，用过的钢笔旧了都舍不得。"

贺子珍听不进毛泽东的话："你现在跟我讲这些做什么？"

毛泽东接着说："三是在贵州，最艰苦的时候听说你为了救人负了伤，要不行了，我掉了泪。"

贺子珍打断毛泽东的话："我已经向组织上提出了申请，我要走！"

说完，贺子珍走回到她里间的窑洞休息，毛泽东随脚跟过来，继续劝说她。但是，这时贺子珍已经拿定了主意一定要离开延安，对毛泽东的劝说根本听不进去。

毛泽东是个感情丰富的人，也极易动感情。他劝慰妻子："桂圆，你听我说。我现在的情况，与在王明路线时期不同了，那时候我没得发言权，受打击、受迫害；现在，我有发言权了，多少干部和青年希望见到我，和我谈论党事国事，你应该高兴呀！为什么你总要和我格格不入呢？桂圆，不要生误会了，我们在战争中受尽折磨，以后不会再让你像过去那样，跟着我受那么多苦了。"

"反正我要走！"贺子珍最后表示："我必须去治我身上的伤！"任凭毛泽东好话说尽，无奈执拗的贺子珍一句也听不进去，她拒绝了毛泽东诚心诚意的挽留，三天后就离开了延安。

在西安，贺子珍先是碰到了来八路军办事处的张国焘的夫人杨子烈。杨子烈要去延安找张国焘，她见贺子珍已经怀有身孕，便劝她同自己一起返回延安去。但是，贺子珍拒绝了。后来，贺子珍又碰到了刘英。刘英当时染上了肺病，要去苏联治疗，同行的还有在战争中丢掉了一条胳膊的蔡树藩、断了一条腿的钟赤兵。贺子珍利用这个机会，给延安写去一封信，要求与他们同行，到苏联去治伤。

毛泽东接到贺子珍的这封辞别信后，一时间心中忐忑不安。他很清楚，贺子珍有孕在身，如果这样负气离开自己、离开延安，孑然一身前往异国他乡很危险，也不是时候。

因为这些担忧，毛泽东心急如焚。他在经过深思熟虑之后，想了两条办法来阻止贺子珍：一方面，他跟洛甫商量，给八路军西安办事处拍发了电报，表面上同意在第一批赴苏联治病的名单里，添上贺子珍的名字，免得她节外生枝；另一方面，毛泽东又接连给八路军西安办事处、兰州办事处、迪化办事处的有关同志发了电报，希望这三处的同志们能够好言劝慰贺子珍，使她放弃去苏联的念头。

结果，在西安、兰州、迪化等地，林伯渠、谢觉哉、王定国等人受毛泽东的嘱托，费尽了心机，苦口婆心地劝慰贺子珍回心转意，但都没能将贺子珍挽留下来。

1938年1月，贺子珍抵达莫斯科。

第二节　全心抗日，毛泽民重返"十里洋场"

西安事变后，东北军主动让出延安城供红军驻扎。1937 年 1 月 7 日，中共中央机关和西北办事处由保安县城前往延安。由于"西安事变"的和平解决，国民党基本上停止了对红军的军事行动，开始转向抗日。中共中央为了实现国共两党的第二次合作，决定将苏维埃政府改为边区或特区政府。

2 月 24 日，中共中央政治局常委会决定，由林伯渠主持西北办事处工作及筹建陕甘宁边区政府和更名改制工作。原西北办事处相应进行了人员和机构的调整，其中苏维埃政府土地部并入中央国民经济部，毛泽民任部长。

1937 年后，毛泽民的工作更加繁重，曾两度外出执行党中央交给的几项特殊任务，几乎整年都在外面。年初，毛泽民受党中央派遣，以东北军的身份到上海秘密购买印刷设备，为在延安首印中共中央机关刊物——《解放》做准备。他利用上海地下党组织的关系，联系购买印刷设备，然后通过东北军的关系，运至西安，再转往延安。有了印刷机器，没有技术工人也不行。毛泽民又联系到一家党的工作基础比较好的印刷厂，经过多方做工作，动员那里大部分技术工人前往延安参加革命。

3 月底，毛泽民又出发了，执行党中央赋予他的又一项紧急而艰巨的任务——去上海接运一笔共产国际和苏联政府援助红军的巨款。

中央红军长征到达陕北后，共产国际和苏联就一直关注着这支队伍，并计划向处于极度困境中的中国红军提供一批急需的武器和弹药。共产国际最初的计划是从距离陕甘宁根据地较近的中蒙边界提供军援。为此，红军三大主力会师之后，党中央准备发起宁夏战役，向北发展，争取打通国际运输线路。1936 年 10 月 25 日，根据中央军委和红军总部的命令，红四方面军主力西渡黄河，但只过去 21800 人，黄河渡口便被胡宗南十余万大军切断。渡河部队成为一支孤军。

鉴于日军的侵略魔爪已经深入内蒙古，打通北面通道已不可能，共产国际和苏联便改为从新疆方向提供军火。中共中央遂命令渡过黄河的红四方面军的三个军组成西路军，顺河西走廊向西挺进，负责接取来自新疆的苏联援助；同时通报共产国际，请苏联立即在哈密设立办事机关，准备援助物资，以便在西路军到达时，运往安西。然而，西路军在西进途中，面临的是向以剽悍、凶残著称的全副日式装备的马家军。在四个多月时间里，西路军广大指战员以大无畏的英雄气概，喋血沙场，与数倍于己的马家军殊死鏖战，终因众寡悬殊，兵败祁连山。西路军的失败，使从西北边取得苏联军事援助的可能性越来越渺茫。

早在苏联决定从外蒙古提供军事物资之际，共产国际也已筹集了数十万美元的援款，准备提供给中国共产党和红军。其中一部分款项，已于1936年年底送到上海宋庆龄处，由宋庆龄转交给在上海的中共代表，这笔款项很快便被转送到了陕北。

中央红军长征到达陕北后，部队的军需供给便成了最大的难题。中共中央开始向张学良借钱来买粮。如今红二、红四方面军又来到甘北，红军人数猛增约两倍，吃饭、穿衣的问题自然更加严重。面对这种情况，中共中央不得不再请张学良和宋庆龄帮助。当时，虽解决了一时的粮食需求，得到几万双鞋子和一万套冬装，却仍然有一半以上的部队没有解决军需问题。当宁夏战役失利，又得知苏联方面不能从定远营提供援助之后，中共中央立即电请共产国际紧急寄送款项，称"不论五万十万都要快"，否则，"你们多推迟一天，则红军的冻死饿毙即多增加一人，此非革命之福"。

1937年3月初，在得到苏联政府的正式批准后，共产国际执委会书记处致电中共中央书记处：苏联已经决定一次性向中共提供80万美元以上的援助。电报还说，以后还将进一步向中共提供大约与此数目相同的另一笔援款。

就在这时，一笔凝结着国际工人阶级深情厚谊的巨额美钞，从法国秘密地运到了上海。要使这笔巨款发挥作用，必须兑换成当时国内通用的法币，运到西安红军联络处，再由联络处购买部队急需的物资，转运各抗日根据地。

这是一项艰巨而紧急的任务。中共中央总书记张闻天亲自向毛泽民交代任务。协助毛泽民执行任务的有：贸易总局局长钱之光、西北银行绥德分行行长任楚轩、西安红军联络处会计危拱之和毛泽民的妻子、国民经济部党支部书记兼会计科长钱希均。

毛泽民来到西安后，曾经设想采取合法的方式，在西安开设一个钱庄，按照钱庄的业务手续，将款项分期分批从上海汇寄西安。这种方法既安全又简便。但经多方与国民党有关部门交涉，未获批准。"西安事变"后，蒋介石虽然被迫表示抗日，但坚持反共的立场是不会改变的，兑换和运送巨款的工作只能秘密进行。

4月6日，就在毛泽民动身前，他又接到毛泽东、周恩来、林伯渠发给叶剑英和李克农并转他的一封电报——

叶李并转泽民同志：

（甲）你前后共可领款五万元，除以一万五千购米外，望以三万元买汽车十辆，专运米送肤施，余款作工资及汽油费用。

（乙）你办完买车事后，即偕希均赴沪，先从小开[1]处领款十万元（绝密），付汉口赵尔六[2]辙账款，须在汉口付，不能由沪汇出，如无法带去，则改运至西安交。

（丙）季壮[3]七十号后可来西安，尔六应先去汉口办米。

毛周林

鱼亥[4]

这样一来，毛泽民的任务就更重了。

几天后，负责转运巨款的同志先后来到上海。

在地下党的帮助下，毛泽民在市中心的泥城桥附近开设了一个申庄货栈，专营批发业务。他化名周彬，身份是货栈老板。钱希均自然就成了老板娘。任楚轩担任货栈"经理"。钱之光名为"客商"，实为总管。

由于工作需要，毛泽民和钱希均在徐汇区愚园路永昌里租了一座独门独院的三层小楼，作为

重返"十里洋场"的毛泽民

---

① 小开，指中共驻上海代表潘汉年。

② 赵尔六，即赵尔陆，时任红军前敌总指挥部供给部部长。

③ 季壮，即叶季壮，时任红军总后勤部部长兼政治委员。

④ 鱼，即六日；亥，即一天中的最后一个时辰，系指深夜十一二点。

"公馆"。为了掩人耳目，他们将钱之光女儿钱宛正从浙江诸暨老家接来，在公馆当"佣人"。钱之光和任楚轩住在申庄货栈。危拱之住在她的姐姐家里，她的姐夫是一位进步民主人士，可以掩护她的活动。

货栈和住处安排就绪后，毛泽民就从上海地下党负责人潘汉年手中接过一笔笔款项。

为保证巨款的绝对安全，毛泽民规定了严格的纪律：由钱之光负责与任楚轩、危拱之联系，他们则不得进入"公馆"。

把这么多的外汇兑换出来，再完整无损地送往西安，的确是一个难题。毛泽民费尽心思地琢磨着每一个具体环节。正在这时，中共隐蔽战线的负责人李克农突然出现在"公馆"，毛泽民夫妇欣喜万分，如同盼来了救星一样。

自1937年2月中旬开始，周恩来、李克农与国民党代表顾祝同、张冲等在西安首次谈判国共合作抗日问题。谈判中，中共代表同意将红军改名为国民革命军，但要保持红军的独立性；而国民党方面却妄图借此控制红军。双方僵持不下，谈判没有结果。中共代表又提出释放政治犯问题，国民党代表含糊其词。最后，双方决定：由李克农和张冲到上海继续谈判。于是李克农和张冲一起从西安飞往上海。

李克农离开西安前，周恩来专门叮嘱他，利用去上海的机会，做几件重要事情。其中就有与先期抵沪的毛泽民商量，妥善运回国际巨额援款的事宜。

李克农与毛泽民夫妇严密细致地商量处理这笔汇款的办法，最后决定分散处理：首先将美元分批兑换成通行的法币，然后一部分经过上海银行汇给西安银行，一部分派人携带直接送到西安。具体分工是：毛泽民负责将美元巨款兑换成通用的法币；任楚轩负责经营货栈，应付门面；钱之光、危拱之和钱希均分头将兑换好的法币，秘密携带，送往西安红军联络处。

李克农走后，毛泽民便带领大家投入到紧张的工作之中。20世纪20年代中后期，毛泽民曾以"大老板"身份在上海从事党的地下工作，对十里洋场颇为熟悉。此时的他，时而一身笔挺的毛哔叽西装，时而又是阔绰的毛料长衫，神采飞扬地出入于证券交易所和银行营业厅。他不时用美元买公债、买股票，不多时又统统抛出，兑换成法币。因为每次兑换的金额不宜太多，他每天要跑好几次交易所。当换来的钞票达到一定的数量，就由钱之光他们乘火车，陆续送回西安。

钱之光是中共白区工作的老手，有丰富的对敌斗争的经验。从上海向西安运送钞票的任务，主要压在他的肩上。他一手提着皮箱，一手拎着镂空的网篮，一副悠闲自得的样子，一眼看去，就是经常跑铁路做买卖的常客。他的皮箱是特制的，有夹底，但钞票不宜装得太多。网篮虽然很不起眼，上面装些饼干、零碎儿等路上常用的东西，下面却可装很多钞票。钱之光一次又一次巧妙地通过了车站警察的检查和国民党设置的关卡。

钱希均和危拱之两位女同志不是装扮成军官太太、阔商夫人，就是装扮成西安古城烧香拜佛的"香客"。她们将钞票塞在装有高级衣料、化妆品的箱底，或是装香烛、纸钱的网篮里。每次送款都是单独行动。出发前，毛泽民用暗语给西安红军联络处发电，联络处的同志就直接把小汽车开到站台上。

7月7日，全面抗战爆发。毛泽民他们更加快了工作节奏。经过四个月的紧张工作，他们终于安全圆满地完成了任务。这笔巨款为红军购买武器、药品及其他重要物资发挥了很大的作用。毛泽民安排钱之光、危拱之、任楚轩先后撤离上海。

8月13日，日军以租界和停泊在黄浦江中的日舰为基地，对上海发动了大规模进攻。上海中国驻军奋起抵抗，在上海和全国人民的支持下，开始了历时3个月之久的"淞沪抗战"。

8月27日，钱希均搭乘南京八路军办事处处长李克农的汽车，从上海赴南京，然后乘船去武汉，转道返回西安。

毛泽民没有走，还在继续完成周恩来交代的任务，抓住国共合作的有利时机，营救被国民党逮捕的中共中央原机关会计熊瑾玎。

熊瑾玎是与毛泽民相识多年的老同志。

1933年4月8日，熊瑾玎根据党的指示，给留在上海法租界的贺龙家眷送生活费时，不幸被捕入狱。

毛泽民夫妇初到上海时，曾通过地下党组织，与著名民主人士章士钊先生取得联系。经过章士钊先生及长沙同乡会与国民党有关当局交涉，经历四年又五个月铁窗折磨的熊瑾玎，终于被保释出狱。

9月6日熊瑾玎出狱那天，毛泽民专门到家里去看望他，并向他介绍了国内外形势的重大变化。熊瑾玎在他的日记中曾记下这段经历——

毛泽民同志来监牢探望

非君传语释疑猜，大局模糊想不开。

抗战应当谋合作，西安放得蒋公回。

熊瑾玎出狱后，本想再写一首诗，因为急着去南京，领受周恩来的指示，创办《新华日报》，仅写了两句："万事忘来惟革命，千辛尝尽不知艰"，未及成章。

11月12日，上海沦陷，南京危在旦夕。沪宁线上大批难民逃往内地。此时的毛泽民还在忙碌着，又有一项重要任务——抢运一批爱国群众支援抗战的捐献物资，在等待着他去完成。

当毛泽民终于完成任务、准备返回西安时，火车站里已全是逃难的群众，哭声喊声乱成一片，车门被堵得严严实实的。毛泽民急中生智，声称自己是新闻记者，要了解难民的情况，揭露日寇的罪行。

于是，他从车窗口爬上了西去的列车……

第三节　毛泽东与《论持久战》

早在 1916 年 7 月 25 日，时年 24 岁的毛泽东就已料定：中日之间，"二十年内，非一战不足以图存"。时至 1937 年，全国性的抗日战争果然爆发，其情其状，已被毛泽东在 20 年前言中。

在民族危亡的紧急关头，由于毛泽东和中共中央的不懈努力和热切诚意，国共两党终于实现了第二次合作。从开始合作到实行全国抗战，又经历了一段较为曲折的过程。毛泽东清楚地知道，全国抗战开始以前，国内的亲日妥协派便声称："中国武器不如人，战必败。"全国抗战开始以后，又出现了"战必大败，和未必大乱"，"再战必亡"的论调。及至南京失陷，一方面，"亡国论"似乎有了证据，因而流传更广；另一方面，有的则低估了日本力量，认为国际干预，苏联出兵，依靠国民党正规军，战争很快就可解决，"速胜论"因此找到了市场。毋庸讳言，无论是在国民党营垒，还是在共产党及其领导下的红军内部，乃至全国人民中间，都产生了严重的思想混乱。

毛泽东十分警觉地意识到，这些思想障碍不克服，对于坚持长期抗战是十分不利的。要克服这些思想障碍，单纯依靠军事命令是无济于事的，而必须对抗日战争如何发展、怎样进行、结局如何、中国能否取胜以及怎样取胜等一系列十分重大的理论和实践问题，作出科学的回答。因此，毛泽东决计对抗战十个月的经验"做个总结性的解释"，继而"着重地研究持久战"。

这种科学的"解释"和"研究"是极为艰辛而又严谨的。1938 年初春前后，毛泽东便着手研读中外军事名著，如《孙子》和普鲁士军事专家克劳塞维茨著的《战争论》等。在认真研读兵书的同时，毛泽东还十分注重集思广益，他除了同他身边的指挥、参谋人员或从前方回来的指战员进行交谈之外，还特地邀集对军事理论研究颇为热心并有一定造诣的萧劲光、罗瑞卿、刘亚楼、郭化若等进行专题座谈和讨论。

1938 年年初，毛泽东开始夜以继日地潜心写作《论持久战》。

从写作开始，已经两天两夜没合眼了，还一个劲儿伏案疾书。实在写得太累太困的时候，他就叫警卫员打盆冷水洗洗脸，清醒一下脑子，或者在院子里转一转，要不就靠在椅子上养一会儿神，稍事休息，又继续写。艰苦的脑力劳动，消耗很大。可是毛泽东饭吃得很少，脸色也很不好看。警卫员担心毛泽东累病了，所以值班时加倍注意，常常劝毛泽东多休息。

一天，警卫员翟作军值班。天一黑，他就走进毛泽东房间，点燃两支蜡烛，在毛泽东写字桌两头各放一支。他有意慢慢点烛，借机劝毛泽东歇歇。可是毛泽东全神贯注，眼睛一刻也不离开纸笔。翟作军只得轻轻地退了出来。半夜光景，该是毛泽东吃饭的时候了，翟作军把炊事员准备好的饭菜给毛泽东送去，深情地说："主席，吃饭吧！您已经两天两夜没睡了，吃完饭，睡一会儿吧。"

"你先睡吧，我等一会儿再睡。工作没有完，睡不着啊！"一边说，毛泽东仍然不停地写着。

"主席，您身体不太好，这样熬夜怎么行啊？吃完饭睡一会儿吧！"翟作军恳求地说。

毛泽东抬起头来，望了翟作军一眼，微笑着说："好，等一会儿就睡。"

翟作军不好再说什么，就回到自己屋里去等毛泽东就寝。过了约一顿饭的工夫，翟作军以为毛泽东吃完饭了，想去收拾碗筷，让毛泽东睡觉。谁知道推开门一看，毛泽东仍然头也不抬地写着。桌上的饭菜一动未动。翟作军只好把冷了的饭菜又拿出去放在火上热了热，再给毛泽东送去。

"主席，您吃饭吧，天冷，一会儿又要凉了。"翟作军说。

"啊？我还没吃饭？"毛泽东抬起头，看着眼前的饭菜，不相信自己没吃饭似的，说："好，就吃就吃。"

翟作军又回到自己屋里，并且有意多等了一会儿。心想，这一回主席总该吃饭了吧。哪知道过去一看，饭菜还是没有动，毛泽东已把整个身心全用到了笔尖上了。翟作军走过去，他根本没有发觉。

天快亮了，毛泽东还在写；饭，还是一动未动。毛泽东写得忘了自己，忘了周围的一切。已经连着五六天没睡觉了，两只眼睛里布满了血丝，宽阔的面颊明显地消瘦了下来，颧骨也凸了起来，脸上呈现了一层淡淡的黑色，饭吃得更少了。

到第七天晚上，又轮到翟作军值班，毛泽东还是继续在写。这时虽已初春，但天气还是有些冷，入夜坐久了，还冻脚。翟作军弄了一盆炭火放到毛泽东脚边。不知过了多久，毛泽东呼唤道："警卫员，来一下。"

翟作军忽然闻到一股破布棉花焦糊味儿，心里奇怪有什么烧着了。走到毛泽东屋里一看，毛泽东正在弯腰脱棉鞋，两只鞋上还在微微冒着青烟。原来毛泽东的棉鞋烤着了。

"怎么搞的？我一点也没有觉得就烧了。"毛泽东看着那双烧坏的棉鞋，一边说，一边哈哈大笑。

"主席，您该睡觉了。您老是不休息，大家都急坏了。"翟作军又劝起毛泽东来。

"好，好，你们先睡，我一会儿就睡。"毛泽东还是那句老话，说完又埋头写起来，好像什么事也没有发生。过了一会儿，翟作军发现毛泽东屋里灯灭了，心里不由一阵轻松。又过了一会儿，他想看看毛泽东是否睡着了，轻轻地走过去，看见毛泽东正侧身躺着，用手在捶自己的腰。

第二天，毛泽东病倒了，头疼，吃不下饭，也睡不着觉。医生来看了看，说没有别的病，只是累坏了。他给毛泽东开了些药，劝毛泽东一定要休息。毛泽东吃了药，总算休息了一天。可是没等完全恢复又坐到了桌边，一手撑着头，一手拿起笔写了起来。

写到第八九天的半夜，毛泽东把翟作军叫去，交给他一大卷用报纸卷着的稿子，让他过延河送到清凉山解放社去。一部五万多字的不朽的军事名著问世了。

过了两三天，解放社送来了校样，毛泽东拿到后，又不分昼夜地斟酌修改。不久，解放社给毛泽东送来了一大沓书，封面上写着《论持久战》。毛泽东脸上露出了轻松的微笑，吩咐翟作军把这些书分送中央首长们征求修改意见。

1938年5月26日至6月3日，毛泽东在延安抗日战争研究会上以《论持久战》为题发表了演讲。

在《论持久战》中，毛泽东从客观全面地分析抗日战争的特点入手，料定战争的前途将是"中国必胜，日本必败"。他认为："中日战争不是任何别的战争，乃是半殖民地半封建的中国和帝国主义的日本之间在20世纪30年代进行的一个决死的战

1938 年初，毛泽东撰写《论持久战》的情形——一张方桌，一把椅子，一支毛笔，毛泽东在延安的窑洞里写就五万多字的雄文《论持久战》。

争。"战争双方存在着互相矛盾的四个基本特点：敌强我弱，敌小我大，敌退步我进步，敌寡助我多助。日本是一个帝国主义强国，其军力、经济力和政治组织力虽强，但其国小，人力、物力、财力不足，加之战争的非正义性、野蛮性，必然失道寡助。中国虽是半殖民地半封建的弱国，但处于进步的时代，有共产党及其军队为团结抗战的核心，加之地大物博、人多兵多，以及战争的正义性，必然能得到全民的支持和国际上的援助。这些特点，决定了双方一切政治上的策略和军事上的战略战术，决定了战争的持久性和最后胜利属于中国而不属于日本。由于敌强我弱，日本能够在中国有一定时期和一定程度的横行，中国不可避免地要走一段艰难的路程，抗日战争是持久战而不是速决战。然而，敌我之间小国、退步、寡助和大国、进步、多助的对比，又规定了日本不能横行到底，必然要遭到最后的失败，中国决不会亡，必然要取得最后的胜利。据此，毛泽东满怀信心地明确写道："中国会亡吗？答复：不会亡，最后胜利是中国的。中国能够速胜吗？答复：不能速胜，抗日战争是持久战。"

那么，这种"持久"的战争发展进程，大致会是什么样的情形呢？

毛泽东在对交战双方存在的相互矛盾的各种因素及其演化规律与趋势，进行了系统研究和准确判断的基础上，科学地预见到持久的抗日战争必将经历三个阶段。

第一阶段，是敌之战略进攻，我之战略防御的时期。敌人挟其军事优势大举进攻，占领中国许多大城市和交通线，扩大其领土、人口和资源，试图迅速征服整个中国。同时，由于日军兵力不足，中国的游击战争乘着敌后空虚将有一个普遍的发展。面对敌人的强大攻势，我所采取的战争形式，主要是运动战，而以游击战和阵地战辅助之。此阶段中，中国虽有颇大的损失，但同时却有颇大的进步，这种进步成为第二阶段继续抗战的主要基础。

第二阶段，是敌之战略保守，我之准备反攻的时期，"可以名之曰战略的相持阶段"。"第一阶段之末尾，由于敌之兵力不足和我之坚强抵抗，敌人将不得不决定在一定限度上的战略进攻终点，到达此终点以后，即停止其战略进攻，转入保守占领地的阶段"。"第二阶段仍将有广大的战争。此阶段中我之作战形式主要的是游击战，而以运动战辅助之。"此时，中国尚能保有大量的正规军，但尚难迅即举行战略反攻。除正面防御部队外，我军将大量地转入敌后，广泛发动游击战争，并尽可能地调动敌人于运动战中消灭之。第二阶段即相持阶段，是整个战争的过渡阶段，也将是最困难的时期，然而，又是转变的枢纽。中国将变为独立国，还是沦为殖民地，取决于第二阶段全民族努力的程度。

第三阶段，是我之战略反攻，敌之战略退却阶段，亦即"收复失地的反攻阶段"。在这一阶段，我将实施战略反攻，收复失地。此时，主要依靠中国自己在前阶段中准备着和在本阶段中继续地生长着的力量。同时，必须依靠国际力量和敌国内部变化的援助。由于中国政治和经济不平衡的状态，战略反攻在前期将不是整齐划一的姿态，而是带地域性的和此起彼落的姿态。战略反攻将逐渐变战略内线为战略外线，直至打到鸭绿江边。所谓坚持抗战到底，就是要走完这个阶段的全过程。这个阶段我所采取的主要作战形式仍将是运动战，但是，阵地战将提到重要地位，游击战将辅助运动战和阵地战而起战略配合作用。毛泽东还断言，"长期而又广大的抗日战争，是军事、政治、经济、文化各方面犬牙交错的战争，这是战争史上的奇观"。

抗日战争的实际进程，同毛泽东的这些预见几乎是完全吻合的。

为了把抗日战争导向最后的胜利，毛泽东还系统地论述了实行持久战的战略战术原则。他特别强调，要在既定的战争物质基础和客观条件下最大限度地发挥人的自觉能动性，以争取战争的最后胜利。

首先，他从阐明战争与政治的关系入手，明确提出抗日战争是全民族的解放战争，其根本的政治目的是"驱逐日本帝国主义，建立自由平等的新中国"。如果离开了抗日民族统一战线的总方针，离开了普遍和深入的全国人民的总动员，是不能胜利的。只要"动员了全国的老百姓，就造成了陷敌于灭顶之灾的汪洋大海，造成了弥补武器等等缺陷的补救条件，造成了克服一切战争困难的前提"。

其次，从分析战争三个阶段的制约关系入手，提出了实行持久战总方针所应采取的具体作战方针和原则。在第一阶段和第二阶段，即敌之战略进攻和战略保守阶段中，是战略防御中的战役和战斗的进攻战，战略持久中的战役和战斗的速决战，战略内线中的战役和战斗的外线作战。在第三阶段中，应该是战略的反攻。战役和战斗的外线的速决进攻战，是实行持久战的最好的方针，也即是所谓运动战的方针。实行这一方针，在作战形式上，要善于根据战争发展的不同阶段，将运动战、游击战和阵地战三种不同形式相机并用。就全国抗战的三个阶段来说，第一阶段，主要是运动战，游击战和阵地战是辅助的。第二阶段，游击战上升到主要地位，而以运动战和阵地战辅助之。第三阶段，运动战再上升为主要形式，而辅之以阵地战和游击战。在整个战争中，运动战是主要的，游击战是辅助的，说的是解决战争的命运，主要依靠正规战。游击战在整个抗日战争中的战略地位，仅仅次于运动战，其战略作用一是辅助正规战，一是把自己也变成正规战，即向运动战发展。因此，毛泽东进一步明确，我军的方针"基本的是游击战，但不放松有利条件下的运动战"。

此外，在《论持久战》中，毛泽东还正确地解决了消耗战与歼灭战的关系以及决战等问题，提出了"兵民是胜利之本"，"战争的伟力之最深厚的根源，存在于民众之中"，"武器是战争的重要因素，但不是决定的因素，决定的因素是人不是物"等著名的论断。

《论持久战》的发表，标志着毛泽东军事思想的发展已经趋于成熟，同时也在世界范围内产生了重大的反响。周恩来在 1939 年曾经谈到，一位外国记者在读了《论持久战》之后，心悦诚服地评论说："不管他们对于共产党的看法怎样，以及他们所代表的是谁，大部分的中国人现在都承认毛泽东正确地分析了国内和国际的因素，并且无误地描绘了未来的一般轮廓。"

不久，周恩来又委托宋庆龄设法将《论持久战》翻译成英文向海外发行。毛泽东亲自为英文本写了序言，着重指出："中国的抗战是世界性的抗战。孤立战争的观点，历史已指明其不正确了。""希望此书能在英语各国间唤起若干的同情，为了中国的利益，也为了世界的利益。"参加过此书翻译工作的爱泼斯坦说："中国共产党领导人毛泽东，以丰富的实践经验为依据，详细地制定了怎样对一个起初较强大的侵略者进行持久的人民战争的理论。"

毛泽东《论持久战》刚发表，周恩来就把它的基本精神向白崇禧作了介绍。白崇禧深为赞赏，认为这是克敌制胜的最高战略方针。后来白崇禧又把它向蒋介石作了转述，蒋介石也十分赞成。在蒋介石的支持下，白崇禧把《论持久战》的精神归纳成两句话："积小胜为大胜，以空间换时间。"并取得了周恩来的同意，由军事委员会通令全国，作为抗日战争中的战略指导思想。

时为国民党将军的傅作义在读了《论持久战》后，感到抗战中的重大问题，都在这本书里找到了明确的答案，便令所属各部军官阅读并指示在该部军政干部学校研究学习。

卫立煌将军在《论持久战》发表后，即让秘书陪他阅读，由此不但对八路军深入敌后进行游击战的意义有所了解，而且认识到抗战要经过一个很长的相持阶段，这对他的"速胜论"和"唯武器论"观点也有所触动。

卫立煌是第二战区前敌总指挥部副司令长官，尽管他对延安早有耳闻，但是耳听为虚，眼见为实，延安是什么样子，卫立煌要亲眼看一看。1938 年夏的一天，卫立煌带着总指挥部里的几大处人员，以及一个特务营和一个新成立的战地工作团来到了延安。

　　十几辆大卡车组成的车队，浩浩荡荡，在偏僻的陕北乡村中极为少见，村落中窑洞里的居民被吸引出来看热闹。

　　卫立煌一行，到了延安城受到热烈的欢迎，其盛况出人意料。离延安城二三十里即发现新贴出的用红绿纸写的标语，上面写着"加强国共合作"，"团结抗日"，"欢迎卫副司令长官"等标语，越近延安城越多。车到延安城外，远远就看到欢迎的队伍排列在道路两旁。走近一看，许多机关都派人来了，各学校的学生差不多都来了。汽车一到人们即敲锣打鼓，呼喊口号，此起彼伏，非常热烈。

　　车队抵达城门不远处，前面两辆汽车停歇下来，卫立煌等人走下车来，滕代远参谋长、第十八集团军陕北留守处主任萧劲光、交际处处长金城等人迎接上去。其余十余辆大卡车没有停留，一辆接一辆地直向南开。滕代远参谋长等陪伴卫立煌一行，走进贴满标语的城门，穿过夹道欢迎的人群，走到城中一个接待处。

　　这时，毛泽东主席已跨出客厅房门半步，表示欢迎，和每个客人亲切握手。当卫立煌和毛泽东的手有力地握在了一起时，卫立煌一时不知怎么称呼毛泽东，也不知说什么好，显得有些紧张。毛泽东笑着先问候道："卫司令长官，一路辛苦了。延安是个小地方，能在这里见到你这位高级的中央大员，真是荣幸得很哟。"

　　卫立煌见毛泽东如此轻松自如，笑容可掬，紧张的心情一下子放松了许多，随口道："对毛先生英名，立煌早有耳闻，今日得见，真是三生有幸。"

　　毛泽东接过话茬说："卫司令长官是国军中的一员虎将，声名远扬。自'七七事变'以来，卫长官积极率兵在前线抗日，并且与八路军友好合作，我代表中国共产党向卫长官表示敬意。"

　　卫立煌客气了一番，随后主客一起落座，开始了谈话。毛泽东说："八路军深入敌后作战，完全是无后方作战，困难重重，弹药消耗很大且又无法得到及时补充。没枪、没子弹，怎么打敌人？还有一个特别困难的问题是八路军缺医少药，我们的许多伤员因此得不到及时抢救。还有，现在快到5月了，夏服迄今没有影子，不知何故？卫司令长官是中央派往第二战区的最高军事长官，还请今后多向主管部门催催。"卫立煌当即答应尽快帮助解决。

　　毛泽东谈兴即起，把话题一转，首先针对国际、国内存在的对世界法西斯主义的

1938 年 5 月 26 日，毛泽东在延安讲演《论持久战》。

投降活动，讲了他的看法："国际上的投降活动可能要引来法西斯主义国家更大胆的侵略，而中国国内的投降活动可能不仅会危及国共间的统一战线，而且还会破坏今天的全民抗战的大好形势，这是一种很大的危险，我们决心抗日的人决不能忽视。"

卫立煌随即问道："毛先生，你认为中国应如何抵制投降活动呢？"

"在军事上，必须把片面抗战转变为全面抗战；在政治上，也有许多方面要改造，也有改造的可能。我认为最重要的主要是扩大国内政治民主和言论自由。"毛泽东又把话题转到了日军近期的军事企图："目前在山西的抗战非常重要，如果不是我们大家在山西拖住日军的尾巴，日军就会从风陵渡渡过黄河，夺取潼关，截断陇海线，卡死中国与苏联的国际路线，进一步逼中国投降。"

卫立煌和他的参谋长对毛泽东的即席讲话极为钦佩，并表示今后只要有机会就多听听毛先生对时局的看法，多向中央反映八路军在敌后作战的重要意义和重大战果，多给八路军一些物资上和道义上的援助。

中午，毛泽东设宴招待。客人除了卫立煌之外，还有两个参谋长和一个参谋、一个秘书，一共五人。主人方面除了毛泽东，作陪的还有滕代远参谋长、萧劲光主任，一桌共坐八个人。筵席非常丰盛。延安方面向来有好客的风俗，自奉极其清苦，但有美好的食品都拿出来飨客。毛泽东谈笑风生，宴会历时甚长。卫立煌等前些日子在山西受日寇追击，给养补充不上，有什么吃什么，体重都减轻了，现在对于每一道菜都感到满意，饱饱地吃了一顿。

半个月以前在西安，林伯渠嘱咐八路军战地服务团的团员、卫立煌的秘书赵荣声随战地工作团北行经过延安的时候，去见一见滕代远参谋长。后来，战地工作团离开西安前往延水关，果真经过延安，在延安停留了三天，赵荣声乘全团参观抗大听刘少奇作报告的机会，秘密去见滕参谋长，把自己怎么进入卫立煌司令部及在那里的所见所闻，向滕参谋长做了详细的汇报。接着，滕参谋长又带赵荣声去一个设在抗大内的窑洞——中央军委统战部，向这时正在这个窑洞里值班的刘向三汇报。

这一次赵荣声和滕代远就不陌生了。他到达延安没有多大一会儿就偷偷地把预先写好的一份材料——新的情况——交给了滕代远，并且在客厅外面的过道上简单地交谈了几句。滕代远闻悉卫立煌已经背熟了到抗大演讲的稿子，就临时更改了接待卫立煌的日程，下午请他去参观抗大。这样，饭后没有休息，拍了几张毛、卫两人的照片和八个人的照片，两部黑色小汽车就驶往抗大了。

卫立煌一行一跨进抗大校园就被这里的热烈场面感动了。他细心准备的讲演稿已被抛到九霄云外，即席讲起了他抗战以来的作战感受。他每讲一阵，学生们就呼一阵口号，他越发讲得激昂。他说："我自己的亲身体验证明，只有同八路军密切合作才能打倒日本帝国主义。如果没有八路军，我卫立煌就是有天大的本事也杀不了那么多的小鬼子。今后我要继续同八路军一道坚持华北抗战，决不退过黄河，反对投降妥协，收复失地。今天我还向同学们保证，只要我卫立煌在华北主持军事，我和我的部下决不与八路军对抗。边区以抗战为中心的各项工作堪称全国模范，应该发扬光大。"

这天晚上延安开晚会，毛泽东和卫立煌坐在一排观看，有说有笑，显得很融洽。延安虽在穷山沟里，精神生活却是很丰富的，有名导演和名演员，话剧演得很好。晚会开到很晚才散。

卫立煌一行下榻于城内的耶稣教堂，这是几十年前外国传教士住的地方，是延安城内唯一的"洋房"。招待人员还准备了夜餐，有雪白的馒头和大米稀饭，还有红色的广式香肠。

第二天天刚亮，卫立煌离开延安。滕代远、萧劲光、金城等人送到 30 里以外，又照了几张照片，依依不舍而别。

到西安的次日上午，卫立煌来到北大街第十八集团军总司令部驻西安办事处，以第二战区副司令长官兼前敌总指挥的身份，批发了一个手谕："即发十八集团军，步枪子弹 100 万发，手榴弹 25 万发。"

延安之行对卫立煌产生了很大影响。回到自己的部队后，他将在延安看到的战地服务团的工作移植于军中，也成立了第二战区前敌总指挥部战地工作团，并从八路军中引进一批人才，完全按八路军的模式，给工作团下达任务。一时间，飘扬在延安上空的《大刀进行曲》《国际歌》《工农商学兵，一起来救亡》等革命进步歌曲，也在第十四集团军中流行起来。卫立煌还下了一道命令：总部上自将官下至尉官，每天下午五时必须到工作团学唱歌，不去的必须向他请假。卫立煌本人也天天摇着大脑袋大唱革命歌曲。

第四节　一桩尴尬的婚姻

1938 年 11 月 20 日，毛泽东和一个从上海来的女演员蓝苹结婚了。毛泽东在凤凰山自己的窑洞里请人吃了一顿饭，客人们都知道这是一场简单的婚宴，但因为毛泽东没有明说，客人们也只能心照不宣。就在这一天，延安突然遭到了日本飞机的轰炸，于是人间就有了一句名言：主席结婚，惊天动地。

婚后，这个叫蓝苹的女人改名叫江青。三十年后，这个名字在 20 世纪的中国家喻户晓。

江青，原名李云鹤，1914 年生于山东诸城。1929 年，尚是少女的江青，因不堪忍受性格暴躁的父亲的虐待而离家出走，在济南加入山东实验剧社。1933 年，她加入中国共产党，同年到上海从事艺术工作，以蓝苹为艺名演电影，也演话剧，在上海滩渐渐小有名气。1937 年 8 月下旬，江青与其他热血青年一起，由西安八路军办事处介绍来到革命圣地延安。

江青在上海是以地下党员的身份在演艺界活动的，1934 年曾遭到国民党政府的逮捕，一度与党失去联系。来到延安后，江青要求恢复自己的党籍，中央随即对她进行了审查。随后，她进入中共中央党校学习，并在这里遇到了当年她母亲在诸城帮佣的张家二少爷康生。此时的康生，已是中共中央党校的校长。

1938 年春节，刚刚抵达延安的上海救亡演剧队和延安的戏剧工作者第一次联袂演出了话剧《血祭上海》，毛泽东和许多党的领导人前去观看。江青参加了这次演出，在剧中扮演二姨太。演出后，中央宣传部设宴招待了全体演出人员。在这次宴会上，江青第一次见到了毛泽东。

1938 年 4 月，鲁迅艺术学院成立，江青调到学院戏剧科做戏剧老师。毛泽东十分重视文艺工作，时常和党的其他重要领导人去鲁迅艺术学院讲课。江青每次听毛泽东讲课，总是坐在第一排，十分认真地听讲，时常对毛泽东风趣而富有感染力的话作出积极反应。课后，她常向毛泽东请教一些比较深刻的问题，与毛泽东交谈。8 月

13 日纪念"八·一三"抗日一周年时，毛泽东和中共中央领导人观看了由江青主演的京剧《打渔杀家》，演出结束后，江青把自己的一张照片送给了毛泽东。据毛泽东的卫士回忆，这张照片在毛泽东的笔记本里，夹了很长一段时间。两人由此开始往来，相互渐有好感。此后不久，江青调动了工作，从鲁艺转到军委任档案秘书。这里离毛泽东办公室很近，江青接触毛泽东的机会更多了。

平心而论，有些人简单地把早期的江青与"文革"中的江青相提并论，这是不客观的；这种说法，无论是对江青还是对毛泽东，都是不公平的。当时的江青，在延安诸多女青年中显得非常出众，甚至可以算是出类拔萃的。她不仅相貌出众，而且戏唱得好。她演的《打渔杀家》，包括毛泽东在内的中央首长们都非常喜欢。江青是在抗战爆发后奔赴延安的，她没有选择留在繁华的上海，也没有跑到南京、重庆等一些大城市，而是千里迢迢跑到了条件异常艰苦的延安，这就说明她当时还是倾向革命、向往进步的。也许正是这一点，才是毛泽东和她结合的最起码的条件。

但不管怎么说，45 岁的中共高级领袖毛泽东和来延安才一年的 24 岁女演员江青结合，毕竟是一件大事。中共中央对此非常重视，处理也十分谨慎，还为此专门开会进行了研究。对此，毛泽东本人在 20 世纪 50 年代和他青少年时代的好友周世钊谈话时，曾讲述过当年中共高层是如何处理他和江青的婚事的。他说："有天晚上我们开会，我记得是开到半夜 12 点半，周恩来同志突然对我说，主席请您出去一下，我们要讨论研究一个问题。既然恩来同志临时有事要我退出会场，我就只好走出会场，在另外一间房子看书看报。后来我才知道，他们是讨论研究我和江青的婚姻问题。据我所知，在中央讨论研究我和江青婚姻问题时，意见也不太一致，我就知道恩来同志明确表示不同意见。但是，我们党的组织原则是少数服从多数，结果，中央还是同意我和江青的婚姻，这样，我就在延安和江青结了婚。"[①]

婚后，毛泽东和江青从凤凰山搬到了杨家岭，新居是一个三孔窑洞，位于中央办公厅右边的山坡上，坐西朝东，窑内有暗道与院子左边朱德住的窑洞相连。三孔窑洞分别是毛泽东的书房兼卧室、起居室和江青的卧室。前面窗格子上糊了薄薄的白纸，

① 参见《毛泽东家书钩沉》，潘湘陈编著，中共中央党校出版社，1997 年 9 月第 1 版，第 92-93 页。

毛泽东和江青在延安

可以透进光线。毛泽东的窑洞里，放着一张木床、一张桌子、一个书架和一个木箱，还有一些小木凳。门外有一小块平地，摆着一个小石桌和几个小石凳，那是他休息和会客的地方。

那一段时间，毛泽东和江青的婚姻生活是幸福的。江青的职务是中共中央军委档案秘书，实际工作就是照顾毛泽东的饮食起居。她很快学会了做饭，而且做得不错。她自己虽然不喜欢吃辛辣的食物，但因为毛泽东是湖南人，爱吃辣椒，她每顿都做一道有辣味的菜。毛泽东对江青也很呵护，据曾志回忆，有一次她在毛泽东家吃饭，江青没吃上几口，就跑出去呕吐，毛泽东赶紧举着灯出门给她照明，又端水给她漱口，还轻轻为她捶背。

美国记者史沫莱特曾送给毛泽东一台留声机。毛泽东喜欢听京戏，江青便搜集了许多京剧唱片，在毛泽东休息时放给他听。毛泽东听得津津有味，有时还会用脚蹭打着砖地，合着节拍，嘴里还哼上几句。毛泽东的窑洞，常常高朋满座。来了毛泽东的战友，江青很少露面，要么递支烟，要么倒杯茶，随即就走开了。来了外国记者，出于礼节，她也露一面，握握手，点个头，递上一盘花生米，就走开了。一位外国记者记述对江青的印象时写道："她直率而客气，很像一位通情达理的贤妻良母。"

1940 年 8 月，江青生下一个女孩。年近半百的毛泽东喜得千金，异常高兴，他为女儿取名"李讷"。李讷长得活泼可爱，窑洞里充满了欢声笑语。

1946 年 1 月，为了指挥战争方便，毛泽东一家搬到军委驻地王家坪。他们住在军委礼堂东侧土坡下的一个两孔窑洞里。毛泽东非常喜欢李讷，一有时间就带着小李讷散步，教她识字，给她讲故事。父女俩的感情极深，毛泽东称李讷为"大娃娃"，聪颖活泼的李讷则叫毛泽东是"小爸爸"。由于延安条件所限，李讷到了上学年龄还不能上学，毛泽东便请身边的工作人员韩桂馨教她识字。江青写得一手好字，尤其是正楷字写得相当漂亮，毛泽东就让江青写成字帖，让李讷照着练，李讷因此练就了一手好字。

江青在上海待过几年，很懂得健康之道，她照顾毛泽东的饮食，比较注重科学搭

毛泽东与江青及孩子李讷在枣园

配。开始时，由于条件所限，她只能讲究一下咸淡，尽量让毛泽东吃得淡一点。后来条件好起来，能吃到猪肉和鸡，江青开始讲究起饮食结构来了。毛泽东爱吃红烧肉，江青担心他吃多了肥肉不好，便悄悄减少肥肉，增加瘦肉，并把干青菜烧进去，并向他解释：增加纤维利于治疗他的便秘毛病。

在延安时期，尽管生活条件异常艰苦，但毛泽东心情舒畅，精神焕发，较为稳定的家庭生活也给他增添了力量。因而，延安时期是毛泽东从事革命活动以来，家庭生活最安稳、工作上最得心应手、建树最辉煌的一个时期，达到了他事业的一个高峰。

1947年"三查""三整"运动开始后，有人反映江青在上海的历史有问题，江青获悉后，抱怨有人在故意整她，希望毛泽东能替她说话。毛泽东坚决不同意干涉组织部门的工作，江青便缠着不放，哭闹不止。毛泽东严厉地说："正因为你是我毛泽东的老婆，这话我才更不能去讲！""历史就是历史。既然你在上海那么革命，还要我讲什么话？！"江青见毛泽东不帮她说话，恼羞成怒，便与他吵了起来。江青的无理取闹激怒了毛泽东，他朝江青吼道："你给我滚，滚出去！"江青觉得很委屈，找周恩来诉苦。毛泽东也很烦恼，一支接一支地抽烟，望着窑顶，向卫士长李银桥诉说心中的郁闷："当初结婚没搞好哟，背了个政治包袱呢！唉，草率了。如今，我这个情况，我这样的人再闹离婚也不好，凑合着过吧！"

再和谐的家庭，也不会没有一点矛盾的。总的来说，从1938年毛泽东和江青结婚到"文化大革命"爆发的二十多年间，江青对于毛泽东个人生活的照顾，还是尽到了一个妻子的责任的，而且确实按照"约法三章"中所规定的，没有"参政"，也没怎么"出头露面"。但事情在胜利进城后稍稍发生了一些变化，那个"约法三章"也渐渐地失去了作用。

新中国成立后，江青渐渐地不满足于只照顾毛泽东的饮食起居，她想去做一些具体的工作。毛泽东访苏期间，她给毛泽东发电报，提出要到新解放区去看一看。应该讲，江青的这个要求是正常的，毛泽东同意了，他的信是通过电报发给在北京主持中央工作的刘少奇转交江青的，内容如下：

少奇同志阅转江青：

一月一日来电已悉。同意你去新区看一看，但须得少奇同志同意。如果他同意的话，则应以中央政治研究员的名义由中央组织部写介绍信给新区党的组织。因此还须和廖鲁言同志谈好，并得到他的同意。到新区后注意只收集材料，不发表意见，并须顾到不要给当地党政以较多的麻烦，以上须向少奇同志接洽，由他决定。

毛泽东

一月一日上午四时

由此可见，毛泽东对江青在家庭生活以外的活动，要求是非常严格的。江青按照毛泽东的要求，在征得刘少奇的同意和廖鲁言的支持后，去了一趟"新区"，而且确实没有给当地党政机关和领导带来什么"麻烦"。

江青身体不好，曾多次去苏联疗养。1949 年年初刘少奇访苏，当时，江青正在苏联养病。苏方为了表示对毛泽东的尊敬，也请江青参加了这次会见，不过主要是斯大林同刘少奇对话。后来大家鼓动江青给斯大林敬酒。斯大林看江青很年轻，怕她应付不了这个场面，便离座在厅中走动。其实，江青并不怯场，她站起来，举起酒杯，不慌不忙地说："我举杯，向斯大林同志敬酒，希望斯大林同志健康长寿！斯大林同志的健康就是我们的幸福！"斯大林听了非常高兴，说："我第一次听到这样的话——我的健康竟然就是你们的幸福！"

江青是个功利心非常强且不甘寂寞的人。随着时间的推移，她身上的种种劣性开始慢慢暴露出来，经常"别出心裁、无事生非"，"自私嫉妒、爱出风头"，甚至渐渐"滋长了政治权欲"。1949 年 10 月底，毛泽东访苏，准备向斯大林送一些寿礼（斯大林 70 寿辰），礼品委托中央办公厅主任杨尚昆去办理。江青也插手了，她提出一定要带山东的特产。于是，除湘绣、瓷器、茶叶、竹笋外，山东的大葱、大白菜和大萝卜几乎占了一个车皮。

1951 年，江青反对电影《武训传》，并得到毛泽东的支持，毛泽东亲自撰写了《应当重视电影〈武训传〉的讨论》的《人民日报》社论；对江青组织调查组去武训家乡调查收集有关武训"劣迹"所产生的调查报告《武训历史调查记》，毛泽东也亲笔修改，并在《人民日报》上发表。经过一段时间的工作，江青积累了一点政治资本，但新中国成立后前几届全国人大或政协，江青都不是代表或委员，直到 1964 年她才在第三届全国人大会上以山东省代表的身份出现。

据林克回忆，"文化大革命"爆发后，毛泽东和江青"感情上的裂痕不断加深"，他们"已经分居"，"但他们的婚姻关系并未结束，政治上还互相需要"。关于这一点，江青自己也说过，她在苏联治疗子宫颈瘤时，苏联医生告诉她一年之内不能同房，她说："我们早就不在一块，我同毛泽东同志是政治夫妻。"正如林克在《我所知道的毛泽东》中回忆的那样，江青在政治上善于察言观色，投毛泽东所好，她利用毛泽东在 50 年代后期逐步发展的"左"倾思想，大抓文艺界和意识形态领域的阶级斗争。在康生的支持下，江青打着"文艺革命""戏剧改革"的旗号，随意把一些优秀的文艺作品或有某些缺点的作品，打成"毒草"，陷害了许多著名作家。自 1963 年开始，江青与柯庆施、张春桥等勾结在一起，策划在中国刮起文化的台风，为毛泽东正在酝酿的"文化大革命"推波助澜。

如果说在疾风暴雨式地批判《武训传》时，江青还是在幕后的话，那么以京剧改革捞取政治资本从而赢得毛泽东的信任和重用的江青，就开始渐渐走到前台了。1962 年 7 月 6 日，江青在北京看了京剧《海瑞罢官》后，觉得大有文章可作，便约见中宣部、文化部的四个正副部长，说《海瑞罢官》存在"严重的政治错误"，是"大毒草"，指出要对此剧进行批判。但部长们并没理她的茬儿，令其十分恼火。

正在这时候，江青听到柯庆施在上海发出"大写十三年"的崭新口号，这与她不谋而合。于是，她南下住进上海锦江饭店，把柯庆施找来，而柯庆施则带来他的政治秘书张春桥。那天的谈话，差不多只在江青与柯庆施之间进行。张春桥只在一旁聚精会神地听着。江青当面恭维柯庆施说："柯老，我们对文艺界的看法，可以说完全一致！我支持'大写十三年'！"柯庆施则说了一句非常得体的话："我们的见解一致，是因为我们都是以主席的思想做准则。"于是，1963 年 5 月 6 日，上海《文汇报》刊载了一篇题为《"有鬼无害"论》的文章，署名"梁壁辉"。这是江青和柯庆施一起组织，张春桥参与密谋，在上海打响的批判"三家村"的第一炮。

1965 年年初，江青在上海同柯庆施、张春桥见面，谈到了她久想批判的新编历史剧《海瑞罢官》，柯庆施立即表示赞成，并将此事交给张春桥办理，于是张春桥找到了"笔杆子"姚文元，开始了秘密撰写。11 月 10 日，《文汇报》发表了署名姚文元的文章《评新编历史剧〈海瑞罢官〉》。文章发表后，中国如同发生了一场地震，"大批判"的狂澜骤起。谁也没有想到这篇写作时连毛泽东也不知道的"雄文"，竟然成了毒害中国的"文化大革命"的一根导火索，揭开了"文化大革命"的序幕。毛泽东 1969 年在上海会见阿尔巴尼亚部长会议主席谢胡时说："那篇评《海瑞罢官》的文章，开头我也不知道，是江青他们搞的，搞了交给我看。"由此可见，此文的发表是经过毛泽东批准的。

与此同时，江青又炮制了《林彪同志委托江青同志召集的部队文艺工作座谈会纪要》，经过张春桥和陈伯达的修改，充满火药味地提出了"十六年来，文化战线上存在着尖锐的阶级斗争"，"被一条与毛主席思想相对立的反党反社会主义的黑线专了我们的政"，"我们一定要坚决进行一场文化战线上的社会主义大革命，彻底搞掉这条黑线"。这个新提出来的所谓"黑线专政论"，成了否定新中国成立十七年来文化战线上取得巨大成绩、发动"文化大革命"的一个重要理论依据。《纪要》经毛泽东三次审阅，作了十几处修改，于 1964 年 4 月 10 日作为中央文件，印发全党"认真研究，贯彻执行"。而这个《纪要》也成了江青"出山"担任要职的宣言书。

为了发动"文化大革命"，毛泽东指定陈伯达、康生、江青、张春桥等十人组成一个小组，起草一份纲领性文件。1966 年 4 月 16 日，起草小组聚集在上海锦江饭店，开始研究起草文件。原定起草小组组长为陈伯达，但因为陈伯达和康生被毛泽东临时召去了杭州，所以最初的起草工作实际上由江青在主持。这个文件就是读了让人惊心动魄的《五一六通知》，它被称为"文化大革命"纲领性文件。1966 年 5 月 16 日这一天，也就成了"无产阶级文化大革命"全面发动的日子。

1966 年 5 月 4 日至 20 日，中共中央政治局扩大会议在北京召开，通过了《五一六通知》，并决定成立隶属于中央政治局常委的"中央文化革命领导小组"，即"中央文革"。8 月 2 日，中共中央补发通知，宣布"中央文革"领导成员名单：陈伯达任组长，陶铸和康生是顾问，副组长有江青、王任重、刘志坚和张春桥。随着运动的深入，1967 年 1 月，陶铸、王任重被打倒了，刘志坚也被揪出；1967 年 8 月，王力、关锋被捕；1968 年年初，戚本禹入狱；作为组长的陈伯达则常称"生病"。于是，江青作为"中央文革"的第一副组长，正式登上中国政治舞台的最前沿。

《五一六通知》下发后不久，毛泽东便开始了他的"南巡"。从 1965 年秋天到 1966 年 7 月 18 日这半年多的时间，毛泽东大多在旅行中度过。他先后到过杭州、上海、长沙、韶山、武汉等地。1966 年 6 月 15 日，毛泽东离开杭州，16 日到达长沙。18 日他回到故乡韶山冲，第一次也是最后一次住进了他一生中唯一的别墅：滴水洞，他自称滴水洞为"西方的一个山洞"。毛泽东此次回故乡，是绝对保密的，当时的大多数中央领导，只知道毛泽东到了湖南，却不知道他的具体方位，江青也不知道。当然，也有明白真实情况的，那就是周恩来，他每天从北京用专机为毛泽东传送文件，又从毛泽东处带回一些批阅文件。从 18 日到 28 日，毛泽东在滴水洞里住了 11 天，构思起草了一封极不寻常的信。

这封信是写给江青的，近两千字。在信中，毛泽东出人意料又意味深长地告诉江青："天下大乱，达到天下大治。过七八年又来一次。牛鬼蛇神自己跳出来。他们为自己的阶级本性所决定，非跳出来不可。"还针对林彪 5 月 18 日在中共中央政治局扩大会议上关于"政变"和"天才"问题的长篇讲话，说道："我的朋友的讲话，中央催着要发，我准备同意发下去，他是专讲政变问题的。这个问题，像他这样讲法过去还没有过。他的一些提法，我总感觉不安。我历来不相信，我那几本小书，有那样大的神通。现在经他一吹，全党全国都吹起来了，真是王婆卖瓜，自卖自夸。我是被他们逼上梁山的，看来不同意他们不行了。在重大问题上，违心地同意别人，在我一生还是第一次。叫作不以人的意志为转移吧。""我猜他们的本意，为了打鬼，借助钟馗。我就在 20 世纪 60 年代当了共产党的钟馗了。事物总是要走向反面的，吹得越高，跌得越重。我是准备跌得粉碎的。那也没有什么要紧，物质不灭，不过粉碎罢了。"

毛泽东还在信中列举晋朝人阮籍和鲁迅为例，解剖自己，说自己"是自信而又有些不自信。我少年时曾经说过：自信人生二百年，会当击水三千里。可见神气十足了。但又不很自信，总觉得山中无老虎，猴子称大王，我就变成这样的大王了。但也不是折中主义，在我身上有些虎气，是为主，也有些猴气，是为次"。接着他举了后汉人李固写给黄琼信中的几句话，强调"人贵有自知之明"，而他自己也是被"逼上梁山"的，并且还劝江青"不要被胜利冲昏了头脑，经常想一想自己的弱点、缺点和错误"。

毫无疑问，毛泽东的这封信，其实就是一篇关于"文化大革命"的"战略思想"。其实在那个时期，毛泽东的内心是矛盾的、痛苦的，也是极其孤独的。从批判《海瑞罢官》，到林彪诬陷罗瑞卿，再到"二月提纲"和江青、林彪搞的"部队文艺工作者座谈会纪要"；从批判吴晗，到批判彭真、罗瑞卿、陆定一、杨尚昆，这个时期，"由于毛泽东在全党和全国享有崇高的威望，由于党的民主集中制已遭到严重破坏，党内的政治生活已很不正常，他的个人领导已逐步取代党的集体领导"。毛泽东认为这个时候最大的问题是中共中央内部已经出现了修正主义，必须当机立断，"全面地系统地抓"，发动一场大革命，来解决这个已经迫在眉睫的问题。于是，《五一六通知》顺着毛泽东这一思路"出笼"了，它的下发不仅意味着本来在文化领域内开展的政治批判已经扩大到党、政、军的各个方面，批判对象的性质已确定为"反革命的修正主义分子"，也"标志着'左'的错误开始在党内全面推行"。[①]

这就是 7 月 8 日毛泽东给江青写下这封信的大体背景。他在信的一开头就总结的"天下大乱，达到天下大治"的理论，其实正是他当时过分强调"阶级斗争"的结果。在"文化大革命"的前夜，毛泽东就是用这种理论作为武器，领导了这场事与愿

① 参见《毛泽东传（1949-1976）》。

违的没有达到"天下大治"，反而引起"天下大乱"的"文化革命"。

毛泽东写好这封信后，是先给周恩来和王任重看的。这表明毛泽东对周恩来和王任重是信任的。之后，此信由周恩来带到上海交给江青。他还告诉江青："我的这些近乎黑话的话，现在不能公开，什么时候公开也说不定，因为'左派'和广大群众是不欢迎我这样说的。也许在我死后的一个什么时机，'右派'当权之时，由他们来公开吧。"由此可见，毛泽东当时对江青是信赖的，把自己内心的真实思想无任何保留地告诉江青，也说明他认为在中共中央高层可信赖的人已经不多了。毛泽东把这些"黑话"告诉江青，其实也是一种无奈的选择。

毛泽东的这封信，再次给江青在中国政治舞台上的分量增加了砝码。1966 年 8 月 30 日，中共中央发出《关于江青代理中央文化革命小组组长职务的通知》：陈伯达同志因病经中央批准休息，在陈伯达同志病假期间或今后离京外出工作期间，他所担任的中央文化革命小组组长职务，由第一副组长江青同志代理。10 月，"中央文革"扩充为"中央文革碰头会"。实际上，这个"中央文革碰头会"主持着中共中央的日常工作，成了"无产阶级司令部"，成员也随之扩充，除陈伯达、康生、江青、张春桥、姚文元外，又加入了周恩来、谢富治、黄永胜、吴法宪、叶群、汪东兴、温玉成，共 12 人。表面上这个"碰头会"由周恩来主持，但实际上周恩来已经被"左派"们包围。从当年"永远忠于毛主席！永远忠于党中央！永远忠于中央文革！"这句非常流行的口号中，我们不难看出"中央文革"的权力之大。而"忠于中央文革"不就是"忠于江青"吗？！江青的权力已经凌驾于国家总理周恩来之上。

整个"文化大革命"的中前期，毛泽东对江青是信任的。政治嗅觉敏锐的江青凭借毛泽东对她的信任，大捞其政治资本，可谓平步青云。在 1969 年召开的中共九大上，她当选为中共中央政治局委员。1970 年夏，在九届二中全会上，当江青集团和林彪集团争权夺利发生激烈冲突的时候，毛泽东发表了《我的一点意见》，毫不犹豫地站在了江青一边，支持江青。要知道，毛泽东发动"文化大革命"倚重的就是林彪的"枪杆子"和江青的"笔杆子"这两个集团。尤其是林彪集团，他的主要干将在中共九大上都进了中央政治局，而林彪本人又作为毛泽东"最亲密的战友"和"接班人"堂而皇之地写进了党章，这在国际共产主义运动史上是从来没有先例的。而当这两个集团打起来的时候，毛泽东却支持了江青。

仅仅一年多之后，毛泽东"最亲密的战友"和"接班人"林彪原形毕露。"九一三"事件的爆发，客观上宣告了"文化大革命"的理论和实践的破产。"枪杆子"没有了，那个"语录不离手，万岁不离口"的"最亲密的战友"和"接班人"竟然是个"当面说好话，背后下毒手"的阴险两面派和野心家。这令毛泽东黯然神伤，对他的打击非常之大。

毛泽东受伤了，江青却笑了。因为"枪杆子"林彪集团的自取灭亡，无疑给她的"笔杆子"集团消除了夺权之路的主要障碍和敌手。于是在中共十大之后，处心积虑窃取最高权力的江青和王洪文、张春桥、姚文元结成了"四人帮"。

但毛泽东没有糊涂，他十分清醒。从林彪"枪杆子"集团的覆灭之中，他也看到了"笔杆子"江青集团的问题，开始对江青的政治野心有所察觉，对江青日趋专横跋扈的所作所为有所不满。想大事、谋大事历来都从全国人民的根本利益和从党和国家的最高利益出发的毛泽东，吸取教训，开始对江青进行遏制。

1973 年，毛泽东重新起用了邓小平，让他分担病重的周恩来的工作。江青很清楚，林彪反党集团自我毁灭之后，邓小平的复出和重新崛起对她意味着什么，于是百般阻拦。1974 年 3 月，政治局开会讨论派谁去参加联合国大会第六届特别会议，会议根据毛泽东的提议，决定让邓小平去，却遭到了江青的坚决反对。毛泽东得知这次开会的情况后，给江青写了一封信：

江青：

邓小平同志出国是我的意见，你不要反对为好。小心谨慎，不要反对我的意见。

毛泽东

三月二十七日

1974 年 3 月 20 日，江青要见毛泽东。毛泽东拒不接见。江青无奈，只好在毛泽东住处的门外等候。工作人员通报之后，给她送来一封信。内容是：

江青：

　　不见还好些。过去多年同你谈的话你有好些不执行，多见何益？有马列书在，有我的书在，你就是不研究。我重病在身，八十一了，也不体谅。你有大权，我死了，看你怎么办？你也是个大事不讨论，小事天天送的人。请你考虑。

毛泽东

一九七四年三月二十日

　　"文革"开始不久，毛泽东便与江青分居，一直到毛泽东逝世。毛泽东在世的最后几年，两人见面不多。江青知道，不能失去毛泽东这杆大旗。凡有事或江青认为应该见毛泽东的时候，她都要事先向中央办公厅负责人提出申请，得到毛泽东许可方能见面。这次求见未获准，只见到一封指责她的信，令她很是难堪。

　　1974 年 7 月 17 日，毛泽东主持政治局会议。会上，毛泽东当众公开点名批评了江青："江青同志，你要注意呢！别人对你有意见，又不好当面对你讲，你也不知道。"江青听了，显得很不自在，尽管表现出一副矜持的样子，但昔日那种盛气凌人的气派顿时不见了踪影。接着，毛泽东又说："不要设两个工厂，一个叫钢铁工厂，一个叫帽子工厂，动不动就给人戴大帽子，不好呢！要注意呢！你那个工厂不要了吧。"

　　"不要了。钢铁工厂送给小平同志吧！"江青说。语气中透着一种不满的情绪。这种不满的情绪不仅是对毛泽东，也是对邓小平。邓小平这个人，表面上话不多，但很讲原则，在她面前很少退让。

　　"当众说的！"毛泽东紧跟了一句道。

　　"说了算！"江青也紧跟着回答。

　　"孔夫子讲，言必信，行必果。"毛泽东随口说出一句孔丘的话。接着，他转向众人："听到没有？她并不代表我，她代表她自己。"稍顿，毛泽东语气变缓："对她要一分为二，一部分是好的，一部分不大好呢！"

听到这句话，江青如获救命的稻草，赶忙说："不大好的就改。"

"你也是难改呢。"毛泽东恢复了原先的语调。

"我现在钢铁工厂不开了……"江青又似在求救。

"不开就好。"

"我一定特别注意，请主席放心。"江青又接着说了一句。

这次政治局会议，实际上成了毛泽东和江青夫妇二人的对话。大家都不说话，只能保持沉默。最后，毛泽东对大家说："她算上海帮呢！你们要注意，不要搞成四人小宗派呢！"

因为张春桥、姚文元、王洪文都来自上海，毛泽东说的"上海帮"即由此而来。由此可见，毛泽东对江青的政治企图已有察觉，并善意地给她敲了警钟。可是毛泽东的批评，并没有在江青的身上起到作用，她不甘心自己的"女皇梦"就此无声无息地毁灭，于是她开始使出浑身解数，力图达到由她组阁的目的。

1974 年 10 月 4 日，毛泽东提议邓小平任国务院第一副总理。显然，这是为周恩来之后的国务院总理的人选作了安排。

10 月 11 日，中共中央发出通知：近期内召开第四届全国人民代表大会。通知还传达了毛泽东的指示："无产阶级文化大革命已经八年。现在，以安定为好。全党全军要团结。"在江青看来，四届人大将是她实现组阁的重要机会。为了抢到组阁权力，她踌躇满志，志在必得。但形势的发展，并非像江青自己所想的那样一厢情愿，显然她仍然沉浸在自己的美梦之中。

10 月 17 日晚，在讨论四届人大问题的政治局会议上，江青突然提出"风庆轮"事件，借以攻击国务院，攻击周恩来，特别是攻击邓小平。

"风庆号"万吨轮是上海江南造船厂建造的。建成之后，交通部远洋局担心国产的主机、雷达不过关，建议该船跑近洋。在"批林批孔"运动中，江南造船厂工人和该轮海员贴出大字报，要求"风庆轮"远航。1974 年国庆节前夕，"风庆"轮远航归来后，上海的报纸便以"自力更生的凯歌"为题发表了许多宣传文章。

四天前，江青看了有关"风庆轮"的报道后，便给中共中央政治局写了一封信：

"看了报道，引起我满腔的无产阶级义愤。试问，交通部是不是毛主席、党中央领导的中华人民共和国的一个部？国务院是无产阶级专政的国家机关，但是交通部却有少数人崇洋媚外，买办资产阶级思想的人专了我们的政。……政治局对这个问题应该有个表态，而且应该采取必要的措施。"江青的信转政治局领导传阅，张春桥看后写下批语："在造船工业上的两条路线斗争，已经进行多年了。发生在'风庆号'上的事是这个斗争的继续。……建议国务院抓住这个事件，在批林批孔中进行政治思想教育。"王洪文和姚文元则批示："完全同意"。

于是，江青就拿着"风庆轮"的材料，咄咄逼人地质问邓小平："你对批判'洋奴哲学'，究竟抱什么态度，是赞成还是反对？"邓小平未予理睬。江青又厉声问道："你到底是什么态度？"邓小平忍无可忍，回敬了一句："你这种态度，政治局还能合作吗！你这是强加于人，难道一定要赞成你的意见吗？"说完拂袖而去。政治局会议就这样不欢而散。

当天晚上，"四人帮"在钓鱼台17号楼密谋，决定派王洪文立即到长沙向毛泽东告状，以阻止邓小平出任第一副总理。第二天，王洪文便急飞长沙，结果非但没有得到毛泽东的支持，反而遭到了毛泽东的严厉批评："不要跟江青搞在一起。"

同一天，江青把外交部的王海容、唐闻生叫到钓鱼台10号楼谈话，对她俩说："主席很快就要在外地会见外宾，有个重要情况请你们在陪同外宾去的时候向主席报告。在10月17日晚上，政治局讨论'风庆轮'问题的会上，小平和我发生了争吵，然后扬长而去，使得政治局的会议开不下去了。国务院的领导同志经常借谈工作搞串联。总理在医院也很忙，并不全在养病。小平和总理、叶帅都是在一起的。总理是后台。"

10月20日，王海容、唐闻生陪同来华访问的丹麦首相哈特林到达长沙，她们向毛泽东报告了北京这几天发生的情况，并表达了对江青"四人帮"的不满。毛泽东立即对她们作了如下指示："因为总理还是总理，四届人大的筹备工作和人事安排问题要总理和王洪文一起管。建议邓小平任中共中央副主席、国务院第一副总理、中央军委副主席兼总参谋长。转告王洪文、张春桥、姚文元，叫他们不要跟在江青后面批东西。"

毛泽东的表态使江青等人发起的这次攻势遭到了严重挫折，但江青还不死心。她直接写信给毛泽东，公开要组阁的权力，并在信中提出了她对四届人大人事安排的方案：让谢静宜当人大副委员长，迟群当教育部部长，乔冠华当副总理，毛远新、迟群、谢静宜、金祖敏列席中央会议，作为"接班人"来培养。11 月 12 日，毛泽东在江青给他的一封信上作了如下批示："不要多露面；不要批文件；不要由你组阁（当后台老板）。你积怨甚多，要团结多数。至嘱。人贵有自知之明。又及。"

"人贵有自知之明"，是毛泽东经常告诫江青的一句话。但不知天高地厚的江青，完全没有听进毛泽东的劝告，竟然还托人带来口信，提出要王洪文做委员长，张春桥当总理。毛泽东一针见血地指出："江青有野心，她是想叫王洪文当委员长，她自己要当党的主席。"显然，毛泽东对江青这种以自己仅仅是个政治局委员的身份，插手四届人大的人事安排的行为极为不满，并坚定不移地支持了周恩来、邓小平，挫败了江青的组阁阴谋。

也就是在毛泽东给江青来信作出批示的同一天，邓小平飞抵长沙，面见毛泽东。

一见面，毛泽东就幽默地跟邓小平说："你开了一个钢铁公司！"

邓小平知道毛泽东指的是 10 月 17 日晚召开的政治局会议，笑着回答说："主席也知道了。"

"好！"毛泽东赞扬道。

邓小平说："我实在忍不住了！不止一次了！"

"我赞成你！"毛泽东又肯定地说道。

邓小平说："她在政治局搞了七八次了。"

"强加于人哪，我也是不高兴的。她们都不高兴。"毛泽东所说的"她们"，指的是在座的王海容、唐闻生。

邓小平说："我主要是感觉政治局生活不正常，最后我到她那里去了一下，钢铁公司对钢铁公司。"

"这个好！"毛泽东又赞扬道。

接着，邓小平谈自己的任职问题："最近关于我的工作决定，主席已经讲了，不应再提什么意见了，但是看来责任是太重了点。"

"没办法呢，只好担起来啰。"毛泽东充满信任地说。

但江青的梦仍然没有醒，还在痴心妄想。11月19日，她又写信给毛泽东公开要权，说"自九大以后，我基本上是个闲人，没有分配我什么工作，目前更甚"。第二天，毛泽东给江青回信，坚决拒绝了江青的要求："可读李固给黄琼书。就思想文章而论，都是一篇好文章。你的职务就是研究国内动态，这已经是大任务了。此事我对你说了多次。不要说没有工作。此嘱。"

《李固给黄琼书》是《后汉书·左周黄列传》中的一篇文章，毛泽东在1966年7月8日给江青的长信中也提到过这篇文章。这篇文章可以使人体会到"人贵有自知之明"的道理，可惜江青没有读懂毛泽东的良苦用心。"你的职务就是研究国内动态，"毛泽东在这封信中明确告诉江青："这已经是大任务了。"无疑是在警告江青不要插手中央高层尤其是人事安排工作。

1975年5月3日，82岁的毛泽东亲自主持召开政治局会议，召集在京的政治局委员谈话。这是毛泽东最后一次主持政治局会议。上一次是1974年7月17日那一次，也是他亲自召集的，目的是批评江青的"四人小宗派"。这次，几乎与上次一样，重病在身的毛泽东已经看到"四人帮"问题的严重性和紧迫性，如果不解决，他力求的"安定团结"局面就无法实现，而江青恰恰就是最不安定的因素。

在毛泽东的最后岁月里，来往的人极少，政治局委员们也难得见到他。毛泽东跟政治局委员们见面时，周恩来说道："大家快一年没见到主席了，非常想念主席！"毛泽东跟政治局委员们一一打招呼后，会议就开始了。毛泽东主要讲了"三要三不要"：要搞马列主义，不要搞修正主义；要团结，不要分裂；要光明正大，不要搞阴谋诡计。显然，毛泽东主要指的是以江青为首的"四人帮"。

最后，毛泽东说："不要搞什么帮，什么广东帮、湖南帮。粤汉铁路长沙修理厂不收湖南人，只收广东人、广东帮。要守纪律，军队要谨慎，中央委员更要谨慎；我跟江青谈过一次，我跟小平谈过一次。王洪文要见我，江青又打来电话要见我。我说不见，要见大家一起来，完了。对不起，我就是这样，我没有更多的话，就是三句，九次、十次代表大会都是三句：要马列不要修正，要团结不要分裂，要光明正大不要搞阴谋诡计。"

在毛泽东最后一次亲自主持的政治局会议上，他先后两次强调了"三要三不要"。几年前，毛泽东曾用"三要三不要"警告过林彪，如今他又用它来警告江青，警告"四人帮"。可见"安定团结"是毛泽东晚年思考最多担心最大的问题。

根据毛泽东的意见，由邓小平主持，中共中央政治局于5月27日和6月3日先后两次开会，批评江青，批评"四人帮"。会上，邓小平、叶剑英、李先念面对"四人帮"先后作了发言，其他的政治局委员也批评了"四人帮"。迫于压力，江青不得不写出书面检讨，承认"四人帮"的客观存在，王洪文也在会上做了检查。从此，由邓小平主持中央的日常工作。垂暮之年的毛泽东终于选定了第四个接班人，粉碎了"四人帮"篡党夺权的阴谋。

8月14日，毛泽东与北京大学中文系教员芦荻讨论《水浒传》，在有关如何评价这部历史小说时，毛泽东即兴发表了自己的一些见解，比如："《水浒传》这部书，好就好在投降，做反面教材，使人民都知道投降派。"再比如："《水浒传》只反贪官，不反皇帝。屏晁盖于一百零八人之外。"这本来只是毛泽东与芦荻之间的一次随感性的学术讨论，但江青知道后，觉得有机可乘，立即发起了一场"评《水浒传》运动"。9月4日，《人民日报》发表社论，提出评论《水浒传》"是我国政治思想战线上的又一次重大斗争"。

9月15日，中共中央、国务院在大寨召开"农业学大寨"会议。邓小平、华国锋、江青都参加了会议。在会上，邓小平主要强调整顿问题，江青却文不对题地大讲什么如何评论《水浒传》问题。她说："评《水浒传》要联系实践，宋江架空晁盖，现在有没有人架空毛主席呀？我看是有的。"她还说："有人弄了一些土豪劣绅进政府！"影射力图纠正"文化大革命"错误的周恩来、邓小平等中央领导人。为了扩大自己的影响，江青要求在大会上播放她的讲话录音，印发她的讲话稿。

华国锋没有办法，只好请示毛泽东。毛泽东非常生气，当即批示："放屁，文不对题。""稿子不要发，录音不要放，讲话不要印。"

至此，毛泽东与江青的关系彻底疏远了。

晚年的毛泽东身体衰老，疾病缠身。他的内心十分孤独、寂寞，他也希望得到家人的关怀，得到子女们的慰藉和温暖，享受天伦之乐。但是，他不愿意让儿女们看到他的痛苦，而是把孤苦深埋在心中。他只能与身边的工作人员朝夕为伴。最难堪的是他和江青的婚姻。但作为党和国家的领袖，他的婚姻又不纯粹是他个人的私事，纵有再多的烦恼，也不能像普通人那样自由地分分合合。他要考虑政治影响，还要征得组织的同意。据毛泽东身边工作人员回忆，毛泽东曾感慨地说："老百姓离婚可以找法院，可我向谁申诉呀？"

第十二章　天山雄鹰

如果你以后有机会回延安，请转告毛泽东同志：我毛泽民无愧于是一个中国共产党党员，无愧于是毛泽东的弟弟，也无愧于是毛泽覃的哥哥！

第一节　与狼共舞的日子

1941年，国际国内形势发生了急剧的变化，世界反法西斯战争到了最危急的时候。这年1月，国民党顽固派发动了震惊中外的"皖南事变"，掀起了第二次反共高潮；6月，德军对苏联发动突然袭击，苏德战争爆发；12月，日本偷袭美国海军太平洋战略基地珍珠港，太平洋战争由此开始。盛世才认为苏联危在旦夕，加上蒋介石对他的拉拢利诱，从而加快了反苏反共、投降蒋介石的步伐。

这年秋，毛泽民因长期超负荷工作，旧病复发。经盛世才批准，他来到水磨沟的萧曹亭养病。

水磨沟是迪化城东北部的一处自然风景区，有几十处大小山泉由山涧涌出，积流成河，沟中有温泉，岸边垂柳成荫。据说，两百多年前，当地群众利用沟中的水流修建了水磨，供应迪化城的面粉全靠这里的水磨碾磨。水磨沟因此得名。

一天，刚从哈密出差回来的财政厅秘书郑亦胜，得知毛泽民生病的消息，便拎着一些哈密红鳝鱼前来探望。事也凑巧，这天，财政厅的四位科长也来探望他们的老上级。毛泽民高兴地陪他们观赏水磨沟的秋色，留他们吃晚饭。大家边吃边聊，很晚才散去。

不料，这件事被盛世才的特务打探到，向盛世才作了报告。盛世才不分青红皂白，诬称毛泽民等人在水磨沟召开"秘密会议"，进行"阴谋活动"。第二天一早，盛世才亲下手谕，要毛泽民立即离开水磨沟返回城内，另觅地方养病。

应该说，中国共产党自1921年成立以来，历经了多年血雨腥风考验，已经走向成熟。在中央与新疆军阀盛世才结成统一战线之初，对其军阀本质就有比较深刻的了解和清醒的认识。第一任中共驻新疆代表陈云就曾一针见血地分析了其中的利害关系。他说："盛世才是个军阀，而且有很大的野心。他与苏联及我党建立联系，在他是想借助苏联来巩固、扩大自己的势力，向国民党闹独立性；在苏联是想稳住他，求得那段边界线的平安；在我们是想扩大统一战线，并保持一条和苏联之间物资与人员往来的通道。"第二任中共驻新疆代表邓发曾与盛世才违背"六大政策"的言行做过坚决的斗争，因此导致两人关系紧张。盛世才对他恨之入骨，最终把他排挤出新疆。

1939 年 9 月，邓发在向中共第三任驻新疆代表陈潭秋交班时，曾这样评价盛世才的为人："盛世才，就其出身来说，是个有野心的军阀；就其思想来说，是个土皇帝；就其行为来说，是个狼种猪。"邓发还对党内同志们说过："盛世才革命是不可靠的，他不是马克思主义者。"陈潭秋对于盛世才也有着同样的认识，只是在斗争的方法上更为策略一些。

当年 11 月 12 日，新任中央代表陈潭秋以蔡直的化名发表文章，确定了中共党员"在新疆工作任务与工作方针"：1. 怎样保持新疆始终为中国的领土，不致陷落在帝国主义的血手中；2. 怎样巩固这个抗战的重要后方和国际交通要道；3. 怎样推进这个落后的社会前进，怎样使各民族过着和平友谊的生活。他说："要完成这个伟大的任务，只有拥护和坚决彻底执行'六大政策'，因为'六大政策'是最适合于新疆特殊条件的革命政策。""如果我们在新疆提出另外不同于'六大政策'的主张，则无论主观如何，客观上都只能起破坏作用。所以我们决定我们在新疆工作的任务，不在于发展组织或宣传主义，也不在于扩大自己的力量，而是要巩固'六大政策'的政权。"

盛世才

然而，盛世才从来都是一个多疑善变、

阴险狡诈、心狠手辣的独裁者。他趁新疆"四一二"反革命政变之机被推举上台后，又逐一消灭异己，巩固了他的地位和统治。他制造了一个又一个所谓"阴谋暴动案"，杀戮了数万人的性命。早在盛世才欢迎高登榜等 20 多位中共干部来新疆工作的宴会上，就已经得意地露出凶相，他威胁道："新疆是个封建色彩十分浓厚的地方，不能把延安的办法用在新疆。新疆的'六大政策'是以新哲学和马列主义为基础，是唯一正确的政策。如有人把延安那一套搬到新疆来，那我就请示毛主席把他撤换掉！"

1940 年 1 月 11 日，新疆省政府发布通令：各机关首领及各级公务员应听从驻地公安局、所检查，借口拒绝者，以破坏法令论处。5 月底，省政府又发布通告，允许直接向盛世才本人检举"敌探、汉奸、土匪"。于是，盛世才的侦探布满全省各机关及各县。各地公安局作威作福，任意报告或捏造"反政府分子"或"汉奸走狗"，移交肃反机关审问，甚至严刑拷打。

在此之前，中共代表与共产国际进行联系主要通过苏联领事馆的电台，与中共中央的联系则通过盛世才的电台，用我们自己的密码收发电报。1940 年以后，盛世才对在新中共人员的行动实行更加严密的监视，甚至对新疆"八办"的通信联络也进行了严格的控制，不准设电台，不准直接通信，不允许中共代表继续使用密电码收发电报。

尽管如此，中共中央从抗日民族统一战线的大局出发，以民族大业为重，要求在新中共党员排除一切干扰，积极工作。鉴于盛世才蓄意恶化与中共的关系，中共在新人员处境十分艰难的现状，这年 6、7 月，陈潭秋连续两次向中共中央报告新疆的政治形势：一年来盛世才反共日急，在新人员面临着迫害。"新省政治陷在严重危机中，如不急于挽救，前途颇可危惧。"并向中央提出了挽救危机的五条建议。

毛泽民估计到形势十分严重，已不可能挽回。8 月 30 日，他与孟一鸣起草了一封电报，经陈潭秋发给中共中央书记处。电报在反映新疆险恶政局之后，提出急盼中央拿出"挽救此间政治危机"之良策。

1942 年 3 月 19 日，盛世才的四弟盛世骐突然在家中被枪杀。这实则是盛世才所为，他却栽赃于共产党。盛世骐曾在苏联红军大学学习了五年，回国后，担任盛世才精锐部队机械化旅旅长。由于受苏联教育的影响，他思想进步，亲苏亲共，反对盛世才"拥蒋反共"。盛世才深恐四弟对自己构成威胁，于是将他暗杀。

苏德战争爆发后，蒋介石也加紧了图谋夺取新疆的进程，并采取软硬兼施的办法逼盛世才就范。他首先令胡宗南部接替马家军防务，用武力威胁新疆，随后又三次召见盛世才派驻重庆的代表张元夫，提出谈判的条件。而此时，世界反法西斯战争和中国的抗日战争都处在最艰苦的阶段。一向标榜"国际问题看莫斯科，国内问题看延安"的盛世才，认为"苏联靠不住了"，"中共也要垮台了"，于是公开投靠蒋介石。5月，盛世才派其五弟盛世骥随同张元夫赴重庆晋见蒋介石。为了进一步欺骗新疆舆论，盛世才指使治安处长李英奇，逮捕了思想进步的非中共人士、时任财政厅厅长臧谷峰和教育厅厅长兼政训处长李一欧等人。李一欧在特务的严刑诱逼之下，无中生有地编造出一个所谓共产党密谋的"四一二阴谋暴动案"，诬陷民政厅代厅长周彬、田警备司令潘柏南（即潘同，中共党员）、行政长卢毓麟等人参加了在苏联总领馆召开的阴谋暴动的会议。7月23日，盛世才电告蒋介石："苏籍人员在新策动'四一二'暴动，及刺杀盛旅长世骐。"同时，在他把持的《新新疆》杂志上，以"晋庸"的笔名发布捏造的材料，为其嫁祸于苏联、迫害在新中共人员大造舆论。

"四一二阴谋暴动案"的炮制是一个极其危险的信号。这表明盛世才已经彻底剥去伪装，露出其"狼种猪"的本来面目。在新疆工作的中国共产党人正在与狼共舞，处在险象环生的境地！

新疆的政治形势已经危险到了极点，但中共要制止盛世才反苏反共又"为我们力所不及"。

5月8日，中共中央书记处致电陈潭秋："仁兄（指盛世才）可能发生某种动摇"，"对我们工作同志既不信任，又表示恐惧，我们想在此时撤回一部分同志，以示我们对新疆只是帮助，毫无其他野心。此事已电远方①商量"，"如彼方同意，再电你执行"。

6月8日，陈潭秋向中共中央报告：新疆情况日急。盛世才对在新中共人员全部不予信任，频繁调动中共人员工作或给予撤职处理，并拒绝与我见面，对苏联亦表示冷淡，对蒋介石则日益妥协。陈潭秋提出，我在新人员应做好应变准备。

---

① 远方，指苏联和共产国际。

眼看着形势日益紧迫，中共代表陈潭秋接到报告：财政厅又以"另有任用"名义，电令洛浦税局局长黄永清、于阗税局局长钱萍、校矿税局局长郝冰清、轮台税局局长薛汉鼎及阿克苏区财政局副局长程九柯等五同志回迪化。盛世才根本不通知陈潭秋，更谈不上商量。就发展情势看来，其他外县及迪化工作的同志也会陆续被调回，我们的同志全部被辞退已成为不可争辩的事实。

6月20日，陈潭秋在致延安的电报中疾呼："我们不是傻瓜，在不能合作的条件下就应当不合作！我们不是绵羊，不能让人无辜宰割！"

6月27日，中共中央书记处回电，对陈潭秋的激愤情绪进行了批评："盛的态度有了某些变化，我们应当警惕是对的；准备干部撤退，特别准备盛不满意的干部随时撤退，也是对的。但就各方面形势看，即或蒋、盛妥协，盛要在新造成全面反苏反共的局势还是不会的。因此不要愤激慌张，对盛的态度也不应过于尖锐（如采取抗议方式，还应继续采取积极政策，缓和盛对我们的关系）。撤退人员也照顾两个方面的，既为着准备万一，也为着表示我们对新疆只是帮助，毫无野心。"由这份电报可以看出，中央对于盛世才的阴险凶狠和新疆形势的险恶程度估计不足。

6月底，陈潭秋又致电中央，告知在新人员不断被盛世才调动、撤职的情况，并提出：为抗议盛迫害，我在迪化之工作人员拟全部自动辞职。

7月2日，毛泽民鉴于已无法工作，愤然向盛世才提出辞职。

此时的盛世才，再没有以往的热情，毫无挽留之意，遂将中共在新疆工作的重要干部毛泽民、潘同、刘希平、黄学谦、曹克屈等人撤职，把其眷属送回八路军驻新疆办事处。他还欲盖弥彰地说，他对中共在新工作的干部已经不信任，"要送回延安"。

7月5日，中央书记处致电陈潭秋："督办来电已到，他诬陷苏联及我们同志阴谋暴动……136人连你在内准备撤回。你可将这些人集中于招待处（指八路军驻新疆办事处），因由兰州、西安回来无保障，我们正向远方交涉向苏联撤退。你们可待命行动。"

根据中央指示，中共在新疆的干部陆续集中在迪化八路军办事处，进行整风学习。成立了以陈潭秋（书记）、毛泽民、张子意（由莫斯科归国人员）、方志纯（由莫斯科归国人员）、谢良（中共在新疆养病人员）和吉合（八路军驻新疆办事处工作人员）组成的学习委员会，领导大家进行整风学习，等待中央和远方的决定，做好撤离准备。

张子意、方志纯等人是 1941 年 1 月从苏联回国的，途经苏联哈萨克斯坦共和国的阿拉木图进入国境。因皖南事变爆发，蒋介石再次掀起反共高潮，通往内地的道路被国民党反动派封锁，他们被迫滞留新疆。

事态的发展不容乐观。中央代表陈潭秋估计到，在新人员顺利撤走和被捕入狱两种可能性同时存在，所以必须做好最坏的准备。他决定在进行整风学习的同时，对全体同志进行气节教育。

陈潭秋亲自传达了党中央关于整风学习的指示，并对新疆形势的发展做了深刻的分析。他首先重复了邓发交班时对他说过的话："同志们，我们可不要对盛世才存在什么幻想。盛世才，就其出身来说，是个野心勃勃的军阀；就其思想来说，想当'土皇帝'；就其行为来说，是只狼种猪，又蠢又狠。"他严肃地告诫同志们："盛世才已经投靠了蒋介石，他要把我们作为重大礼品献给蒋介石了。因此，我们随时都有被捕的可能。"停顿了一下，他用锐利的目光扫视着会场，接着说："我们处在新疆这个特殊环境，与内地不同、民族不同、语言不通、长相不一样，无法隐蔽。包围着我们的，除了敌人，还有天山和戈壁，插翅难飞。就是让你跑，你也跑不了，即使跑出迪化，也跑不出新疆。我们只有争取集体无罪释放回延安。每个同志都必须有足够的思想准备！"

陈潭秋见在座的有方志敏烈士的堂弟方志纯等几位江西籍同志，便语气凝重地说："江西出了个文天祥。他是个封建地主阶级的政治家，但被俘后坚贞不屈，写下了名传千古的《正气歌》。我们是无产阶级的先进战士，是共产党的干部，难道我们还不如一个文天祥吗？我们的方志敏烈士就是我们的榜样！为了人民革命事业的伟大斗争，我们必须坚守共产党员的崇高气节，坚持革命立场，坚持布尔什维克的原则性。不论在什么地方、什么时候，只要我们心脏还在跳动，我们就决不放弃斗争！"

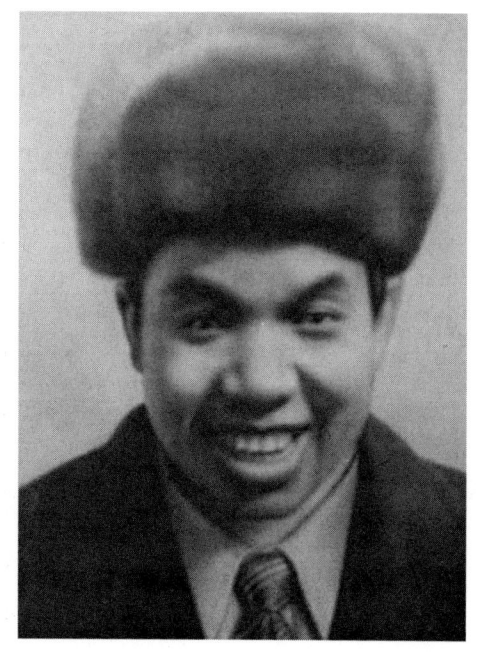

毛泽民在新疆

　　面对着坐牢和杀头的危险，毛泽民表现得异常冷静。早在走出韶山冲参加革命的那一刻起，他就做好了随时为革命献身的准备。参加革命20多年来，他曾多次面临着生死的考验，但一次次都化险为夷了。面对这一次难以逃脱的危险，他下定决心战斗到最后一刻。

　　毛泽民视死如归的革命气概，深深影响着周围的同志们。他是中共领袖毛泽东的弟弟，他的每一个眼神、每一个举动、每一句铿锵有力的发言，都鼓舞着同志们。

　　这时正是夏季，白天骄阳似火，夜晚却飘洒着阵阵凉意。毛泽民经常和同志们一起在院子里纳凉、谈心。一天傍晚，他和老战友方志纯在院子里散步。突然，一颗流星在浩瀚的星空中闪过，划出了一道耀眼的光芒。方志纯感叹地说："天上一颗星，地下一个丁。流星飞过，又有一个人走了！"

　　毛泽民先是认真地反驳道："星星陨落是自然现象，你这个共产党员还讲迷信呢！"过了一会儿，毛泽民又若有所思地说："如果一颗星真的就是一个人的话，我倒真愿意是这个黑暗社会里的一颗星，虽然它在瞬间陨落了，可总能为党和人民群众贡献一点光亮。"

他们又谈起自己的家乡，谈起在中央苏区、在延安的战斗生活，以及在莫斯科的美好时光。最让毛泽民难忘的是离开延安的那天，他去凤凰山与大哥毛泽东告别时，大哥的谆谆嘱咐："一定要向沿途的同志们深入地宣传，坚持党在统一战线中独立自主的原则。这是我们党用鲜血换来的教训啊！"

他们静静地漫步在习习微风之中，谁也没有再说什么。最后，毛泽民握住方志纯的手说："为革命，你家牺牲了方志敏和好几个兄弟，我家牺牲了泽覃、嫂嫂和妹妹。我们一定要记住这深仇大恨，一定要对得起死去的先烈！"

停了一会儿，他又郑重地对方志纯说："盛世才是不会放过我的。如果你今后有机会回延安，请转告毛泽东同志：我毛泽民无愧于是一个中国共产党党员，无愧于是毛泽东的弟弟，也无愧于是毛泽覃的哥哥！"

"远方"迟迟没有答复。盛世才与蒋介石的秘密勾结却在紧锣密鼓地进行着。

7月，蒋介石先后派第八战区司令长官朱绍良等国民党要员来到新疆与盛世才谈判，双方达成了为严防苏联在各地鼓动事件，抽调军队来新疆加强防务；在新疆成立国民党党部；中共工作人员一律停止在各机关工作并集中在一起；新省航空队由国民党航空委员会派人接收；新疆外交办事处亦请国民党外交部派人接收等项条款。为了拉拢盛世才，后来蒋介先还加封他为国民党中央委员、新疆省党部主任委员、第八战区副司令长官、新疆边防督办、新疆省政府主席等要职。

直到8月中旬，延滞了两个月后，"远方"终于复电，斯大林同意中共在新人员转入苏联，具体安排由陈潭秋决定。陈潭秋经过仔细的考虑，又同毛泽民及有关同志商量，决定中共在新人员分三批撤退，他本人和新疆"八办"的工作人员最后撤离。

然而，这一天来得太晚了！

8月底，宋美龄代表蒋介石飞抵新疆，对盛世才的归顺表示抚慰。为此，盛世才组织了盛况空前的欢迎集会，迪化到处挂上了国民党的青天白日旗。不久，朱绍良奉蒋介石之命到新疆，与盛世才正式达成协议，成立国民党新疆省党部，国民党势力进入新疆。盛世才终于背弃了"六大政策"，投靠国民党，与苏联和中国共产党彻底决裂，在新疆树起了反苏反共的大旗。

宋美龄走后，盛世才立即派人到中共代表处打招呼，说现在社会上不太平，有人想谋害共产党，为了保证安全，中共在新人员最好是集中起来，以便采取保护措施。话说得委婉动听，措施却极为强硬。

不管愿不愿意接受这种"保护"，盛世才已经将全体中共在新人员分两处"保护"起来。其中包括：陈潭秋等中共驻新疆代表及"八办"的同志、毛泽民等在新疆盛世才政府中工作的干部、西路军余部、航空队人员，还有八路军在新疆养病的伤病员、从苏联回国路过新疆的人员。在航空队学习的36人被集中在小河沿的一个旧兵营里，其他100多人全部被集中在八户梁大院临时的"招待所"里。

9月17日，就在蒋介石向盛世才颁发新疆省政府主席委任状的第二天，盛世才便开始向中共在新人员下毒手了。反动军警突然包围了中共人员集中的八户梁招待所，指名将陈潭秋、毛泽民等"请"到督办公署去"谈话"。

毛泽民知道，此去凶多吉少。他与陈潭秋一起向留下的同志简单地交代了工作，鼓励大家一定要团结对敌，要保持共产党员的气节。然后，与同志们一一握手告别。

这天被"请"走的，还有陈潭秋的妻子王韵雪和毛泽民的妻子朱旦华，以及她们的孩子。其他三位主要干部：教育厅厅长孟一鸣（徐梦秋）、哈密行政长刘西屏（刘希平）、田警备司令潘柏南（潘同）及其家属也一起被"请"走。盛世才把他们软禁在迪化满城邱公馆内。

同一天，反动军警把李宗林（中共派往新疆工作的人员）、林基路、高登榜等十余人带走，软禁在三角地临时招待所；

1941年，毛泽民与儿子毛远新在新疆。

把航空队人员软禁在督办署后院教导连驻地；其余70多人仍旧被软禁在八户梁招待所。八路军驻新疆办事处被迫关闭。

在遭到软禁后的第二天，陈潭秋便向盛世才递交了抗议书，抗议新疆政府对中共在新人员的无理迫害。随后，他又写信抗议。

毛泽民也非常气愤，严厉提出要与盛世才通电话。看管人员接通电话后，毛泽民抓起话筒，义正词严地痛斥道："督办先生，我们都是被你邀请来新疆工作的，我们是抗日战士，你凭什么抓我们？真是岂有此理！你破坏抗日统一战线，蓄意制造反革命事件，人民是不会答应的！你必须无条件释放我们！"

此时的盛世才羽翼已丰，再也不会听共产党人的了，当即挂断了电话。

邱公馆和外面断绝了一切联系。

得知陈潭秋、毛泽民等人被捕的消息后，党中央立即组织全力营救。

1943年1月14日，中央书记处书记任弼时急电正在重庆进行统一战线工作的周恩来：

> 迪化潭秋处，自去年8月后即断了电讯关系。昨日远方来电称他们均已被捕；除那边设法营救外，并要我们也想办法营救。请设法打听他们的消息并考虑有无营救的方法。

2月7日深夜，陈潭秋和毛泽民、徐梦秋、刘希平、潘同被敌人从刘公馆带走，转移到新疆第二监狱。

2月10日，中央书记处再次电示正在重庆的周恩来和林彪，要求重庆方面电示迪化，释放徐杰等140余名中共在新人员，并准许他们经兰州、西安回延安。

盛世才已经不可能放人了，更不会放过像陈潭秋、毛泽民这样的中共在新疆的主要领导人。对毛泽东的同胞兄弟毛泽民，盛世才更加恨之入骨。他一方面献媚于蒋介石，另一方面幻想通过使毛泽民就范，来影响和动摇毛泽东。

3月10日，蒋介石以重庆军事委员会军法执行总监部的名义，派出由CC系高级特务、国民党中央政治学校训育主任王德溥，中统高级特务、中统局处长季源溥和江苏高级法院院长朱树声组成的"三人审判团"，以及中统特务骨干、重庆地方法院检察官郑大纶等人到达新疆。临行前，蒋介石亲自召见王、季、朱三人，明令："对于共党重要人员应判极刑。对于其他重要人员也应严惩。务必肃清共产党在新疆的力量。"

第二节　特别的"审讯记录"

1942 年，毛泽民意识到统一战线的形势已经相当严峻，几乎到了不可挽回的地步。因此，他向延安致电，建议党在新疆的主要负责同志和一批干部先行撤离。至于毛泽民自己，他多次表示，我可以留下来坚持。他对身边的同志说："作为一个共产党员，怕什么杀头？我决意和大家在一起，战斗到最后！"

7 月 2 日，毛泽民已经无法开展工作，于是提出辞去民政厅代厅长职务。

就在毛泽民辞职的第二天，蒋介石派第八战区司令长官朱绍良等人飞往迪化，统一战线的破裂已是覆水难收。不久，盛世才就动手了。盛世才先是软禁了在新疆的 100 多名共产党员和进步人士，以此换来了 9 月 16 日蒋介石对盛世才新疆省政府主席的一纸委任状。

9 月 17 日，盛世才派出军警突然包围了毛泽民、陈潭秋等人的驻地，以"督办请谈话"为名，将他们二人及妻小软禁于邱公馆。1943 年 2 月 7 日，毛泽民、陈潭秋被投入迪化第二监狱。

在狱中，敌人先是对毛泽民进行利诱，要求他脱离共产党。在这个计划毫无希望地破灭之后，毛泽民受到了超出常人想象的酷刑折磨。

蒋介石派出的"三人审判团"抵达迪化后，与盛世才的警务处处长李英奇进行了一个月的密谋策划。4 月 10 日下午 2 时，由中统局处长季源溥负责主审，第一次开庭审讯毛泽民。敌人通过一系列的行刑逼问，企图迫使毛泽民承认中共在新人员有"秘密活动"，要搞"阴谋暴动"，迫使他反苏、脱党。

敌人首先利用李一欧的伪证大做文章，诬陷毛泽民和中共在新人员参与苏联领事馆的"四一二阴谋暴动案"，而且反复纠缠此事，妄图迫使毛泽民承认他在新疆参与了反政府的"秘密活动"。

4 月 10 日的审讯记录中记载：

问（注：季源溥等问。下同）：你们八路军的人到新疆，中共中央给的什么指示？

答（注：毛泽民答。下同）：我们的目标是统一战线，帮助新疆建设。

问：八路军的人在新疆不做争取群众及发展组织工作吗？

答：不做。

问：共党在新疆的组织活动怎样？

答：我们共产党为国家为民族而斗争，没有个人的利害，所以在新疆无党的活动，如果有组织的话，我绝不隐瞒。我们的人在新疆工作，无个人任用的权能，都是个人的活动，但无系统的活动联系，同时为抗战建国，我们在新疆不做组织的活动。

4 月 24 日的审讯记录中记载：

问：臧谷峰与你关系如何？

答：没有关系，亦无特别的关系，我离开财政厅后与臧仅有公事上的关系。

……

问：八路军办事处开过会没有？

答：没有开过秘密会，仅讨论时事问题，随便谈谈。

问：盛旅长（即盛世骐）的事你事先不知道吗？

答：我不知道。

问：阴谋暴动、领馆开会、暴动计划等事实……

答：除去十月革命节、五一节，我从没有到领馆去开过会。

问：那么你参加了阴谋暴动？

答：根本没有这个事实。李一欧说的，我觉得很离奇。

问：你能提出什么反证来证明这些不是事实？

答：在八路军办事处，除去副官处的人以外，再没有别人在那里过。刘西屏（即刘希平）、潘柏南（即潘同）他们两人是叛徒。他们说在领馆开会，在最简单情理上也不能有。刘西屏过去有错误，因为他在党历史很久，所以容留了他，今天他成了叛徒了。

问：希望你忠实地说出事实。

答：没有什么事实。

敌人的第一轮审讯刚刚过去，就出现了三个可耻的叛徒。

首先叛变的是刘希平。未经任何刑讯，他就昧着良心，承认了盛世才捏造的"阴谋暴动"，并写了脱党声明。

随后，潘同也叛变了。起初，他还据实否认敌人的捏造，情绪激昂，态度强硬。经过中统特务季源溥几天的"说服工作"，他就败下阵来，要求与盛世才直接通电话，主动写了脱党书。

接下来就是徐梦秋。面对敌人的审问，他先是据理驳斥，但敌人对他施加电刑后，便痛哭流涕地写了笔供和脱党书。蒋介石和盛世才的特务们如获至宝。

敌人对毛泽民的软硬兼施，毫无所获，便让叛徒潘同和刘希平出来劝降。两只"癞皮狗"躲在刑讯室一角的幕布后，为所谓"四一二阴谋暴动案"做伪证。

毛泽民怒不可遏，厉声呵斥："住口！党的叛徒，民族的败类！给我滚出来！别躲在后面学人说话。告诉你们，盛世才可以出钱收买你们的灵魂，但买不了铁的事实！买不了一个共产党人的革命气节！"

5月5日的审讯记录中记载：

问：假定你们在新疆有阴谋暴动的事情怎么办呢？

答：如果有这样的人，就是民族的骗子、罪人，应该执行国法。但共产党决不做这种事的。如果有的话，就是政治破产，民族的罪人，国法所不容。

我所做的一切，对国家民族的利益，是没有违背过的，而且完完全全站在国家民族利益的立场上工作的。我认为你们所说有什么阴谋是对我（的）一种侮辱。我在新疆整理财政，尽了自己所有的力量，更没有违背民族利益。在新疆四五年，辛苦于抗战建新事业，事实俱在，哪有对新疆政府进行阴谋事件之理？我要求把事实拿出。但是我对新疆良心无愧，十分忠实的。

问：盛旅长为什么被苏联（人）打死？

答：我不相信。我认为太离奇。

问：苏联不讲信义，你应该反对不？

答：如果有不讲信义的事，我应该反对，但在新疆，我知道的事实，是很讲信义的。

问：假定你反对"六大政策"怎么说？

答：我绝对没有反对"六大政策"，因"六大政策"是进步的，很适合新疆的。

问：假定你（有）反对"六大政策"的行动与阴谋事实，就是违犯国民党、共产党吗？

答：违背"六大政策"，站在共产党立场不能这样做，站在国民党立场亦不能这样做的。这种事不能假定，因为并没有这回事。

5月6日的审讯记录中记载：

问：假定你们有阴谋暴动……

答：绝对没有这回事。

问：假定有怎么办呢？

答：没有这回事，共产党决不做这回事。如果做了就是反革命，就是民族的罪人、国家的叛徒。只有国家的叛徒、民族的罪人才能这样做。我绝对相信中共在新工作的党员不会这样做的。

从4月10日第一次审讯开始，季源溥等就向毛泽民挑衅地提出"苏联领馆对新疆的态度"问题，并从多方面恶意提问，诱迫毛泽民表露出对苏联的不满情绪。

4月24日的审讯记录中记载：

问：你与领馆有无其他关系？

答：无任何关系。因公务而发生关系。我个人与领馆无关系。

问：顾问给你们传达事情没有？

答：没有。

5月5日的审讯记录中记载：

问：立（立陶宛）、爱（爱沙尼亚）、拉（拉脱维亚）被苏联归并是什么道理？

答：他们是属于苏联的，在第一次欧战前被帝国（主义）瓜分去的，后来三国自愿加入苏联。

……

问："满洲"是不是日本扶助民族自决的？

答：日本是侵略国家，哪能与苏联相比？我见到苏联帮助抗战，帮助新疆建设。三四年中运送大量军用品予中国中央政府，是铁的事实。如中东铁路，当时苏联不交中国的原因是怕被日本占去，所以未交。其他一切特权，自愿无条件交还了中国。

问：苏联对新疆怎样？

答：帮助新疆建设，援助抗战，事实全疆人民都知道。

问：苏联为什么策动新疆维哈（族）起暴动呢？

答：新疆各次叛变都是苏联帮助平定的。如果苏联、中共参加这些叛乱的事，我应当反对，哪有策动暴动之理？我认为绝对没有这回事。

问：哈密第八团是干什么的？

答：保护中运（注：即中苏运输委员会）由苏联运交中央（注：系指国民党中央政府，下同）的大批军用品。

5月6日的审讯记录中记载：

问：要把新疆领土变成另一个局面，脱离中国，你持什么态度？

答：绝对反对。新疆是中国领土，应当保持绝对完整。

问：苏联在新疆吸收入籍、吸收侦探、挑拨人民脱离版图是怎么一回事？

答：新疆政府与苏联政府抗议，我想社会主义国家不应该这样，亦不会这样做。如果说苏联这样做，专家们在新疆已经10年，为什么不叫他们走呢？我离职以后，不知他们怎么样。

问：你反对日本侵略，不反对苏联侵略吗？

答：任何侵略我都反对。我认为苏联社会主义国家不会侵略人的。如果苏联有这样的事实，我是反对的。

在审讯中，来自重庆的国民党特务头子也从不放过任何机会，对中国共产党及其信仰的主义，对中国共产党领导的八路军、新四军进行污蔑和攻击。所有这些，同样遭到毛泽民的严正驳斥和有力回击。

4月10日的审讯记录中记载：

问：你是不是在民国十三四年以后，来到新疆以前，随同共产党走呢？

答：我跟上共产党跑！

问：你信仰国民党的成分多，还是信仰共产党的成分多呢？

答：国民党有40年斗争的历史，中国近百年来受帝国主义的压迫，所以三民主义的民族主义就是救中国的主义，因此加入国民党。但是以后我信仰共产党。

5月5日的审讯记录中记载：

问：你拥护蒋委员长、三民主义吗？

答：我们（是）尊敬蒋委员长的，（也是）拥护的，三民主义我们亦是拥护的，我们共（产）党（的）文件上可以见到。因为三民主义是革命的，所以拥护。

在国家民族上，国共是有统一的原则，但是在政治上有小的不同。

边区政府是国民政府承认的，中央还派员到延安过。我认为边区政府是合法的。

我（相）信延安执行中央一切号召，并不是不服从命令，所以还有延安林伯渠主席参加中央参政会充参政员。我认为延安是合法的。

延安主席是人民选举的，延安现是中国的地方。它是在抗日前方，成立政府是应该的，而不是非法的。

我们在这里没有看见共（产）党违背诺言。八路军、新四军在艰苦中与日本抗战，与诺言都是相符的。延安发行钞票是很对的，如西安、广东等地都有发行的，与金融并不妨害，而且在边区这样做，减少法币外汇。

问：中央政令为什么不让进去？

答：为什么不让中央政令进去，鹿主席（指鹿钟麟，冯玉祥旧部，抗战期间曾任冀察战区司令兼河北省政府主席等职）不是在华北那里吗？我认为延安政府是合法的。如果不合法，为什么中央还派员赈济呢？况且延安政府是抗战建国的。

问：八路军由三师人扩充到 50 万人对否？是偷偷摸摸的扩充？

答：扩充 57 万对抗战有什么不好？如果说他违背中央命令，我不会了解。况在抗付（击）敌人的时候，扩充军队有何不可？

八路军杂志上已明白公布有 57 万人，当然不是偷偷摸摸的，况朱德是中央任命的。再说准备内战，那是完全没有事实的。

共（产）党如果是违犯人民利益的，决不会存在的，他是与全国人民利益一致的。

问：江西赤地千里，农村破产，是怎么一回事？

答：江西的事只怪共（产）党？国民党负责不负？在两湖屠杀革命民众几十万人的是谁？而把一切责任放在共产党身上，完全不是合理的。

在这次审讯中，毛泽民还声明：

我是为国家民族的。

共产党是不是合乎国情，人所共知。但人各有信仰。我为国家民族事业（奋斗）二十几年了，怎么会做出出卖国家民族的事？我认为中共政治路线是正确的，他的政策政纲对于国家民族是有利益的，完全是为国家民族的。我对国民党、三民主义、"六大政策"都是相信的。同共产主义亦是同样相信的，孙总理说过，共产主义是三民主义的好朋友。

5 月 6 日的审讯记录中记载：

问：你所说拥护三民主义，共产主义怎能说得通？

答：不仅是说得通，理论亦说得通。三民主义最终目的要世界大同，"六大政策"

是根据社会科学的。

英国有政党、工党、保守党、自由党，各党派都是并立的。我以前以共产党员参加国民党的，现在国民党尚未将我开除。国民党是抗战救国的，三民主义是领导抗日建国的，所以我拥护。

问：共产主义的道（路）行不通，违反中国历史了。

答：这是另一回事，不仅不违反中国历史，而且是中国现代历史的产物。

特务们知道周彬是毛泽民的化名，也知道毛泽民是中共领袖毛泽东的亲弟弟。他们威逼毛泽民脱离中国共产党，遭到毛泽民强有力的回击。

5 月 5 日的审讯记录中记载：

问：你是不是参加国民党而为三民主义而努力？

答：我相信国民党，亦相信共产党，拥护蒋委员长。

问：你表明立场。

答：我是共产党员。

问：你放弃共产党员立场行否？

答：我不能放弃共产主义立场，因为是个人思想问题，如蒋委员长信仰上帝一样。

问：你究竟愿脱离共产党否？

答：我不脱离共产党；因为共产党在国际国内都是合法的。

问：共产党是不合乎国情的。

答：我认为共产主义是合乎国情的。

问：你叫毛泽民，以前为什么不承认呢？

答：我本是毛泽民，请问督办，督办完全知道。

问：共产党要有与国家民族不利的事，你脱离党不？

答：绝对没有违背国家民族利益，因为我是共产党员，不会这样做。

问：你可以考虑不？

答：我讲的话已经都讲了，我对于国民党、共产党信仰是一样的，因为共产主义不违背三民主义的，并是三民主义的好朋友。

5月6日的审讯记录中记载：

问：你脱离共产党好不好？

答：我愿为三民主义而奋斗，脱离共产党是不可以的。

问：脱离共产党可不可以？

答：不能脱离，气节还有，共产党员无论在什么地方为国家民族都有他的气节。

面对敌人一次次逼迫退党的企图，毛泽民声色俱厉地回答："我们家为了祖国、为了人民、为了革命，已牺牲掉嫂嫂、妹妹和弟弟。你们逼我脱党，是在做梦！"

在审讯过程中，毛泽民始终大义凛然，镇定自若，有理、有力、有节地回击敌人，不给敌人任何可乘之机。敌人精心设计的一次又一次审讯，都以失败告终。于是，蒋、盛匪徒兽性大发，对毛泽民施加各种酷刑。

敌人首先施用的刑罚是打手板。刽子手每打一次手板，就用尽全身气力用刑具拼命挤压毛泽民的手掌，接着再打第二板……直打得毛泽民手掌绽裂，鲜血喷涌，手上的裂伤30多天都不能愈合。据说，特务头子李英奇对自己创造的打手板的刑法非常得意，他企图用打手板一次撬开毛泽民的嘴，为此，他竟招募了一个野兽一样的刽子手。

接下来，毛泽民被押送到安装着各种残酷刑具的行刑室。敌人先把他的两臂绑在悬在墙边的铁杠上，然后把他的整个身体吊起来。敌人把这种刑罚叫作"坐飞机"。两个特务手提着鞭子，不停地在毛泽民的腿上抽打。毛泽民被打得遍体鳞伤，一天一夜、一夜一天地煎熬。毛泽民偶尔合一下眼，特务马上就用阿姆尼亚（即氨水）冲着他的鼻子一熏，霎时间，给人一种脑浆喷发的强烈刺激。毛泽民的双眼被熏得又红又肿，闭都闭不上了。

在这种酷刑下，毛泽民熬了七天七夜。残忍的敌人还不罢休，最后又在"飞机"上挂"炸弹"，即在悬在半空中的毛泽民身上加土块。毛泽民几次昏死过去，却始终不向敌人低头。

第三节　毛泽民被秘密杀害

面对毛泽民的坚贞不屈，盛世才、季源溥之流黔驴技穷，无计可施，遂给蒋介石写了一份报告说：这些共产党人是顽固不化、宁死不屈的，采取什么措施比较好呢？

蒋介石随即答复说：对毛泽民等人不可声张，不要宣传，要秘密处理掉。

在 1943 年 9 月 27 日那个月黑风高的深夜，盛世才奉蒋介石之命将毛泽民秘密杀害于迪化小南门。同时被杀害的还有陈潭秋和林基路。

这一年，毛泽民 47 岁。小弟毛泽覃已牺牲了八年。

由于毛泽民是被秘密杀害的，毛泽东并不知道。毛泽民牺牲的时候，毛泽东正在延安主持中共六届七中全会。

面对敌人的严刑拷打，毛泽民慷慨激昂，大义凛然，用他的无私、果敢和智慧，用他对党的无比忠诚支撑着党的惊天伟业。毛泽民曾说过这样的话：我是共产党员，我在新疆的所作所为，老百姓清清楚楚，我没有做什么见不得人的事情，你就是怎样地说怎样地打，我仍然是为了新疆各民族的事业。为了抗日战争，我是不怕流血不怕牺牲的。

伟大的无产阶级革命导师马克思曾经说过："如果我们选择了最能为人类福利而劳动的职业，那么重担就不能把我们压倒，因为这是为大家而献身；我们所感到的就不是可怜的、有限的、自私的乐趣。我们的幸福将属于千百万人，我们的事业将默默地、但是永恒发挥作用地存在下去。面对我们的骨灰，高尚的人们将洒下热泪。"

毛泽民，这位对无产阶级革命事业无比忠诚的战士，用自己的鲜血和生命，为革命导师的这一精辟论述作出了最好的诠释！

两年后的 1945 年夏天。在延安，毛远志已经很久没有父亲的消息了，她心中十分不安。但她不敢也不愿往坏处想，一直以为父亲还在新疆工作，盼望能早日和父亲团聚。

　　一天，毛远志和丈夫曹全夫一起去看望刚从重庆谈判归来的毛泽东。毛远志拿出一张照片问伯伯："我爸爸现在在哪里？"

　　毛泽东低头看了看照片，脸色阴沉，嘴角抽动了几下，半晌才轻声说：

　　"被国民党反动派杀害了。"

　　毛泽民牺牲前，曾对他的战友说：

　　"如果你以后有机会回延安，请转告毛泽东同志：我毛泽民无愧于是一个中国共产党党员，无愧于是毛泽东的弟弟，也无愧于是毛泽覃的哥哥！"

　　30 年后，已是迟暮之年的毛泽东对前往乌鲁木齐出席新疆维吾尔自治区成立 20 周年庆典的中央代表团的负责同志说，你替我采一束野花，放在我弟弟的墓前。

　　这一年，毛泽东 82 岁。

　　如果他的弟弟毛泽民还活着，应该是 79 岁了。

新疆毛泽民烈士墓

第十三章　毛岸英短暂而辉煌的人生

幼年时和母亲杨开慧一起坐牢，童年又流浪上海滩。他的短暂的一生有如燧石，愈遇敲打，愈是闪耀着灿烂的光辉。作为毛泽东的长子，他严以律己，宽以待人，从不违背原则搞特殊化。江泽民在参观韶山时，曾一字一句地朗读了毛岸英的信，并深有感触地说：假如我们所有的干部都像毛主席对待毛岸英一样，遇到问题都像毛岸英要求自己的那样，我们的党一定兴旺，我们的党一定为群众所拥护。

第一节　英雄的名字

新中国成立之初，朝鲜半岛燃起熊熊战火。唇亡则齿寒，户破则堂危！铁骨铮铮的毛泽东毅然作出选择——抗美援朝，保家卫国！

毛泽东的长子、铁血男儿毛岸英，以非军人的身份主动请缨。彭德怀说："你在工厂当副书记不是很好吗？干吗非要参加志愿军呢！"

"不，现在美帝国主义侵略朝鲜，把火烧到了鸭绿江边，朝鲜要亡国，我们要挨打！"毛岸英振振有词："彭叔叔，我是一名共产党员，在这种情况下我怎能看着朝鲜亡国而不救呢？我还能有心思躲在办公室里工作吗？你带我去朝鲜吧！我一定服从命令听指挥，努力做一个合格的好战士！"

毛泽东说："老彭啊，我帮儿子说句话，你就收下他这个兵吧！"

这时候，很多人来找毛泽东，力陈不能让毛岸英去朝鲜战场的种种理由。毛泽东斩钉截铁地说："我作为共产党的主席，不派自己的儿子去，又派谁的儿子去呢？"

出发前，毛泽东对毛岸英说："你是共产党员，又是我毛泽东的儿子，到了朝鲜战场上，就更要吃苦在先，牺牲在前！"

强敌当前，慨然送子上前线的毛泽东是英雄！

挺身而出，弃安逸而赴艰险的毛岸英是英雄！

令人痛惜的是，英雄的毛岸英果然在朝鲜战场上牺牲了。马革裹尸未还乡，英魂一缕飘天外！

毛岸英的不幸牺牲，强烈地震撼着毛泽东的心灵。白发人送黑发人，岸英走得太早了，他只有28岁，结婚才刚满一年。回想起来也非常凑巧，当年毛泽东去上海出席中共"一大"时，也是28岁，也是刚结婚一年。父子两代同样在这种状况下身临险境，父亲则死里逃生，儿子却壮烈牺牲了。

毛泽东是人民爱戴的领袖，同时也是一位慈祥的父亲，有着同常人一样的舐犊之情。最初得到毛岸英牺牲的消息时，他没有哭，也没有眼泪。他的嘴唇哆嗦着，眨了一下充满血丝的眼睛，目光开始慢慢移动，望着茶几上的烟盒。李银桥帮他抽出一支烟，再帮他点燃，随后便听到像陕北老农民吸烟时发出的咝咝声，他想用辛辣的烟味来压住心中的痛苦。屋里静默了很长时间，没有人说话，也没有人走动，但大家都感受到了毛泽东对长子的眷念和痛惜之情。吸完第二支烟，毛泽东把烟头使劲摁灭在烟灰缸里，沙哑地发出一声催人泪下的叹息："唉，战争嘛，总要有伤亡，没得关系，谁让他是毛泽东的儿子呢……岸英是个苦孩子，从小没了娘，后来参加战争，没过上几天好日子。"

毛岸英牺牲前，作为朝鲜战场总指挥的彭德怀，曾十分敬佩地说："国难当头，挺身而出，这不是每个人都能做到的。有些高干子弟甚至高级干部本人就没有做到，但毛岸英做到了！"毛岸英牺牲后，彭德怀十分后悔地说："毛主席把他的儿子托付给我，我可怎么向他交代哟！"

得知毛岸英牺牲的消息后，毛泽东的好战友、人民的好总理周恩来无比惋惜地说："岸英的牺牲，对党，尤其对毛主席，都是一个无法挽回的损失。"

金日成说："毛泽东同志是伟大的国际主义的典范和楷模，为了中国人民的解放事业，他牺牲了包括妻子在内的至亲至爱的五位亲人；为了朝鲜人民的反侵略和保卫世界和平，他又把最疼爱的长子毛岸英送来朝鲜。岸英牺牲了，我们会永远怀念他！"

1958年12月28日，毛泽东、周恩来、朱德等中央军委领导在中南海怀仁堂后花园的草坪上接见中国人民志愿军代表团。八年前，毛泽东在这里决策出兵朝鲜，今天又在这里接见志愿军的英雄。毛泽东是高兴的，他的脸上一直浮现着笑容，这是一个胜利者的笑容，一个运筹帷幄、决胜千里之外的统帅的笑容。他带领着他亲手缔造的人民军队曾经打败了用美国武器装备起来的国民党军队，今天又直接打败了不可一世的美国军队。

毛泽东和志愿军英雄们一一握手，他的眼光掠过每一位英雄的面孔，似乎在找寻一个人，一个第一批加入志愿军的人，那个人就是他钟爱的大儿子毛岸英。毛泽东看到每位英雄都像他的大儿子，都像他大儿子那样英俊，那样威武和勇敢。然而，他的大儿子没有回来，他的大儿子永远也不会回来了，他和他的战友们一起长眠于朝鲜的大地上……

入夜，中南海里静悄悄的，但见菊香书屋依然灯火明亮。卫士长李银桥走进毛泽东的卧室，看到身穿睡衣的毛泽东半躺在硬木板床上，眼里噙着泪花，凝望着毛岸英的照片发呆。李银桥怕毛泽东悲极伤身，就劝他要保重身体，不要再想了。毛泽东怆然叹道：“怎能不想呢？他是我的儿子啊！”

四方脸、高额头、阔鼻梁、卧蚕眉，长相酷似母亲杨开慧，一米八〇的个头与父亲毛泽东站在一起不分伯仲。

毛岸英，这是一个英雄的名字。

毛岸英，一个高大的身躯永远地躺在了异国的大地上，一个高大的形象却永远立在世代中朝人民的心中！

第二节　历经磨难的童年

1922 年 10 月 24 日，毛岸英在长沙湘雅医院出生。那时，毛泽东和杨开慧住在小吴门外的清水塘。毛泽东为他的第一个儿子取名岸英，意为"社会主义彼岸的英雄"，又按照韶山毛氏家族的族谱，为岸英取字"远仁"。作为毛泽东的儿子，毛岸英的人生注定与艰难困苦联系在一起。在生命的最初五年中，他随父母辗转到过上海、武汉、广州等地，几乎走遍了大半个中国。1927 年大革命失败时，他又随母亲和两个弟弟回到长沙县板仓的外婆家隐蔽。8 月，毛泽东为组织秋收起义，不得不与妻子告别。从此，夫妻、父子便天各一方，杳无音讯。在白色恐怖之下，为了安全，岸英对外改随母姓，叫杨永福。

八岁时，毛岸英与母亲杨开慧被国民党的清乡司令部所属"铲共义勇队"区队长范觐熙（杨开慧家邻居）带领的枪兵抓获，被关进长沙协操坪监狱。在狱中，小岸英饱尝了人间的辛酸。凶残的敌人将母亲打得遍体鳞伤，岸英哭着用小手抚摸着母亲的伤处，懂事地说："妈妈，现在他们打你，将来我长大了要狠狠地打他们。"

这个时候，父亲毛泽东领导的秋收起义虽然失败，却在一个名叫井冈山的地方开始以武装的革命反对武装的反革命，建立了中国的第一个红色革命根据地。1930 年 11 月 14 日，杨开慧在识字岭就义。从此，岸英永远地失去了母亲和母爱。

十多天后小岸英才被舅舅杨开智、舅母李崇德保释出狱。为了避免再遭迫害，岸英和弟弟岸青、岸龙在外婆和舅母的保护下，被送到当时党中央机关所在地上海，由叔父毛泽民安排进了大同幼稚园。大同幼稚园是中共驻上海的党组织为了安置、救济和培养革命烈士的后代，由党的外围组织"中国互济会"出面开办的。

由于环境恶化，中共在上海的党组织遭到破坏，大同幼稚园的真实背景也已经暴露，1932 年 3 月，党组织在无奈中决定将它解散，孩子们也被迫疏散。当时毛泽民夫妇已赴中央苏区工作，岸英兄弟在上海无亲无故，成了孤儿。党组织把岸英兄弟安排到幼稚园创办人之一——著名"红色牧师"董健吾家寄养，按月支付 30 元的生活费。董以牧师身份为掩护做地下工作，从教堂领取薪水。然而，好景不长，1933年年初，中共中央转移到江西瑞金，上海地下党组织又遭到敌人的严重破坏，中断了对岸英兄弟的生活供给。董健吾本人也因身份暴露外出躲避追捕。董的原配妻子黄慧英是无职业的家庭妇女，身边已有四个孩子，加上岸英兄弟，生活极其艰难。全家只靠她的长子一人的微薄收入维持生活，家里其他的人，只好给人家洗衣服、扎纸花，得点微薄的收入维持生活。岸英兄弟也帮助扎纸花或干些别的家务活，以减轻家中的困难。岸英兄弟吃得不好，穿的是破旧衣服，盖的是破棉絮。在那些饥寒交迫的日子里，黄慧英渐渐对岸英兄弟有些嫌弃。于是，岸英带着弟弟离家出走，从此流落街头过着流浪的生活。期间，四岁的小岸龙因病不幸夭折。

无处栖身无食果腹的岸英带着弟弟住在一座破庙里。母亲的惨死，父亲又不知在何方，兄弟俩为了生存，只好靠当报童、卖油条、推板车、拾破烂来赚取一点钱，以换来一点食物充饥，可这也只能是饥一顿饱一顿，吃了这餐没下餐。有一次，岸青收了一张假票子，无法交上款，就挨了老板的打，可也只能忍气吞声，以泪洗面。有一天，他走到一根电线杆旁，看到地上有一小节粉笔，就捡起来在电线杆上写下："打倒帝国主义！"恰巧被一特务碰见，这个狠心的家伙竟然拿起路边小贩的铁钳向岸青的头部猛击。小岸青遭此毒手，当即头破血流，昏倒在地，导致两耳被打聋，大脑严重受损，从此落下终身不治之疾。作为哥哥的岸英，自然又担起了照顾弟弟的责任。然而即使在这样险恶的环境中，岸英和岸青仍不忘学习文化。为了买到一本《学生词典》，兄弟俩勒紧裤带，坚持三个月不吃早饭，终于如愿以偿。这本小小的词典，岸英一直珍藏在自己身边。岸英兄弟的流浪生活持续了五年。新中国成立后，有一次看《三毛流浪记》的影片时，岸英激动地说："那时我和岸青在上海的流浪生活，和三毛相比，除了当小偷、给资本家做干儿子外，其他几乎都经历过。"毛泽东也感慨地说："为了革命事业，这些孩子从小就吃百家饭，走万里路啊。"

1935年秋，远在中央苏区任中央工农民主政府国民经济部部长的毛泽民，托钱之光找到当时中央特科的潘汉年，帮助寻找毛岸英、毛岸青，直至1936年夏天，董健吾才将他们兄弟俩从一座破庙的一帮流浪儿中找到。两个流浪儿见到亲人，倾诉着一肚子委屈，伤心地哭了。党组织想尽办法，通过在白区的统战关系，由国民党的一个高级将领介绍，趁东北义勇军代表李杜将军去欧洲考察实业的机会，让岸英兄弟和董健吾的儿子董寿琪一同出国。李杜将军一行从上海动身，乘船经香港、西贡、孟买、苏伊士、地中海，于7月底到达法国马赛港，然后改乘火车到巴黎，在那里停留了半年，才进入苏联。

1937年年初，岸英、岸青来到莫斯科。兄弟俩住在驻共产国际中国代表团的宿舍里，岸英不久就被送到莫斯科市郊的贡沏沃学习俄语。他们兄弟俩还各自取了一个俄语名字，岸英叫谢廖沙，岸青叫戈勒。也就是在这个时候，贺子珍来到苏联，尽管这位热心的"贺妈妈"经常主动来看望他们，帮他们洗洗涮涮，嘘寒问暖，但在岸英和岸青眼里，这个名叫贺子珍的女人与他们毫无关系，心灵的大门始终是封闭的。他们似乎怎么也感受不到这位"贺妈妈"的亲情，他们之间也似乎没有共同语言，更不会向对他们视如己出的贺子珍喊一声"妈妈"。第二年春天，贺子珍与毛泽东的最后一个儿子出生了。毛泽东的三个儿子，在异国的土地上聚在了一起，开始了新的生活。作为哥哥，岸英和岸青两个人争着为弟弟取名字。最后，小弟弟的名字定下来，叫作廖瓦。然而仅仅十个月后，这个长相酷似父亲毛泽东的小弟弟廖瓦却不幸感染肺炎夭折了。这对岸英、岸青打击很大，懂事的兄弟俩一下子就接受了沉浸在丧子之痛中的"贺妈妈"。直到又过了两年，毛泽东和贺子珍的女儿娇娇（李敏）也被送到苏联，他们有了一个漂亮可爱的小妹，血肉相连，他们更加亲密了。

第三节　父子"两地书"

岸英兄弟到达莫斯科的时候，毛泽东率领中央红军长征到达了陕北，建立了以延安为中心的抗日革命根据地。在繁忙的工作之余，毛泽东经常眺望西北方，惦记着自己的儿子，也牵挂着同自己生活了整整十年的妻子贺子珍。1938 年年初，有人从苏联带来了岸英、岸青的照片。看着相片上结结实实的两个小伙子，毛泽东喜出望外，久久凝视，热泪盈眶，看了一遍又一遍。十年啊，父子分别已经整整十年！儿子尝尽了悲欢离合的人间苦难，父亲也走过了长征的二万五千里备受艰难。3 月，有人要去苏联，毛泽东赶紧给两个儿子写了一封家书——

亲爱的岸英、岸青：

时常想念你们，知道你们情形尚好，有进步，并接到了你们的照片，十分的欢喜。现因有便，托致此信，也希望你们写信给我。我是盼望你们来信啊！我的情形还好。以后有机会再写信给你们。祝你们健康、愉快与进步！

毛泽东
三月四日

这是父子分别十年后，毛泽东给儿子写的第一封家书。此时的毛泽东在延安孤身一人，妻子贺子珍负气与他诀别，他的心情怎能不有些郁闷。尽管大部分时间都消耗在忙不完的工作上，但当一人独处的时候，他的心中总有一丝惆怅和忧伤。为了革命，他已经失去了两个妻子和六个孩子。他是丈夫，他思念妻子；他是父亲，他想念儿子。短短的一封家书又如何能诉尽十年的别离和思念呢？看到儿子已经长大，毛泽东欣喜异常、激动不已。但繁忙的毛泽东没有时间与儿子话家长里短，没有心思诉思念之苦，他只是对"亲爱的岸英岸青"说："时常想念你们，知道你们情形尚好，有进步，并接到了你们的照片，十分的欢喜。"语气极其平静极其随和，甚至难以让人感受到那种十年别离偶得消息的兴奋。但这平静的文字，却依然掩饰不了毛泽东内心的波澜，他跟儿子说"也希望你们写信给我"，接着又加重了语气，说"我是盼望你们来信啊！"紧接着再说了一遍"以后有机会再写信给你们"。毫无疑问，毛泽东的幸福感觉就像这三月里开冻的河流，奔涌不息。

一个月后的 4 月 4 日，毛泽东又迫不及待地托去苏联治疗眼病的刘伯承捎信给儿子。为了让儿子知道自己的模样，还附寄了一张照片。毛泽东在信中说：

岸英、岸青二儿：

早一月给你们的信收到了没有！收到了，写点回信给我。现有刘师长来你们那里，托致此信，附照片一张，我们情形及打日本的情形他都可以晓得，他是一个很好的人。和森的女儿，我忘记了她的名字，去年我接到她寄来的照片，我也时常记念她。问你们的好！

毛泽东
四月四日

信的一开头，毛泽东就迫不及待地询问：早一月给你们的信收到了没有！收到了，写点回信给我……盼儿心切，急不可耐之情跃然纸上。

不久，儿子的回信千里迢迢地从莫斯科送到了延安，毛泽东虽没有手捧家书欣喜若狂，但分别了十年之久的父子总算有了书信来往，令毛泽东喜不自胜。

因为坠马致使右手臂粉碎性骨折的周恩来，1939 年 8 月在邓颖超的陪同下从延安赴莫斯科治疗。8 月 26 日，毛泽东又给儿子写了一封家书，托周恩来带给儿子。

岸英、岸青二儿：

你们上次信收到了。十分欢喜！

你们近来好否？有进步否？

我还好，也看了一点书，但不多，心里觉得很不满足。不如你们是专门学习的时候。

　　为你们及所有小同志，托林伯渠老同志买了一批书，寄给你们，不知收到否？来信告我。下次再写。

　　祝你们发展，向上，愉快！

毛泽东

一九三九年八月二十六日

　　这封家书虽然文字不多，但却洋溢着浓浓的父爱，可见毛泽东依然沉浸在与儿子交流沟通的愉悦之中，心情十分放松。而自从与岸英、岸青联系上之后，作为父亲的毛泽东就立即想到了儿子读书学习的问题，并马上托林伯渠买了一批图书邮寄过去，供儿子和他的中国同学们阅读学习。这一年，毛岸英已经 17 岁。毛泽东更加关心儿子的成长，与即将成年的爱子交流思想和读书心得。但遗憾的是他这次寄往莫斯科的书在途中遗失了。

　　1938 年年底，岸英兄弟搬到莫斯科市郊的共产国际第二儿童院学习。1939 年，岸英又转入苏联十年制学校的六年级插班学习。1940 年秋共产国际第二儿童院和第一儿童院合并，孩子们离开莫斯科，坐火车到了三百公里外的伊万诺夫城，和第一国际儿童院的二十多个国家和民族的共产党领导人和革命烈士的子女住在一起。岸英很快就和这些孩子熟悉了，与他们和睦相处，亲如一家。在和这些来自不同国家的少年的接触中，他不仅学会了俄语，还学会了英语、法语、德语的一些日常用语。岸英喜欢读书，尤其喜欢读古今中外历史、人物传记和关于战争的回忆录。他就和年龄比较大的蔡博（蔡和森之子）、郭志成（郭亮之子）、刘允斌（刘少奇之子）等组织了一个业余读书小组。因为岸英聪明好学成绩好，又勇敢坚韧，人直爽，有魄力，而且爱好"军事、政治和时事"，号召力强，大家都喜欢他，信任他，他逐渐成了儿童院里的"小领袖"。他先后担任了少先队的大队长、儿童院的团支部书记和儿童院所在的列宁区团委委员，经常应邀到各处去做报告。他还写过一篇《中国儿童在苏联》，文章长达三千多字，文笔流畅优美。后来该文由正在莫斯科治疗臂伤的周恩来带回国内，刊登在 1940 年 4 月 12 日延安的《新中华报》上，报社还配发了"编者按"。

　　在前后五年时间里，岸英不仅知识丰富了，视野开阔了，而且政治水平和写作能力也有了明显提高。于是，他给父亲写了一封长信，汇报学习体会和对世界政治、军事和国际关系的认识。毛泽东看了儿子的来信，十分欢喜。

　　作为一个雄才大略的政治家，毛泽东对聪慧、健康的岸英自然寄予了厚望，像天下所有望子成龙的父亲一样，他希望儿子长大后能成为于国于民有所作为的栋梁之材；作为一个高瞻远瞩的伟人，他看到了青年成才的必由之路。于是，他写了一封长信，给儿子的学习提出了重要的意见，提醒儿子不要过早、过分热衷于政治。这封信内容如下：

岸英、岸青二儿：

　　很早以前，接到岸英的长信、岸青的信、岸英寄来的照片本、单张相片，并且是几次的信与照片，我都未复，很对你们不起，知你们悬念。

　　你们长进了，很欢喜的。岸英文理通顺，字也写得不坏。有进取的志气，是很好

苏联莫斯科共产国际第二儿童院的青少年正在进行军事训练（左一为毛岸英）

苏联莫斯科共产国际第二儿童院的中国少年（后排左一为毛岸英）

的。惟有一事向你们建议，趁着年纪尚轻，多向自然科学学习，少谈些政治。政治是要谈的。但目前以潜心多习自然科学为宜，社会科学辅之。将来可倒置过来，以社会科学为主，自然科学为辅。总之注意科学，只有科学是真学问，将来用处无穷。人家恭维你抬举你，这有一样好处，就是鼓励你上进；但有一样坏处，就是易长自满之气，得意忘形，有不知脚踏实地、实事求是的危险。你们有你们的前程，或好或坏，决定于你们自己及你们的直接环境，我不想来干涉你们。我的意见，只当作建议，由你们自己考虑决定。总之我欢喜你们，望你们更好。

岸英要我写诗，我一点诗兴也没有，因此写不出。关于寄书，前年我托西安林伯渠老同志寄了一大堆给你们少年集团，听说没有收到，真是可惜。现再酌检一点寄上，大批的待后。

我的身体今年差些。自己不满意自己；读书也少，因为颇忙。你们情形如何？甚以为念。

毛泽东

一九四一年一月三十一日

这是毛泽东写给儿子最长的一封家书。

在这封长信中，毛泽东真诚且诚恳地给已经大有"长进"的儿子们提出了唯一的要求——"惟有一事向你们建议，趁着年纪尚轻，多向自然科学学习，少谈些政治。政治是要谈的。但目前以潜心多习自然科学为宜，社会科学辅之。将来可倒置过来，以社会科学为主，自然科学为辅。总之注意科学，只有科学是真学问，将来用处无穷。"

作为政治家的毛泽东，他要儿子们"少谈些政治"，其意义是十分深远的。其目的很明显，是要儿子们"趁着年纪尚轻，多向自然科学学习"，因为"只有科学是真学问，将来用处无穷"。48 岁的毛泽东或许从自己的成长中，感到相对于社会科学而言，自己在自然科学知识上就显得贫乏些。因此作为父亲，毛泽东希望儿子们能从自己身上汲取教训，应该在年轻的时候，"以潜心多习自然科学为宜，社会科学辅之。将来可倒置过来，以社会科学为主，自然科学为辅"。毛泽东在这里告诉儿子的不仅是一种学习的方法，是一种忠告，更是一种科学的实践。但同时毛泽东也告诉他的孩子"政治是要谈的"，只是时机、场合和主次的问题，学习是第一要务。因为只有等到自己有了真才实学和真本领以后，再谈政治也就有了基础和条件。真可谓金玉良言。

对儿子的成长进步，毛泽东感到由衷地欣慰："你们长进了，很欢喜的。"尤其对儿子"有进取的志气"，毛泽东更是给予肯定和鼓励。但毛泽东在信中，对孩子的成长也提了个醒，要求孩子谦虚谨慎，戒骄戒躁。他说："人家恭维你抬举你，这有一样好处，就是鼓励你上进；但有一样坏处，就是易长自满之气，得意忘形，有不知脚踏实地、实事求是的危险。"

从这封信中，我们可以看到，毛泽东是以一个家长和朋友的身份与孩子谈话的。

和蔼可亲的父亲与儿子们坦诚相待，整封信充满着平等民主的气氛，字里行间散发着殷殷期待和爱心。他说："你们有你们的前程，或好或坏，决定于你们自己及你们的直接环境，我不想来干涉你们。我的意见，只当作建议，由你们自己考虑决定。总之我欢喜你们，望你们更好。"毛泽东不干涉孩子的选择，让孩子独立自主地决定自己的前途和未来，平平淡淡的几句话，看似简简单单，却明明白白地表达了一个父亲深沉的爱和期望——"我欢喜你们，望你们更好"。政治家毛泽东的宽阔胸襟和博大情怀淋漓尽致地展现在我们的面前。

在信的开头，毛泽东首先对没有及时给儿子回信，表示"很对你们不起，知你们悬念"；而在信的结尾处也谈到了自己的情况和思念之情："我的身体今年差些。自己不满意自己；读书也少，因为颇忙。你们情形如何？甚以为念。"在儿子的"悬念"与自己的"甚以为念"之间，毛泽东对远在千里之外异国他乡的儿子们，怎能不挂牵和思念呢？更何况他们已经分别十几载未见一面，孩子的母亲、自己的爱妻已经牺牲，孩子从小就没有在他身边过上幸福的生活，没有享受到应该享受到的父爱和母爱，他的内心又如何不愧疚呢？

岸英在来信中要求父亲写诗，并希望寄些书给他们看。毛泽东说："岸英要我写诗，我一点诗兴也没有，因此写不出。……"作为诗人毛泽东，在长征胜利、贺子珍离开他去苏联之后，的确再也没有写诗了。毛泽东说自己"一点诗兴也没有"，这除了与 1941 年延安相对平静安逸的生活有关，而更多的或许与毛泽东的个人情感生活中的恩恩怨怨有关。

当毛泽东听岸英说 1939 年他"托西安林伯渠老同志寄了一大堆给你们少年集团"的书"没有收到"时，他说"真是可惜"。于是，这次他又亲自选了 21 种书共 60 册寄往莫斯科。毛泽东还特此注明："这些书赠岸英、岸青，并与各小同志共之，由林彪同志转交你们。"这 60 本书，不仅包括哲学、经学、史学、文学，还有武侠小说和经济地理；既有知识性，又有趣味性，很受远在苏联的"小同志"的欢迎。毛泽东在写这封家书时，正好是蒋介石国民党顽固派背信弃义发动了震惊中外的"皖南事变"的时候，斗争形势十分严峻复杂，毛泽东忙里偷闲，抽空给儿子写信寄书，可见伟人对下一代的殷切期望和良苦用心。

可怜天下父母心。无论是对工作学习，还是对为人处世，毛泽东在这封家书中对儿子的谆谆教诲，无疑都透着人生的真理，普普通通的话语中凝聚着一个伟人对儿子的希望，既丰富博大，又温情细腻，一个慈父的爱也在这平平常常的告诫中令人感动不已！伟人毛泽东爱子的热烈心情力透纸背，伸手可触。

第四节　卫国战争中的"苏联红军中尉"

1941 年 6 月 22 日，背信弃义的德国法西斯不宣而战，向苏联发动了闪电式的进攻，苏德战争爆发，从此掀开了苏联人民卫国战争的序幕。19 岁的毛岸英，对战争的发展态势十分关注，每次听完广播后，就把战争的最新进展用表示苏联红军的小红旗和表示法西斯军队的小白旗在世界地图上标注出来。

战争破坏了苏联的经济建设和和平的生活，岸英所在儿童院的正常学习秩序也被打破，经费缩减了，物资供应困难，他们每天每人只能领到半公斤黑面包。面对艰苦的生活考验，为了支援前线，也为了劳动自给，岸英带领儿童院的孩子们种土豆、白菜、胡萝卜等蔬菜，并把收获的大部分上交。为了解决生活燃料问题，岸英和"小同志们"一起冒着大雪和零下三十多度的严寒，在森林里搭帐篷、伐木、劈柴。他们还在小作坊里学会了打铁，自制燃烧弹、旋炮弹壳、弹药箱子，支援前线。女孩子们也组织起来，给前线的将士缝制内衣、手套、帽子、被子等。他们还组织起来，参加市内的保卫工作和民兵武装训练。

随着战争形势的发展，希特勒法西斯军队几乎兵临城下打到了莫斯科郊外，伊万诺夫城也危在旦夕。为了防备法西斯进攻城市，岸英带领国际儿童院的"小同志们"积极响应伊万诺夫市委的号召，冒着零下四十多度的严寒，加入了抢修战壕和挖反坦克壕的行列。他们用铁锹和钢钎一点一点地凿开冻土，手震裂了，脸冻破了，鲜血流出来了，但他们不叫累不叫苦，任劳任怨。毛岸英还给延安的《新中华报》写信，报告苏联卫国战争的进程和苏联人民对中国抗战的伟大同情。

1941 年冬末，鉴于卫国战争的严峻形势，联共（布）中央建议十六周岁以上的外国公民加入苏联国籍。当老师动员岸英加入苏联国籍时，19 岁的毛岸英却说："我是中国人，我爱我的祖国。只要祖国一声令下，我就要回到祖国去。"毛岸英并不是一个狭隘的民族主义者，他愿意为苏联人民的独立和自由献身，在战争最艰苦的时刻，他积极要求参加前线作战。为此，他还用流利的俄文给斯大林写了一封信：

最高统帅部敬爱的斯大林同志：

我是一名普通的中国青年，我在您领导下的苏联学习了五年，我爱苏联就像爱中国一样。我不能眼看德国法西斯的铁蹄蹂躏您的领土，我要替千千万万被杀害的苏联人民报仇。我坚决要求上战场，请您一定批准我的请求！

致革命敬礼！

谢廖沙

一九四二年五月于伊万诺夫

（毛泽东的儿子毛岸英）

毛岸英不愧是毛泽东的儿子！他始终以一颗赤子之心深深地爱着自己的祖国，在许多人向往自己成为世界上第一个社会主义国家的公民时，他不因自己的祖国贫穷落后而丧失自我。而更加令人尊敬的是，在法西斯强盗面前，毛岸英没有退缩，没有迟疑，而是毛遂自荐，积极主动要求上前线杀敌，要为"千千万万被杀害的苏联人民报仇"。可是毛岸英这信发出后，没有得到任何回音。他十分焦急，苦苦等待。就在这时，毛岸英认识了苏共驻共产国际的代表、苏军政治部副主任曼努意尔斯基将军，并向他提出希望允许自己上前线作战。最后在这位将军的热心帮助下，毛岸英进入伊万诺沃苏雅士官学校快速班学习军事指挥。1943年1月，毛岸英又进入莫斯科列宁军政学校学习，同时被批准加入联共（布）（1946年回国后转为中国共产党正式党员），介绍人给他写的鉴定是："政治觉悟高，学习好，劳动好，革命精神饱满，树立了为共产主义而奋斗终生的志向，可以入党。"不久，毛岸英又被送往伏龙芝军事学院深造。1944年毕业后，毛岸英被授予苏军中尉军衔，成为一名坦克连的指导员，正式加入苏军行列，参加了苏军的大反攻，千里扬戈进入东欧，先后在白俄罗斯、捷克斯洛伐克、波兰等国前线指挥作战。1945年，在苏军攻克柏林以前，他奉命回到莫斯科，受到了斯大林的亲切接见，并赠他这个"苏联红军中尉"一支手枪作为纪念。战后，毛岸英进入莫斯科东方语言学院学习。

第五节 在"劳动大学"深造

1946 年 1 月 7 日，在苏联经过长达九年的学习和磨炼之后，毛岸英回到了日夜思念的阔别十年的祖国，回到了父亲毛泽东的身边。这是他们父子俩分别整整 19 年后的第一次见面！

19 年啊，整整 19 年！毛岸英上一次见到父亲是 1927 年 8 月 13 日，毛泽东最后一次回板仓时，那一年毛岸英五岁，岸青四岁，小弟弟岸龙才四个月。毛岸英记得毛泽东站在板仓杨宅的院子里，一会儿抱抱岸青，一会儿抱抱自己，一会儿两只手久久地举着小弟弟。半夜醒来，毛岸英看见父亲坐在床边，用手摸摸自己的头，又摸摸弟弟的脸。第二天早晨起来，父亲走了。母亲告诉他，爸爸打反动派去了，打完就回来。小岸英记住了母亲的话，每天坐在板仓老屋的门槛上，望眼欲穿地等着父亲的归来。这一等，整整等了 19 年，从长沙板仓等到上海，等到苏联，等到延安的王家坪，终于重新见到了已经成为中国共产党领袖的父亲毛泽东。

"爸爸，爸爸，我回来了，我回来了！"多少次梦幻般的向往终于在今天变成了现实，岸英激动得声音都有些沙哑了。按照俄国人的习惯，他真想跑上前拥抱亲吻父亲。

毛泽东沉浸在久别重逢的喜悦中。他仔细地打量着眼前这个突然冒出来的棒小伙子，这就是他分别已久日思夜想的大儿子吗？他的个头比自己还要高，脚穿牛皮鞋，身上披着一件宽大的军呢大衣，英俊秀气的面庞上眉宇开阔，天庭饱满，既有母亲的影子，也有自己的遗传特征。

当天，毛泽东像招待贵宾一样，特意备了几样菜来款待儿子，父子促膝谈心，亲热异常，仿佛要把 19 年来隔绝的话一下子倒出来。毛岸英的

毛岸英

归来，19 年后的第一次父子相逢，使从 1945 年 11 月就开始患植物神经失调症的毛泽东，心情和身体似乎一下子好了许多，精神倍爽，病除大半。他在当日挥毫泼墨，给远在苏联的毛岸青写了一封信，抬头就称"岸青，我的亲爱的儿"，怜子之心跃然纸上。

懂俄语、英语、德语，穿着苏军呢子制服和马靴，会跳交谊舞，写得一手无师自通又得乃父真传的狂草，为人处世大方开朗不拘小节的毛岸英，在延安确实显得很"洋气"。但毛泽东对自己的儿子要求非常严格。父子俩在一起只吃了两天饭，毛泽东便要毛岸英到机关食堂吃大灶。父亲提醒他说：延安虽"土"，但这里是中国革命的"圣地"，到处都有"真人"，不要"显摆"自己。毛岸英深深懂得父亲的教诲，完全明白父亲的用心，逐渐从了解、理解、认同与敬重，达到了能够与父亲进行思想的交融与沟通。

有一天，毛泽东把毛岸英喊去，父子俩坐在王家坪院子的槐树下交谈。毛泽东在询问岸英在苏联的学习情况后，说："你在苏联长大，对国内生活不熟悉。在苏联大学读书，住的是洋学堂，我们中国还有个学堂，这就是农业大学、劳动大学。"

1946 年春毛泽东和毛岸英在延安王家坪

　　毛岸英对父亲的话心领神会，高兴地说："我愿意向农民学习。"

　　不久，毛泽东把岸英介绍给当时著名的劳动模范吴满有，让他到吴家学种地，上"劳动大学"。毛泽东对岸英说："这就是校长，你过去吃的是面包牛奶，回来要吃中国的小米，可养人喽！"又指着岸英笑着对吴说："我现在给你送来一个学生，他住过外国的大学，没住过中国的大学。"

　　听毛泽东这么说，吴满有似乎有些不知所措，说："咱叫什么大学？咱啥也不懂。"

　　毛泽东诚恳地说："他还是个娃娃，我就拜托给你了，种地嘛。告诉他，庄稼是怎样种出来的，怎样多打粮食。"

　　"这我还行。"吴满有高兴地答应了。

　　几天后，岸英按父亲的吩咐，脱去大头皮鞋，换上父亲送给他的硬帮布鞋，穿上父亲穿过的已不知打了多少补丁的灰布棉袄，背上随身衣服、铺盖和一斗多小米，步行二十多里路，汗流浃背地来到了吴家枣园。从此，吃惯了洋面包的毛岸英，和陕北的乡亲们一起同吃、同睡、同劳动，睡一样的土炕，干一样的农活。他时刻牢记着父亲的嘱咐，什么活重，什么活脏，就拣什么活干。他学会了犁地，还学会了种洋芋，像大家一样脖子上挂着个布袋，一手抓粪，一手点种。他把学习得来的农业技术记在随身所带的本子上。歇息时，他还和乡亲们一起聊天读报，有时晚上还教农民及孩子们识字，给小朋友们讲故事，和农民兄弟打成一片。因此，乡亲们无论是大人还是小孩都非常喜欢他，乐意和他在一起。

　　毛岸英积极摆正自己的位置，自愿穿起大裤裆的棉裤走进"劳动大学"，用布满老茧的勤劳双手换回了"毕业证书"。期间，他还经常出门去拜访老革命、老同志，虚心地向他们讨教。他参加土改工作队，还抽时间翻译出版了恩格斯的《法德农民问题》等论著。

　　50多天后，也就是1946年的夏天，蒋介石发动全面内战，胡宗南部也正在加紧做进攻延安的部署，形势越来越紧张。经毛泽东同意，村干部决定送岸英回延安去。当他离开吴家枣园时，村干部和男女老少都来送行，岸英恋恋不舍地离开了和他朝夕相处的乡亲们。

岸英回到父亲身边，汇报了几个月的收获。见岸英一身灰土布褂子，头上扎着白羊肚毛巾的英雄结，英俊的脸庞闪着黝黑的光芒。毛泽东上下打量着儿子，高兴地说："好啊！白胖子成了黑胖子喽！"

村民在一旁赞不绝口："岸英是个好后生，他学会了驮粪、刨地、锄地和播种等庄稼活，还利用业余时间组织村里青年人学政治、学文化，上山劳动回来，总要捎回一捆柴，送给烈军属，岸英在劳动大学毕业了！"

毛泽东摸了摸儿子结着一层厚厚茧子的手，满意地说："不错，这就是你的毕业证书！"

1947年到1949年春，毛泽东又安排毛岸英参加中央土改工作团，先后到山西临县郝家坡、山东阳信张家集参加土改运动，进一步了解农民和农村。当年，毛岸英

1948年5月，毛岸英（中）与土改工作团的同志在山东渤海何家坊。

以杨永福的名字在《晋察冀日报》上发表了《鞋下一层土》的顺口溜，表达自己下乡参加土改的思想感情变化：

> 斯大林把人民比作土，
> 离土必死近土生。
> 这句话早已响如鼓，
> 却只到今天才搞清！
> 郝家坡土改两个月，
> 人问我最贵何所得？
> 是不是金，是不是银，
> 是不是地位和美名？
> 我说一样也不是，
> 却是那鞋下一层土！
> ……

这是毛岸英参加土改工作的最大收获。朴实无华却蕴含真理，文字直白却诗情满怀！

第六节　爱情与婚姻

毛岸英的爱情可谓一波三折。最早为毛岸英操持婚事的是江青，她介绍的是一位傅小姐。由江青牵线，岸英和傅小姐见过一次面，并在一起吃了饭。

傅小姐来自北平一个大学教授的家庭，书香门第，气质高雅，人也长得标致。一米七的身材，清秀、姣美的脸蛋，传神的大眼睛，都令岸英心醉神迷。然而，他又隐隐有一层忧虑，傅小姐是不是看中了他的特殊地位？她会真心真意爱他吗？从小生长在大城市的千金小姐能受得了陕北高原这个不毛之地的苦吗？还有，更重要的一点，作为政治家的毛泽东能理解儿子迫切需要异性朋友乃至妻子的心情吗？……

后来，岸英不好意思问江青："我爸有这个意思吗？"

江青爽朗地笑了："只要你同意，他那里我说一声准行。"随后，江青兴冲冲地跑到王家坪，把事情跟毛泽东讲了。

毛泽东猛吸了一口烟，从藤椅上站起，在屋里转了一圈，缓缓地说："见一面就定终身，也太轻率了吧？孩子年轻沉不住气，你怎么也沉不住气呢？你叫岸英来。"

岸英忐忑不安地走了进来，红着脸表态："我觉得人还挺不错的，长得漂亮，又有文化……"

毛泽东笑了，不失幽默地说："不漂亮不聪明你也不会动心！这一条我理解，共产党人不是禁欲主义者，可是见了漂亮的都动心，这一条就不敢理解你了。"接着，毛泽东换上严肃的口吻："除了漂亮，你还了解她什么？思想、品德、性格，你了解吗？她刚从北平来，我们都不了解。婚姻对你来讲既是终身大事，也关系着我们的革命事业，谁叫你是毛泽东的儿子呢？一定要慎重，不能轻率从事，爸爸是过来人，时间是考验爱情的试金石，现在是千头万绪，胡宗南举兵 23 万进攻延安。我看你们不要急于定终身，双方再处处，多了解了解，你看要得吗？"

岸英虽然心里很失望，可又觉得爸爸的话不无道理，就决定让时间来"考验考验"他和傅小姐的感情。

事实证明毛泽东的话是有远见的。那位姓傅的姑娘受不了延安的艰苦生活，看不上前途未卜的毛泽东一家，便跑回了北平，还在报纸上写文章辱骂延安。

男大当婚，女大当嫁，毛泽东也在考虑着儿子的终身大事。这一回，不用岸英提，毛泽东已经替他物色了一位满意的"媳妇"。

1946年夏天，延安毛泽东的窑洞里来了一位女青年。她肌肤白净、明眸皓齿，苗条的身材，背后两条又黑又亮的长辫子，一副端庄娴静的模样。

她就是刘思齐，又名刘松林，三年后她成了毛岸英的妻子。

刘松林的父母都是中国共产党员，父亲刘谦初，曾任中共山东省委书记，母亲张文秋，15岁考入湖北省立女子师范，在老师陈潭秋、董必武的影响下加入中国共产党。婚后三天，刘谦初就随军开赴前线，夫妻俩为了革命天各一方。1929年8月，刘谦初在济南英勇就义。

一个偶然的机会，毛泽东第一次见到了只有八岁的刘思齐。那是一个初春的晚上，在中央党校礼堂看话剧《弃儿》时，毛泽东看到这个被剧情吸引而在场内到处寻呼着"妈妈"的孩子很可爱，就把她叫到身边，亲切地问："你叫什么名字？你的爸爸妈妈是谁呀？"

"我叫刘思齐。"小女孩对这个很熟悉又很陌生的伯伯有点怕，她回头指着人群中的张文秋和继父陈振亚说："那就是我的爸爸和妈妈。"

陈振亚听到小思齐的叫声，赶紧过来对毛泽东说："这是刘谦初和张一平（张文秋化名）的孩子，我是他的继父。"

毛泽东曾和刘谦初在武汉共过事，今天看到他的孩子，想起牺牲的战友，感慨万千，交代张文秋和陈振亚："这是烈士的后代，我们有责任好好教育她。"说到这里，他弯下腰，笑着问小思齐："我做你的干爸爸，你做我的干女儿，好不好啊？"

小思齐向爸爸妈妈投去征询的目光，陈振亚和张文秋都笑着点了点头。小思齐羞答答地喊了一声"爸爸！"

毛泽东爽朗地放声大笑，兴致勃勃地说："既然是女儿了，你就跟爸爸一道到家里去玩，好不好？"他牵着小思齐的手，走出了中央党校的大礼堂。

一眨眼八年过去了，小思齐已经长成了亭亭玉立的大姑娘。这年七月，毛泽东在中央党校大礼堂看望从新疆回来的同志，认出了张文秋。他突然停住脚步："你们回来了，好不容易呀！思齐呢？怎么没有看见她？"

张文秋把站在身后的思齐拉到毛泽东跟前向他问好。毛泽东拉着思齐的手，高兴地说："七八年不见面了，都长成大人了，我都认不出来啦！你还是我的干女儿呢，还记得吗？"刘思齐羞答答地点点头："记得，记得，我们常想起您呢！"

两天后，毛泽东派人把刘思齐接到家中玩，当时岸英从苏联回国已经半年了，正在中宣部工作。在毛泽东的窑洞里，刘思齐与毛岸英初次相识了，两个年轻人相互诉说着以往的经历和对生活的看法，渐渐萌生了爱慕之情。刘思齐回忆这一段甜蜜的相识、相爱经历时说：

我是1946年从新疆盛世才的监狱里放出后到延安，去毛主席那里玩，碰上岸英。我那时十六岁，岸英二十四岁，我把他当成大哥哥，双方的印象都不错，我对他的第一个印象是很随和，虽然相差八岁，可是能玩到一块儿，他的中国话讲得很好，不像从国外回来的。我们小孩儿的语言他也懂。

1948年5月，毛主席在平山县西柏坡，我去看主席，第二次碰见他。我是下午到的，到了以后，在毛主席那里一起吃了一餐饭。他坐到我那里，给我讲马列主义理论，讲的基本上是《实践论》和列宁的《唯物主义和经验批判主义》，从吃饭后，一直讲到十一点多，我越听越糊涂，越糊涂他越是往下讲，他对政治经济很感兴趣，很健谈，很耐心。

那次，我在那里住了将近一个月，接触比较多，他发现我对理论不感兴趣，便想培养我学习理论的兴趣，我觉得他感情奔放，心地坦白，人也直率。一般说来，男的在女朋友面前都要掩盖自己的缺点，但岸英总是把自己的缺点告诉我，再三要我慎重考虑我们之间的关系……

毛泽东对岸英与思齐谈恋爱，是非常满意的，思齐是烈士后代，又是他的干女儿，人品、相貌都蛮好，与岸英只是年纪差得多一些，其余都还般配。年纪大一点不要紧，他毛泽东不是比杨开慧大八岁吗？

　　岸英和思齐很谈得来。每次两人一起聊天，岸英就像个讲得很起劲的老师，思齐呢？则像个老老实实的学生，安安静静地听着岸英口若悬河，滔滔不绝。一到这时候，岸英平时在女孩子面前的拘束、腼腆都不见了，自信得像个一肚子墨水的大学究。窑洞里，清凉山麓，延河边，都留下了他们谈心的足迹。

　　岸英和思齐感情进展很快。1948年盛夏，就读于北方大学文学院的刘思齐因患疟疾转到河北平山县医治，病好后，受刘少奇前妻王前之托绕道去西柏坡看王前的两个孩子丁丁和涛涛，同时也想顺便去看望毛泽东，不料正巧碰上了岸英。此时的思齐出落得更加丰满、标致了，再次重逢，两人心中蕴藏已久的感情便再也抑制不住了，像决堤的江水奔腾澎湃。终于，刘思齐接受了岸英表白的爱情，还谈到了结婚，于是两人兴冲冲地征求毛泽东的意见。

　　谁料毛泽东给他们泼了一头冷水，他问刘思齐："你正在学习，还没有毕业，现在结婚不怕影响学习吗？"

　　刘思齐答道："我们想结婚后好好安排，不会影响我的学习。"

　　毛泽东又转过脸，两眼炯炯如炬地盯着岸英："岸英，你才25岁，着么子急啰？"

　　"不是，爸爸，我已经满26岁了！"岸英苦着脸说。

　　毛泽东依然是和颜悦色："你还小，着什么子急呀。反正我同意你们结婚，等一等不可以吗？"

　　岸英见父亲不让步，没办法，说："好，听爸爸的。"

　　两人离开毛泽东寓所后，不大一会儿，岸英又回到毛泽东的房间说："爸爸，我今年已经26岁了，我想结婚以后，好专心致志地学习和工作。这样就不必在这方面花那么多时间和精力了……"

　　"你的意思是不是要我同意你们马上结婚呀！"

　　"是的！"

　　毛泽东有些恼火了，他嘣出几句韶山土话："你咯伢子何解劝不回呢？我可以明白告诉你，你们两人都不够条件。尤其是思齐，她不满18岁。解放区的婚姻法规定：男满20岁，女满18岁才能结婚，这一条，思齐不够条件结婚。"

岸英没料到父亲会发这么大的脾气，转身就走。刚走到院子里，一下就晕倒了。值班哨兵一见慌了，赶紧把他扶到房子里。这下可把毛泽东吓坏了，他急得在院子里大喊大叫："快来人，快来人，岸英不行了，岸英不行了。"他把翻译师哲找来，叫他赶紧把苏联医生米大夫请来。毛泽东背着手在屋里转来转去，十分不安，也许是爱子太深，也许是管教太严，这下把儿子气成这样，毛泽东好心疼啊！

米大夫从头到脚把岸英看了一遍，心里有数了。

"米大夫，怎么样？要不要抢救？"毛泽东可真被吓坏了，弓着腰，悄悄地问。

"毛主席，不要紧，请放心吧！"米大夫用蹩脚的中国话说。接着，对着岸英的耳边，用俄语说："谢廖沙，不要要死狗，乖乖地起来吧！"

岸英被米大夫的双手胳肢弄得痒不过，终于不好意思装蒜了，他站起身，拍拍屁股上的灰尘，头也不回地走了……

几天后，岸英向毛泽东作了检讨，承认了自己的错误。刘思齐也感到自己的学业断断续续，应该抓紧时间多学点知识。两人都同意把结婚的事情暂时搁置下来。 转

1949 年，毛泽东和毛岸英、刘松林和李讷在香山。

眼到了 1949 年 3 月，刘思齐随着"联中"来北平后，转入北师大附属女子中学读书。这时，岸英正在北平，9 月间，两人经过商量，决定结婚，刘思齐的妈妈亦即表示赞同。

婚期初定下来后，毛岸英去找毛泽东，毛泽东刚刚主持完开国大典，气色、神情都好。听岸英说完，他很高兴。儿子要结婚，毛泽东不能不想起岸英的母亲杨开慧，要是她健在，一定会把儿子的婚礼操持得井井有条。

"我同意，你们准备怎么办婚事呀？"

岸英说："我们商量，越简单越好，我们都有随身的衣服，又有现成的被褥，不用花钱买东西。"

儿子懂事，毛泽东很满意："你俩一个是我儿子，一个是我干女儿，我又接亲，又嫁女，这是喜上加喜。我们虽说应该艰苦朴素，不搞排场，但你们结婚是一辈子的大事，我请你们。你们看想请谁就请谁，你给思齐的妈妈说，现在是供给制，她也不要花钱买东西，想请谁来都可以来吃顿饭。"

岸英送来了名单，毛泽东看后说："你们只请邓妈妈不行，请了邓妈妈还应请恩

毛岸英与刘思齐的结婚照

来，请了蔡妈妈，还应请富春，请了康妈妈，还要请总司令，请了谢老，还应请王定国，请了陈瑾昆，还应请梁淑华。还有少奇和光美同志也要请；弼时同志有病在玉泉山休息，就不必麻烦他了。婚事从简，我完全赞同，就是应该改下旧习嘛！"

1949年10月15日，岸英和刘思齐的婚礼在中南海举行。这天，岸英穿的是在接待外宾场合当翻译的标准毛式制服，显得精干挺拔。刘思齐上衣是灯芯绒布做的，裤子是半新的方格布，鞋是新买的，两条油黑的长辫子，加上两只水汪汪的大眼睛，这山东姑娘确实惹人喜爱。

七八点钟时，请来的客人陆续到了中南海菊香书屋的西屋里，并带来了小小的纪念品，蔡畅和康克清妈妈送的是一对枕头套。

毛泽东自己掏钱，置办了三桌酒席。酒席算不上丰盛，但大家济济一堂，笑语连珠，一派喜庆。毛岸英和刘思齐忙不迭地给各位嘉宾敬酒敬礼。毛泽东也掩饰不住心头的喜悦，笑眯眯地举起酒杯，走到张文秋面前说："文秋同志，我们相识22年，老朋友。谢谢你教育了一个好女儿，做了我的儿媳妇。我敬一杯酒，祝你健康！"

"谢谢主席在百忙之中，为孩子的婚事操心。"从不喝酒的张文秋，无比激动地

1949年，刘松林（右一）、毛岸英（右二）、江青、李讷与毛泽东在香山合影。

举起酒杯，喝完了一杯葡萄酒。

过了一会儿，张文秋端着酒杯，来到毛泽东的身边，无限感慨地说："主席，谢谢您教育了一个优秀的男儿，使思齐有幸成了您的儿媳妇。我敬您一杯酒，感谢您，祝您身体健康！"毛泽东举杯和张文秋的酒杯一碰，一饮而尽。

席间，毛泽东一边把湖南风味的腊肉腊鱼和辣椒菜等往徐特立、谢觉哉等老人碗里夹，一边说："孩子的婚事没有要我操心，也没买这买那。吃了饭，请你们到孩子们的新屋里看看。"

婚礼结束后，岸英和思齐临行时，毛泽东从卧室里拿出一件呢子大衣，风趣地笑着说："你们结婚，我没有什么别的东西送你们，就这么一件大衣。白天让岸英穿，晚上当毯子两个人盖，思齐也有份儿。"说得新娘子有些不好意思，低下头去。毛泽东哈哈一笑，打破尴尬："1945 年 9 月重庆谈判，这件大衣可打败了蒋介石呐。"原来这件大衣是 1945 年 9 月毛泽东应蒋介石邀请去重庆谈判时，叶剑英帮忙做的，回延安后毛泽东一直没舍得穿，压在了箱底，终于在今天派上了用场。

多么平凡的喜宴，多么不平凡的场面；

多么普通的大衣，多么不普通的礼物。

第七节　亲情与理智

1948 年 5 月，中共中央和毛泽东到了平山县西柏坡。不久，毛岸英也来到这里和父亲相聚了。12 月毛岸英进入中央机关保卫训练班学习，为党中央、毛泽东安全进入北平做准备。1949 年 1 月 31 日，北平和平解放。第二天，毛岸英就陪同两个扫雷专家，带领华北军区的一个工兵排，作为中央机关的先遣队，首批进入北平。他们的任务是排除地雷炸弹，消除各种危险因素，保证水电、交通畅通，确保中共中央机关和党的领导人安全进入北平。

因为当时中央领导人要暂时住在颐和园，而围墙外还有原国民党军队留下的地堡、火力点，一疏忽可能就酿成大祸。3 月 24 日这天岸英接到通知，说中央领导和毛主席第二天下午就要进驻北平。可室内室外还有大量的排险工作亟待完成，而且光沿着围墙走一圈就有十八公里长，任务十分艰巨！最后他们干脆五人分成一组，胳膊挽着胳膊，顺着颐和园大大小小里里外外的所有道路走一遍，冒着生命危险消除了安全隐患，保证了党中央、毛主席的安全。

毛岸英和刘思齐结婚的新房设在中央社会部的宿舍里。早在 1949 年 2 月，毛岸英就从中宣部调到中央社会部，担任李克农的秘书。毛泽东希望毛岸英从社会部进一步了解社会的各个方面。

新婚的生活是甜蜜的，毛岸英的新婚生活更是处处闪烁着革命的情趣。他始终以共产党员的标准严格要求自己，既没有半点优越感，更没有搞什么特权。那时，新中国刚刚成立，湖南不少亲友来信或上门，请求帮助解决生活和工作困难，直接找中央人民政府主席毛泽东多少有点顾虑，找他的儿子毛岸英却似乎"理直气壮"。毛岸英在蜜月中就处理了一件这样的事情。

毛岸英的童年是在外祖母家度过的。外祖父杨昌济只有杨开智一个儿子，杨开慧一个女儿。外祖母向家人口比较多，在杨开慧牺牲前后，他们对外婆和毛岸英都有较大帮助。毛泽东当选为中央人民政府主席后，亲戚们一种自豪自得心理油然而生，表舅父向立三 1949 年 10 月便寄来一封信"要求照顾"，并提出舅父杨开智"希望在长沙有厅长方面的位置"。对自己亲舅舅的不正当要求，毛岸英在 10 月 24 日给表舅向三立的回信中说道：

我非常替他惭愧，新的时代，这种一步登高的做官思想，已是极端落后的人。而尤其以通过我父亲即能"上任"，更是要不得的想法。新中国之所以不同于旧中国，共产党之所以不同于国民党，毛泽东之所以不同于蒋介石，毛泽东的子女妻舅之所以不同于蒋介石的子女妻舅，除了其他更基本的原因外，正在于此：皇亲贵戚仗势发财，少数人统治多数人的时代已经一去不复返了。靠自己的劳动和才能吃饭的时代已经来临了。在这一点上，中国人民已经获得了根本的胜利。而这一层，舅父恐怕还没有觉悟，望他慢慢觉悟，否则很难在新中国工作下去，翻身是广大群众的翻身，而不是几个特殊人物的翻身。

……反动派常常骂共产党没有人情，不讲人情，如果他们所指的是这种帮助亲戚、朋友、同乡、同事做官发财的人情的话，那么我们共产党人正是没有这种人情、不讲这种人情。共产党有的是另一种人情，那便是对人民的无限热爱，对劳苦大众的无限热爱，其中包括自己的父母子女亲戚在内。当然，对于自己的近亲，对于自己的爹、母、子、女、妻、舅、兄、弟、姨、叔是有一层特别感情的，一种与血统家族有关的人的深厚感情的。这种特别感情，共产党不仅不否认，而且加以巩固，并努力于引导它走向正确的与人民利益相符合的、有利于人民的途径。但如果这种特别感情超出了私人范围，并与人民利益相抵触时，共产党是坚决站在后方面的，即"大义灭亲"亦在所不惜。

我绝不能也绝不愿违背原则做事，我本人是一部伟大的机器中的一个极普通极平凡的小螺丝钉，同时也没有"权力"、没有"本钱"，更没有"志向"来做这些扶助亲戚"高升"的事。至于我的父亲，他是这种做法的最坚决的反对者，因为这种做法是与共产主义思想、毛泽东思想水火不相容，是与人民大众的利益水火不相容的，是极不公平的，极不合理的。……

在信中，毛岸英还说："我爱我的外祖母，我对她有深厚的描写不出的感情。但她现在也许骂我'不孝'，骂我不照顾杨家，不照顾向家，我得忍受这种骂。"后来和他一起坐牢的保姆孙嫂陈玉英也来信，诉说家庭困难。对此，毛岸英给予了同情和理解，并向有关组织进行报告，请组织出面给予合理解决，并没有用自己的所谓身份去谋私情私利。毛岸英的所作所为不可谓之大公无私、大义灭亲，在政治上逐渐走向成熟，毛泽东看在眼里喜在心里。

1991 年 3 月 11 日，江泽民到韶山毛泽东纪念馆参观时，曾一字一句地朗读过毛岸英的这封信，并请纪念馆的同志帮助复印了一份。当时，江泽民深有感触地说："毛岸英的信真叫人感慨系之。我听洪学智讲过毛主席是怎么把毛岸英送到朝鲜前线，毛岸英是怎么牺牲的以后，十分感动。假如我们所有的干部都像毛主席对待毛岸英一样，遇到问题都像毛岸英要求自己的那样，我们的党一定兴旺，我们的党一定为群众所拥护。"

关于舅父杨开智"希望在长沙有厅长方面的位置"的说法，杨开智的养女杨瑛持有异议，她说可能是舅舅向立三表达错了父亲的心意。理由是杨开智一生淡泊，不愿做"官"，新中国成立后几十年都是无党派人士，怎么可能向家兄弟代为谋官呢？其实，探讨这件事情的真假已经毫无意义。但有一点可以肯定，毛岸英的信堵住了所有亲戚想通过他求官谋职的念头。

新中国成立后，毛岸英从中央宣传部调到中央社会调查部，任李克农的秘书兼翻译。新中国成立初期毛泽东出访苏联，他参与了安全护卫工作。他曾多次提出下基层工作，要求下到工人中间去，一边工作一边搜集他喜爱的民间谚语。1950 年夏，他托周恩来总理出面向李克农说情，社会调查部才放他去了北京机器总厂，任党总支副书记，并决心"在这个工厂连续不断地做十年工作"。但人事关系仍没给他转。

第八节 岸英还乡

1949 年 10 月 1 日，中华人民共和国在北京天安门广场隆重举行了开国大典。消息传到千里之外的湖南，为革命牺牲了众多儿女的苦难的韶山人、板仓人沸腾了。他们永远不会忘记，1927 年农民运动高潮中，毛泽东信誓旦旦地在韶山毛震公祠宣告：30 年革命不成功，我毛润之就不回韶山！如今革命胜利了，农民兄弟们喜笑颜开地传颂着：毛泽东是真命天子，如今在北京坐了金銮宝殿啦！

中南海菊香书屋毛泽东的办公室里，来自湖南亲友的书信像雪片似的飞来，有询问毛泽东带出去的家乡子弟下落的，有要求证明 ×× 烈士身份的，还有要到京城会会"真龙天子"的"同学少年"……毛泽东读着这一封封饱含深情的信，感慨万千，仿佛又回到了几十年前的故乡，那个血雨腥风、赤色风云的三湘大地……三十几年过去了，毛泽东领导的中国革命胜利了，他多么想回家乡看看啊！但新中国成立伊始，百废待兴，国务繁忙的毛泽东实在难以回乡。

1950 年 4 月末，毛岸英和刘思齐一起回中南海吃晚饭。席间，毛泽东点着桌上的干辣椒对岸英说："岸英呀，这次你结婚，一切从简，外婆也没请。你们兄弟几个都是外婆抱大的，现在，外婆要满八十岁了，我很想去看看老人家，可新中国刚建立，百废待兴，我难以成行。你回去一趟，代我给她老人家拜寿。记住，到你妈妈坟上点几炷香，磕几个头。你妈妈知道你结婚了，会很高兴的。"刘思齐第一次发现开国领袖毛泽东的感情竟是如此细腻，便小声说："我也去。"

毛泽东笑了："想去认门啊？下一次叫岸英带你去。现在你在读书。"毛岸英笑着为刘思齐夹了一块鱼，开玩笑道："这次你就'余'下吧。"

从九岁起就离开家乡出外闯荡的毛岸英在即将回湘前夕非常激动，夜不能寐。他在日记中写道："人终究是个有高度感情的动物，离别已经近 20 年了，对于人生来讲，这不是一个短时间……"

5 月下旬，正是芙蓉国里朝晖灿烂、风和日丽的时候，岸英穿着深蓝色咔叽布制服，回到了阔别近 20 年的家乡。临行前，父亲叮嘱他："见了乡亲们要有礼貌，辈分大的男人北方叫爷爷，我们韶山称阿公，女的喊娭毑（āi jiě），长辈喊伯伯、叔叔、婶婶、阿姨，同辈的以兄弟相称，不要没大没细的。再一点，要入乡随俗，不要有任何特殊，老百姓最不喜欢摆格的人。"岸英心领神会，用道地的韶山话回道："晓得啰，爹爹，还有么子吩咐的？"毛泽东给他逗笑了，递给他一个皮包，用手指指说："这里的一些票子，是我多年的积蓄，看到真正困难的乡亲，你就见机行事吧，俗话说，'空手进门，猫狗不理'，……你看着办吧！"

毛岸英这次回韶山，坐火车先到长沙，特地去拜望了外婆和舅舅一家。毛岸英手持毛泽东亲笔写的祝寿信，给 80 岁的外婆向振熙祝寿。老人家紧紧抓住毛岸英的手，说："没有变，没有变，和小时候长相一个样，一个样。"20 年过去了，怎么会没有变呢？毛岸英的变化真是太大了，可在慈祥的外婆眼里，他永远是自己身边的孩子。毛岸英递上父亲送给外婆的两颗东北野生大人参。外婆没有牙的嘴半天合不拢，说了一遍又一遍："一颗是开慧的，一颗是润之的。"老人的言外之意，是说女婿替女儿

1950 年，毛岸英与外婆、舅舅全家合影

多孝敬了一份。那天，毛岸英和外婆、舅舅全家照了一张相。

第二天，由湖南省委派出一个排的解放军战士护送，毛岸英和舅舅、舅妈回到板仓，给敬爱的母亲祭墓。来到棉花岭，这个一米八〇的大汉，"扑"的一声跪在母亲墓前，泣不成声："妈妈、妈妈，儿子回来啦——这次回来真不容易啊，妈妈啊，我一定好好学习，好好工作，做出成绩为你报仇！报仇！……"泪眼迷离中，他仿佛又看到了20年前那个令人心悸的日子——1930年10月24日，他的八岁生日，特务范瑾熙等带着56个枪兵，押着妈妈、保姆孙嫂和八岁的岸英，从板仓押到白水，由白水坐火车去长沙，亲爱的母亲从此一去不复返……

岸英痛彻心扉的悲切呼唤令旁边的亲人和战士们眼红鼻酸……

5月19日到达湘潭县株洲镇。湘潭县1949年8月11日和平解放，8月23日成立了湘潭县人民政府，辖11个区。今天的株洲市即当时的湘潭县第一区株洲镇。那时，湘潭县还没有通火车，湘潭县副县长毛特夫和在县城工作的毛远翔得到消息，赶到株洲镇接毛岸英，再辗转到湘潭县城。因当时乡下不通汽车，三人于当天骑马回韶山。

毛特夫是韶山老党员毛新枚的长子，毛新枚于1927年6月被国民党杀害。1929年，毛泽民写信将毛特夫接到上海，1930年介绍他入党。毛远翔则是毛泽东堂兄塾师毛宇居的亲侄子，比毛岸英小两岁。人逢故旧路途短，三位毛氏兄弟一路走马，有着说不完的话。下午到达银田寺时，毛岸英翻身下马，毛特夫问："怎么啦？天不早了，还不赶回韶山冲？"

"不，临来时父亲嘱咐我，要早点下马走着回家。"

"真的？毛主席真的这样说的？"毛特夫和毛远翔又惊又喜地问道。

毛岸英笑着点点头。

农历五月的天，孩子的脸，说变就变。快到韶山的时候，天下雨了，岸英他们挽起裤腿，打着赤脚跑到当时乡政府所在地毛鉴公祠。党支部书记毛仁秋和支部成员正在那里等候。

岸英打着赤脚进村的消息很快传遍了韶山冲。在韶山的族谱中，有"虎踞龙盘""灵秀聚锺"的描述，老一辈的韶山人都传说舜帝曾到过韶山，在韶峰上吹箫弄笛，演奏"韶乐"，留下了"韶山"这个名字，也留下了这个风水宝地将会产生"真命天子"的奇妙传说。大革命时期，湖南军阀何键也听到了这一传闻，曾派人来挖毛氏祖坟，想挖断毛泽东的"龙脉"，结果自然是无功而返。在韶山人眼中，少年便立下凌云志的石三伢子毛润之实在是个当代"天子"。现在毛泽东的长子回乡省亲，"太子"的称呼自然是亲切而又贴切的。于是，"太子回来啰！""太子回来啰！"便在人们的口头传开了。几个胡须花白的老阿公更是激动得话都说不清了："到底是毛泽东的儿子，冇得架子，好有礼性的，竟走了20多里山路进村，有马都不骑。"

毛岸英穿着一件洗得发白的旧军装，戴着军便帽，穿一双大头皮鞋，乍一看，活像一个农村基层干部。当他听到有人在喊："太子回来啰！"出乎意料地吃了一惊，脸色苍白地连忙张开双臂，诚恳地对乡亲们说："要不得，要不得，大家千万莫咯样讲，我爸爸不是皇帝，他是人民的仆人，千万莫再咯样喊了，要是爸爸晓得了，会'漫它'（生气）的呢？乡亲们就叫我岸英或岸英同志，阿公叔伯喊我小毛伢子也行！"

韶山人为岸英的坦诚所感动，经他这一招呼后，再没人喊他"太子"了。不过，一些托他办事的人，后来还是改不掉，仍然称他"少主席"。刚刚解放的韶山人，对于"同志"的称谓毕竟还很不习惯。

在毛鉴公祠，毛岸英转达了父亲对家乡人民的亲切问候后，人们争着拉岸英到自己家里去住。毛岸英一一谢绝了。

党支部书记毛仁秋抓住毛岸英的手，说："我们请你去周家外婆（周陈轩，毛泽覃的岳母）那里去住。"

"周外婆快70岁了，不要打扰老人家。明天我专程去拜访她。今晚我就在这里睡门板，陪陪祖宗老子吧！"

毛仁秋笑了，说："本来应听你的，你不知道韶山冲里的晚上冷得很，难熬。到我们家去做客，也行。"

毛岸英摆摆手："谢谢。大家都忙了一天，不打扰了。我在北方熬惯了的。"

支委毛乾吉建议到隔壁借张床，毛岸英再次反对，坚持和毛特夫、毛远翔一人下块门板睡觉，又快又好。

当地同志坚决不依，你一言我一语地说，毛岸英是党和政府派来的使者，是中国人民敬爱的领袖毛泽东与杨开慧烈士的亲生骨肉，是党培养出的优秀干部，要是冻坏了身子，那怎好交代？

　　毛岸英从容地站了起来，向人们拱了拱手，说："大家的心意我心领了。睡门板能保持艰苦作风，锻炼身体，我爸和许多革命前辈都睡过，我也学会了。"毛岸英兴致勃勃地回忆起参加陕北土改的一件事情。一次在一位老农家谈话至深夜，外面下起鹅毛大雪，老农家三代人只有一个炕。老人要毛岸英上炕，可那怎么行？毛岸英架起门板，和着大衣躺下。"我年轻体壮，挺得住。不信，比比谁先打鼾？"大家笑了。毛岸英诚恳地劝大家去休息，说着下了一块小门板。大家劝他换块大的。毛岸英说："短了可以加条板凳。我也可以屈腿睡。""那怎么舒服？""大丈夫能伸能屈嘛。"毛岸英的自律和风趣，引得笑声再次响起。

　　翌日清晨，岸英来到毛泽东旧居上屋场。周围的乡亲们闻讯赶来，岸英热情地和大家打招呼，高兴地对大家说："爸爸工作忙，不能亲自回韶山看一看，要我回来看望乡亲们，并要我代他问乡亲们好！"这时，一位双目失明老人颤巍巍地拄着拐棍走过来，老人恭恭敬敬地自我介绍："我是满阿公，我来看望毛岸英先生。"岸英见状，赶紧起身让座，让老人坐下，"您老人家就是邹满阿公啊？爸爸常对我讲起，您就叫

1950 年 6 月，毛岸英在韶山旧居前。

我岸英好了。"吃饭的时候，他亲自给满阿公添饭、敬菜，一边吃一边拉家常。吃完后，又为他打来洗脸水。满阿公要走了，岸英拉住他的手，把从自己津贴里省下的钱送给他。老人激动得连连说："你真是毛主席教育出来的好伢子，对我这个残疾人这样好，这样尊敬。"岸英恭敬地说："邹满阿公，看您老人家说的哪里话，如今穷苦人翻了身，新社会应该尊敬老人。爸爸工作忙，不能来看你们，爸爸说了，有机会就接你们去北京看看。"

东茅塘是毛泽东祖居。这天雨下个不停，岸英将皮鞋提在手里，赤脚冒雨来到东茅塘毛瑞和老人家。毛瑞和躺在床上，面黄肌瘦，家里已经断粮三天了，锅里、碗里尽是野菜，岸英看了难过极了，他夹了一筷子野菜放在嘴里尝了尝，掏出手帕包了一包，塞进衣袋里准备带回北京去，然后含着泪水摸出五元钱塞到瑞和阿公手里："瑞和阿公，我冇么子东西送您，这点小意思，您就先拿着去看看病吧。千万莫着急。我们韶山刚解放，土改没完成，乡亲们日子过得很苦。等土改后，我们可以分到田地，日子就会慢慢好起来的。"一席话说得毛瑞和老泪纵横，感激涕零。就这样，像撒胡椒面一样，东家五块，西家十块，临行前毛泽东交给他的平时省下的津贴再加上稿费很快就所剩无几了。

棠佳阁是毛泽东外婆家，也是毛泽东小时候成长的地方。这天，岸英沿着他父亲青少年时代走过的滴水洞盘山小道，来到了棠佳阁。文运昌等几个老人老远就来接他。热情的外婆家人用当时来说近乎奢侈的一桌丰盛饭菜招待岸英。席间，那位父亲常跟他提起的文运昌老人举起酒杯文绉绉地说："今日岸英贤侄光临寒舍，堪称盛会，我等生平难得，实属幸莫大焉，让我们共同举杯，为毛主席的健康长寿，为新中国的繁荣昌盛，干杯！"另一位文涧昌老人歉意地说："按我们的风俗，招待贵客最客气的是摆蛋糕席。可是今天冇做得赢（没来得及）。"岸英接过话头，高兴地指着席上的笋子炒肉、小炒山蕨、清炖蘑菇等浓厚地方风味的菜肴说："哪里哪里，这些都是名副其实的山珍美味，在北京是很难吃到的。今天劳烦诸位伯父伯母如此费心，小侄实在是担当不起呀！小辈唯有用'为人民服务'的实际行动，来报答父老乡亲的深情厚谊。"

六天后，岸英依依不舍地告别了韶山冲，带着乡村的所见所闻和父老们的深厚情谊回到了北京。

第九节　没有军功章的英雄

1950 年 10 月，美帝国主义把战火烧到了鸭绿江边。毛泽东号召全国人民抗美援朝，保家卫国。毛岸英不顾毛泽东身边的人劝阻，以非军人身份主动请缨，坚决要求入朝参战。毛泽东也表示支持。

志愿军入朝作战的决心，是中央在 1950 年 10 月才最后下定的，11 月上旬之前参战一事对外保密。是否要派兵抗美援朝，可以说是毛泽东一生中最费踌躇的一件事。胡乔木在《胡乔木回忆毛泽东》一书中曾说："我在毛主席身边工作了二十多年，记得有两件事使毛主席很难下决心。一件是 1950 年派志愿军入朝作战，一件就是 1946 年我们准备同国民党彻底决裂。"那时，毛岸英跟父亲非常亲近，经常回家，并帮助翻译与苏联协商的电文，在彭德怀受命时便知道了此事。俗话说，父子连心，在政治上已经相当成熟的毛岸英，似乎天生有一种能够深入毛泽东内心世界的触角，他可以从许多外人看不到，或者不太注意的毛泽东身上发生的细微变化，来感受毛泽东思想的脉搏。比如，当他看到父亲卧室的床头放着《东周列国志》，看到父亲在书上画了线的"假吾道以伐虢，虢无虞救必灭，虢亡，虞不独存……"的话，他便联想到国与国、唇亡与齿寒、生存与死亡的问题。因此，当中央在讨论是否出兵抗美援朝的时候，毛岸英就懂得了自己应该给父亲以支持。当父亲和党中央在听取了民主人士的意见后，确定用"志愿军"的名义用兵时，毛岸英毫不犹豫地作出了伟大选择：带头去朝鲜参战，因为他是中央军委主席毛泽东的儿子。"知父莫若子"的毛岸英与父亲真可谓心心相印，息息相通。

在父亲毛泽东设家宴为彭德怀饯行时，毛岸英主动要求"彭叔叔"带他去朝鲜。毛泽东身边的工作人员和负责保卫的李克农都不同意。因为他们知道毛泽东一家为革命斗争已经付出了巨大的牺牲，更何况这次出国作战，面对的是拥有世界上最强大火力的美军，要"锻炼"也绝不能选择这种随时可能牺牲的时候和地点。当中南海里的许多人都来劝毛泽东出面阻止时，得到的回答只是："我不派自己的儿子去，还派谁

1950 年 10 月，赴朝参战的毛岸英（后排左二）。

的儿子去？"

　　因为毛岸英懂俄语、英语，过去又从事过机密情报工作，他便留在了志愿军司令部彭德怀元帅身边工作，任俄语翻译兼机要秘书，并当选为党支部书记。当时在志愿军司令部，除了彭德怀等几个领导了解他的身世，其他人都只知道这是一个活泼、朴实、能干的年轻人。据时任解放军代总参谋长的聂荣臻元帅回忆："彭总入朝时，为了和驻朝鲜的苏联顾问取得联系，确定带一名俄文翻译，原先确定从延安时期就担任中央领导俄文翻译的张伯衡同志，但当时张已担任军委外文处处长。由于大批苏联顾问来到北京，张伯衡工作很忙，难以离开，后来又挑选了一名年轻的新翻译，可是军委作战部长李涛同志提出，入朝作战非常机密，应选一名经过政治考验和可靠的翻译，当时时间很紧，我立即向毛主席请示怎么办。主席立刻就说：'那就让岸英去吧，我通知他。'就这样，毛岸英就随彭总一起入朝了。"

　　彭德怀说毛岸英是"我们志愿军的第一个志愿兵"。

　　抗美援朝战争的第二次战役是在 11 月 25 日这天打响的。在志愿军司令部"彭总作战室"工作的毛岸英，为彭德怀会见金日成和苏联驻朝大使担任翻译，经常熬夜整理各种会议纪要。这时，因"彭总作战室"所在的大榆洞发电报甚多，被美军测出，认定大榆洞是个重要目标，就常派飞机前来轰炸。彭德怀是个大军事家，性子烈，不怕死。有人在回国汇报工作时，谈到了志愿军司令部的防空问题，远在北京的毛泽东和军委放心不下，多次打电报提醒注意。据记载 10 月 21 日、10 月 27 日、10 月 28 日、11 月 21 日的电报都涉及了这个问题。11 月 24 日，毛泽东又致电彭德怀等人："请你们充分注意领导机关的安全，千万不可大意。"志愿军司令部在接到电报后决定：25 日凌晨 4 时开饭完毕，除作战室值班脱不开身的，其他人员必须进矿洞内隐蔽。为了劝彭总离开作战室的木板房，毛岸英还向洪学智出了个主意——把彭总随时都离不开的作战地图"先斩后奏"地移到防空洞里边去。彭德怀这才被洪学智连拉带拽地离开了作战室。

11 月 25 日这天，毛岸英和高瑞欣、成普、徐亩元是作战值班员。谁知美军飞机这次来得既隐蔽又突然，四架野马式战斗轰炸机连俯冲的动作都没有做，就平行飞行着迅速投下了带亮点的燃烧弹，正好击中了木板房。因为当时毛岸英与高瑞欣正在专心地收拾作战地图和文件，而所处的位置又离门很远，他们站起来迅速向外面跑，可还没等他们跨出门槛就被上千度的燃烧弹所吞没，木板房瞬间便化成灰烬，毛岸英和高瑞欣壮烈牺牲。事后，在两具遗体中，依据一块苏联手表的残壳，才辨认出毛岸英。

毛岸英牺牲当天，彭德怀便打电报告诉了周恩来。彭德怀虽然难过得一天没吃饭，可还是决定就地安葬，立碑纪念。因为毛泽东正患感冒，又在指挥第二次战役，周恩来在与刘少奇等同志商量后，暂时压下了电报，没有告诉毛泽东。直至 1951 年 1 月 2 日，当第三次战役取得胜利、毛泽东感冒也已好了的时候，叶子龙等人才奉命在万寿路新六所的一楼休息室向毛泽东报告了此事。据在场的卫士回忆，毛泽东听后怔住了，一声不响，身边的人都不约而同地低下了头，不知道该怎么办，没人敢说一句话。只见毛泽东的眼圈湿了，却没有流泪，过了许久，他才发出一声叹息："谁叫他是毛泽东的儿子呢！……"这时，大家都禁不住泪流满面。

朝鲜战争是第二次世界大战后第一场大规模的国际性局部战争，交战双方损失都很惨重。志愿军牺牲伤亡人数达 36 万，不可能把所有烈士的遗骨都运回国内安葬。

"青山处处埋忠骨，何需马革裹尸还。"作为中国的最高领导人，毛泽东如今又成了牺牲的十几万志愿军的烈属之一，尽管他的内心万分痛苦，但他必须带一个好头，因此他同意彭德怀的建议，将毛岸英葬在朝鲜。正因此，才有了十四万人民子弟兵埋骨异国他乡。在抗美援朝战争期间和战后，毛泽东曾多次接见和慰问烈属，心情都显得十分沉重，因为他自己同样也是烈属。尽管许多烈属想迁回亲人的遗骨，但当人们知道毛主席的儿子也牺牲在朝鲜埋葬在朝鲜时，他们就都不再说什么了。其实，面对这样的领袖，他的人民还能说什么呢？毛泽东用无言的行动教育了人民，这不正是新中国强大起来的重要精神力量吗？！

久经战火考验的毛泽东何尝不知道战场的危险？之所以有千千万万人民的儿子到前线去保家卫国，是因为毛泽东首先带了个好头。

毛岸英入朝参战虽然只有短短的 34 天，尽管他没有作出像邱少云、罗盛教、黄继光、杨根思那样的英雄壮举，也没有获得任何荣誉称号和纪念奖章，但是，他作为毛泽东的儿子，作为"志愿军第一人"，一直提倡少宣传个人的毛泽东当然认为自己的儿子不足以宣传，也不同意别人去宣传，因此毛岸英的英雄事迹在当时就鲜为人知。而且毛泽东对儿子为国捐躯一事，从来没有抱怨过彭德怀，反倒宽慰他说："岸英是属于牺牲了的成千上万革命烈士中的一员，是一个普通的战士，不要因为是我的儿子，就当成一件大事。"

在新中国成立之初，毛泽东又经历了一次"老年丧子"的巨大痛苦。但国家还有许多事情需要他去做，他还要继续为人民服务，因此他以惊人的毅力拂去了心头的阴影——他知道，毛岸英已不只属于他，而属于人民；儿子，不过是一名普通的志愿军战士，是牺牲的千千万万英烈中的一个……

毛岸英在朝鲜牺牲后，留下了两件棉衣、一双袜子、一顶军帽和一条毛巾。毛泽东平时对个人生活物品基本不上心，可他却瞒着所有人，把毛岸英的这些衣物叠得整整齐齐放在身边，悄悄地珍藏了 20 多年，这期间他曾多次搬家，但身边的工作人员从来没有发现过这些衣物。一直到 1990 年，工作人员整理毛泽东遗物时才发现。

新中国成立后，国家领导人的子女在战场上或抢险救灾中为国捐躯的，恐怕只有毛岸英一个。如今，那场战争的硝烟早已散去，在朝鲜桧仓郡中国人民志愿军烈士陵

在朝鲜桧昌郡志愿军烈士陵园中的毛岸英墓

园里矗立着一块三尺高的花岗岩石碑，墓碑的正面镌刻着"毛岸英同志之墓"几个大字。背面的碑文很简单：

毛岸英同志原籍湖南省湘潭县韶山冲，是中国人民领袖毛泽东的长子，一九五〇年他坚决请求参加中国人民志愿军，于一九五〇年十一月二十五日在抗美援朝战争中英勇牺牲。

毛岸英同志的爱国主义和国际主义的精神将永远教育和鼓舞着青年一代。

毛岸英烈士永垂不朽！

在朝鲜桧昌郡，毛岸英和他的战友们已经静静地躺了半个多世纪，伴随他们的是叮叮咚咚的山涧清泉和美丽如画的天边云霞。毛岸英和他的战友们是一座象征友谊与和平的桥梁，架在鸭绿江上；毛岸英和他的战友们是一座丰碑，永远立在朝鲜和中国人民的心中。

笔者忽然想起一种叫作胡杨的奇树，生长在祖国的大西北，它一千年不死，死后一千年不倒，倒后一千年不朽。为保卫世界和平而英勇牺牲的志愿军烈士们，你们的精神，正如青青的胡杨树一般，万古长存，永垂不朽！

毛岸英，毛泽东的大儿子，牺牲于抗美援朝战场，年仅 28 岁，而他的档案里却没有任何立功的记载。

毛岸英，胡杨一般挺拔而坚韧的毛岸英，你是名副其实的英雄！

第十四章　毛泽覃未见面的儿子

　　毛泽覃牺牲时，毛楚雄年仅八岁。11 年后，在赴西安谈判的途中，毛楚雄和张文津、吴祖贻一起被国民党胡宗南部扣押并活埋。遇难时，毛楚雄还是一个青年，只有 19 岁，还没有见到他日思夜想的伯父毛泽东。

第一节　苦难的童年

　　1924 年，周文楠在大革命的影响下，秘密地加入了社会主义青年团，勇敢地投入了反帝反封建的斗争。当时，担任长沙地区青年团书记的毛泽覃，在紧张繁忙的工作中，和 19 岁的周文楠相爱。1926 年 7 月，两人在广州结婚。婚后，周文楠随毛泽覃在广州、武汉等地从事革命活动。

　　1927 年初夏，轰轰烈烈的大革命失败了。在长沙，军阀许克祥制造了"马日事变"，一万多名共产党员和革命群众惨遭屠杀，无数的革命者被捕入狱。白色恐怖笼罩着中华大地。就在这血雨腥风的日子里，毛泽覃从武汉愤然奔赴江西，参加南昌起义。临出发的前夜，毛泽覃匆匆赶到武昌都府堤毛泽东的住所同周文楠告别，他对即将临产的妻子说："我不能照顾你了，我要随部队行动，准备往江西南昌方向走。现在局势紧张，大哥安排你和大嫂暂回长沙。"第二天，毛泽覃便和周文楠分手，随国民革命军向江西进发。周文楠回到老家长沙，住在小吴门松桂园小巷一栋古旧的小楼里。

　　1927 年 9 月 8 日（农历八月十三日），周文楠在松桂园分娩了，一个小男孩降生到这苦难深重的人世。母亲给他取名毛楚雄，字远大，号造时。母亲多么希望他成为楚天的一只雄鹰，怀着远大的志向，飞向蓝天，搏击风云，创造英雄的业绩。次年春，周文楠因参加党领导下的革命斗争不幸被国民党反动派逮捕入狱，不到半岁的小楚雄也随母亲被关进了长沙监狱。不久，母亲因敌人的残酷折磨患了重病，小楚雄突然断奶，也病了。孤苦的外婆只得把幼小的楚雄从监狱里抱回来治疗。为了躲避反动派的迫害，她将毛楚雄改姓周，名叫造时，称外婆为奶奶。在凄风苦雨的日子里，小楚雄依偎着外婆度过了三个年头。

1930年7月27日下午，小吴门响起了激烈的枪声，没有多久，好像有千军万马从小吴门向市区开进。这是彭德怀率领的红三军团在攻打长沙。经过激烈的战斗，红三军团一举攻下了国民党湖南省府和清乡督办署等地方，占领长沙。红军打开监狱，救出了被捕的同志，周文楠回到了小吴门松桂园。望着三岁的孩子，周文楠悲喜交集地说："楚雄，你还认识妈妈吗？"小楚雄怯生生地望着她，直往外婆身后退缩。外婆伤心地流着泪，一把搂住小楚雄说："伢子，这就是你妈妈呀！"听外婆这么一说，小楚雄才迟疑地挨近妈妈，哭了起来。

出狱后，周文楠打听到大哥毛泽东、丈夫毛泽覃都是江西革命根据地和工农红军的主要领导人，于是她毅然参加了红军，积极投入革命斗争。三天后，国民党军队在帝国主义军舰的掩护下，从四面向长沙反扑过来，形势非常严峻。为了保存实力，红军便主动撤出了长沙，周文楠也匆匆随部队转移了。留下年迈的老母和年幼的儿子住在松桂园相依为命，艰难度日。

妈妈走后，楚雄经常问外婆：妈妈为何还不回来？爸爸为什么不来看我？爸爸、妈妈到哪里去了？……外婆见他慢慢懂事，起先跟他讲反动派抓人关人的事，后来断断续续告诉他伯伯、伯母和爸爸、妈妈干革命的情况，有时还把照片拿给他看。在他的脑海里，逐步形成了好人和坏人的概念，使他更加盼望能见到这些从没见过面的亲人。

然而传来的却是件件噩耗。就在母亲离去不久，1930年11月14日，伯母杨开慧在长沙英勇就义了。得知这个消息时，祖孙俩哭作一团。

1935年，八岁的楚雄开始在松桂园附近的长沙市立第十三小学校上学，仍以周造时为名字，以避反动派的耳目。

小楚雄来到人世，没有见过爸爸，尽管和妈妈有过短暂的相逢，但那时他还是不满三岁的孩童，妈妈的形象渐渐模糊……

外婆当然不会忘记小楚雄的身世，但在白色恐怖笼罩的日子里，她也不敢谈及他的爸爸妈妈。她十分清楚，一旦泄露了小楚雄的身世，她和小楚雄都会有性命之忧。

在漫长的岁月里，她小心翼翼地带着小楚雄艰难度日。但瞒是瞒不住的，小楚雄已经渐渐长大，总是连哭带求地向外婆追问爸爸妈妈的情况。

小楚雄的一次次追问，把外婆周陈轩从沉思中唤醒。望着初懂人事的小外孙，眼睛大而明亮，那样的清澈和纯洁，外婆觉得有些事情该让外孙知道了。

"伢子，你坐下来，奶奶把一切都告诉你。"她关好大门，打开衣箱，从箱底摸出一个小包，打开小包，呈现在楚雄眼前的是一张照片。楚雄仔细审视照片上这个陌生的青年半身相片：一双眼睛炯炯有神，五官端正，身穿的虽是一件旧式的大襟布扣衫，但却掩盖不住那一股威武的军人气质。

外婆指着照片对楚雄说："这就是你的爸爸，他叫毛泽覃……"然后就给他讲了他爸爸妈妈的故事，并说："你不仅不是野孩子，而且有比别人更好的爸爸妈妈。但是，你可千万不能告诉别人。如果让那些坏家伙知道，是要砍头的。以后，别人说你是野孩子，你也不能生气，让他们说好了。"

毛楚雄懂事地点了点头。

此后，外婆一有空闲，就给楚雄讲述他一家亲人的故事。从外婆断断续续的讲述中，毛楚雄逐渐知道了自己的身世和家庭。原来他大伯父毛泽东是共产党和红军中数一数二的大人物，领导穷人闹革命，指挥红军打仗，敌人听到他的名字都要吓得打哆嗦。二伯父毛泽民、父亲毛泽覃都和大伯父在一起，也是革命队伍中了不起的人物。他们都是在为穷苦人民的解放而战斗。毛楚雄听到这些，无比兴奋。他向外婆表示：一定要好好读书，长大以后像两个伯父那样，为中国人民干一番大事业。

外婆还告诉他，他的一家也为革命作出了很大的牺牲；他的姑母毛泽建是农民游击队的队长，带领游击队闹革命，打击贪官污吏和土豪劣绅，1929年秋在衡山被反动派杀害。大伯母杨开慧很早就跟随大伯从事革命活动，1930年冬在长沙浏阳门外识字岭英勇就义。楚雄对反动派充满了仇恨，他决心要为亲人报仇。

一天，楚雄放学回家，发现外婆的眼睛红肿肿的，好像是刚哭过，他猜想一定是出了什么事，几次问外婆，外婆都掩饰说："没得什么事。我年纪大了，风一吹就流泪。"第二天，楚雄看到外婆的眼睛仍是红红的，显得十分悲伤的样子。在楚雄的一再追问下，外婆只好把事情告诉他："红军长征以后，你爸爸没有和大伯伯、二伯父一块走，他奉命留下来打游击。今年4月在江西瑞金的一座山上被敌人包围，在战斗中英勇牺牲。事情已经过去几个月了，我昨天才听说。伢子，你虽然从来没见过你爸爸，他可是个英雄，你一定要为他报仇啊！"

"再也见不着自己的父亲了……"楚雄听完外婆的话，失声嚎啕大哭。他心如刀绞，泪如泉涌。多少个日子，他盼望爸爸，多少次睡梦中，他梦见亲人，而现在永远见不到了，他怎能不伤心痛哭！亲人们的英勇牺牲，在他的心田里播下了对旧社会、对反动派仇恨的种子。从此，本不爱多讲话的他，更加沉默了。有时一旦触发他，讲话却很多，提的一些问题，外婆都感到惊讶！她渐渐觉得这个孩子懂事了，对他更加疼爱，不顾家境的贫寒，省吃俭用送他继续读书，决心把他拉扯大，成为革命的后代。

1936年冬天，楚雄的母亲从苏区回到长沙。当时长沙仍是一片白色恐怖。一个黄昏，楚雄正伏在桌上做作业，突然听到一声亲切的呼唤："楚雄。"他抬头一看，只见一个中年妇女走进门来，眼里滚动着泪花，惊喜地望着他。他怔怔地望着，不认得这就是他离别六年、日夜盼望的妈妈了。妈妈难过地说："我就是你妈妈呀！"楚雄听这一说，仔细望了望妈妈的脸模子，才认出来真的是娘回来了。他丢下课本，扑向妈妈的怀里，母子俩悲喜交加地哭了。妈妈疼爱地摸着他的头帮他揩去泪水说："好伢子，莫哭！你已经长大了，要勇敢些。妈妈不是回来了吗！"楚雄仰起脸，有些担心地问："妈妈，这回你不走了吧？"妈妈难过地说："不走了。"楚雄握着小拳头说："你再去，我就跟你一路去打坏蛋！"妈妈听后，激动地抱住他亲了又亲。

在这艰难的岁月里，有多少革命家庭受苦受难，党组织时刻关怀着烈士的家属，想了很多办法，寻找楚雄的一家。这时楚雄的外婆也时时想与党的组织取得联系，好使楚雄在党的关怀教育下更好地成长。但因到处是白色恐怖，加之楚雄隐居小巷，又改了姓，党组织一直无法联系上。1937年5月的一天，一个妇女挑着河水来到松桂园叫卖（当时长沙无自来水），外婆一听她是韶山口音，便买了水，又请她到屋里坐，一打听，果然是韶山人。外婆问道："我有个亲戚在韶山，你知道不？"随后，她便介绍了那个亲戚的姓名和情况。那妇女说："知道，知道，他就是我的邻舍。"老人便托她说："他的小弟弟在这里，请你叫他来玩。"那妇女满口答应地走了。果然，这年冬天，在韶山搞地下工作的楚雄的堂哥，听了那卖水人的报告之后，非常高兴，立即来到长沙。他首先到驻长沙八路军办事处，向徐特立汇报了韶山党组织恢复的情况和找到毛泽覃烈士家属的情况，徐老非常高兴，指示说，今后要好好照顾他们。随后，徐特立派办事处负责人王凌波前去松桂园，探望烈士家属。从此，楚雄一家找到了党的组织。

就在这时，日本帝国主义加紧了对我国的侵略，继侵占华北以后，又经常出动飞机对内地进行狂轰滥炸。11 月 24 日，四架敌机窜至长沙上空，在松桂园附近的小吴门、火车站一带，投下六枚炸弹，炸死炸伤民众三百余人，全城一片混乱。不久，楚雄的堂哥和一位堂叔，遵照韶山地下党组织的指示来长沙，把楚雄一家接到韶山。

去韶山，这是楚雄盼望已久的事了，那里是大伯、二伯、爸爸出生的地方。外婆和妈妈给他讲过很多大伯在那里发奋学习、劳动，动员全家干革命，发动组织穷人跟地主老财作斗争的故事；还说那里有伯伯和爸爸学习的学堂、劳动的田地、游泳的池塘和放牛摘野果子吃的山坡，那里还有堂叔堂哥等许多的亲人。现在，愿望终于实现了，他多么高兴啊！

第二节 在韶山的日子

1937 年 11 月底，楚雄和外婆来到了山清水秀的韶山冲，他对什么都感到新奇，一时问堂哥哥这是么子树，那叫么子山？一时问堂叔：伯伯和爸爸过去读书在哪间房里？打土豪在么子地方？……一路问个不停。

外婆也很激动，她告诉楚雄说："楚雄，从今天起，你是韶山人，不姓周，该姓毛了。"

已经是十岁的楚雄，很懂事地点点头说："好！我本来姓毛，我叫毛楚雄！"

这次与楚雄一道从长沙搬来的，还有楚雄的外婆、妈妈和大舅舅等五六个人。外婆这时已年近花甲，头发都白了。大舅舅是个留着大胡子的"老秀才"，喜欢吟诗作对，素来对毛泽东很敬佩，到上屋场安顿好后，就叫楚雄给他磨墨，铺开大红纸，以泽东二字为首，挥笔写了副对联："泽沛苍生，东来紫气"，恭恭敬敬地贴在大门口。

毛泽东在延安得知楚雄一家有了下落，并搬到了韶山，很是高兴。他立即写了封信给一个亲戚，叫他转告楚雄的妈妈，要她到延安去，并同时寄来 20 块钱（光洋）给她做路费。信上说：在延安上自总司令，下至伙夫，待遇相同。因为我们的党专为国家民族劳苦民众做事，牺牲个人私利，故人人平等，并无薪水。信中还说，现在家境艰难，此非一家一人情况，全国大多数皆然，惟有合群奋斗，驱逐日本帝国主义，才有生路。

这封信转到韶山时，已经是 1938 年年初了。当接到信时，楚雄全家都激动得热泪盈眶。楚雄捧着大伯的信，在舅舅的指点下，念了一遍又一遍，把大伯的话牢牢地记在心里，也更加想念大伯、向往延安了。谁知不久，伪政府知道楚雄的妈妈是共产党员，便马上从湘潭派人来抓捕。地下党组织得到这个消息后，通知她立即动身。又要离开孩子了，周文楠含着泪说："楚雄，妈妈走了，要听外婆和舅舅的话，听叔叔伯伯们的话。等你长大了，大伯一定会派人来接你。"楚雄点点头说："妈妈，我所话。你去告诉大伯，我长大了也要去延安。"在地下党组织和群众的掩护下，母子含着泪，又匆匆地离别了。

党组织一直关怀着楚雄的生活和成长。在韶山居住期间，中央领导人和驻衡阳八路军办事处负责同志曾多次给他家寄来生活费。毛泽东在给韶山党组织和党员的来信中，不断勉励楚雄刻苦耐劳，勤俭节约，努力学习。韶山的党员和广大革命群众，也经常跟楚雄讲毛泽东青少年时代的革命实践，并关心地帮他家推谷、碓米、打柴、种菜，教给他劳动的技能。楚雄总是认真地听，默默地想，用心地学，决心走大伯走过的路。党组织的关心和教育，革命家庭的熏陶，使楚雄逐步懂得不少革命道理，立下了宏伟的志向。他决心沿着父辈所走过的道路，去完成父亲未竟的事业。

在韶山，他起先跟在舅舅身边，读古文、学历史，后来他到韶山毛氏宗祠初级小学读书。1939 年他考入韶山私立思三小学读高小。

韶山的学校，深受革命的影响，比起省城的学校来，要多一点进步思想。日寇在进攻华北、华中地区的同时，经常派飞机侵扰后方，湖南的长沙、岳阳、株洲、衡阳、湘潭屡遭空袭，人民死伤极惨，物资损失亦巨。韶山的学校也开展一些抗日救亡宣传。一次，语文课的作文题是《小朋友救国方法》，要求小朋友谈谈如何开展救国工作。毛楚雄在长沙亲眼看见了日寇飞机狂轰滥炸、市民横尸街头的惨状，他想起这些，心中无比愤慨，在作文中写道：

各位小朋友呀！我们都是四万万五千万民众中的一分子，对于救国的责任，当然我们是要担负一些的。

你们看！现在国家已经被暴日侵略，危急到了万分，例如刀架在头上，火烧到眉尖一样，我们小朋友也该团结起来，一致对外，驱逐鬼子兵，可是我们不能背起枪，到前方去和鬼子血战，可是，也能在后方做救国工作呢！

（一）节省金钱，去买飞机、买火炮，抚恤伤亡的家室。

（二）锻炼身体，把身体炼成铜似的。

（三）提倡国货，禁止仇货，铲除奸商。

（四）宣传救国。

（五）铲除汉奸卖国贼。

假使全国小朋友，都能做到这几点工作，我们大中华民国一定会强大起来。

毛楚雄一边读书，一边密切注视着时局的变化。国民党顽固派消极抗日、积极反共，把祖国的大好河山拱手让给日寇。毛楚雄十分痛心，他忍无可忍，提笔给前线抗日的将士写了一封信：

诸位可敬爱的将士们：

自从"七七事变"以后，我们放弃了上海、南京，前几天又放守了南昌，真是可耻极了。将士们，我们不要抱着悲观，应该为国家出力，应该为祖国争光荣，总要拿百折不回的精神，去打倒凶恶的矮鬼，不灰心的奋勇杀敌，把矮鬼消灭。将士们！大家团结一致，把鬼子赶出去，收复失地，最后胜利总是我们的。我们中国将来是伟大而富足的国家，但最大的希望还是要诸位将士们努力作战。

祝

奋勇杀敌

这封没有发出的信，表达了毛楚雄当时的心情。如果那些充当日寇走狗的败类能读到这封信，一定会心惊肉跳的。

当抗日战争进行三年后，毛楚雄的小学生活即将结束了。此时，抗日战争由战略防御阶段进入战略相持阶段，日本侵略军在正面战场上停止了战略性进攻，逐渐将它的主力用于进攻敌后抗日力量。中国共产党肩负起抗击日寇的主要责任。社会上流传着两种错误的论调，一是"速胜论"，二是"亡国论"。毛楚雄已开始形成了自己独立的看法，大胆发表政见。在作文《最后胜利的把握》中，他针对社会上的"亡国论"进行驳斥，他分析了日本侵华以来，国家小、人口少、兵员缺乏、财力困难、失道寡助等情况，写道："日本不是说过吗？他们只要24小时可以把我们伟大的中华民族完全灭亡的吗？为什么到今年已经三年多了，他不但不能灭我中华，反而使自己成了骑虎难下的局势？这是日寇做速战速胜的美梦。三年抗战的事实说明，最后胜利必属于我伟大中华。"

毛楚雄对抗战胜利充满信心，在小学阶段的最后一个学期里，仍积极参加抗日救亡活动。1940年"九一八"那一天，他写了《纪念九一八》的宣传稿，在他和同学们举行的纪念会上演讲。他说："在生死存亡的最后关头，在火烧到眉尖的时候，我们要消灭日本鬼子，收回失地，复仇雪辱，集中全国的力量和意志，誓死抵抗。"会后，他们组织歌咏队和劝募小组，分成四个小分队，打着红绿小旗，到学校附近的乡村进行募捐。

10月里的一天，从校园里传出国民党江苏省主席韩德勤调遣数万大军，向苏北新四军陈毅支队发起进攻，陈毅被迫自卫，发起"黄桥之战"的消息。毛楚雄知悉后，在"双十节"那天，他又组织同学进行宣传，高呼"反对内战，一致抗日"的口号。他们还到附近的如意亭伤兵招待所去慰问从抗战前线下来的伤兵，表演新剧，直到半夜才回学校。

毛楚雄并未因开展抗日活动而影响正常学习，他认为要"为国效力"就必须刻苦努力，掌握科学文化知识。所以他非常珍惜时间。在课堂上，他认真听老师讲课，回到家以后，放牛时带着书看，帮外婆烧火煮饭时也捧着书读，有时甚至嘴里嚼着饭、眼睛还盯在书本上。

一天，校长毛特夫亲自把毛楚雄叫到校长办公室。办公室里有一位学者风度的先生正坐在桌前翻阅学生的作业本。

"督学，来了。"毛特夫毕恭毕敬地说。

"你是毛楚雄？"督学站了起来，用怀疑的目光上上下下把楚雄打量了一番。

"你就是毛楚雄？"未等楚雄回答，督学又问了一句，一副令人生畏的神态。

"是，我是毛楚雄。"

"我问你：'天下兴亡，匹夫有责'一语是何人所言？"

"明代顾炎武。"

"'身既死兮神以灵，子魂魄兮为鬼雄'出自何处？"

"屈原的《九歌·国殇》。"

"南宋抗金名将岳飞填有一首《满江红》词，可曾记诵？其中'莫等闲，白了少年头，空悲切'，如何讲？"

"是说一个人应该趁年轻时，为国家建功立业，不要等到少年头变白了，那时悲哀也就悔之晚矣。此处表达了作者报仇雪恨、收复山河的迫切之情。"

"好！好！"督学见楚雄对答如流，拍着双手连声叫好。

"楚雄，你现在坐在校长的这个位子上，我出个题目，叫《试述各人的志愿》，你立即写篇文章给我看看如何？"督学的态度显然温和了许多。

楚雄规规矩矩坐在指定的地方，拿起毛笔，略加思考，便挥毫迅速写起来。

这个督学是从湘潭县来韶山视察学校教育的。校长毛特夫汇报了学校的情况，特别提到了毛楚雄刻苦好学，成绩优异，语文是全班第一，算术也在 90 分以上，尤其是作文，思维敏捷，下笔成文，文字精炼，语言生动，语文老师常把他的作文列为范文叫同学传阅。校长汇报完后即拿来毛楚雄的作文本，请督学过目。督学打开一看，只见作文本上画满了红圈，语文老师还在空白处写有眉批、旁批、尾批，如："文笔畅达，文思大进。""行文知道运用重点，放笔直书，故紧捷而有力。""可造之良才也。"

督学看了这些作文和批语，很是惊疑，以为是学校为了"树牌子"，有意请人为楚雄代写的，便要校长找楚雄来当面一试。口试还不算，又进行笔试。

"先生，写好啦！"毛楚雄把作文双手递交给督学。时间大约用了半小时。

督学接过作文卷，只见上面写道：

人生于宇宙之间，必须要做一件轰轰烈烈的大事业，才对得起那抚养我的双亲及教育我的师长们，才不得辜负那抚养我的双亲及教育我的师长和金银都买不到的宝贝一般的可爱光阴。

光阴真是如高山的流水一般，眨眼间，又是十余年了……我想：青少年是人生的黄金时代，是人生的最大关键，是人生富于进取精神的时期。我们的前程的路，不是平坦的，乃是十分渺茫的，崎岖艰险，黑暗荆棘，多鬼多魔，所以要在这青少年时代，努力向前猛进，千万不要做事处优，虎头蛇尾。青少年想要达到成功的目标，非要吃苦不行。

列位，你们都是知道的，我国之国父——孙中山先生，他本是一个农夫，他小时就勇敢，到长大后，推翻满清，创造大中华民国……真是掀天揭地的伟大人物。我也想做一个改革社会的人物，为国效力，赶走侵略者，使世界变为和平的世界，"继父之志，报父之仇"。

督学看毛楚雄在这么短的时间里，竟然写出这么文通字顺、条理清楚、说理透彻的作文，大为惊讶。字写得虽不算工整，但流畅自然。督学赞叹不已，连连说："非凡之才！非凡之才！"

过了几天，这个学校得到了甲等教学奖。

1941年新年伊始，冰天雪地，寒冷异常，一起震惊中外的"皖南事变"更使人心寒彻骨。新四军7000多人惨死在国民党顽固派的屠刀之下。国民党顽固派发动第二次反共高潮，薛岳在湖南也举起了屠刀，进行清洗"异党"的活动。中共湖南省委组织大部分县级以上的领导干部和已经暴露身份的党员，分批撤往延安。省委仅留下三个同志隐蔽在湘中地区。韶山因此和延安失去了联系。

毛楚雄于此时高小毕业。党组织给毛楚雄的生活费中断了。不到14岁的楚雄被迫辍学在家，从事农业劳动。他和韶山的农民一起上山下地，耳闻目睹，更深入地了解了农民。他说："世界上最苦的是什么人呢？我心想：一定是那农人。"因此，他对周围的农民寄予极大的同情和关心。他种菜不多，但收菜时，总是拿些送给附近的穷人吃。家里喝稀饭，看到穷苦人家饿的没法子，就宁愿自己少吃，也要拿出粮食支援他们。他家对门的谢家屋场，当时住着两个老人，婆婆80多岁了，行动不便，只靠一个孤寡的60多岁的媳妇讨饭养活。楚雄对两位老人非常同情，经常拿出自己家里不多的柴米来送给她们，还帮婆媳俩挑水、种菜。老阿婆逢人就说："楚雄真是个好伢子，从前他大伯经常帮衬我屋里，如今楚雄就同他大伯当年一个样。"与雄楚相依为命的外婆，这时年近七十岁了，在艰难的日子里，祖孙俩更加相依为命。沦陷时期，食盐的价钱贵得很，还买不到手。每到吃饭时，外婆总是叫楚雄先吃，自己借故走开去。这样次数一多，楚雄怀疑起来。一天，他吃饭时，有意将外婆自己留着的半碗菜拿来吃，他一尝，吃了一惊，原来外婆的菜里没放盐，把仅有的一点盐放到他菜碗里了。他马上把两份菜倒在一起，激动得流着泪，叫外婆一起来吃，祖孙俩都哭了。这件事更激发了他对日本帝国主义、对国民党顽固派的仇恨。他深深感到，要赶走日本鬼子，打倒反动派，解放穷苦人，必须拿起枪杆子跟敌人拼！这之后，他多次向党组织提出要求："到延安去，跟大伯干革命去！"

第三节　奔向延安

1945 年农历八月的一个晚上，月朗星稀，清辉似水。

毛楚雄吃完晚饭，准备出门去找地下党组织负责人，汇报自己的思想，谁知刚出门，一个人迎面走来，拦住他说："进屋去，我告诉你一个喜讯！"

楚雄一看，正是地下党组织的负责人，样子十分兴奋，便机警地随他打转进屋，急切地问："堂哥，么子好事？"

堂哥说："有人来接你了！"

楚雄惊喜地问："哪个？是不是我大伯派人来了？"

堂哥点了点头，坐下郑重地说："你大伯搭信来，要你随王震旅长的部队到延安去。你马上准备一下，明天就动身。"楚雄一听，又惊又喜，高兴得跳起来。去延安，到大伯身边去，他盼了多少个日日夜夜啊！现在终于实现了，想象着到延安后见着大伯的幸福情景，激动得半天说不出话来……

1944 年，王震率领八路军三五九旅由陕甘宁边区南下，开辟和扩大南方根据地。临行前，毛泽东特地嘱托王震，到湖南后将毛楚雄带到部队去。王震率领的南下支队于 1945 年北撤经过湘潭时，其中有支队伍在韶山进行休整，并将毛泽东的这个嘱托转告给韶山的地下党组织。

毛楚雄得到这个喜讯后，开始不敢告诉年近古稀的外婆，怕老人感到突然。便先跑到离上屋场三四里路的东茅塘去找九叔毛泽连。

这时正值 1945 年农历的七月中旬，也就是旧风俗中元节的前夕。楚雄赶到东茅塘时，九叔正要吃晚饭，便留他一起吃。楚雄说："我吃过了，找您有点事。"九叔问他么子事，楚雄欲言又止。九叔有点奇怪，放下碗担心地问："家里出了么子事？"楚雄机灵地摇头说："没出么子事，您吃了饭再说。"原来楚雄怕当着大家讲，泄露机密。饭后，楚雄才把九叔拉到一旁说："叔叔，告诉您，王震的部队到湖南来了，大伯搭信来，接我到延安去。"

九叔一听，惊喜而担心地问："有伴吗？"

"有。冲里有三个人一路去。"

"几时动身？"

"明天就走，专来向您告别的。"

"啊？这么快就走？"九叔的话里透着几分舍不得。

楚雄说："越快越好！我早就盼望这一天哪！"

叔侄俩说了一会儿话，看时间不早了，九叔因眼睛不好，便拄着根棍子送楚雄。一直送了一里多路，楚雄劝止说："叔叔打转吧，莫送了。"

九叔舍不得，又送了一段路。楚雄恳求说："现在离屋不远了，叔叔，您眼睛不好，太远了，回去不方便，打转吧！"说着，从袋子里掏出副眼镜递给九叔，深情地说："这是舅舅在世时留下的，您老人家留着用吧。我到延安后马上来信。我走的事您暂时莫向外面说。"接着，他又托付九叔常去看看外婆。

九叔流着泪，哽咽地说："你放心去吧，家里的事有我们。望你平平安安到延安。到那里后，你把我们的情况告诉大伯，只希望他领导八路军，早点赶走日本鬼子，早点打回来！"又说："你跟着大伯好好搞，要为你爸爸报仇！"

楚雄默默地点了点头，叔侄俩分手了。楚雄往前走了好远，回头望见九叔还站在月光下，喊道："叔叔，您快打转吧，我们一定会回来的！"九叔才慢慢打转往回走。

回到上屋场，已经夜深了。外婆在床上问："你到哪里去了，么事这晚才回来？"楚雄轻声地说："到九叔那里去了。"说罢，就去睡觉。

这晚，他睡在床上，怎么也睡不着。想起爸爸的牺牲、母亲的三聚三别，想起外婆为自己、为全家人操心而焦急和悲伤的神情。如果她老人家知道我马上要远离开她，她会多么难过，但他又怎能对一把屎、一把尿把自己拉扯大，相依为命这么多年的外婆不辞而别呢？就这么翻来覆去地想着，雄鸡叫了一遍又一遍，东方放亮了。他翻身起床为外婆烧了水，煮了饭。外婆起来后，又打来一盆热水给外婆洗脸。这时，他才说："外婆，我要离开您老人家，您同意不同意？"

外婆摸不着头脑，责怪地说："蠢伢子，大清早问这做么子？你想到哪里去？"

"我想到延安，到大伯那里去。"他进一步试探。

外婆高兴地说："这还有么子问的，我早说了，只要有人带你去，我就放得心。"

他高兴了，说："那我今天就走，真的！说走就走。"

外婆感到他的话有点蹊跷，认真地问："你就走？你同谁去？"

楚雄扶着老人坐下，郑重地说："外婆，我真的要走。大伯派人接我来了，今天就动身。昨晚我没告诉您老人家，怕您伤心。我告诉九叔了，他支持我去。现在特告诉您老人家……"

谁知他的话还未说完，外婆就伤心地哭起来，弄得他再说不下去了，陪着掉眼泪。好一会儿，他才接着说："外婆，我到延安去是好事，不要难过。您老人家的生活，党组织和九叔会想办法照应的，到延安后，我马上给您来信。"

听楚雄这么一说，外婆才止住哭泣，深情地说："伢子，外婆不是不同意你去，只是有些舍不得……大伯既然派人接你了，屋里的事你莫挂牵，你就放心去吧……"

就这样，楚雄给外婆缸里挑满了水，又搬进一捆柴，还给菜地泼了一遍水。早饭后，与两个伙伴告别了朝夕相处的外婆，告别了养育他的韶山。

一位老向导带着他抄小路，昼夜兼程，来到湘阴一个叫白鹤洞的山村，与王震率领的大部队接上了头。这时，部队已新增了不少有志于革命的青年，楚雄与从韶山和长沙去的七个人被编在一班。从此，楚雄踏上了武装斗争的新的征程。

楚雄参军，正是日本帝国主义投降，我国抗日战争获得最后胜利的时候。当时，国内的形势在发生着急剧的变化，蒋介石在美帝国主义的指使和援助下，策动反革命内战，妄图消灭共产党。毛泽东根据新的形势，提出了"针锋相对，寸土必争"的总方针。这时在部队中正展开大学习、大讨论。

楚雄在学习中，非常认真，总是瞪着聪慧明亮的大眼，用心地听，默默地想。过去蒋介石不抗日，专杀共产党人，二伯、爸爸、大伯母和姑姑都死在他们的屠刀下，千百万共产党人的鲜血

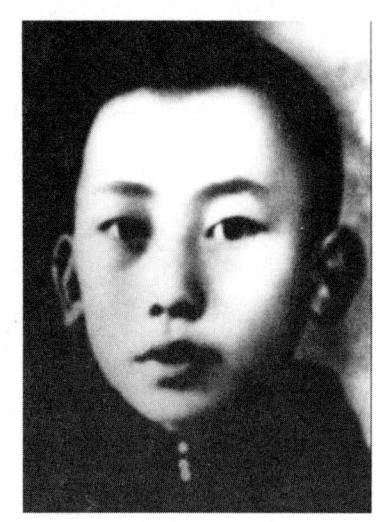

毛楚雄

染红了祖国的山河；现在日本鬼子投降了，这些刽子手竟又反扑过来，这笔账一定要彻底清算！

1945年9月间，楚雄随军北上了。绕过烟波浩渺的洞庭，跨过滚滚滔滔的长江，来到了湖北黄陂县。直到1946年1月，他们在这一带打游击。当时，部队的供应很困难，生活极为艰苦。入冬了，楚雄还是一条军裤，一双草鞋。但他很能吃苦耐劳，行军途中，他不仅背着背包和枪，还背了七天的干粮。班长见他年纪小，又刚刚参军，没经过长途行军的锻炼，要他少背点。他坚决不肯，说："你年纪大，我年纪轻，你应该少背点，我多背点，锻炼锻炼嘛！"说得大家都笑起来。部队每到宿营地，他放下背包，就帮炊事班挑水、洗菜、煮饭，一边做事，一边和大家谈心。有一段时期，由于连续行军，他的脚磨起了一个个血泡，红肿得厉害，走路都有点拐了。但他毫不在乎，一休息，便忙着照料其他同志，班长很是心疼，特地打了盆热水，硬把他拖过来，帮他烫脚，挑血泡。他眼里闪动着泪花，亲热地问："班长，你是不是共产党员？"班长默默点了点头，楚雄激动地说，"我想找您谈个事。"接着，他对班长说，自己是个青年团员，希望党组织在战斗中考验自己。

楚雄参军后不久，不少同志知道他是毛泽东的侄儿，给予了热情的照顾。可他从不自恃特殊，不但没有接受照顾，反而更严格要求自己。他觉得只有这样，才不愧是毛泽东的侄儿，是革命的好后代。

不久，楚雄随军从黄陂到达中原军区司令部所在地湖北宣化店。一进入根据地，楚雄就积极参加筹粮和收税工作，东村进西村出地宣传我党我军的宗旨和政策，调查了解各乡的经济情况，向地主派粮、筹款，挑谷，押船，什么都干，总是出色地完成任务。

抗战胜利后，经过重庆谈判，国共双方于1946年年初达成停战协议。但是，国民党反动派阳奉阴违，调集10个正规军和十几个保安团共三十多万人，将我中原军区六万余人紧紧围困，实行经济封锁，企图困死和吃掉我军。解放区物资奇缺，形势日趋恶化。6月26日，国民党军在美帝国主义支持下，公然撕毁停战协议，开始进攻中原解放区，公开发动了全面内战。我中原解放区军民，在李先念、郑位三的领导下，于6月29日黄昏开始，分东西两个方向突出重围。毛楚雄随军区政治部向西突围，通过平汉铁路封锁线，跨过湍急的唐河、白河，经过二十多天的恶战和急行军，摆脱了国民党军的围追堵截，于 7 月中旬到达河南淅川县境。淅川县西邻陕西，南连湖北，从陕西流入的丹江和从熊耳山流下的淅川于本县内汇合，在县西南部形成了辽阔的水面，然后缓缓流入汉水。湖泊般的水面周围，就是秦岭山地，山高林密。部队就在此地暂作休整。

一天，中原军区和中原局的首长在一个山头的树林里开会。毛泽普领着毛楚雄来到开会的地方，向首长们汇报了毛楚雄的情况，并报告说："我要下团了，毛楚雄怎么办？请首长指示。"

中原军区副司令员兼参谋长王震首先表态："小毛跟我走。"并回头吩咐身后的警卫员黄成英："去给小毛配匹马。"

"报告首长，我年纪轻轻的，我走路，我不要马。还有那么多年纪大、身体弱的老首长、老同志在步行，我怎么能骑马呢？"毛楚雄一脸严肃，手还举在帽檐下。

王震等首长都笑了。

随后，毛楚雄就跟着三五九旅，继续西征，奔赴延安。

第四节　血洒东江口

　　毛楚雄随着三五九旅向陕西南部秦岭深山挺进时，遭到了拥有 10 万重兵的国民党胡宗南部的围追堵截，企图将我军消灭在荆紫关以东。在一次战斗中，王震的警卫员黄成英牺牲了，毛楚雄悲愤至极，带着复仇的怒火，忍受着极度的饥饿和疲劳，端着枪凶猛地向敌军冲杀。王震赞道："楚雄同志对敌斗争特别英勇。"

　　部队闯过了荆紫关，进入了陕南秦岭山区。因部队严重缺粮，山区人烟稀少，无法供应，他们只能在山里找一点苞谷、高粱、土豆来充饥。国民党军不时地派飞机来狂轰滥炸。我军要经常转换地方，在山区打圈圈。一天，一匹战马踏穿蹄掌，走不动了，大家就把马杀了准备用来充饥。可是没有锅煮，毛楚雄不顾飞机的轰炸与扫射，跑到附近农民家里找来了一个铁盆子当锅，烧马肉分给大家吃。

　　在这段时间里，毛楚雄确实饱尝艰辛。山区气候多变，经常要冒雨急行军，毛楚雄的鞋子早就没底了，只好赤着脚在泥泞的山路上行军，泥水、碎石、荆棘，使他的双脚伤痕累累。吃不饱肚子，又没有盐吃，本来瘦小的脸庞更显得面黄肌瘦。加上还要行军打仗，他常常感到浑身无力，疲惫难支。但一想起父亲及几位亲人的惨死，一种强烈的复仇雪恨的责任支撑着他，"继父之志，报父之仇"，昔日的志愿，成了今日的力量。他决心按王震说的话去做："要打漂亮仗，打胜仗，不单在指挥上、战术上和勇气上要压倒敌人，而且要在克服困难、艰苦行军上同敌人比赛，胜过敌人。"

　　中原部队胜利突出重围、进入陕南秦岭山区以后，国民党反动派又玩弄起"和谈"的花招。他们派飞机四处散发传单，声明邀请中原军区司令李先念派代表到西安谈判。为了表示我军和谈的诚意，王震电报党中央，经批准特派中原军区干部旅旅长、原军调部第九执行小组我方代表张文津为代表去西安，吴祖贻（化名吴毅）作为张的译员、毛楚雄（化名李信生）作为张的警卫员一同前往。

　　此时，正是秋风萧瑟的季节，他们三人打点行装，携带第九执行小组的符号、旗帜、证件，于 8 月 7 日从陕西省镇安县西部的扬泗庙起程，准备经宁陕，沿旬河北上赴西安。

8月10日，他们三人由月河乡的一位农民带路，来到东江口镇。

东江口，是一个古老而重要的城镇。它在宁陕县城东北约100里，距西安约200里，当江、旬二河合流处。地势宽坦，人烟稠密，自春秋战国以来历代均为设防要地。秦汉三国时，屡为军事重镇。唐代，此地为都城长安的门户。清时设都司及主簿驻此。现在由胡宗南部第六十一师一八一团把守。

张文津等三人赴西安，东江口为必经之地。他们来到古城门口，被哨兵阻拦。毛楚雄上前说明来意，并出示证件和介绍信。哨兵即向团部报告。一八一团团长岑运应闻讯后，即带领一班人马到魁星楼列队鼓掌，表示欢迎。当地老百姓听说来的是共产党和平谈判代表，都涌出门来跟着热烈鼓掌，高兴地说："这下好了，共产党和国民党和平谈判，就不会打仗了。"

可惜，老百姓的善良愿望丝毫改变不了国民党反动派反共的本性。张文津、吴祖贻、毛楚雄三人进入东江口，等于进入了老虎口。

团长岑运应开初弄不清打着军调部第九执行小组旗帜、佩戴执行小组符号的张文津到底是何等人物，不敢造次，以礼相待。先是设宴洗尘，然后把张文津等三人送到旅馆休息，并派兵保卫。暗中则将旅馆包围，并向胡宗南报告。

张文津等三人的目的地是西安，此地只是路过，不必久留。所以，第二天清晨即去团部辞行。没想到气氛和昨天大不一样。岑运应一点笑容都没有，即吩咐手下人："请他们就在团部休息，好好'招待'。"他把"招待"两字说得特别响。原来岑运应已得到胡宗南的复电：暂扣押，等待处理。

毛楚雄见此情形，知道不妙，即质问岑运应："你凭什么扣押和谈代表？"

但岑运应不容分说，只是将手一挥，几个荷枪实弹的卫兵推推搡搡把毛楚雄等关进一间小屋里。

中原军区领导人闻讯后，于8月14日电报中央："请设法营救。"

中共中央十分关心，多次指示有关部门设法营救，均未奏效。于是在21日《解放日报》的显要位置，发表了题为《蒋方阻我与第九小组联络，李先念将军代表被扣》的消息，向中外公布了这一重大事件。同时报道说"张文津等被蒋方无理扣押事，南京中共代表团周恩来将军与北平执行部叶剑英委员均已向国民党提出严重抗议"。

胡宗南是黄埔军校时蒋介石的得意门生，也是蒋的得力干将，毕业后曾两次参加东征，北伐进攻上海、南京，以及后来与冯玉祥、阎锡山中原大战，他都为蒋介石鞍前马后拼命效力，在堵截追击长征红军和封锁陕甘宁边区时，更是死心塌地唯蒋之马首是瞻。他别出心裁，对边区筑起了长达1300多华里的军事封锁线，企图置陕北红军于死地。如今他是国民党西北军政长官公署副长官兼西安绥靖公署主任，领精兵十万坐镇西安。前不久，中原军区部队竟然闯过他的防线，进入他的防区，已使他十分恼火。现扣押李先念的代表，居然闹到蒋委员长那里去了。委座喜怒无常，稍不留意，前途莫测。他想到这里，快步向发报处走去。

不久，蒋介石就拍来复电：立即就地秘密处决。

1946年8月22日，胡宗南瞒天过海，一方面举行记者招待会，发表声明：绝无扣押中共和谈代表事；另一方面密令岑运应秘密处决张文津、吴毅、李信生，免留后患。

岑运应当日接到密电后，立即命令刽子手李清润、乡长石星一、乡队副防空哨长陆进玉等一伙爪牙，将张文津、吴祖贻、毛楚雄及带路的农民共四人五花大绑，堵住嘴巴，于当晚夜深时悄悄地押到偏僻的城隍庙背后，活埋在石坎下的小渠旁。

毛泽覃牺牲时，毛楚雄年仅八岁。11年后，毛楚雄遇难时，他还是刚成年的青年，只有19岁，还没有见到他日思夜想的伯父毛泽东。

毛楚雄的战友突围来到延安时，大家都关切地问毛楚雄的下落，当得知他已牺牲后，都十分悲痛，决心向反动派讨还血债。之后，三五九旅的战士们在投入新的战斗前，特意向毛主席、党中央宣誓，一定要继承毛楚雄烈士的未竟事业，紧跟毛主席，把革命进行到底。

1950年5月，毛泽东说："楚雄年龄不大，为国捐躯，虽死犹荣。"1953年9月，毛泽东在中南海接见曾与毛楚雄一同参加三五九旅北上的毛世美时，详细询问了毛楚雄牺牲的经过。毛泽东连连叹息说："楚雄还很年轻啊！楚雄如果活着，现在也和你们一样，进学校学习文化，学习技术知识。那该多好啊！"老年人悼念青年人，

1986 年 8 月 10 日，宁陕县委、县政府举办"纪念张文津、吴祖贻、毛楚雄三烈士牺牲四十周年活动"，并决定在江口周家坪吊楼堡建立烈士陵园，将烈士遗骨重新安葬，立碑纪念。这是 1986 年为三烈士修建的纪念碑，碑下有以"张文津、吴祖贻、毛楚雄烈士永垂不朽"为题的烈士英绩简介，用有机玻璃金字嵌镶。

这是中共宁陕县委、县政府于 1984 年修建的毛楚雄和张文津、吴祖贻烈士合葬墓。

那是何等凄惨的情形啊！

1980 年，在纪念抗日战争和世界反法西斯战争胜利 40 周年的时候，原中原军区司令员、国家主席李先念在《红旗》杂志上发表了《向革命先烈学习，保持共产主义的纯洁性——纪念张文津、吴祖贻、毛楚雄三烈士》的文章。中顾委委员、全国政协常委、原鄂豫陕边区党委书记、军区政委汪锋题词："骨埋秦岭传千古，血洒东江育新人——悼张文津、吴祖贻、毛楚雄三烈士。"

1986 年 8 月，中共宁陕县委党史资料征集研究小组编辑出版了《血染东江口——张文津、吴祖贻、毛楚雄三烈士纪念集》。

毛楚雄的一生，是多么的短暂，又是多么的辉煌！

这是 1986 年 8 月中共宁陕县委党史资料征集研究小组编辑的《血染东江口——张文津、吴祖贻、毛楚雄三烈士纪念集》封面。

第十五章　永远的亲情

毛泽东曾这样说过："我们干革命是为了造福下一代，而当时为了革命，又不得不丢下自己的下一代。"

第一节　"延安的鱼真大呀！"

1943 年 9 月 27 日夜，盛世才奉蒋介石之命将毛泽民、陈潭秋和林基路秘密杀害于迪化小南门。

经党中央多方努力，饱尝四年铁窗之苦的 129 名中共在新人员以及他们的家属、小孩，终于在 1946 年 7 月 11 日回到党中央、毛主席的身边！

当汽车开到延安七里铺时，夹道欢迎的群众队伍延绵几公里长。朱德、林伯渠等中央领导人站在欢迎队伍的前面，笑容满面地向新疆归来的同志们招手。

震天的锣鼓声，夹着哭声、笑声、歌声、口号声，响成一片……

第二天上午，毛泽东亲自来到住地，看望新疆返延安的同志们，和大家一一握手。

随后，毛泽东走到朱旦华身边，说了一些关心体贴的话，然后弯下腰，把五岁的侄子远新抱在胸前，在他的小脸蛋上深深地亲了又亲。

朱旦华情不自禁地脱口而出："主席，泽民同志至今下落不明，请党中央与国民党中央联系，要他们下令查找。"

毛泽东没有说话，只是微微点了点头。他再次弯下腰抱起侄子，把他紧紧地搂在怀里，好一会儿才放下来。

7 月 16 日傍晚，中央办公厅设宴欢迎从新疆归来的同志们。毛主席、朱总司令等中央及西北局的领导都出席了宴会。席间，大家频频举杯，敬祝毛主席、朱总司令身体健康。毛主席和朱总司令也举杯："庆祝出狱的同志们胜利归来！"

"妈妈，延安的酒真甜呀！"远新小声地对妈妈说。

朱旦华笑着点点头，心中却漾起一股难言的苦涩：如果孩子的爸爸也能一起回来，该多好啊！

"妈妈，延安的鱼真大呀！"

孩子的话让朱旦华陷入沉思。那年，孩子还不到三岁，一天，从河边运水的马车停在监狱门口，人们从大木桶里向外舀水，无意中发现一条不到一寸长的小鱼。孩子平生第一次见到这样活泼可爱的小动物，真是兴奋极了。朱旦华找出一个玻璃瓶，把小鱼养起来。这条寸把长的小鱼成了狱中孩子天天关心的小"宠物"。可惜没几天，小鱼就死了，为此孩子还哭了半天……

"远新，吃鱼！"听到小远新这句话，毛泽东的鼻子很是酸了一下。毛泽东夹起一大块鱼肉，挑去鱼刺，放进侄子的碗里。

看着孩子一脸幸福地吃着鱼，朱旦华笑了，毛泽东也笑了，只是眯笑的眼中挂上了泪花。

1994 年 12 月的朱旦华

在延安休息了三个月后，从新疆归来的同志们又要奔赴新的战场。在接受新任务之前，毛泽东又单独接见了朱旦华和瞿秋白的夫人杨之华。毛泽东把侄子拉到怀里，爱抚地摸着他的头，叮嘱朱旦华说："一定要好好培育孩子……"

毛泽东的胞弟毛泽民、毛泽覃牺牲后，毛泽东承担起兄长的责任，尽力照顾他们的遗孀和子女。

王淑兰是毛泽民的第一位妻子，与毛泽民生有一女毛远志。新中国成立后，毛泽东曾两次在家中接见王淑兰，亲切地叫她"四嫂"，还嘱咐侄子毛华初夫妇照顾好她。

周文楠是毛泽覃的第二位妻子。毛

泽覃牺牲后，周文楠曾就其再嫁问题征求过毛泽东的意见。毛泽东深沉地说："泽覃牺牲了，你再婚，我没意见。只有一条我们要记住：泽覃是为人民牺牲的，永远不要忘记他！"

新中国成立后，毛泽东对周文楠非常关心。周文楠给毛泽东写信表示，要接母亲到东北一起生活，毛泽东回信说："接你母亲去东北和你一块生活一事，我认为是好的。我可以写信给湖南方面发给旅费。惟你母年高，一人在路上无人照扶是否安全，是否需要你自己去湖南接她同去东北方为妥当，请你考虑告我。"

毛泽覃是为革命和国家牺牲的，当地政府给烈士家属以适当照顾，合情合理。毛泽东还要求周文楠不要把毛楚雄牺牲的消息告诉外婆，他说："就说楚雄是个有志气的孩子，送他到国外很远的地方学习了，也不能通信，免得老人家受刺激。时间长了，慢慢就好了。"

1951年夏天，时任江西省妇联宣传部部长的朱旦华来北京参加全国妇联会议，把正在放暑假的儿子远新也带到了北京。

当晚，康克清大姐来住地看望与会的同志们，见到虎头虎脑的远新，很是喜欢。康妈妈拉着他的手说："你妈妈要开会，带孩子不方便，我把你送到你伯伯那里去！"于是，远新被带到中南海毛泽东的身边。当时，毛岸英刚在朝鲜战场上牺牲不久，毛泽东的心情不太好。侄子一来，他幼稚天真的言谈举止经常惹得伯父哈哈大笑。

会议结束后，朱旦华去看望毛泽东，想顺便把孩子接走。毛泽东很喜欢这个小侄子，主动对朱旦华说："就把他留在北京读书吧！"毛泽东又把脸转向侄子，充满关爱地说："但有一条，不能做温室的花朵，不能住在我这里，要住到学校去！"

从此，毛泽东把侄子当作自己的儿子抚养。远新与比他大半岁的姐姐李讷一起在北京育英小学读书，周末回到中南海伯父的身边……

毛泽东曾不止一次地对侄子谈起他的父亲毛泽民。他说："那时，我是穿长衫的，肩不能挑，手不能提。我到长沙去读书，是你爸爸送我去的。他穿的是短褂，帮我挑着行李，在外人看来，就像是我花钱雇的一个挑夫。是你爸爸在家乡任劳任怨，辛勤劳作，照料父母，还为我提供了学费和生活费用。"

毛远新（右二）在北京上学时的照片。右一为李敏，左一为毛泽青，中为江青。

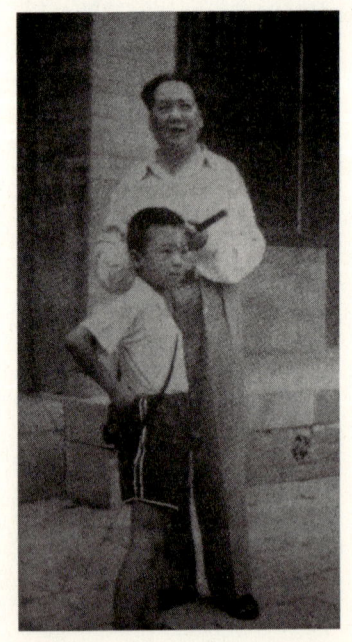

1951年，毛泽东和毛远新在中南海。

毛泽东还经常感慨地说："你爸爸定期到长沙来，为我送米送钱。有一次，他送钱来晚了几天，我很不高兴，就责怪了他，他也不吭声。临回韶山前，他才告诉我，今年收成不好，为了把谷子卖个好价钱，他跑了好几百里路呢。他走后，我惭愧了好多天。没有你爸爸，我哪里能到长沙来读书啊！为父母养老送终，办理丧事，择地造坟，都是你爸爸一手操办的。"

第二节 "这个字由我来签吧"

贺怡，既是毛泽东的弟妹，也是毛泽东的妻妹。

1936年西安事变后，赣南游击队的代表同国民党代表在赣州谈判。贺怡闻讯赶到赣州，同上级党组织重新联系上了。此后，贺怡便来往于江西南昌、吉安和广东韶关、广州等地，活跃于抗日救亡战线上，不久，她担任了新四军驻吉安通讯处副主任兼统战部副部长。1939年，调广东省委妇女部工作。

1940年6月，贺怡在韶关被国民党特务逮捕，反动派对她施以酷刑。贺怡坚贞不屈，为了保持共产党人的气节，吞下金戒指企图自杀。在不医不治的情况下，她竟奇迹般地活了下来。

中共中央得知贺怡被捕后，曾设法营救未果。直到后来周恩来副主席在同顾祝同谈判时，才用俘虏的国民党将领把她换了回来。

贺怡到了延安，回到了姐夫毛泽东的身边。毛泽东了解到她在白区的经历后，甚为钦佩。

当时，贺怡因吞金自杀未遂，身体极度虚弱，住进了医院。医生给她诊断后，说："必须尽快动手术，把金戒指取出来。"

按照规定，病人手术前必须由其亲属在手术单上签字。然而贺怡身边没别的亲人，姐姐贺子珍已离开延安去了苏联，谁来签这个字呢？医生很是为难。恰在这时，毛泽东来到医院看望贺怡，怜爱地安慰了这个"辣妹子"。当听说贺怡的手术没有亲属签字时，毛泽东果断地对医生说："为了贺怡同志能多工作几年，这个字由我来签吧！"说完，毛泽东在手术单上郑重地签下了自己的名字。

贺怡手术后，胃被切除了三分之二，人瘦得只有40公斤，但她仍然不知疲倦地为党工作，为民族解放而奋斗，直到1949年迎来新中国的曙光……

1949年3月，毛泽东和中共中央由河北西柏坡迁往北平香山。在这里，他接见了贺子珍的妹妹贺怡。

谈到贺子珍的情况时，毛泽东说："你让贺子珍到这里来吧，这是历史造成的事实了。我们还是按中国的老传统办吧！"

至于什么叫中国的老传统，毛泽东没有说具体，但贺怡心里明白：他的意思是要恢复同贺子珍的夫妻关系，承认历史造成的这个事实。

此时，江青正在苏联养病。

贺怡带着毛泽东的重托匆匆赶到沈阳。在了解贺子珍的全部情况后，她根据毛泽东的嘱咐，先带娇娇（即李敏）回北平。临行前，娇娇收到了父亲的复电：

> 爸爸想念你，也很喜欢你，希望你赶快回爸爸身边来。爸爸已请贺怡同志专程去东北接你了，爸爸欢迎你来。

贺怡带着娇娇乘火车到达大连，然后转轮船到天津，再换乘火车到北平，风尘仆仆地进了香山双清别墅。

听说贺怡带着娇娇回来了，毛泽东连忙从办公室出来迎接，老远就向贺怡她们打招呼。

贺怡牵着娇娇的手，对毛泽东说："主席，您交给我的任务完成了，娇娇接回来了！"然后转身对娇娇说："快叫爸爸！喏，这就是你的爸爸，就是给你拍电报的毛泽东。赶快叫爸爸！"

娇娇激动地扑上去，叫了声："爸爸！"就依偎在父亲的怀里。

毛泽东也激动地抱起女儿亲了又亲。为了庆贺父女重逢，晚上，毛泽东请了几位中央领导人来做客，并乐滋滋地说：

贺子珍和贺怡

"我给你们带来了个洋宝贝。"

人们正猜着是什么洋玩意儿时，贺怡领着娇娇进来了。毛泽东指着娇娇对大家说："洋宝贝来了，我有个外国女儿。喏，就是她！"然后把娇娇一一介绍给在座的各位。

娇娇的到来，给毛泽东带来了欢乐。

"你替我再去一趟哈尔滨，把你姐姐接回来，让她想开一点！"毛泽东对贺怡说。

贺怡按照毛泽东的意思，第二次去了东北，到哈尔滨迎接姐姐贺子珍南下。

然而，旧梦难圆！

当贺怡陪姐姐乘火车到达山海关时，上来两个人，自称是组织上派来的。他们冲贺氏姐妹俩说："你们不能进石家庄，只能南下，到你们哥哥那里去，这是组织的决定。"

贺子珍一听就知道是怎么回事了：有人从中阻挠她和毛泽东重逢。她沉默着。尽管贺怡为姐姐力争，但这个决定是不可更改的。她们只好来到上海，住在哥哥贺敏学家里。

贺子珍终究没有能同毛泽东团聚，直到 1959 年庐山会议时才在庐山相见一面。

第三节　鼓励刘松林再婚

毛岸英是在 1950 年 11 月 25 日不幸牺牲的，毛泽东知道这个消息是在 1951 年 1 月 2 日。因为毛泽东感冒了，周恩来将彭德怀的电报压了一个多月才将这个噩耗告诉毛泽东。毫无疑问，这个消息对毛泽东来说无异于晴天霹雳。

中年丧妻，老年丧子。毛泽东这位叱咤风云的中共领袖，毛泽东这位感情丰富的父亲，他把命运带给他的所有巨大悲痛，都默默地埋在自己的心底，默默地一个人去扛，默默地一个人来承受。死去的已经不能复生，活着的更应该好好活着。令他担心的是——新婚仅一年的儿媳刘思齐将如何承受这残酷现实的打击？按照岸英的嘱托，只要他在北京，思齐每周都要来看望他。他不知道该如何说？如何面对这个才 20 岁的姑娘？无疑每周这样的见面都像是一场海啸，在他情感的大海上翻涌。毛泽东隐瞒着，他真的不想说，也不能说呀！思齐毕竟还年轻，而且还在读书。而思齐每次来，都要问爸爸收到岸英的信没有？岸英为何几个月不来信？毛泽东总是装作若无其事的样子，支支吾吾找一些冠冕堂皇的理由来搪塞来安慰她，或者说简直就是在骗她！有什么办法呢？一个国家的最高领导人竟然在家里总是说着一个谎言，编织一个已经破碎的梦。而且这一"骗"就是三年！

一天，不知道内情的中央摄影组组长侯波送给刘思齐一张岸英的照片，相片上岸英穿着中国人民志愿军军服，潇洒帅气。这下，思齐知道岸英去了朝鲜战场。毛泽东见瞒不住了，就告诉她，岸英是真的去了朝鲜，在志愿军总部搞翻译工作，但更具体的情况就不说了。思齐想，岸英或许正担负着什么特殊的使命，保密性强。从战争年代走过来的她懂得保密纪律，知道什么该问什么不该问。她依旧努力地读书，依旧每周去看望爸爸，沉浸在对美好未来的甜蜜憧憬之中。但毕竟三年了，她暗暗地想岸英怎么连一封信一个字也没有给她呢？许多指战员都回国探望过，而且爸爸还接见了许多英烈家属。难道岸英真有什么三长两短？难道……她不敢往深处想，她害怕往深处想，她有时还做梦梦到岸英就在她身边，对她爽朗地笑，像一个大哥哥一样呵护她爱她。有时她也曾想到那个害怕的字眼，但一想到就马上后悔，好像有一种犯罪的感觉一样，她发誓再也不想了，岸英不会就这样一去不回来的，岸英不会抛开她一个人不管的，岸英不会死的！再说，岸英是毛泽东的儿子，她想毛泽东的儿子应该不会……但一天天过去，板门店谈判了，停战协定签字了，可岸英怎么还不回来呢？思齐好像预感到什么了，她越来越坐卧不安了。

1953 年，朝鲜战争结束了，岸英还是没有回来。纸总是包不住火的。作为公公的毛泽东，他不能也不愿再扮演这个世界上最难演的角色了，他的痛苦已深沉如没有波澜的老井，现在该是告诉思齐真相的时候了。为了使年轻的思齐能承受得住这生命中不能承受的痛，毛泽东把思齐找来，颇费苦心地先和她谈起自家为革命牺牲了的亲人：岸英的母亲杨开慧、岸英的叔叔毛泽民和毛泽覃、岸英的姑姑毛泽建和堂弟毛楚雄……思齐越听越觉得父亲毛泽东似乎隐瞒着她什么，她也似乎预感到了什么，但又不敢说出来。年近古稀的父亲跟她说这些，是在教育她怎么做人怎么做事，作为一个合格的毛家人，她应该继承和发扬毛家的优良传统。一周以后，思齐又来中南海看望爸爸，这次周恩来总理也在场。毛泽东就把岸英牺牲的消息告诉了思齐。尽管自己早就有了某种不祥的预感，尽管自己早就有了一些心理准备，尽管自己早就有了某种最坏的打算，三年来，她思念和牵挂的泪水已无法淹没这痛苦的火焰，她痛不欲生，生不如死，所有的悲伤、委屈、无奈，甚至绝望，都只有也只能化作"倾盆雨"……

看着哭得死去活来的儿媳，毛泽东强忍着悲痛，木然地坐在那里，已经没有了任何表情。此情此景，似乎缺少了母性的爱抚，悲痛就显得格外悲痛，伤心就显得格外伤心。守在一旁的周恩来难过地忙碌着，一面安慰思齐，一面照料毛泽东。当他触到毛泽东那冷冰冰的手时，不禁心里一惊，赶紧对思齐耳语："思齐，你要节哀，爸爸的手都冰凉啦。"正在痛哭的思齐清醒过来，又赶紧去安慰爸爸……

为伊消得人憔悴，衣带渐宽终不悔。岸英的牺牲对刘思齐的刺激太大了，她寝食难安，神经衰弱。但为了不再勾起父亲的悲痛之情，她只能一个人躲着流泪，独自把哀伤深深地埋在心底。但这一切又怎么能瞒得过毛泽东的眼睛呢？毛泽东不止一次地说："战争嘛，总是要死人的。不能因为岸英是我的孩子，就不应该为中朝人民而牺牲。"他跟思齐说："今后，你就是我的大女儿。"毛泽东安慰着刘思齐，又像是在安慰着自己。也就是从那时起，毛泽东格外疼爱刘思齐，常常亲自过问她的衣食住行，而在以后的通信中总是称她为"思齐儿"，视之如同己出。

为了让刘思齐尽快走出生活的阴影，减轻心灵的痛苦，毛泽东想给她换一换环境，于是在 1954 年刘思齐高中毕业时，决定送她去莫斯科大学数力系深造。这一年刘思齐已经 24 岁。但就在出国前夕，刘思齐患了重感冒，她在病中给毛泽东写了一封信，希望能在出国前见一见父亲毛泽东。此时，毛泽东正在北京中南海怀仁堂主持召开省市自治区党委书记会议。等会议一结束，毛泽东就在 8 月 6 日给刘思齐写了封回信，第二天他便去北戴河了，一边休息一边专心修改《关于农业合作化问题》的报告稿，精心指导全国的合作化运动。所以在信中，毛泽东告诉刘思齐："如今日好些，望来此看；否则不要来。"这是毛泽东写给刘思齐的最早的一封家书，毛泽东提笔就亲热地称呼刘思齐作"思齐儿"，可见毛泽东把刘思齐这个大儿媳一直放在心上，也一直牵挂着，并以父亲的口吻教导她："最要紧是争一口气，学成为国效力。"平平淡淡见真情，这也是一个父亲送孩子上大学的最美好的祝愿吧！

1955 年 9 月至 1957 年 9 月，刘思齐在苏联莫斯科大学数力系学习。尽管远隔万里，父女间的联系却一直不断，刘思齐经常写信向父亲汇报学习和思想，毛泽东对她的成长也十分关心。

亲爱的思齐儿：

给我的信都收到了，很高兴。希望你注意身体，不许生病，好好学习。我们都好，勿以为念。国内社会主义高涨，你那里有国内报纸否？应当找到报纸，看些国内消息，不要和国内情况太隔绝了。

祝好！

得　胜

一九五六年二月十四日

刘思齐在莫斯科大学第一学期结束时，收到了毛泽东写给她的这封家书。远在异乡他国，刘思齐不断写信给毛泽东，心地温柔细腻的她思念爸爸，更深知和理解失去爱子的父亲如何需要安慰。而毛泽东也想念、疼爱她这个不幸的女儿。信一开头，毛泽东就亲热地说"亲爱的思齐儿"。这种充满感情的称呼，毛泽东在家书中一般很少使用，仅有"我亲爱的夫人杨开慧"和"亲爱的岸青儿"等少有的几次。在信中，毛泽东和蔼可亲地说："希望你注意身体，不许生病，好好学习。我们都好，勿以为念。"对女儿深切的爱和期望溢于言表。

或许因为水土不服，在异国独处的刘思齐，经常生病，而其真正的"心病"并没有因为环境的改变而改变，所以学习往往就难以集中心思和精力，再加上自己由文科改学理工，而且还要重新学习俄语，她感到学业上非常吃力和困难。1957 年暑假，刘思齐回国向父亲汇报了自己的学习和思想状况，希望能转回国内学习。毛泽东十分理解思齐的难处，同意她转学，并于 8 月 4 日给她写了一封信，信中说："转学事是好的，自己作主，向组织申请，得允即可。如不得允，仍去苏联，改学文科，时间长一点也不要紧。不论怎样，都要自己作主，不要用家长的名义去申请，注意为盼。祝你进步。"

这封家书，毛泽东写得既有坚强的党性原则又有尊重子女的民主，既有鲜明的组织观念又有深厚的父女感情，既客观地提出了自己的意见又强调孩子独立自主。毛泽东反复在信中要求自己的孩子注意自身的身份和影响，严格要求自己的子女不能有什么高干子女的特权，不能搞特殊化。毛泽东强调转学的事情一定要"向组织申请，得允即可。如不得允，仍去苏联，改学文科，时间长一点也不要紧"，而且要求"不要用家长的名义去申请，注意为盼"。

就孩子转学这样一件不算什么大不了的事情来讲，毛泽东这种不包庇、不溺爱、不纵容的良好家风，确实给人一种清新扑面、干净爽朗的感觉。毛泽东以其实际行动立场鲜明地告诉人们，真正的共产党人就是这种既有儿女亲情又有党性原则的人。

在这封短短的家书中，毛泽东两次提到了"自己作主"，可见毛泽东有着良好的家庭民主作风。他尊重子女的意志，积极鼓励孩子选择适合自己的道路，不指手画脚，不搞家长制。他只是起一个引导的作用，掌握大的方向，然后像天下所有的父母那样，让孩子感受到自己背后有一双充满期望的眼睛，从而倍增前行的勇气和力量。

1957年10月，刘思齐从苏联回国，转学到北京大学，专攻俄罗斯语言文学，一学就是四年。在刘思齐在北京读书期间，毛泽东带着孩子们到任何地方旅游，都安排刘思齐一起去。暑假，毛泽东往往要秘书安排刘思齐等人到北戴河等地休养。梳着两条长辫子的刘思齐坐在海边，心潮起落，忧郁无法随云飘散。

毛岸英深深刻在了刘思齐的心里，毛岸英的洒脱、深情依然伴随着刘思齐的日日夜夜。刘思齐愁肠万千地向毛泽东提出，能否同意朝鲜的要求，将岸英的遗体迁回祖国。毛泽东沉痛地摇摇头，说："青山处处埋忠骨，何必马革裹尸还。不是还有千千万万志愿军烈士安葬在朝鲜吗？"刘思齐理解地点点头。1959年，刘思齐请求去朝鲜为毛岸英扫墓，于是毛泽东个人出路费，安排思齐和妹妹张少华由任荣带领，以大使馆普通工作人员的身份，前往朝鲜平安道桧仓郡中国人民志愿军烈士陵园。烈士陵园坐落在山丘之巅，苍松翠柏，四周环绕，百级台阶，拾级而上。一座座庄严肃穆的圆形坟堆，排列得整整齐齐；一个个中国人民优秀儿女，安息在这里。毛岸英静静地躺在前排中间，迎接着爱妻的到来。

抚摸着那冰凉的墓碑，思齐的心碎了。"十年生死两茫茫，不思量，自难忘。"如今，她真的相信岸英已经离她而去，到了另一个世界，留下孤独的她，但她又是多么希望时光能够倒流啊！

风急天高断肠处，肺焦肝枯泪满襟。刘思齐哭倒在墓前，张少华也同掬一捧泪。任荣急了，反复劝说"怕朝鲜同志知道刘松林到来"，刘思齐这才一步一回头地离开烈士陵园。

1961年秋，刘思齐在北京大学以优异的成绩毕业，分配到解放军工程兵某科研部门从事翻译工作，改名刘松林。转眼间，毛岸英牺牲已经

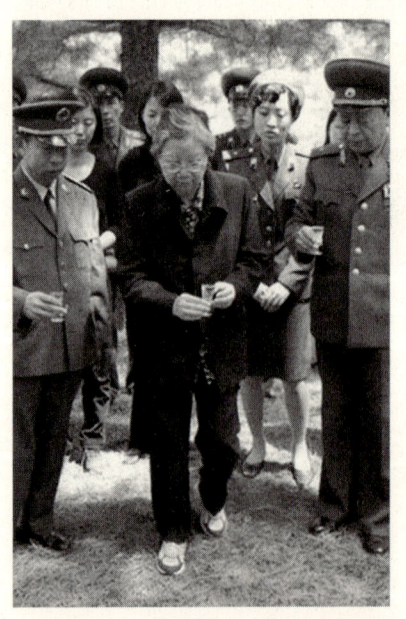

2006年5月12日，毛岸英牺牲后的第56个年头，刘思齐来到毛岸英牺牲的地方——朝鲜平安北道东昌郡大榆洞。这是刘思齐第五次到朝鲜，前四次都是去桧仓祭拜毛岸英烈士墓。对于年已古稀的刘思齐来说，此次亲自前往大榆洞寻访毛岸英的牺牲地，了却了她半个多世纪来最大的心愿。

2000 年 8 月，刘思齐在桧仓扫墓

11 年了，刘思齐也从一个 18 岁的少女迈入了而立之年。四千多个日日夜夜，刘松林不知流过多少伤心的青春泪水，不知经历过多少个午夜梦回。她没有了丈夫，她孤独无依，如同一棵无根的浮萍，生活好像一池长满青苔的死水，寂寞冷清。对此，毛泽东非常焦急，多次借题发挥和刘松林谈心："孩子，你还很年轻。不能这样过一辈子。我知道你对岸英感情很深，但守门望节是封建的东西。岸英不会赞成，我也不赞成。你这样孤苦伶仃地生活，爸爸心里不安，很难过。让爸爸给你找个对象吧！"

刘松林哭了起来。毛泽东深深叹了一口气。1961 年 6 月 13 日，毛泽东在刚刚主持开完北京中央工作会议的第二天，就提笔给刘松林写信，再次谈及此事：

女儿：

你好！哪有忘记的道理？腰痛要注意，是学习太多的原因。你为什么老劝不听呢？下决心结婚吧，是时候了。五心不定，输得干干净净。高不成低不就，是你们这一类女孩子的通病。是不是呢？信到，回信给我为盼！问好！

父亲

六月十三日

信的开头，一声"女儿"的呼唤，着实让人感动。毛泽东和刘松林这种特殊的父女关系，堪称历史佳话。"哪有忘的道理？"是啊，毛泽东怎么会忘记他的这个女儿呢？尽管国务繁忙，但他的内心依然牵挂着松林，尤其是她的终身大事，毛泽东更是操心。

"五心不定，输得干干净净。"这是毛泽东在战争年代经常讲的一句话，告诫军事指挥员应该当机立断，不能优柔寡断，错过战机。毛泽东以前就曾多次耐心地开导刘松林，方式比较委婉，但这次却是直言相劝："你为什么老劝不听呢？下决心结婚吧，是时候了。"言辞非常直接，但语气又相当含蓄。毛泽东同时还分析了女孩子找朋友"高不成低不就"的心态，意在再次提醒刘松林，应该下最后的决心，解决个人问题了。一个公公劝自己的儿媳改嫁，并始终把这件事当作自己的一个未了的心愿，这增添了毛泽东人格的无穷魅力。

刘松林被毛泽东的真情实意深深打动了，从此她听父亲的话，下决心走出往日生活的阴影，并在父亲的进一步关心下，真正地开始了全新的生活。就像她后来怀念父亲时所说的那样："尤其是在岸英牺牲后，他关心着我的思想，我的学习，我的工作，我的健康，甚至我闲暇时阅读的书籍。到后来，他像慈母一样关心着我的婚姻……"

毛泽东为刘松林的婚姻大事确实花了不少心思，并亲自托人为她介绍对象。不久，空军副司令兼空军学院院长刘震向毛泽东汇报了空军学院强击机教研室教员杨茂之的情况：杨茂之是山东人民的后代，曾公派留学苏联，年龄比刘松林大一岁，个子长得高高大大。父母都是海边的渔民，本人具有劳动人民朴实忠厚的品格。毛泽东一听很高兴，觉得直接向刘松林介绍不妥，转头请亲家张文秋先看看，再介绍给大女儿。

刘松林和杨茂之的相识也是一种缘分。两人都是山东人，都在苏联留过学，在大使馆举办的国庆招待会上，两人还曾见过面，性格也都直爽，爱憎分明……经过一段时间的相处，两人终于相爱了。

1962 年 2 月，刘松林和杨茂之的婚礼在北京南池子刘松林所住的四合院中举行。简朴而又热烈的婚礼迎来了谢觉哉、伍修权、刘震等老一辈革命家。终于了却了心愿的毛泽东，欣喜之余手书一幅刚刚创作的《卜算子·咏梅》，作为新婚的贺礼，并给了三百元钱叫刘松林自己购置礼品。

"风雨送春归，飞雪迎春到。已是悬崖百丈冰，犹有花枝俏。俏也不争春，只把春来报。待到山花烂漫时，她在丛中笑。"瑰丽浩瀚，标格风流，把美好的人格寓于梅花之高洁完美之中，这不正是诗人毛泽东自己人格和气度的真实写照吗？他把这首诗词送给新婚的女儿，可见他对刘松林的爱是何等深厚，对刘松林和儿子岸英之间的伟大爱情给予了深情的礼赞。

毛岸英牺牲后，毛泽东把儿媳刘松林当作自己亲生的女儿，他是这么说的，也是这么做的！

第四节　六个失落的子女

毛泽东的一生结过四次婚，生养有十个儿女，却有六人失落。为寻找这些失落的孩子，从组织到亲朋故旧均不遗余力。

毛岸龙是毛泽东与杨开慧所生的第三个儿子，生于 1927 年。当时，毛泽东因与陈独秀在党内意见相左而受到排挤和打击，心情不舒畅。不久，因忙于秋收起义，拉着队伍上了井冈山。直到毛岸龙在上海失踪，再也没有见过这个儿子一面。

1927 年杨开慧从武汉回长沙后，毛岸龙随母亲一起住在北门外沈家大屋旁的北角门楼，后又一起回到长沙县板仓外婆家。1930 年杨开慧牺牲后，毛岸龙和两个哥哥一起被外婆向振熙、舅妈李崇德送到上海，来到叔叔婶婶毛泽民、钱希均的身边，住进了中共的外围组织中国互济会办的大同幼稚园。1931 年春，因顾顺章叛变，上海地下党的机关遭到严重破坏，大同幼稚园被迫解散，毛岸龙和两个哥哥又被寄养在当时公开身份为牧师但实际上是地下党的董健吾家中，后因董健吾被迫转移去武汉等其他原因，他们三兄弟只好流落在上海街头。

流浪的生活是十分痛苦的，当时岸龙年纪甚小，尚无独立生活的能力，主要靠两个哥哥卖报纸、拾破烂、帮人推人力车维持生活。他们终日里露宿街头，居无定所。岸龙某一天与两个哥哥失散，从此杳无音讯，是死是活，后人不得而知。侥幸的是还有一张当年大同幼稚园小朋友们的合影存世，透过那张泛黄的照片，小岸龙和哥哥们那一张张充满稚气的脸依稀可见。

毛泽东带领秋收起义的队伍来到井冈山后，因音讯隔绝，与杨开慧失去联系。后与贺子珍结了婚，两人相处十年，前后生了六个孩子，然而活下来的，却只有女儿李敏。

1929 年，在红军二打龙岩的时候，贺子珍第一次分娩，生下了一个女孩。

毛泽东很喜欢这个女孩子，这是他继岸英、岸青、岸龙之后，第一次喜得千金。他笑着对贺子珍说："她倒会挑日子，找了一个好地方出生呢！"

龙岩是福建省的一个中等县城，是闽西的政治、经济、文化中心，比较富裕。红军入城后，在这里建立了革命政权，贺子珍能在这样的条件下生她的第一个孩子，自然令毛泽东十分高兴。

不过，当时贺子珍尚不满20岁，过早地做母亲，并非她之所愿。但孩子生下后，看着那稚嫩的脸，母爱的本能也不禁油然而生。

孩子生下不久，毛泽东就托人为她找到一位可以寄托的人家。他对贺子珍说："把孩子寄养出去，今天我们只能这样做。我们以后会回来的。等到革命胜利了，我们再把她接到身边。"

贺子珍忍着心中的痛苦点点头。她是个刚强的女人，不愿意让毛泽东为这些事情操心。

红军撤出龙岩时，考虑到很快便能回来，毛泽东没让贺子珍跟着队伍走，而让母女俩隐蔽在城外一家老百姓家里，这样也好让贺子珍产后多休息几天。

但同孩子分别的一天总是要到来的。这一天，贺子珍用被子把婴儿裹好，自己把她抱到联系好的那户大嫂家里去。她没有什么衣物给孩子留下，只把事先准备好的15块银圆，放在那位大嫂手里说："麻烦你把孩子抚养大，日后我们会回来接她的。"

送走孩子后，贺子珍的心里有些难过，觉得周围零零落落，极其冷漠，但她没有落泪。当时，她还有个乐观的想法，以为红军常在这一带活动，见面是不难的。想不到，这竟是同亲生女儿的永别。

1932年4月，红军再次打开龙岩，贺子珍在县城里一面忙着为军队筹粮筹款，一面惦念着自己寄养的女儿。毛泽东的弟弟毛泽民，按照贺子珍的记述，找到当日托付的那位大嫂，打听孩子的下落。可是得到的回答却是：孩子已经不在人世了。

乍一听到这个消息，贺子珍半天说不出话来。愣愣地坐在那里。毛泽民的爱人钱希均安慰她说："不要太难过，为了革命，我们只能这样，又有什么办法呢？"

事实上，贺子珍也没有更多的时间沉浸在儿女之情中，艰苦的环境，复杂的斗争，占去了她全部的精力，她无暇为女儿的事过分伤感，只好尽快地把这种感情丢开了。

1932年11月，贺子珍在福建长汀生下了她和毛泽东的第二个孩子。因为是个男孩，毛泽东把他和杨开慧的三个孩子并列，取名毛岸红。当时贺子珍正得疟疾，医生怕影响孩子的健康，不让她喂奶，毛泽东便又托人给孩子找了个奶妈。

奶妈是江西人，当地的江西人好把小孩子叫毛毛。入乡随俗，毛泽东与贺子珍也就跟着奶妈称毛岸红为小毛毛了。而毛泽东的同事则把他叫"小毛"。小毛毛生得端端正正，眼睛挺大，像他爸爸。毛泽东非常喜欢他，每次来医院，都要从奶妈手里把小毛毛抱过来，又是亲，又是摸。有时孩子睡熟了，他就把孩子放在贺子珍身边，自己则坐在他们母子身旁，静静地凝视着。

第五次反"围剿"失败时，毛毛已经两岁多了，牙牙学语，正讨人喜欢。他是毛泽东与贺子珍所生的六个孩子中，唯一在两人身边抚养的，因此备受父母的宠爱。毛泽东每次出门，到了傍晚，小毛毛都要站在门口，倚门而待，等爸爸回来。有时候，他等饿了，爸爸还没有回来，就会学着妈妈的样子说："我不饿，我要等爸爸回来一道吃。"

长征开始后，毛泽东夫妇商定把孩子交给留下来坚持游击活动的弟弟毛泽覃和弟媳贺怡。临行前，贺子珍从邻居那里要来些棉花，把自己的一件灰布军装剪开来，就着灯光，一针一线地给儿子缝制了一件小棉袍……

瑞金和中央苏区失陷后，毛泽覃恐怕走漏消息，小毛毛会遭不测，就把他秘密转移到瑞金一个警卫员的家里。以后毛泽覃在一次战斗中不幸牺牲，小毛毛也从此下落不明。

新中国成立前夕，为完成毛泽覃的遗愿，也为了满足毛泽东、贺子珍对儿子的思念之情，贺怡曾回去寻找毛毛。

那时，毛泽东刚进城不久，还住在香山。一天，贺怡跑来对他说："在江西丢掉的毛岸红现在已经找到了。"毛泽东当时听了非常高兴，就详细问了一些具体情况。贺怡仔细说了一些特征后，毛泽东认定和他记忆中的时间、地点、岁数和相貌均不相符。后来，贺怡又转赴江西吉安，继续为寻找毛毛奔波，途中不幸因车祸遇难。

1953 年，幽居上海的贺子珍给当时的江西省省长邵式平写了封信，说她在瑞金时生有一个男孩，叫小毛，长征出发前通过毛泽覃、贺怡夫妇寄养在老俵家里，现在思儿心切，请千万千万帮助查找……

江西省优抚处干部王家珍带着组织上的重托，终于打听到朱盛、黄月英夫妇曾在

1934 年 10 月，养了红军的一个小男孩，取名朱道来。

那天，当贺子珍看到朱道来的照片时，不禁愣住了。"多么像年轻时的毛泽东呀！"她很快向组织报告了此事。不久，有关朱道来的照片材料和照片由中组部转到贺子珍处。贺子珍看完材料后，高兴地向中组部反映："从材料反映的情况看，朱道来很像是我的小毛。"她恳请组织上让"小毛"和他的养母一道来上海一趟，想亲眼见见他们。

王家珍、黄月英带朱道来到了上海。贺子珍仔细地端详着朱道来，顷刻间止不住喜泪纵横，声声颤抖地说："毛毛，这就是我的毛毛。"

为了防止出错，贺子珍还带毛毛检查了身体，结果，朱道来的血型与贺子珍一致。这更使贺子珍确信朱道来就是她当年所生的毛毛。当黄月英把当年的一件小棉袍交给贺子珍时，贺子珍双手颤抖着，不禁流下了两行热泪，想起了当年送毛毛的情景。

一晃两个月过去了。中组部打来电报，要朱道来、黄月英同去北京一趟。于是，朱道来、黄月英、王家珍一家作为中组部的客人，住进了招待所。其实，朱道来的照片早就通过周恩来转到了毛泽东的手中，毛泽东仔细辨认后虽没有说什么肯定的意见，但也传下话说："这孩子很像年轻时的毛泽覃！"

然而，就在这时，半路上突然杀出个"程咬金"来。南京来了一个中年女干部，找到中组部，申明说："朱道来是我的孩子，你们还给我……"

事情骤然间变得复杂起来了。

毛泽东听了周恩来关于这一情况的报告后，果断地说："不管是谁的孩子，都是革命的后代，把他交给人民，交给组织吧！"

朱道来被送到了帅孟奇家里。当时，帅孟奇和邓颖超等人一样，家里收养了一批烈士的遗孤、革命者的后代。

当黄月英辞行返乡时，中组部的代表感谢了她，向她表示敬意。朱道来与养母分手时，哭成了泪人。朱道来到北京不久，即被送往清华大学附中读书，后来上了清华大学，学的是工科，毕业后分配到一个国防科研单位工作，据说"文化大革命"后，死在南京。

1933年，也就是贺子珍刚生下小毛毛之后不到一年，贺子珍又早产了一个男孩，是由后来曾任中央人民政府卫生部副部长的傅连暲大夫亲自接生的。可惜因为早产，这个孩子没有活下来。

红军长征途中，贺子珍第四次怀孕。一天下午，她所在的红军休养连来到贵州白苗族的一个村庄，当部队准备翻过一座叫作白山的山峰时，贺子珍的肚子突然阵阵疼痛，她预感到就要分娩了。休养连的连长侯政马上让一些战士停下来，在路边找了一间房子，把贺子珍抬了进去。连里的医生和护士则留来为贺子珍接生。

休养连的队伍继续前进，后续部队也一支一支地从他们的屋前经过。最后，连殿后的部队也要走过去了。他们留下话来：敌人正从后面追赶过来，你们必须在下午四时以前翻过山去，否则就有被敌人追上的危险。留下来的连里的领导紧张地守候在"产房"外面，一面为贺子珍能否顺利分娩而担心，一面计算着时间，考虑如何应付眼前可能出现的复杂情况。

"产房"是一间用单层砖砌成的破旧房子，里面空无一物，没有床，没有锅，也没有灶，甚至连门都没有，只剩一个破门框支在那里。可能是因为靠近路边，这里已多次被敌军洗劫，贺子珍只好躺在担架上生产。同志们张罗着想烧点水，可是没有柴火，水井也不知道在哪里。时间紧迫，不容许他们从容地寻找。贺子珍生下一个女孩后，担架员便抬起她匆忙上路了。贺子珍的衣裤上、担架上，都留下了揩抹时的斑斑血迹。

前面的路程遥远而又艰苦，对这个刚刚出生的婴儿的处置方法只有一个，就是送给当地的老乡——这是不需要做任何讨论的，也是不需要征求任何人的意见的。毛泽民的夫人钱希均用一件大衣把女婴裹好，贺子珍用虚弱的手从身上掏出仅有的四块银圆，交给钱希均说："把这几块钱带上，交给老乡抚养孩子用吧！"

担架员抬着贺子珍走了没多远，钱希均抱着婴儿又追了上来，对贺子珍说："你赶快给孩子起个名字吧，或者留下个什么东西日后好相认。"

贺子珍摇摇头，刚毅地说："不用了。革命的后代，就让她留在人民当中吧。孩子将来要是参加革命，我们日后可能相见；如果不参加革命，就让她留在人民中间，做个老百姓吧！"

　　后来，贺子珍唯一留下的女儿李敏到了毛泽东身边，她自己孑然一身度过那漫长的岁月时，她牵肠挂肚地怀念起被自己扔下的这个女儿来，她曾设法查访，但没有下落。她后悔当时自己没有给孩子留下什么东西，以便日后寻访。

　　后来她还哀伤地说："长征路上的这个女孩子，我连看都没看清楚她长的是个什么样子，也说不清楚是丢在了什么地方，送给了什么人家。我也无法知道她的死活。后来，毛主席知道我分娩后把孩子送给了人家，点点头，赞同说'你做得对，我们只能这样'。"

　　红军长征到达陕北后，身体一直未能恢复的贺子珍又一次怀了孕，这给她的身体和思想增添了很大负担。1936年，东北军进攻瓦窑堡，中央所有机关都迁到保安。在保安安家没几天，贺子珍就生下了女儿李敏。

　　1937年，贺子珍第六次也是最后一次怀孕，这时她与毛泽东的关系已出现裂痕，便毅然单身前往苏联。1938年5月，贺子珍在莫斯科生下一个男孩。一位苏联老太太，热心照顾她坐月子。满月后她把孩子送到婴儿室，自己则进了苏联为培养亚洲地区革命者专门开办的东方大学。

　　不幸的是，孩子在10个月的时候，得了感冒，婴儿室的医疗条件很差，没有护理好，转为肺炎，还没来得及送医院抢救，就夭折了。

　　贺子珍感到万分悲痛。她觉得，孩子的死完全是因为自己没有尽到做母亲的责任。那几天，孩子的情况不大好，她怕影响学习，不想请假，仍然把他送到婴儿室去，没想到竟耽误了治疗……她流着擦不干的眼泪，把孩子送到莫斯科郊外的一座公墓，埋葬了。

　　毛泽东曾这样说过："我们干革命是为了造福下一代，而当时为了革命，又不得不丢下自己的下一代。"

第十六章　英雄的暮年

毛泽东缓缓地闭上了眼睛，陷入了深深的回忆之中……清水塘，那是他和妻子杨开慧共同生活和战斗过的地方；哦，周南女中，婚后的开慧就在那里读书呀；湘雅医院，是他的大儿子毛岸英出生的地方……定睛河东的一师范，同学少年的读书声、杨昌济先生的谆谆教诲又在耳边响起……眼光掠过杨开慧牺牲的识字岭，他仿佛看到了插上红旗的井冈山，最忠诚的战友袁文才、王佐，还有最艰难的 10 年中始终照顾和陪伴他的贺子珍……

第一节　两次故园之行

1919 年，毛泽东在为母亲守灵时，曾含泪在《祭母文》中写道："有生一日，皆报恩时。有生一日，皆伴亲时。"

1959 年 6 月 25 日，毛泽东在夏日里回到老家。这时，新中国成立已经 10 年，他离开故乡也 32 年了。离开家乡时，他才 34 岁，风华正茂，正为国家和人民大众的命运在危险中奔波。重回家园，他已是 66 岁的老人，并早已成为中华人民共和国和中国共产党的最高领袖。虽然随着岁月流逝，年近古稀，毛泽东没有忘记生他养他的可亲可敬的父母亲，心中仍对父母怀着无限的依恋。作为一个久别故乡的游子，他回来寻找旧梦。

重回韶山，毛泽东心情是很不平静的。32 年，整整 32 年了，32 次花开花落，32 个春夏秋冬。重又踏上故土的青山绿水，他觉得那样亲切，那样熟悉。他走进上屋场旧居，在父母的房间里，他一眼看到了父母亲的合影照，照片上的母亲慈祥地望着他。母亲的面容总是那么和蔼可亲，总是那样温暖。父亲的目光，看上去还是那样冷峻严厉，威严有加，透着一股精明之气。他在父母的照片前伫立，凝视良久，无限惋惜地对随行人员缓缓地说："那个时候医疗条件差，要是现在（他们）就不会死了。"走进自己当年的卧室，一眼看到他们三兄弟与母亲的合影，顿时激动起来，家乡土话脱口而出："咯是从哪里拱出来的呀？"亲人已作古，温情依然在。在场的人都深受感染。

早晨，毛泽东要去看看长眠的父母。不过，他谁也没有告诉。他默默爬上故居对面的楠竹坨，那里有他的父母和妻子大秀的坟墓。

"父亲、母亲，儿子看你们来了！"在父母的坟前，毛泽东深深地三鞠躬，又将一把松枝插在坟头，说："前人辛苦，后人幸福！"

三十多年前，毛泽东带着弟妹们走出韶山，民国十四年，他又带着弟妹，还有杨开慧母子一起来祭拜过父母，而今，却只有他一个人来。面对父母，毛泽东心里掠过一丝凄凉和愧意——两位老人，如果还在世，分别为92岁和89岁了，但他们在40年前就已去世。现在，当他们66岁的儿子站在他们面前时，当会理解儿子的一切——尽管他们牺牲了两个儿子、一个媳妇和两个孙子，但他们如果在天有灵，必定会为他们的儿孙建立的不可磨灭的伟大功业而骄傲。

回到住处，他对随行人员说："我们共产党人是彻底的唯物主义者，不信什么鬼神。但生我者父母，教我者党、同志、朋友也，还得承认。"年轻时，毛泽东在外求学，没能在他们身前尽孝。父母逝世时，他均不在身边。后来，南北征战，国务缠身，无法像普通人那样每年清明到父母坟前上香添土。多年埋藏在心底的怀念和遗憾，化成了两句深情的话："我下次再回来，还要去看他们两位。"

对没有见过面的先人，毛泽东也怀着感佩和怀念之情。路过毛氏宗祠时，毛泽东说："管他三七二十一，进去鞠几个躬再说。"边说边走进祠堂，在祖宗牌位前庄重地三鞠躬。走到家庙毛震公祠时，毛泽东又进去看了看。当发现没有先祖牌位时，他马上问先祖牌位哪里去了。陪同人员说，有人将它们烧了。毛泽东听了有些生气地说："你们这样有得柴烧？！"接着正色教育族人说："菩萨是迷信，应该打倒，烈士墓和祖宗牌位是纪念。"毛泽东还专门查阅了毛氏族谱，缅怀祖先。

毛泽东很早便离开故乡热土，为了全民族的利益，在外奋斗不息，革命成功后，他对父老乡亲们表现出异常的缠绵和依恋。6月26日晚上，他自费请大革命时期一起干农会的老共产党员、农民自卫队员和烈士家属吃了一餐便饭。饭菜算不上丰盛，气氛却是相当热烈。离开韶山前，他还邀请了不少老农在招待所开了一个座谈会，下

1959 年 6 月 26 日，毛泽东在韶山视察农业生产。

午又在广场和近千名学生、乡亲照相。

照完相，毛泽东登上了吉姆轿车。看着乡亲们一个个眼含泪水，情感丰富的毛泽东又走下车来，用熟悉的韶山话喊道："同志们，我还要回来的。再见！"

"我还要回来的！"韶山冲久久回荡着毛泽东浓厚的乡音。

毛泽东说，"我还要回来的！"毛泽东几时还会回来呢？乡亲们翘首以待。

七年后，1966 年 6 月 17 日下午 4 时，毛泽东又一次回到了韶山。这一次，毛泽东没有卜榻招待所，而是悄悄地驰往滴水洞，由当时的湖南省委常务书记王延春、8341 部队政委汪东兴和中央警卫团团长张耀祠等陪同。

滴水洞，不是洞。滴水洞是毛泽东的祖居地。1959 年毛泽东回韶山时，曾向陪同的湖南省委第一书记周小舟提出在"吊须洞（今滴水洞）那里搭建一个草棚子"，希望有一天"解甲归田在此颐养天年"。毛泽东的"草棚子"始建于 1960 年下半年，1962 年年底竣工。滴水洞，是毛泽东生平唯一的一处别墅。

这是两张 1959 年毛泽东在
韶山与群众交谈的照片。据工作
人员回忆，毛泽东与韶山群众谈
话，用的是地道的韶山方言。熟
悉的乡音，浓浓的乡情，喜悦和
笑容洋溢在每个人脸上。

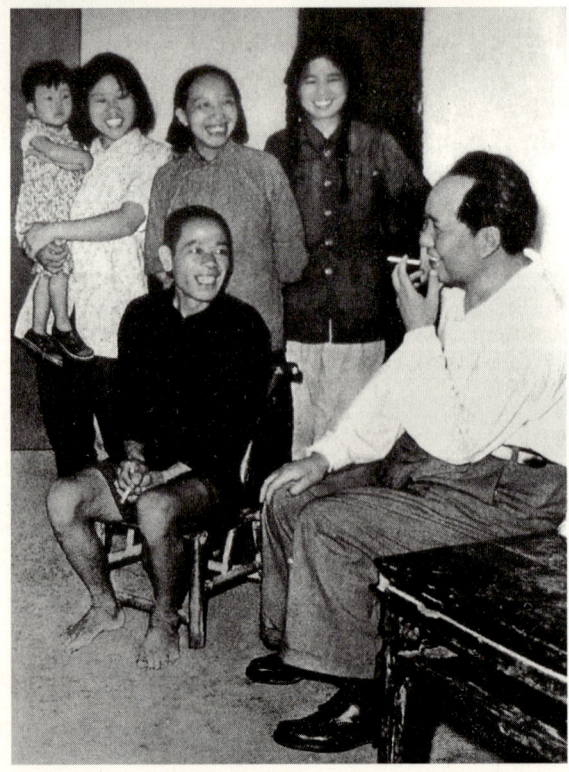

1966 年 6 月，毛泽东在韶山水库游泳

　　毛泽东二回韶山，秘密地在滴水洞一号楼住了 11 天。毛泽东这次回韶山，是相当保密的，除了陪同人员和总理周恩来外，谁都不知道。当天，一号楼设立了直通北京的保密电话。每天有一架飞机往返于北京—长沙的上空，为毛泽东运送重要文件和材料。过去，每逢大战之前，毛泽东总喜欢找一个清静的地方，思考一些问题。滴水洞，正是这样的一处所在。

　　从表面上看，毛泽东在滴水洞的日子是平静的。他每天都在看文件看材料，并每天晚上读书和思考问题。生活习惯也和平时没什么两样，中午起床，一日两餐。在漫长的 11 天中，毛泽东仅出滴水洞一次，那就是 6 月 22 日去韶山水库游泳，只游了55 分钟。

6月28日上午8时，毛泽东要走了，地方各级领导前来送行。应大家要求，毛泽东同送行人员及滴水洞的工作人员照了相。

照完相，毛泽东与大家一一握手道别。

1966年6月28日，毛泽东离开湖南韶山滴水洞时与湖南地方领导和滴水洞工作人员合影

汽车已经按行车顺序排好，大家分立在道路两侧依依不舍地为毛泽东送行。本来，毛泽东应该上车了。警卫员已经为毛泽东打开了车门。就在身边的工作人员以为毛泽东就要动身上车的时候，毛泽东突然回转身，一边走一边用浓厚的韶山口音说："你们走喽，我还要坐下哒！"说完，迈着沉重的步履走进一号楼前厅。

进得前厅，毛泽东在客厅的长沙发上一屁股坐了下来，东看看，西瞧瞧，一句话也没说，显得心事重重。服务员郭国群、曾彩谋知道毛泽东舍不得离开这里，赶忙为他泡了一杯韶峰云雾茶。几天来，毛泽东一直喝这种茶，今天却感到特别新鲜，他不慌不忙地喝完了最后一口，还把茶叶捋到口里慢慢嚼着。

　　随从人员故意把左手伸得老长，银灰色的手表露在外面，意在提醒毛泽东该走了。毛泽东装作没有看见。这时候，工作人员又走到毛泽东身边，小声说道："主席，一切都准备好了，走吧！"毛泽东眉峰耸起，不耐烦地说："还是要走，还是要走。真是身不由己！"

　　毛泽东再次慢慢起身，一步一步恋恋不舍地走出了一号楼，步伐显得非常的沉重。毛泽东站在车前，最后深情地望了一眼这片生养他的故土，坐上了小车。上午9时15分，车队离开了韶山的滴水洞。

　　当汽车开到韶山毛泽东纪念馆门前时，毛泽东让司机停了一会儿。他掀起窗帘，意味深长地看了看纪念馆的门庭，那里有一尊毛泽东塑像立在那里。然后，他贪恋地望着小时候十分熟悉的毛氏宗祠，久久无语……这是他最后一次回韶山，他对这儿的山山水水作了最后的深情体味。

　　毛泽东两次回韶山，前后相隔七年。第一次回韶山三天，天天和乡亲们在一起，了解乡情，谈笑风生；第二次回韶山却极力封锁消息，在滴水洞的11天，整天与文件资料打交道，沉思不语。细细想来，这一切皆与当时的形势有关。

第二节　三上庐山

庐山是座名山，又称匡山，殷周匡氏兄弟结庐于此而得名。位于江西之北，南临鄱阳，北临长江。

"庐山"的名字，最早出现在司马迁的《史记·河渠书》中。此后，佛学宗师慧远和道学宗师陆静修在此弘扬教义。从陶渊明、谢灵运，到李白、白居易、欧阳修、苏轼、王安石、陆游、朱熹，再到康有为、胡适、郭沫若等，计有 1500 余位文人巨匠登临庐山，留下诗词歌赋 4000 余首，庐山文化名山赖此而立。

庐山成为政治名山，是 20 世纪 30 年代以后的事情，自此始，越来越多的政治活动与庐山结缘。庐山云雾，也从此进入中国政治生活的舞台。最初使庐山成为一座政治名山的，是蒋介石。蒋介石曾说，中国的名山，他最喜欢庐山。自 1926 年至 1948 年，蒋介石有 13 个年份到过庐山。

西安事变后，周恩来两度上庐山与蒋介石谈判，促成了国共合作抗日的新局面。1937 年 7 月 17 日，蒋介石发表著名的庐山谈话："如果战端一开，那就是地无分南北，年无分老幼，无论何人，皆有守土抗战之责任，皆应抱牺牲一切之决心。"

蒋介石最后一次到庐山是 1948 年 8 月。这一次，他为所住的别墅留下了"美庐"的题刻。蒋介石怀念庐山。1965 年 7 月，蒋氏父子与来往于国共两党之间的使节曹聚仁密谈，形成了一个与中共关于和平统一中国的谈判的条款草案，草案共六项，第一项就是：蒋介石仍为中国国民党总裁，偕同旧部回到大陆，可以定居在浙江省以外的任何一个省区，北京建议拨出江西庐山地区作为蒋介石居住与办公的汤沐邑。

新中国成立后，毛泽东三上庐山，分别是 1959 年（7 月 2 日—8 月 16 日）、1961 年（8 月 23 日—9 月 16 日）、1970 年（8 月 23 日—9 月 6 日），共居住 135 天。毛泽东在庐山，大部分时间都住在美庐。

美庐位于庐山牯岭东谷的绿荫深处，背依大月山，前临大冲河，坐落的位置形如安乐椅。别墅始建于 1903 年，石木结构，由主楼和附楼两部分组成，宽敞、雅静、

这就是国共两党最高领袖都住过的美庐别墅

庄重、优美。别墅原主人是英国人赫利，赫利太太与宋美龄交好，1934年，她将房屋作为礼物送给了宋美龄。

　　1959年6月27日下午，毛泽东结束了三天两夜的第一次故园之行，离开韶山，经长沙、武汉，上了庐山。在庐山，毛泽东主持了中央政治局扩大会议，召开了中共八届八中全会。

　　1959年6月30日清晨，毛泽东乘坐一辆黑色的吉普车来到了美庐。他环视了一下花木扶疏的庭院，晨光中并未在意岩石上镌刻的"美庐　蒋中正"字样。当工作人员介绍了别墅的历史背景后，他才饶有兴味地再次下楼，并戏谑地说了一句："委员长，我来了！"逗得大家都笑了。与蒋介石夫妇一样，毛泽东住二楼，江青住一楼。但江青说，宋美龄睡过的床她不睡，所以就把一楼卧室的床换掉了。国共两党最高领袖都住过的别墅，全国唯美庐一处。毛泽东并不介意美庐曾是蒋介石住所的历史。一天，工作人员乘毛泽东外出时，找来石匠，要凿去蒋介石在美庐留下的石刻，被正好回来的毛泽东看到了，连忙制止，说："蒋介石在这里住过，这是历史，不能否定。"

1959 年的庐山会议，初期是一个"神仙会"。大家在会上毫无拘束，像神仙聚会一般，轻松自然地畅所欲言。庐山乃天下名山，颇富历史古迹和神仙故事，人们游兴极高，诗风很盛。毛泽东那首著名的《七律·登庐山》就是在蒋介石用过的那张雕花檀木书桌上写下的：

> 一山飞峙大江边，跃上葱茏四百旋。
>
> 冷眼向洋看世界，热风吹雨洒江天。
>
> 云横九派浮黄鹤，浪下三吴起白烟。
>
> 陶令不知何处去，桃花源里可耕田？

此诗初稿原有小序："1959 年 6 月 29 日登庐山，望鄱阳湖、扬子江。千峦竞秀，万壑争流，红日方升，成诗八句。"毛泽东立于群山之巅，极目四方，看到了一个雄奇壮阔的世界，表达的情绪与五天前写的《七律·到韶山》一脉相承，乐观的情绪，革命的豪情，一望而知。9 月 1 日，毛泽东致郭沫若的信很能说明他当时的心态和认识："近日写了两首七律，自以为可，可以上《诗刊》。"又说："今日右倾机会主义猖狂进攻，说人民事业这也不好，那也不好，我这两首诗，也算是答复那些王八蛋的。"

"庐山会议"本是为了纠正"大跃进"时期造成的错误而召开的，而会议之后"左"倾的风气在全党全国非但没有被遏制住，反而变本加厉，愈演愈烈。这跟毛泽东当然分不开，到了会议前夕，毛泽东的心态还是"陶令不知何处去，桃花源里可耕田"，可见他的心底里没有觉得"大跃进"有什么不好，反而觉得美好的社会就在眼前。

对于当前形势，彭德怀那天本是想当面与毛泽东谈出自己的看法的，但他去毛泽东住所时，毛泽东已经睡了。于是，他于 7 月 14 日写了一封信给毛泽东。彭德怀是个在党内军内威信非常高的同志，一身正气，在上庐山前，他在乌石、韶山和平江等地做过调查，发现了一些问题。在给毛泽东的信中，比较深刻地谈到"大跃进"等一些问题及问题的关键所在。不能否认彭德怀的看法是很有见地的，但因为"大跃进"存在一些问题就怀疑"大跃进"中群众的热情和成就，毛泽东对此是不赞同的。毛泽东接到信后，思虑了一天，处理的方法有多种，当然最根本的还是要统一全党的思想。最后，毛泽东决定将彭德怀的信以意见书的形式发出来，展开辩论。

7月16日毛泽东给彭德怀的信加了《彭德怀同志的意见书》的标题，批示："印发各同志参考。"7月18日，彭德怀提出他的信是写给毛泽东个人的，要求退回，未得到同意。7月21日，张闻天在第二组作了长达三个小时的发言，从理论的高度支持了彭德怀的意见。面对彭德怀和张闻天的"文武张弛"，毛泽东错误地认为这是他们有目的的反党活动。于是，毛泽东在7月23日的大会上，发表了对彭德怀信的看法，发动了对彭德怀的批判，甚至说出了"解放军不跟我走，我就找红军去"的话，大会由此开始一边倒，"神仙会"变成了尖锐的"批判会"。彭德怀在对他进行批判的政治局常委会上表示，不管会议最后给他作出什么结论，他保证做到三条：一、不会自杀；二、不会当反革命；三、不能工作了回家种地，自食其力。

庐山会议发生从纠"左"到"反右"的转向，人们似乎很难理解。薄一波在后来说，"在相当长的时间内我也感到困惑"。彭德怀更没有想到一封信会引起如此轩然大波。1967年7月19日，北京航空学院的红卫兵批斗彭德怀，在回答为什么写意见书的提问时，彭德怀说，"我就不该写那封信"，"对庐山会议还保留自己的看法"；在回答"庐山会议为什么要打倒你"的提问时，他说，"我也不明白为什么要打倒我"。

1959年的庐山会议，也是中共历史上沉重的一笔。

毛泽东第二次上庐山，是1961年8月23日至9月16日，中共中央在庐山举行工作会议。9月9日，他在江青拍摄的一张照片背后，题写了一首著名的七绝《为李进①同志题所摄庐山仙人洞照》：

暮色苍茫看劲松，乱云飞渡仍从容。
天生一个仙人洞，无限风光在险峰。

---

① 李进，江青的化名。

1961 年，毛泽东在庐山

与其说这首诗是题照诗，倒不如说是写景诗；与其说是写景诗，倒不如说是哲理诗。当时正逢严重经济困难。在国际上，美国唆使南越在南海诸岛与中国闹纠纷，第七舰队出没在台湾海峡，威胁中国安全；苏联的赫鲁晓夫将中苏两党的分歧不断扩大，在政治上孤立中国，在经济上制裁中国。面对这种形势，毛泽东坦然处之，表现出克服困难的大无畏气概。诗中的"劲松"是自喻，也喻中国共产党和中华民族。在毛泽东看来，美帝国主义、现代修正主义、各国反动派，都是微不足道的"乱云"，而中国共产党和中国人民则是从容自若的"劲松"。

对于 1959 年的庐山会议，毛泽东也在反思。1965 年 8 月 23 日上午，毛泽东在中南海颐年堂约见彭德怀。毛泽东握住彭德怀的手说："几年不见，你显老了。"彭德怀回答："我是无事不登三宝殿。"毛泽东笑了，说："早在等着你，还没有睡觉，昨天下午接着你的信，也高兴得睡不着。"两人在院子里边走边谈，彭德怀谈到在庐山会议上的三条保证，毛泽东说："后面两条我还记得，也许真理在你那边。"这是毛泽东与彭德怀的最后一次会面。

毛泽东第三次上庐山，是 1970 年 8 月 23 日到 9 月 6 日，中共九届二中全会在庐山举行。

当时，林彪、江青两个集团之间的争夺逐渐激化，毛泽东与林彪之间在接班人问题、国际形势问题、军队的领导问题和设立国家主席问题、称天才问题等方面的分歧与矛盾，也日益激化。毛泽东向中共中央提出了召开第四届全国人民代表大会和修改宪法的意见，同时提出改变国家体制、不设国家主席的建议。在此后半年内，毛泽东先后六次说过不设国家主席和他本人不担任国家主席的话。这说明毛泽东要改变"接班人"先担任国家主席这一过渡办法，对林彪来说，则意味着取消了他接班的过渡手段和法律保障。

中共九届二中全会彻底粉碎了林彪想当国家主席，用"和平过渡"的方法篡权的阴谋。

在庐山，毛泽东十分喜欢去含鄱口。每次到庐山，毛泽东必到含鄱口。

含鄱口是蒋介石和宋美龄每次登庐山必到之处和先到之处。有人评价蒋介石不忘含鄱口，是喜欢那登高瞭望、天下其谁的气势，就像蒋介石在溪口老家钟情雪窦山一样，源于胜败不辱闭门"思过"；宋美龄是国画大师张大千的关门弟子，颇具艺术修养，她喜爱含鄱口，是流连那变幻万端，云之诡谲，雾之遮掩，予庐山以无穷的动感和魅力。

1961 年，毛泽东在庐山含鄱口。

毛泽东喜欢去含鄱口，是什么原因呢？

一阵清风吹来，又一阵清风吹来。毛泽东久久坐在含鄱口，俯视庐山乱云飞渡。

一阵云雾飘过，又一阵云雾飘过。毛泽东双手叉腰站起来，大步走到含鄱口岩边，极目远眺。

在那天地相间处、山水相连的地方，毛泽东一定看到了很多，也一定想了很多……

第三节　重上井冈山

井冈山，这一中国南部丘陵地带典型的小山脉，在中国革命史上有着特殊地位。从 1927 年 10 月秋收起义受阻撤到井冈山腹地，到 1934 年 10 月红军主力被迫离开中央苏区进行两万五千里长征，毛泽东在这一带战斗了整整七个年头。

1965 年 5 月 21 日，毛泽东在湖南省委第一书记张平化夫妇、湖南省公安厅厅长李强以及汪东兴等人的陪同下，重上井冈山。38 年前，毛泽东率领秋收起义的队伍，就是穿行在这条路上。

5 月 21 日晚到达湖南茶陵。茶陵，是当年毛泽东领导建立的第一个县级苏维埃政府的地方，毛泽东执意在办公室睡了一晚。22 日中午到达江西永新。永新，是贺子珍的故乡，毛泽东曾和贺子珍一起在那里进行过社会调查。在永新，毛泽东吃了一餐久违的烧狗肉，意味深长地说了一句话："这顿饭吃得从从容容，比 38 年前更香！"

5 月 22 日，向茨坪进发。从永新到茨坪 120 公里。在前往茨坪的路上，毛泽东提出要到茅坪去看一看。茅坪是井冈山时期前委和红四军主要活动的地方，湘赣边界第一次党代会也是在茅坪召开的。当年，茅坪是比茨坪更重要的地方。于是，小车从大路弯向小道，拐向茅坪。

在茅坪，毛泽东久久注视着当年的"谢氏慎公祠"，正是在这里，毛泽东被选为第一届特委书记。在祠后不远处的八角楼里，他写下了《中国的红色政权为什么能够存在》这一指导中国革命的光辉篇章。"八角楼的灯光"，令人难忘。下午 4 时，到达井冈山五大哨口之一的黄洋界，那里还保留着当年守哨红军住过的营房。毛泽东查看营房后，举步走向黄洋界纪念碑，并在碑前注目良久。之后，毛泽东在地势险要的黄洋界哨口极目远眺，回忆着当年的峥嵘岁月。

到达茨坪时，已是灯火齐明的晚上。毛泽东下得车来，环顾四周，风趣地说："这回可和当年大不一样了。那时敌人前堵后追，我们靠两条腿拼命地跑，一百里路走了半个月。这次坐汽车两天就到了井冈山。还是机械化快呀！"

茨坪，是当年井冈山革命根据地的党政机关所在地。1928 年 11 月，毛泽东在这里写下了《井冈山的斗争》。

5 月 24 日早饭后，毛泽东沿着宾馆后山散步。后面跟着一群警卫员出身的干部，如江西省副省长王卓超原来是省公安厅的厅长，江西省公安厅副厅长黄贵荣，延安时期就在毛泽东身边当警卫战士。井冈山宾馆前面是一条大路，宾馆后面没有路，毛泽东从地上拾起一根半长的竹竿，用手试了试，说："竹竿好。可以做拐杖，又可以做武器。"毛泽东用竹竿拨拨草丛，往没有路的地方走去。跟随的人对主席说："前面没有路。"毛泽东点点头，说："路总是人走出来的。有山就有路。"一边说，一边在前面用竹竿探路。走到一个小陡坡，杂草丛生，看不见土径，王卓超请毛泽东从旁边弯过去，毛泽东摇了摇头，就用那根竹竿，不要人扶，自己撑了上去。上去后，毛泽东开心的笑容感染了身旁每一个人。毛泽东朗朗地说："我自己不是上来了吗？人生就是走路。"

是啊，人生就是走路。古稀老人毛泽东，他一辈子都在为自己的民族找寻道路。

从 1893 年 12 月出生到 1949 年 10 月新中国成立，毛泽东到过很多地方，在北京、上海等大城市住过，但新中国成立后故地重访的，只有两处，一处是韶山，一处是井冈山。回故乡是人之常情，而重回井冈山又意味着什么呢？

毛泽东在茨坪住了七天，会见了当地的老红军和烈士家属，并与当地百姓促膝交谈。井冈山人民永远把毛泽东像矗立在山峰之间，与日月同辉；毛泽东终生把井冈山和井冈山人民铭刻在心怀之中，激情永驻。5 月 25 日，毛泽东写下了著名的词《水调歌头·重上井冈山》：

久有凌云志，重上井冈山。千里来寻故地，旧貌变新颜。到处莺歌燕舞，更有潺潺流水，高路入云端。过了黄洋界，险处不须看。

风雷动，旌旗奋，是人寰。三十八年过去，弹指一挥间。可上九天揽月，可下五洋捉鳖，谈笑凯歌还。世上无难事，只要肯登攀。

重上井冈山，毛泽东填写了一首《念奴娇·井冈山》：

参天万木，千百里，飞上南天奇岳。故地重来何所见，多了楼台亭阁。五井碑前，黄洋界上，车子飞如跃。江山如画，古代曾云海绿。

弹指三十八年，人间变了，似天渊翻覆。犹记当年烽火里，九死一生如昨。独有豪情，天际悬明月，风雷磅礴。一声鸡唱，万怪烟消云落。

加上 1928 年那首《西江月·井冈山》，毛泽东填过三首以井冈山为题的词。《西江月·井冈山》标志着红军在井冈山站稳脚跟，而后来的这两首《井冈山》则是抚今追昔，感叹人世变化之作。井冈山，是毛泽东一生之中唯一三次倾注诗情的地方。

继毛泽东重上井冈山后，李富春、罗瑞卿、郭沫若、李立三等也去登了井冈山。在井冈山，李立三真诚地说，那个时候毛泽东比自己高远得多，毛泽东开创了井冈山的道路，拯救了中国革命。1965 年 6 月 16 日凌晨，在杭州汪庄，罗瑞卿兴奋地向毛泽东汇报，一个访井冈山热正在全国兴起。继承发扬井冈优良传统，以井冈山革命精神推进全国各项工作已成为必然之势；其势与全国蓬勃兴起的学习毛主席著作高潮相互呼应。

1965 年，毛泽东重上井冈山。

"大不了再重新回到井冈山打游击"，是毛泽东晚年常说的一句话。重上井冈山后的一个月，他在一次会议上说，我胖多了，也老多了，只有这里不服老，不敢老。毛泽东指指自己的心窝。

1965 年毛泽东重上井冈山，或许意味着他希望以井冈山革命精神重新改造党、改造军队和国家，或许这正是他发动"文化大革命"的初衷。

第四节　最后一次横渡长江

早些年，韶山南岸池塘边竖着一块铁牌，上书："毛泽东同志少年时代游泳过的池塘。"1963年郭沫若参观韶山时，指着这口塘说："毛主席是少年游小塘，青年游湘江，老年游长江啊！"

毛泽东一生游长江40多次，除最后一次横渡长江当时公开报道过外，其余的都是在消息严格保密的情况下进行的。毛泽东最后一次横渡长江是1966年7月16日。他这次游过长江后登上的快艇，后来改名为"716艇"。1976年7月16日，为纪念毛泽东这次畅游长江10周年，国家邮电部发行了《到大江大海去锻炼》邮票一套三枚。现在，每年7月16日都成为武汉人横渡长江的节日。

1966年7月16日上午，武汉正举行有近5000人参加的第11届横渡长江游泳比赛。8时20分，毛泽东在湖北省委第一书记王任重的陪同下，登上快艇，在江心检阅游泳大军。突然，少年方队中有人发现了毛泽东，情不自禁地高呼："毛主席万岁！"毛泽东微笑挥手致意："同志们万岁！人民万岁！"那天，参加亚非作家会议的代表也在大游艇上看到了毛泽东，有人兴奋地在甲板上跳起了民族舞。

9时20分，大江两岸的扩音器开始播放《东方红》乐曲。宽阔的江面上，游泳者有的高举红旗，有的推着高大的毛泽东语录牌，语录牌上写着："团结、紧张、严肃、活泼"。10时30分，横渡比赛结束。11时整，毛泽东在武昌大堤口江面下水，双手劈水，向下游游去，边游边对身边的王任重等人说："长江水深流急，是游泳的好地方。可以锻炼身体，锻炼意志。"

正如毛泽东所说，长江水深流急。游了一会儿，突然起风，江上波涛起伏。王任重焦急地请毛泽东上船。毛泽东问游了多久了，王任重回答说45分钟。毛泽东说："还不到一个小时嘛！"接着，乘浪向东游去，一直游到青山附近的武汉钢铁公司。王任重在船上再次劝老人家上船。毛泽东风趣地说："你是这里的省委第一书记，我听你的命令。"

7月25日，《人民日报》报道了毛泽东这次畅游长江的盛况。这篇报道最后说："毛主席再一次踏破长江水、畅游天堑近三十华里的壮举，激荡着每一个人的心。'毛主席万岁'的欢呼声，在长江两岸一直持续了四个多小时。这动人的情景，表达了我国人民对伟大领袖毛主席的无限热爱和敬仰，在光辉的毛泽东思想的指引下，七亿人民放开眼界看未来，乘风破浪向前进！"

毛泽东最后一次游长江游了一小时零五分，从武昌大堤口顺流而下，一直游到武汉钢铁公司附近，游程近三十华里。当时有报道说，73岁的毛泽东上船后毫无倦意，依然是神采奕奕，红光满面。

上船后，毛泽东问王任重的第一句话是："可记得第一次游长江？"

王任重当然不会忘记。毛泽东第一次游长江给了湖北省委的领导们一个措手不

1966年7月16日，毛泽东在武汉畅游长江后，向群众招手致意。这是他最后一次横渡长江。

及。那是 1956 年 5 月 31 日，当车子驶到鲇鱼套时，毛泽东突然叫司机停车，说："我要游水。"开始大家还以为他在开玩笑，但毛泽东紧接着又重复了一遍"我要游水"，而且语气很坚决。当时武汉还潜伏着为数不少的国民党特务，陪同人员都一齐劝毛泽东不要游，武汉市委书记张平化也来劝阻，但毛泽东一旦决定的事是很难改变的。

保卫部门火速抽调人手，布置安全保卫工作。他们从湖北省体委调了 20 名政治过硬、技能体能出众的运动员来护游，同时在游泳点增派警卫，又派人找了 10 条小划子，在江面上从两旁保护毛泽东。

毛泽东这次游长江是从武昌造船厂下水的。后来他又有 13 次从武昌造船厂码头登船下水游长江。

多数西方人都认为毛泽东首先是一个政治家，然后才是诗人。而美国女记者安娜·露易斯·斯特朗却认为："毛首先是诗人。"因为，在延安，她与毛泽东谈过诗，毛泽东有一句话给她留下了深刻的印象：

"谁说我们这儿没有创造性诗人？"毛泽东豪迈地站着，背景是色彩分明的黄土和蓝天。他指着自己，声音提高了一倍："这儿就有一个！"

1956 年，毛泽东首次横渡长江

2003 年 12 月 26 日毛泽东诞辰 110 周年时，高 3.5 米、重达 7 吨的毛泽东汉白玉雕像在武昌造船厂落成。塑像展示了毛泽东畅游长江后，身着睡衣向职工致意的潇洒闲适的风采。塑像前面翻开的大理石书卷中，记录了毛泽东接见职工的情形和 14 次游长江的时间表；塑像后面是一堵长 18 米、高 1.8 米的大理石题词墙，上面镌刻着毛泽东 1956 年游长江后写下的《水调歌头·游泳》：

才饮长沙水，又食武昌鱼。万里长江横渡，极目楚天舒。不管风吹浪打，胜似闲庭信步，今日得宽余。子在川上曰：逝者如斯夫！

风樯动，龟蛇静，起宏图。一桥飞架南北，天堑变通途。更立西江石壁，截断巫山云雨，高峡出平湖。神女应无恙，当惊世界殊。

毛泽东一生喜欢游泳，其诗句中或"到中流击水"，或"会当水击三千里"，皆有江海之大气魄。这首词手稿原题为《长江》，1957 年《诗刊》发表此词时按毛泽东的意见改为《游泳》。游泳后用餐，菜中就有一道清蒸武昌鱼。武昌鱼就是鳊鱼，有窄鳊、宽鳊、团头鳊、红眼鳊等称呼。因为毛泽东的这首词，武昌鱼从此成了湖北的特色名品。

除 5 月 31 日第一次横渡长江外，毛泽东在武汉乘船视察长江大桥的建设情况时，又分别于 6 月 1 日、3 日、4 日畅游长江。6 月 1 日从蛇口下水游至汉口谌家矶，游程 13 公里；3 日从汉阳鹦鹉洲游至武昌八大家，游程 14 公里；4 日则从汉阳游至武昌。63 岁的毛泽东四天之内三次横渡长江成功，这在中外领袖人物中是绝无仅有的。事后，毛泽东以长江论美国，说："长江，别人都说很大，其实，大，并不可怕……美帝国主义不是很大吗？我们顶了他一下，也没有啥。所以世界上有些大的东西，其实并不可怕。"

当时具体负责毛泽东安全保卫工作的谢群滋回忆，毛泽东第一次在长江中畅游了一个多小时，在武汉余家头附近岸边登船。毛泽东一上甲板就向秘书请教：英语 Nation，为什么国家和民族通用？一个 60 多岁的老人，他在横渡长江，与大风大浪搏击的时候，思考的竟然是国家和民族的内涵！

第五节　最后一眼橘子洲头

尽管长沙不是毛泽东的出生地，但长沙之于毛泽东的意义却非同寻常。

长沙是毛泽东关于社会、国家改造的思想得到初步阐发的地方，也是其早期革命活动的实践地，此外长沙还是毛泽东私人情感的发生地。韶山冲给了毛泽东物质生命和早期的社会生活，而长沙却成了毛泽东政治生命、情感历程的开端。对于人的生命历程而言，其初始点总是那样魂牵梦绕。对于毛泽东而言，长沙正是这样的一个地方。

1974年10月中旬，毛泽东的专列沿京广线由北向南驶来，于13日凌晨到达长沙火车站。新中国成立以来的二十多年中，毛泽东曾意气风发地数十次乘专列在京广线上奔行，视察大江南北，到过长沙五十余次。但这次回湘，专列由北京驶出，中途没有安排过去南巡惯有的活动，只是在武汉作过短暂的停留，然后一路向南，直抵长沙。这是毛泽东一生中的最后一次长沙之行，也是逗留时间最长的一次，计有114天。

距离1971年8月23日那次回长沙，已经三年多了。那时，作为"接班人"的副统帅林彪，一方面语录不离手，万岁不离口，另一方面在暗中加紧策划反革命政变，企图谋害毛泽东。就在那个时候，毛泽东以他素有的大无畏气概，巡视南方各省，来到长沙，找湖南、广东、广西三省党政军负责人谈话，作了"三要三不要"的重要指示，还了解了湖南的治安和人民生活情况。"九一三"事件后，毛泽东在精神上受到了沉重的打击，突染重病，精力不济，体衰力弱，往常那飞扬的神采和矫健的步履渐失。尤其是1974年春天以来，视力减弱，几近失明。毛泽东是一个手不释卷的人，又要日夜批复文件，视力减弱对他来说，极为痛苦。8月初诊断为"老年性白内障"。虽说白内障是老年人的常见病，但必须等白内障成熟才能动手术。为了度过复明手术前必需的漫长的等待期，81岁的毛泽东才悄然离京，来长沙静养。所以，专列一到长沙，毛泽东就步履蹒跚地走下车来，对前来迎接的湖南省委主要负责同志作了简要的说明："这一次是来休息的，不谈工作。你们搞你们的，我不影响你们。"这是毛泽东第一次主动谈到休息。

　　毛泽东仍然住在湖南省委招待所六号楼。这是毛泽东喜欢住的地方。说是六号楼，其实就是一座平房，位于陈家山下，南面是省委接待处，北面通烈士陵园，东面是省委大院，绿树成荫，和谐宁静。陈家山种了很多橘子树，毛泽东喜欢在橘林中散步，风趣的毛泽东有时也半开玩笑半认真地警告工作人员，不要打橘子的主意。他对湖南省委大院的植树绿化很满意，既清新空气，又生产水果。

　　1974 年 10 月 15 日，是毛泽东到长沙后的第三天。初秋的清晨，天气还有点凉，毛泽东起床后，踱出卧室，径直朝六号楼前的空坪走去。身边的工作人员忙赶上来问他上哪去，他没有回头，脱口说：“到橘子洲头看看。”

　　毛泽东的活动一般都是提前安排的，尤其是在养病期间。毛泽东突然提出去橘子洲头，大家有些不解。一阵忙乱之后，一辆黑色的红旗轿车，拉起浅色的窗帘，悄无声息地驶出九所，驶出省委后门，上了林荫大道迎宾路。路的两旁结了厚厚的一层霜，寒意正浓。

　　快到清水塘时，毛泽东示意司机放慢速度。他想下车去看看，但天气和身体都不允许他下车。过了清水塘再往前走，是老火车站，几条铁轨穿过马路，伸向远方，汽笛声声，晓雾沉沉；再往前走，就是五一广场、湘江了。沿途经过的地方，毛泽东太熟悉了。他特意选择了这条路线，旧地重游，他想找一找感觉，找一找回忆。然而，这一次，他的确有些力不从心了。他缓缓地闭上眼睛，陷入了深深的回忆之中……清水塘——中共湘区委员会旧址，那是他和妻子杨开慧共同生活和战斗过的地方；哦，周南女中，婚后的开慧就在那里读书呀；湘雅医院，是他的大儿子毛岸英出生的地方……往事一浪高过一浪地涌上老人心头，恍然如昨。他想起博陵崔护那首著名的《题都城南庄》：“人面不知何处去，桃花依旧笑春风。”一丝失意、一丝惆怅突然袭上老人的心头。他的可亲可敬的妻子杨开慧、他常引以为豪的大儿子毛岸英都已经离他远去了……

　　轿车驶上湘江大桥。服务员告诉毛泽东，湘江大桥只用了一年时间就修好了。去年，省委领导曾把湘江大桥的照片拿给毛泽东看，说有多宽有多大，毛泽东却说什么湘江大桥，应该叫湘江小桥才对。今天亲眼看了湘江大桥，他感觉够大了。

　　轿车在橘子洲水陆寺旧址停下来。阵阵江涛拍打着江岸，低厚的云层涂抹得江天一色。毛泽东很想下车走走，但天气很凉，工作人员极力劝阻。毛泽东身不由己，他只能拉开窗帘，透过车窗，凝视着那魂牵梦绕的湘江水、那指点江山的橘子洲……远眺河西若隐若现的岳麓山，他仿佛看到了爱晚亭，仿佛看到了他的战友蔡和森、向警予、何叔衡、萧子升……定睛河东的一师范，同学少年的读书声、杨昌济先生的谆谆教诲又在耳边响起……眼光掠过杨开慧牺牲的识字岭，他仿佛看到了插上红旗的井冈山，忠诚的战友袁文才、王佐，还有在艰难的10年中始终照顾和陪伴他的贺子珍……

在橘子洲头已经建起了一块高大的诗碑，镌刻着毛泽东手书的《沁园春·长沙》，词和书法俱佳，堪称双绝。50年前，31岁的毛泽东独立长沙的寒秋，望滚滚湘江北去洞庭，橘子洲头的书生意气，挥斥方遒的革命激情，是多么的豪迈！50年后，81岁的毛泽东，只能坐在车中意会当年的中流击水，浪遏飞舟，一种若有所失又有所思的神情掠过脸庞。过了许久，老人轻轻地说了声："回吧！"

车开了好远，毛泽东还拉着窗帘，凝视着他曾在此青春激扬、指点江山的橘子洲头。这是毛泽东最后一次到橘子洲头。

1974年，已届81岁的毛泽东，不但年老体衰，而且国家政治生活中也有些壮志未酬之事缠绕着他。国事政务他原本事必躬亲，如今也托付给其他中央领导去处理，这对一生奋斗不息的毛泽东来说，是一种无法排解的难言难诉的折磨。在这种凄楚和痛苦的折磨中，毛泽东读了许多古代文学作品，听了一些古诗词的曲子唱片，用以取代"文化大革命"中那些歌功颂德的新歌，毛泽东郁闷的心情得以舒展，疲惫的精神得以安慰。由于换了一种政治环境和自然环境，他的身心得到清静和休息，心气平和，思维也格外清晰，能够静下心来思考许多问题。

自动离职休养，这在毛泽东的生命史上恐怕还是第一次。人老雄心在，毛泽东虽然长居长沙，久困沉疴，暂离国际风云和中国政坛中心北京，但他依然无时无刻不在关注着党和国家的前途命运，在病榻之侧决策着国家大事。在长沙期间，毛泽东在六号楼会见了周恩来、邓小平、李先念和王洪文、江青。1974年至1975年1月16日间，邓小平曾四次陪同外宾飞到长沙，面见毛泽东。正如周恩来当时所言："这一过渡时期，只有主席在，才能领导好。"每天，中央派一架飞机往返于北京和长沙之间，专程送取毛泽东阅批的各种文件。特别是在特定的历史条件和政治局势下，围绕着党和国家最高权力的组合更替，党中央政治局同江青集团进行了针锋相对的激烈斗争，其成败得失最终系于毛泽东一身。毛泽东亲自指挥，先后挫败了"四人帮"倒阁、组阁的阴谋，决定了接班人的基本人选，没有让江青一伙人攫取更大的政治权力。其间，王洪文来告邓小平"刁状"，被毛泽东批评后，于12月26日去了韶山；同一天，周恩来陪同毛泽东度过了他的81岁生日。

周恩来是在毛泽东生日前夕来到长沙的。周总理一踏进毛泽东的会客室，毛泽东马上请他坐到自己身边，关心地询问起他的病情。周恩来简单地报告了自己的情况，更关心毛泽东的身体状况。毛泽东风趣地用湖南口音说："脑壳好，肚子好，就是腿不行了……"周恩来听后，立即蹲下身撩起毛泽东的裤脚，用手摁了摁他的下肢问："有没有浮肿啊？"两位老革命家的真挚友谊可见一斑。为了表达对毛泽东的深厚感情，周恩来在毛泽东生日那天请厨房多加了几个菜，并明确交代，这桌酒菜由他个人掏钱。是夜，两位老人不顾重病缠身彻夜长谈，共商国是。毛泽东正式提议增补邓小平为中共中央副主席、政治局常委。两位老人最后确定了全国人大常委会正副委员长、国务院正副总理的名单和排序，为党的十届二中全会和四届人大的准备工作奠定了基础。当时在场旁听的只有中央政治局委员汪东兴一人。深知这次谈话重要性的汪东兴后来认定：毛泽东在长沙的重大决策是解决"四人帮"问题的关键。

1975年2月3日清晨，毛泽东突然决定要离开长沙。理由很简单，他不愿意使繁忙工作了114天的工作人员，因为他住在长沙而过不好这个春节。他说："我在这里住了一百多天，客散主人安。我走了以后，你们好好过个春节吧。我走啦！"人们诚心诚意地挽留他，他却执意要离开，并答应人们的请求说："大家辛苦了，大家过个好年！今年冬天再回来吧！"

湖南省委接待处的人们盼啊盼，盼了一冬天，毛泽东也没有回来。第二年春天仍没有回来。

1976年9月9日，毛泽东因病在北京逝世。这个日子，与他49年前领导秋收起义是一个日子。

长沙的橘子洲头，矗立着毛泽东手书《沁园春·长沙》的诗碑；

在中国人民的心中，也永远矗立着一个开天辟地的伟人的丰碑！

第六节　未了的心愿

1976 年，无论是对国家，还是对毛泽东，都是一个多事之秋。

1 月 8 日 9 时 57 分，周恩来总理与世长辞，此时的毛泽东已经不能走路了。负责毛泽东身边警卫工作的张耀祠将总理逝世的消息带给毛泽东时，毛泽东慢慢合上了眼，点了点头，许久许久，一言未发。但清晰可见的是，他两眼流出的泪水，大滴大滴地滚下。

1976 年年初，农历除夕之夜（1 月 30 日），是毛泽东度过的最后一个春节。身边没有亲人，也没有客人，只有几个工作人员陪着他。他像往常一样在病榻上侧卧着吃了几口他历来喜欢吃的武昌鱼和一点米饭。饭后，工作人员把他搀扶下床，送到客厅，坐在沙发上休息。入夜，从远处传来隐隐约约的鞭炮声，他抬眼看了看日日夜夜陪伴他的几个工作人员。可能是远处的鞭炮声，使老人想起了往年燃放鞭炮的情景。张玉凤回忆道：

毛泽东和机要秘书张玉凤。

　　他静静地坐在那里。用低哑的声音对我说："放点爆竹吧。你们这些年轻人也该过过节。"就这样，我通知了正在值班的其他几名工作人员。他们准备好了几挂鞭炮在房外燃放了一会儿……毛泽东听着这爆竹声，在他那瘦弱的、松弛的脸上露出了一丝笑容。我们心里都明白，主席的这一丝笑容，是在宽慰我们这些陪伴他的工作人员。

　　这时的毛泽东喜欢回忆往事，常谈起战争年代和新中国成立初期的事情，愿意看这方面内容的电影。一次，银幕上伴随着高昂雄壮的乐曲，出现人民解放军整队进入刚攻克的某城市、受到市民们热烈欢迎的场面。渐渐地，毛泽东开始控制不住自己的感情，先是阵阵抽泣，随即失声大哭，工作人员只得将他搀扶退场。有时，他还要工作人员拿来一些旧照片反复地看。据工作人员回忆，有两张照片，毛泽东看得津津有味，分别是1942年他穿着打补丁的裤子在延安给一二九师干部作报告和1947年他骑马行军于转战陕北途中的照片。

　　4月下旬，毛泽东得知吉林地区降落了一次陨石雨，范围达500多平方公里。一颗陨星飞至吉林地区上空时燃烧并爆炸。这个消息引起了病榻上毛泽东的注意，他少有地从床上坐起来，让工作人员搀扶着走到窗前，久久凝望着黄昏覆盖的天际，陷入了深深的思索。

　　关于"死"的问题，毛泽东一直坦然处之。进入老年后的毛泽东曾多次对身边人讲过："人哪有长生不死的？古代帝王都想尽办法去找长生不老、长生不死之药，最后还是死了。在自然规律的生与死面前，皇帝与平民都是平等的。""不但没有长生不死，连长生不老也不可能。有生必有死，生、老、病、死，新陈代谢，这是辩证法的规律。"他还对一位工作人员说："我死了可以开个庆祝会。你就上台讲话。你就讲，今天我们这个大会是胜利的大会，毛泽东死了，我们来庆祝辩证法的胜利，他死得好。人如果不死，从孔夫子到现在，地球就装不下了。新陈代谢嘛，沉舟侧畔千帆过，病树前头万木春。这是事物发展的规律。"

　　5月以后，毛泽东的健康状况明显恶化了。

　　中国有句古话，叫"盖棺定论"。"盖棺定论"，出自宋代王十朋《张阁学挽词二首》："盖棺公论定，盛德合丰碑。"意思是：人死后，他的功过是非的结论才能确定下来。

一天，毛泽东在他的住处召见华国锋等人时，曾谈到自己一生中的两件大事。他说：

> "人生七十古来稀"，我八十多了，人老总想后事。中国有句古话叫"盖棺定论"，我虽未"盖棺"也快了，总可以定论吧！我一生干了两件事：一是与蒋介石斗了那么几十年，把他赶到那么几个海岛上去了；抗战八年，把日本人请回老家去了。对这些事持异议的不多，只有那么几个人，在我耳边叽叽喳喳，无非是让我及早收回那几个海岛罢了。另一件事你们都知道，就是发动文化大革命。这事拥护的人不多，反对的人不少。这两件事没有完，这笔"遗产"得交给下一代。怎么交？和平交不成就动荡中交，搞不好就得"血雨腥风"了。你们怎么办？只有天知道。

毛泽东的这番话，充分表现了他的遗憾和无奈的复杂心态。第一件事显然是成功的，是他一生中做的"两件大事"之一，但没有在他有生之年解放台湾，也成为垂暮老人成功中的一个遗憾、一个未了的心愿。毛泽东把"文化大革命"列为自己一生当中"两件大事"之一，虽然是不适当的，但可以看出"文化大革命"在老人心中的分量是多么的重。明知这场"大革命""拥护的人不多，反对的人不少"，而他自己的日子也已经不多了，怎么交这个班？毛泽东的心里充满了忧虑、不安和无奈。

在忧虑不安、孤独无奈和充满遗憾的悲凉中，毛泽东的病情亦愈来愈重。进入6月初，老人突患心肌梗塞，经过及时抢救，才脱离危险。

心中的悲凉和身体的病痛，一起无情地袭击着垂危的老人。此时的毛泽东，已经经受不住任何打击了。可是，打击还是避免不了，7月6日，又一个噩耗传来，朱德同志因病逝世。

真是祸不单行。毛泽东在感情上、精神上又一次受到了严重打击。

和周恩来一样，朱德和毛泽东一起叱咤风云几十年，风雨同舟，患难与共，有着相当深厚的感情。他们似乎谁也离不开谁。

1973 年 12 月，毛泽东在接见参加军委会议的同志时，曾对朱德和在场的同志说："朱毛啊！你是猪（朱），我是猪（朱）身上的毛啊！"猪（朱）之不存，毛将焉附？此时此刻，毛泽东的伤感可想而知。

半年之内，毛泽东痛失两位并肩战斗半个世纪的亲密战友，对党对国家是个巨大的损失，对毛泽东是个巨大的精神打击。他实在有些寂寞、悲凉、飘摇零落了，也感到自己的身体状况愈加不好了。偏偏在这个时候，一场人类历史上罕见的特大灾难突然降临了。

7 月 28 日凌晨 3 时 42 分，河北唐山、丰南一带发生了 7.8 级的强烈地震，随后又多次出现余震。拥有百万人口的工业城市唐山顷刻沦为一片废墟，人民的生命财产蒙受了重大的损失。和唐山毗邻的天津、北京等地也受到了这次强震的影响。清晨，中央办公厅负责人来到毛泽东的住处"游泳池"，向毛泽东报告了唐山地震的情况，建议他尽快搬到较为安全的地方。

这时，毛泽东时常处于昏迷或半昏迷状态，靠鼻饲生活。他用手势表示同意搬家。随后，工作人员用软担架把他搬到了中南海内新建的平房"202"号。他清醒时仍十分关心唐山的震情。他身边的医疗组成员、神经病学和老年医学专家王新德回忆道：

送来的地震情报，主席不顾个人病重，都要亲自过目。这场地震死亡达 24 万人，其他的损失难以估计。当秘书报告地震造成极其惨重的损失后，主席哭了——我第一次亲见主席号啕大哭。

当天，党中央和国务院紧急调集解放军部队、医疗队和工程技术人员，日夜兼程，赶赴唐山震区，抢险救灾。8 月初，以华国锋为首的中央慰问团到达灾区，代表毛泽东、党中央慰问受灾群众。中共中央《关于唐山丰南一带抗震救灾的通报》（8 月 18 日），是毛泽东生前圈阅的最后一份文件。

按惯例，午饭后毛泽东要休息半个小时左右。8 月初的一天，他睡了一刻钟左右就醒了。醒来后，他要张玉凤给他读《枯树赋》。

张玉凤按照他的示意，找出《枯树赋》，连续读了两遍。

毛泽东静静地听着、随诵着。紧接着，他一字一句地吟诵起来：

> ……
>
> 此树婆娑，
>
> 生意尽矣！
>
> 至如白鹿贞松，
>
> 青牛文梓，
>
> 根柢盘魄，
>
> 白崖表里。
>
> 桂何事而销亡？
>
> 桐何为而半死？
>
> ……
>
> 昔年种柳，
>
> 依依汉南；
>
> 今看摇落，
>
> 凄凉江潭。
>
> 树犹如此，
>
> 人何以堪！

《枯树赋》是一首荡气回肠的旧赋，为南北朝时著名文学家庾信所作，抒发的是英雄暮年的凄凉情感，反映的是在自然规律面前无可奈何的失落心态。

毛泽东品味着这些诗句，陷入了深深的思索。1910年秋，当他负囊来到东山高小，而后又转到长沙求学起，毛泽东就义无反顾地一直朝前走啊，走啊……毛泽东用他的脚步，也用他的智慧丈量了中国的每一块土地、每一寸江河。井冈山、长征路、延安窑洞的青灯，伴着他走过最艰难的岁月，也照亮了中国革命的征程。从那以后，铁马金戈，毛泽东指挥人民军队逐鹿中原，直指长江，终于取得了中国革命的胜利，那是何等的辉煌壮丽啊！

然而，老矣，现在老矣。自然规律，是不可抗拒的。青年时代的理想、抱负和事业的成功，都已经成为历史。

英雄暮年，壮心不已。

稍许，毛泽东让张玉凤看书，自己又吟诵了一遍。

遵照医嘱，张玉凤阻止了毛泽东的继续吟诵，怕他过分动感情，多说话。

其实，那天吟诵《枯树赋》后，毛泽东的精神很好。

"至今想起，还十分遗憾！"多年后，张玉凤后悔地说。

"树犹如此，人何以堪"，个中深理，毛泽东是深有感悟的。这个时候，毛泽东终于经受不住这份感情的折磨了，他突然特别思念远在千里之外的故乡韶山——那才是他真正的家，他想到了韶山的那个"山洞"，那是他祖辈的皈依之地。

毛泽东决计要回家了。

6 月末的时候，病重的毛泽东有了"叶落归根"的心愿，他提出要回韶山滴水洞休养。考虑到他的身体状况不宜长途颠簸，中央政治局没有同意。8 月份，他坚持要回韶山，仍未得到中央政治局同意。

其实，中央政治局领导一边劝毛泽东安心养病，一边为护送毛泽东回韶山颐养天年在做准备——1976 年 7 月，毛泽东的专机"子爵号"曾多次在北京—长沙、长沙—北京之间反复试飞，为送病重的毛泽东回湖南掌握飞行数据，测定起落震动等的生物影响。

在毛泽东的再三坚持下，同时也在"子爵号"试飞确保成功和万无一失后，中央政治局终于在 8 月末 9 月初同意了毛泽东 9 月 15 日回韶山滴水洞疗养。

可是，毛泽东最终还是没有等到这一天。

1979 年 9 月 9 日零时 10 分，伟大的无产阶级革命家、战略家和理论家，中国人民的伟大领袖毛泽东因病在北京逝世——高山垂首，大河含悲。

落叶未能归根，也成为垂危老人的一个未了的心愿。

与其说未能"落叶归根"，不如说安得其所。毛泽东，他永远活在人们的心中。

毛泽东，一位湖南省立第一师范学校的毕业生——其实，他只是一名普通的人民老师，只不过，他在经历了二万五千里长征的磨炼之后、经过了艰苦卓绝的革命斗争之后，使自己锻炼成为全国人民乃至世界人民的老师。

其实，人们更愿意把他看作一位伟大而又慈祥的父亲——为了千千万万的劳苦大众，为了中国人民的革命事业，毛泽东舍小家为大家，将自己的弟弟和妹妹先后带出了韶山冲，引上了一往无前的铁血征程。韶山冲毛家，一门六忠烈。人民解放了，国家正在逐步走向富强，那慈祥而又伟大的父亲啊，他走了……

他走了，永远地走了。但他的音容笑貌还在，他的事业还在，他依然活在亿万中国人民和一切爱好和平的世界人民心中；以他的名字命名的毛泽东思想，依然是中国共产党的指导思想。

他走了，永远地走了。但人民始终没有忘记他——作为新中国的象征，当年由他亲手升起的五星红旗依然在天安门广场上迎风飘扬；天安门城楼中央巨幅画像上的他依然是那样和蔼地凝视着前方，可亲地注视着他深爱的祖国和人民……

他走了，他真的走了，我们再也听不到他那高亢的湖南口音；

他没走，他依然没走，他已经深深地印在了中国人民的心中。

后　记

《毛泽东和他的六位亲人》终于脱稿了，我长长地舒了口气。

这是继《毛泽东三兄弟》《毛泽东五回韶山》后，我的第三部有关毛泽东的专著。书是写完了，但总觉得言犹未尽。毛泽民结发妻子王淑兰"一生记忆中"，那"最动人的一节"，一直萦绕在我的脑海里，挥之不去。

"为有牺牲多壮志，敢教日月换新天！"作为诗人的毛泽东，他歌颂的是一切革命家庭，当然也包括他自己的家庭和亲人。《毛泽东和他的六位亲人》一书，笔墨主要侧重于毛家为革命牺牲的六位英烈，同时也不可避免地涉及毛泽东的妻子贺子珍，毛泽民的发妻王淑兰和继配钱希均、朱旦华，毛泽覃的发妻赵先桂和继配周文楠、贺怡等众多毛家或与毛家有关的其他人物，这些人都直接或间接为中国革命作出了不可磨灭的贡献。

在高层领导中，在中国近现代史甚至世界革命史上，毛氏家族是绝无仅有的。

为完成此书，笔者曾三下湖南，查阅了大量的历史资料，并在我的朋友赵志超先生和韶山村党总支书记、中共十七大代表毛雨时先生的帮助下，采访了大量当年与主人公一起工作或战斗过的当事人以及他们的后代。这个采访的过程是辛苦的，同时也是亢奋的；在这个辛苦而亢奋的过程中，我的思想得到了进一步的升华。这是我最大的收获。

本书能够顺利完成，还要感谢一些人，除得到朋友赵志超、毛雨时先生的支持和帮助外，中共湘潭市委党史办曹建英先生，湖南作家鄢德全先生、傅志高先生，中共衡阳县委纪委书记魏启用先生，中共衡山县委组织部部长颜靖先生，湘潭大学出版社副社长阳勇，板仓杨开慧纪念馆和衡山毛泽建纪念馆等个人和单位均为本书提供了素材。

在写作本书的过程中，参考了大量的历史文献和资料，没有前人的辛苦劳动，就不可能有本书的顺利完成。本书选用了大量的历史图片，这些精彩的历史瞬间多数是由侯波、吴印咸、吕厚民、徐肖冰、杜修贤等摄影大师留下的，同时由于历史的久远，有些图片无法确认作者，谨在此一并向这些前辈致谢。

毛泽东是一个大情大义、爱憎分明，时刻把国家与民族利益放在第一位的大写的人。在中华民族最危难的时刻，他毫不犹豫地把全家人带上了一往无前的铁血征程，从来不曾回头；为了世界和平，在强大的美国虎视眈眈、朝鲜人民遭到欺凌的时候，他第一个带头，把自己最最钟爱的大儿子毛岸英送上了异国的疆场……

作为中国共产党的最高领袖，毛泽东亲口说过："人民，只有人民，才是创造世界历史的动力！"他是个言必信、行必果的人，他把自己的一生都放在人民中间，把自己当成人民中的一员，和他的人民同呼吸，共患难。可以说，毛泽东是人，他不是神；他毋需也从来不曾走上过什么神坛，因此他不必更毋需走下什么神坛。

毛泽东，这位湖南省立第一师范学校的毕业生，其实他只是一名普通的人民老师——只不过，他在经历了二万五千里长征的磨炼之后、经过了艰苦卓绝的革命斗争之后，把自己锻炼成了全国人民乃至世界人民的导师。他把握历史，并且推动了历史；在推翻封建制度，建立和建设中华人民共和国的过程中，他在改变历史的同时，也被历史改变。"毛泽东思想永放光芒！"不是一句夸张的话；以他的名字命名的"毛泽东思想"，至今仍是中国共产党的主要指导思想。他不是也不可能是所谓的完人，但绝对是一个伟人。

好久没有去过毛主席纪念堂了。我家离纪念堂不远，乘上地铁，十五分钟的路程。以前只要不是十分的忙，我总喜欢去看看他老人家。每当站在长长的瞻仰队伍中时，我的心情总是无比的激动。

过几天就是老人家的诞辰纪念日了。去看看吧，我想，明天就去。

张德兵

2009 年 12 月 20 日，于北京红庙